헨리 키신저의
세계 질서

WORLD ORDER:

Reflections on the Character of Nations and the Course of History
by Henry Kissinger

헨리 키신저의
세계 질서

헨리 키신저

이현주 옮김·최형익 감수

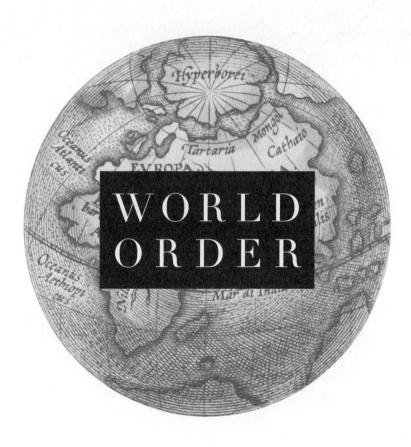

WORLD
ORDER

민음사

낸시에게

차례

서론 세계 질서라는 문제   9
여러 가지 세계 질서 | 11 | 정당성과 힘 | 17 |

1 유럽: 다원적 국제 질서   21

유럽 질서의 독특함 | 21 | 30년 전쟁: 정당성이란 무엇인가? | 31 | 베스트팔렌 평화
조약 | 35 | 베스트팔렌 체제의 작동 | 42 | 프랑스 혁명과 그 여파 | 54 |

2 유럽의 세력 균형 체제와 그 종말   62

러시아라는 존재 | 62 | 빈 회의 | 73 | 국제 질서의 전제들 | 82 | 메테르니히와 비스마
르크 | 88 | 세력 균형의 딜레마 | 91 | 양 대전 간의 정당성과 힘 | 98 | 전후의 유럽 질서
| 103 | 유럽의 미래 | 108 |

3 이슬람교와 중동: 무질서의 세계   114

이슬람교의 세계 질서 | 115 | 오스만 제국: 유럽의 병자 | 129 | 베스트팔렌 체제와 이
슬람 세계 | 131 | 이슬람교: 혁명의 물결- 두 가지 철학적 해석 | 138 | 아랍의 봄과 시
리아의 격변 | 143 | 팔레스타인 문제와 국제 질서 | 151 | 사우디아라비아 | 156 | 국가
의 몰락? | 165 |

4 미국과 이란: 질서에 대한 접근법   170

이란의 국정 운영 기술 전통 | 173 | 호메이니 혁명 | 176 | 핵 확산과 이란 | 183 | 비전과
현실 | 195 |

5 아시아의 다양성   198

아시아와 유럽: 세력 균형의 다른 개념 | 198 | 일본 | 207 | 인도 | 219 | 아시아의 지역
질서는 무엇인가? | 238 |

6   아시아의 질서를 향해: 충돌이냐 협력 관계냐?   242

아시아의 국제 질서와 중국 | 243 | 중국과 세계 질서 | 251 | 더 장기적인 관점 | 259 |

7   "모든 인간을 위한 행동": 미국과 미국의 질서 개념   266

세계 무대에서의 미국 | 271 | 시어도어 루스벨트: 세계 열강으로서의 미국 | 279 | 우드로 윌슨: 세계의 양심으로서의 미국 | 289 | 프랭클린 루스벨트와 새로운 세계 질서 | 303 |

8   미국: 양면적인 초강대국   310

냉전의 시작 | 314 | 냉전 질서의 전략들 | 318 | 한국 전쟁 | 323 | 베트남 전쟁과 국민적 합의의 실패 | 331 | 리처드 닉슨과 국제 질서 | 338 | 부활의 시작 | 344 | 로널드 레이건과 냉전의 종식 | 346 | 아프가니스탄과 이라크 전쟁 | 354 | 아프가니스탄 | 354 | 이라크 | 360 | 목적과 가능성 | 366 |

9   기술, 균형, 그리고 인간의 의식   369

핵시대의 세계 질서 | 370 | 핵 확산의 문제 | 376 | 사이버 기술과 세계 질서 | 381 | 인적 요소 | 388 | 디지털 시대의 외교 정책 | 394 |

결론   우리 시대의 세계 질서   403
국제 질서의 진화 | 408 | 앞으로 어떻게 해야 할까? | 414 |

감사의 글   418
주   422

세계 질서라는 문제

1961년, 젊은 학자로서 캔자스시티에서 강연 중이던 나는 해리 S. 트루먼 대통령을 만났다. 대통령으로서 이룬 업적 중에 가장 자랑스럽게 생각하는 것이 무엇이냐는 질문에 트루먼 대통령은 다음과 같이 대답했다. "우리가 적들을 완전히 패배시켜서 국제 사회로 복귀시켰다는 점입니다. 나는 미국만이 이 일을 해냈을 거라고 생각하고 싶습니다." 트루먼은 자국의 엄청난 힘을 알지만 무엇보다도 미국의 인도주의적이고 민주적인 가치를 더욱 자랑스럽게 생각했다. 그는 미국이 거둔 승리 때문이 아니라 미국의 화해 정책 때문에 기억되기를 원했다.

트루먼의 뒤를 이은 모든 미국 대통령들은 트루먼의 방식을 추종하며 비슷한 특징을 지닌 미국의 경험을 자랑스럽게 생각했다. 그리고 이 시기 동안 대체로 그들이 유지하려 한 국제 사회는 미국식의 합의를 반영했다. 다시 말하면 공동의 규칙과 규범을 지키고 자유 경제 체제를 받아들이며 국권을 존중하고 개인의 참여를 허용하는 민주적 통치 체계를 채택한 국가들로 이루어진, 거침없이 확대되는 협력 질서를 반영했다. 양당 출신의 미국 대통령들은 다른 국가들을 상대로 아주 열렬하고 거침없는 달변으로 인권을 보호하고 향상시키라고 지속적으로 재촉했다. 많은 경우에 미국과 동맹국들이 수호한 이러한 가치들은 인간의 조건에 중대한 변화를 안겨 주었다.

하지만 오늘날 '규칙을 기반으로 한' 이 체계는 도전에 직면해 있다. 이 체계에 속한 국가들이 '각자 자기 몫을 해야 한다', '21세기의 규칙'에 따라 행동해야 한다, 공동 체계에서 '책임감 있는 이해 당사자'가 되어야 한다고 자주 경고받는다는 사실은 그 체계에 대한 공유된 정의가 없거나 '공정한' 기여가 무엇인지에 대한 이해가 부족함을 의미한다. 규칙을 처음 정할 때 크게 관여하지 못한 비서양권 지역들은 현재 형태의 타당성에 의문을 제기하면서 자신들이 그 규칙을 수정하겠다고 분명히 밝히고 있다. 따라서 현재의 국제 사회는 그 어떤 시대보다도 끊임없이 거론되지만, 분명하거나 합의된 목표와 수단, 한계를 제시하지 못한다.

우리 시대는 때로는 필사적일 정도로 끈질기게 세계 질서라는 개념을 추구한다. 그에 비례하여 혼란은 전례가 없을 만큼 세계를 위협하고 있다. 대량살상무기가 확산되고 국가가 해체되며, 환경 파괴에 영향을 받고, 집단 학살의 관행이 지속되며, 인간이 통제하거나 이해할 수 없는 수준으로 갈등을 조장할 만한 신기술이 확산되고 있다. 새로운 정보 접근 및 전달 방법들은 과거 그 어느 때보다 지역을 통합하고 전 세계적인 이벤트를 계획하지만, 그와 동시에 국가 지도자들에게 하나의 슬로건으로 표현할 수 있는 즉각적인 반응을 보여 줄 것을 요구하면서 신중한 사고를 방해하고 있다. 우리는 어떠한 질서의 제약도 초월하는 세력들이 미래를 결정하는 시대에 직면하고 있는가?

여러 가지 세계 질서

진정한 의미의 글로벌 '세계 질서'는 존재한 적이 없었다. 우리 시대에 질서로 통하는 것은 약 400년 전 서유럽에서 구상되었다. 구체적으로 밝히면 독일 지역의 베스트팔렌에서 체결된 평화 조약에서 구상되었는데, 다른 대륙이나 문명은 대부분 개입하지 않고 심지어는 알지도 못하는 상황에서 만들어졌다. 1세기에 걸쳐 중부 유럽 전체를 휩쓴 종파 갈등과 정변은 1618~1648년의 30년 전쟁으로 끝이 났다. 대참사와도 같던 이 전쟁은 정치 분쟁과 종교 분쟁이 뒤섞여 전투원들은 인구 밀집 지역을 향해 '총공세'를 펼쳤고, 중부 유럽의 인구 4분의 1정도가 전투와 질병, 기아로 목숨을 잃었다. 지칠 대로 지친 참전국들은 유혈 사태를 막을 일련의 협정을 맺기 위해 만났다. 당시의 상황을 살펴보면 프로테스탄티즘이 살아남아 확산되면서 종교적 통일성에 금이 갔고, 무승부로 끝날 때까지 싸운 다수의 자율적인 정치 단위에 정치적 다양성이 내재되어 있었다. 따라서 유럽의 상황은 현대 세계의 상황과 비슷했다. 다수의 정치 단위가 존재하는데 어떤 정치 단위도 다른 단위들을 물리칠 정도로 강력하지는 않으며, 다수가 자신들의 행동을 규제하고 갈등을 완화하기 위해 중립적인 규칙을 추구하면서도 모순되는 철학과 내부 관습을 고수하고 있었다.

베스트팔렌 평화 조약은 독특한 도덕적 인식이 아니라 현실에 대한 실용적 적응을 의미했다. 이 조약은 서로의 국내 문제에 간섭하지 않고 전반적인 세력 균형을 통해 서로의 야심을 억제하는 독립적인 국가들로 이루어진 체계에 의존했다. 유럽의 다툼에서는 진리나 보편적 규칙에 대한 단일한 주장이 우위를 점하지 못했다. 그 대신 각 국가에게는 자국 영토에 대한 주권의 속성이 부여되었다. 각 국가는 이웃 국가들의 국내 제도와 종교적 소명을 현실로 받아들였고, 그들의 존재에 도전하지 않으려 했다. 이제는 당연하고도 바람직하게 여겨지는 세력 균형이 이루어진 상태였기 때문에 지배자들의 야심은 적어도 이론적으로는 갈등의 여지를 줄이면서 서로 균형 잡힌 채로 억제될 수 있었다. 유럽사의 사건이라 할 수 있는 분할과 다양성은 그 자체로 뚜렷한 철학적 관점을 갖춘 새로운 국제 질서 체계의 특징이 되었다. 이러한 의미에서 유럽의 대재앙을 종식시키려 한 유럽의 노력은 현대적 감성을 형성하고 예시했다고 볼 수 있다. 실용적이고 보편적인 것을 위해 절대적인 것에 대한 판단을 유보하고 다양성과 억제로부터 질서를 얻어 내려 했기 때문이다.

베스트팔렌 평화 조약을 탄생시킨 17세기의 협상가들은 자신들이 전 세계에 적용할 수 있는 체계의 기초를 놓았다고 생각하지 못했다. 그들은 이웃해 있는 러시아를 그 체계에 끌어들이려 하지 않았다. 당시 러시아는 베스트팔렌식 균형과는 확연히 상충하는 원칙들, 즉 단 한 사람의 절대 통치자, 통일된 종교 교리, 모든 방향으로 영토를 확장하겠다는 계획을 소중히 여김으로써 악몽과도 같던 '동란 시대(Time of Troubles, 1605년부터 1613년까지 계속된 러시아의 혼란 시대 — 옮긴이)'를 뒤로 하고 자체적으로 질서를 다시 공고히 하고 있었다. 또한 베스트팔렌 조약이 자신들의 지역과 관련이 있다고 생각한 주요 권력 중심지도 없었다.

세계 질서라는 개념은 그 시대 정치인들에게 알려진 지리적 범위까지만 적용되었다. 이 패턴은 다른 지역에서도 반복되어 나타났는데, 대체로 그 당시의 지배적인 기술로는 단일한 글로벌 체계를 운영하기가 힘들었기 때문이다. 지속적으로 상호 작용할 수 있는 수단이 없고 한 지역의 힘을 다른 지역의 힘과 비교하여 평가할 수 있는 틀이 마련되지 않은 상태였기 때문에 각 지역은 자신의 질서가 유일무이하다고 생각하면서 다른 질서들은 '야만적'이라고 규정했다. 서로 다른 질서들은 자신들의 기존 체계로서는 이해하기 힘들 뿐 아니라, 위협이 되는 경우를 제외하고는 자신들과 무관해 보이는 방식으로 운영되기 때문이었다. 각 지역은 자신들 앞에 전개되는 상황을 다스리며 세상을 관리하고 있다고 상상하면서 스스로 가장 정당한 조직의 원형이라고 규정했다.

유라시아 대륙에서 유럽의 반대편에 있는 중국은 자체적인 위계질서와 이론적으로 보편적인 질서 개념의 중심지였다. 이 체계는 수천 년 동안 작동해 왔다. 로마 제국이 통일체로서 유럽을 지배하던 시기에 중국은 이미 국가의 평등한 주권이 아니라 끝이 없다고 추정되는 황제의 세력 범위를 기초로 세워진 체계였다. 이 개념에서 보면 유럽식의 주권은 존재하지 않았다. 황제가 '천하'를 지배했기 때문이다. 황제는 정치적, 문화적 위계질서의 정점에 위치한 인물로, 특별하고 만능일 뿐 아니라 세계의 중심인 중국의 수도로부터 나머지 모든 인간에게까지 빛을 발하는 인물이었다. 나머지 모든 인간은 부분적으로 한문의 숙달 정도와 문화적 제도에 따라 다양한 등급의 야만인으로 분류되었다. 이 관점에서 중국은 기본적으로 중국의 장엄한 문화와 풍요로운 경제로 다른 사회에 경외심을 불러일으켜 그들과 '천하 화합'이라는 목표를 수립하는 데 이용할 수 있는 관계를 맺음으로써 세계를 다스려 나가려 했다.

유럽과 중국 사이의 지역에서는 이슬람의 또 다른 보편적인 세계 질서 개념이 지배하고 있었다. 그들은 세계를 통합하고 평화를 안겨 주는, 신의 승인을 받은 유일한 지배 체계를 세웠다고 생각했다. 7세기에 이슬람은 세 대륙에 걸쳐 전례 없는 속도로 종교적인 세력을 확장하고 제국의 범위를 확대해 나갔다. 로마 제국의 유물을 차지하고 페르시아 제국을 포함시키면서 아랍 세계를 통일한 이슬람 세계는 중동 지역, 북아프리카, 아시아의 넓은 지역, 유럽의 일부분을 지배하게 되었다. 이슬람 보편 질서는 이슬람교가 '전쟁의 왕국'까지 확대될 운명이라고 생각했다.

그들은 이슬람교를 믿지 않는 사람들이 거주하는 모든 지역을 '전쟁의 집'이라고 지칭했다. 그 영역을 넘어서까지 이슬람교가 확대되면 결국 전 세계가 예언자 마호메트의 메시지로 화합되는 단일한 체계가 된다고 생각했다. 유럽은 여러 국가로 이루어진 질서를 구축했기 때문에, 터키를 본거지로 삼은 오스만투르크 제국은 단일한 정통 지배에 대한 요구를 부활시켜 아랍의 심장부와 지중해 지역, 발칸 반도, 동유럽까지 패권을 확대했다. 오스만투르크 제국은 막 구축되고 있던 유럽의 국가 간 질서를 알고 있었다. 그들은 유럽의 질서를 한 모델이 아니라 오스만투르크 제국이 서양으로 확장하는 데 이용할 수 있는 분열의 원천으로 간주했다. 정복왕 메흐메드 2세는 15세기에 초기 형태의 다극 체제를 시험하고 있던 이탈리아 도시국가들을 상대로 다음과 같이 충고했다. "당신들은 20개의 국가입니다.[1] (중략) 당신들은 서로 의견이 다릅니다. (중략) 세상에는 하나의 제국, 하나의 신앙, 하나의 주권만 존재해야 합니다."

한편 대서양 건너 '신세계'에서는 또 다른 세계 질서의 기초가 놓이고 있었다. 17세기 유럽에서 정치적, 분파적 갈등이 고조되었을 때, 청교도 정착민들은 기존의(그리고 그들이 보기에는 타락한) 권위 체계로부터 자유롭게 만들어 줄 '황무지에서의 소명'으로 하느님의 계획을 이행하기 시작했다. 그들은 존 윈스롭 총독이 1630년 매사추세츠행 배 위에서 설교한 대로 새로운 세계 질서의 공정한 원칙들과 그 본보기가 갖고 있는 힘을 통해 전 세계에 영감을 안겨 주면서 신세계에 '언덕 위의 도시(city upon a hill)'를 건설하려 했다. 미국식 세계 질서에서는 미국이 자국 통치에 대해 발언권을 갖듯 다른 국가들도 똑같은 원칙을 기초로 발언권을 갖는다면 평화와 균형이 자연스럽게 발생하고 아주 오래된 적대감이 무시될 것이었다. 따라서 외교 정책의 임무는 미국만의 이해관계를 추구하는 게 아니라 공동의 원칙들을 구축하는 것이었다. 시간이 지나면 미국은 유럽이 구상한 질서를 수호하는 매우 중요한 국가가 될 터였다. 하지만 미국이 그 노력을 입증하기는 했어도 양면적인 태도는 계속되었다. 미국의 비전은 유럽식의 세력 균형 체제를 수용하는 것이 아니라 민주 원칙의 확산을 통해 평화를 달성하는 데 달려 있기 때문이었다.

이 책을 쓰는 시점에서 보면 이 모든 질서 개념 중에서 베스트팔렌 원칙들이 현존하는 세계 질서의 기초로서 유일하게 보편적으로 인정받는다. 베스트팔렌 체제는 유럽 국가들이 세력을 확장하면서 자신들의 국제 질서에 대한 청사진을 함께 전달했기 때문에 다수의 문명과 지역을 아우르는, 국가를 기초로 한 국제 질서의 토대로서 전 세계적으로 확산되었다. 유럽 국가들은 식민지와 식민화된 국민들에게 주권 개념을 적용하는 데 자주 소홀히 했지만, 그 국민들이 독립을 요구하기 시작했을 때는 베스트팔렌을 내세우며 그렇게 해 주었다. 국가 독립, 주권 국가, 국가 이익, 불간섭의 원칙들은 식민지 국가들이 독립을 얻어 내는 투쟁 과정과 이후 신생국 보호를 위한 투쟁 과정에서 식민 본국에 대한 효과적인 논거임이 입증되었다.

편하게 세계 공동체라 불리는 현대의 글로벌 베스트팔렌 체제는 개방 무역과 안정된 국제 금융 시스템을 조성하고, 공동의 국제 분쟁 해결 원칙을 수립하며, 전쟁 발발 시 전쟁 행동을 제한하기 위한 국제법 및 조직 체계로 이루어진 광범위한 네트워크로 세계의 혼란스러운 특징을 감소시키려고 애써 왔다. 국가들로 이루어진 이 체제는 이제 모든 문화와 지역을 아우르고 있다. 이 체제의 제도들은 다양한 국가들의 상호 작용에 중립적인 토대를 제공해 왔으며, 그 토대는 대개 각 국가의 가치관과는 무관한 편이다.

그런데 그 베스트팔렌 원칙들이 현재 사방에서, 때로는 세계 질서를 위한다는 미명하에 도전받고 있다. 유럽은 자신들이 구상한 국가 체제에서 벗어나 주권 공유라는 개념을 통해 그 체계를 초월하기 시작했다. 그리고 아이러니컬하게도 세력 균형 개념을 고안해 낸 유럽이 그 새로운 제도에서는 의식적으로, 그리고 엄격하게 힘이라는 요소에 제한을 가했다. 군사력을 약화시켜 온 유럽은 보편적인 규범이 무시되면 대응할 여지가 거의 없다.

중동 지역에서는 수니파와 시아파 양측의 지하디스트들이 이슬람 근본주의를 기초로 한 세계 혁명을 위해 사회를 분열시키고 국가를 해체한다. 국가의 통제를 불법 행위로 거부하는 이념과 때로는 정부군보다 더 강한 테러 민병대의 공격으로 인해 국가에 기초한 지역별 체계뿐 아니라 국가까지도 위험에 빠진 상태이다.

어떻게 보면 주권 국가 개념을 채택한 지역들 중에 가장 놀라울 정도로 성공한 지역인 아시아는 지금도 향수에 젖어 대안의 질서 개념들을 상기시키면서 1세기 전에 유럽의 질서를 박살낸 역사적 요구와 대립 관계들로 들끓고 있다. 거의 모든 국가들은 스스로를 '떠오르는' 국가라고 생각하기 때문에 각국의 의견 충돌은 대립 위기로 확대되고 있다.

미국은 베스트팔렌 체제를 옹호하다가도 그 체제가 약속한 세력 균형과 내정 불간섭이 부도덕하고 시대에 뒤떨어졌다고 혹평하기를 반복해 왔는데, 때로는 두 가지 입장을 동시에 보여 주기도 했다. 미국은 평화로운 세계 질서 구축을 중시하는 미국의 가치관이 일반적인 타당성을 지닌다고 계속 주장하며, 그 가치관을 전 세계적으로 지지할 권리를 갖고 있다. 하지만 두 세대 동안 매번 이상적인 열망과 광범위한 대중의 지지로 시작했다가 결국에는 국가의 트라우마로 끝나 버린 세 차례의 전쟁에서 철수한 뒤, 미국은 자국의 (아직도 엄청난) 힘과 원칙 간의 관계를 힘겹게 규정하고 있다.

주요한 세력 중심지들 모두가 베스트팔렌 질서의 요소들을 어느 정도 실행하고 있지만, 어떤 중심지도 스스로를 이 체제의 타고난 옹호자라고 생각하지는 않는다. 모든 중심지들은 내부적으로 상당한 변화를 겪고 있다. 문화와 역사, 전통적인 질서 이론이 그렇게까지 다른 지역들이 공동 체제의 정당성을 옹호할 수 있을까?

그러한 시도가 성공하려면 인간의 조건이 다양하다는 사실은 물론 자유를 추구하는 인간의 타고난 습성까지 존중하는 방식이 필요하다. 이런 의미에서의 질서는 강요할 수 있는 게 아니라 구축해야 한다. 실시간 통신이 이루어지고 혁명적인 정치 변동이 발생하는 시대에는 특히 그렇다. 어떤 세계 질서 체계든 지속 가능하려면 지도자들뿐 아니라 시민들도 그 체제가 공정하다고 인정해야 한다. 그리고 두 가지 진실을 반영해야 한다. 첫째는 자유 없는 질서는 일시적 고양으로 유지될 수 있을지는 몰라도 결국에는 그 질서와 균형을 이루는 세력을 초래한다는 것이다. 두 번째 진실은 그럼에도 불구하고 평화를 유지하는 질서 체계 없이는 자유를 보장하거나 유지할 수 없다는 사실이다. 때로는 경험 스펙트럼의 양단에 있다고 설명되는 질서와 자유는 상호 의존적인 것으로 이해해야 한다. 현대 지도자들은 매일 발생하는 긴박한 사건들에 굴하지 않고 이 균형을 달성할 수 있을까?

정당성과 힘

이 질문에 답하려면 세 가지 차원의 질서를 다루어야 한다. 세계 질서는 한 지역이나 문명이 공정한 합의의 특징과 힘의 분배에 관해 전 세계에 적용 가능하다고 생각하는 개념을 설명해 준다. 국제 질서는 이러한 개념들을 전 세계의 세력 균형에 영향을 미칠 정도로 넓은 지역에 실질적으로 적용한 것이다. 지역 질서는 특정한 지리적 지역에 적용되는 동일한 원칙들을 수반한다.

이 질서 체계들 중에 어떤 것이든 두 가지 요소를 기초로 삼는다. 먼저 허용 가능한 행동 범위를 규정하는, 일반적으로 인정받는 일단의 규칙들과 그 규칙들이 무너진 경우에 하나의 정치 단위가 다른 모든 정치 단위를 예속시키지 못하게 만들며 제한을 가하는 세력 균형이다. 기존 제도의 정당성에 대한 합의는 예나 지금이나 경쟁이나 대립을 배제하지 못한다. 하지만 그 합의는 경쟁이나 대립이 기존 질서에 대한 근본적인 도전이라기보다는 그 질서 안에서 조정 작업으로서 발생할 것임을 보장하는 데 도움을 준다. 세력 균형은 그 자체로 평화를 보장해 주지는 못하지만, 신중하게 구축하고 적용한다면 근본적인 도전의 발생 횟수와 범위를 제한하고, 실제로 그러한 도전이 생겼을 때 성공할 가능성을 줄여 줄 수 있다.

어떤 책도 국제 질서에 대한 모든 역사적인 접근 방식이나 현재의 국제 정세를 형성하고 있는 모든 국가들을 다룰 수는 없다. 이 책은 현대의 발전에 크게 기여한 질서 개념을 갖춘 지역들을 다루려고 한다.

정당성과 힘 간의 균형은 대단히 복잡하다. 그 균형이 적용되는 지역이 작고 그 지역 내에서의 문화적 신념이 일관될수록 실행 가능한 합의를 뽑아 내기가 더 쉬워진다. 하지만 현대 세계에서는 그러한 균형이 전 지구적인 세계 질서를 위해 필요하다. 역사나 가치관에 의해 서로 관련이 없고 (서먹한 경우는 제외하고) 본질적으로 능력의 한계에 따라 스스로를 규정하는 다수의 독립체들은 질서가 아니라 갈등을 일으킬 가능성이 높다.

1971년에 20년간의 적대 관계를 청산하고 관계를 복원하기 위해 처음으로 베이징을 방문했을 때, 나는 함께 간 미국 대표단에게 중국은 "미스터리한 나라"라고 말했다. 저우언라이 총리는 다음과 같이 답했다.

"당신은 중국이 그렇지 않다는 사실을 알게 될 겁니다. 중국에 익숙해지면, 예전만큼 미스터리하게 느껴지지 않을 것입니다." 그는 중국 인구가 9억 명이라고 말하면서 그들에게는 그 사실이 완벽한 정상으로 느껴진다고 말했다. 우리 시대에 세계 질서를 추구하려면 지금껏 대체로 독립적인 현실을 살아온 여러 사회의 인식들을 다루어야 할 것이다. 극복해야 할 미스터리는 모든 국가의 국민들이 공유하고 있는 미스터리, 즉 다양한 역사적 경험과 가치를 어떻게 공통의 질서로 만들 수 있는가이다.

1

유럽: 다원적 국제 질서

유럽 질서의 독특함

문명의 역사는 대부분 제국의 흥망성쇠에 관한 이야기이다. 질서는 국가들 간의 균형 때문이 아니라 제국의 내부 통치에 의해 세워졌다. 중앙 권력이 결집력을 갖춘 제국은 강했고, 지배자가 약해지면 우왕좌왕했다. 제국 체계에서 전쟁은 대개 제국의 변경에서 발생하거나 내란의 형태로 발생했다. 평화는 제국의 세력이 미치는 범위와 동일시되었다.

중국과 이슬람 세계의 정쟁은 기존의 질서 체계를 장악하려는 목적 때문에 벌어졌다. 왕조는 바뀌었지만, 새로운 지배 계층이 등장할 때마다 자신들이 과거에 무너진 합법적인 체계를 재건하고 있다고 설명했다. 하지만 유럽에서는 그러한 발전 과정이 확고하게 자리 잡지 못했다. 로마 제국의 통치가 끝나면서 다원주의는 유럽의 질서를 규정하는 특징이 되었다. 유럽이라는 개념은 지리적인 명칭으로, 기독교 및 왕실 사회의 표현물로, 혹은 지식 집단의 계몽과 근대성의 중심지로 인식되기 시작했다.[1] 하지만 유럽을 단일 문명으로 이해할 수 있다고 해도 유럽은 결코 단일한 통치 체계나 통일되고 고정된 정체성을 가진 적이 없었다. 유럽은 어떤 단위가 새로운 개념의 정치적 정당성이나 국제 질서를 실험하면서 빈번하게 스스로를 다스려 나갔는가에 따라 원칙들을 수정해 나갔다.

세계의 다른 지역에서 지배자들이 서로 경쟁한 시기는 후세에 '동란의 시대'나 내전, '군벌 시대(warlord period)'로 평가되었는데, 결국에는 극복되었지만 분열로 얼룩진, 안타까운 막간의 시기였다. 유럽은 분열을 잘 이겨 냈고 받아들였다. 서로 경쟁하는 왕조와 민족들은 없애 버려야 할 '혼란'의 일종이 아니었다. 그 대신 때로는 알기도 하고 모르기도 했지만 유럽 정치인들의 이상화된 시각에서 경쟁하는 왕조와 민족들은 균형 상태에 이바지하는 복잡한 메커니즘이었고, 이 균형 상태는 각국의 이익과 완전성, 자율권을 지켜 주는 역할을 했다. 천 년이 넘는 시간 동안 근대 유럽의 주류로 자리 잡은 국정 운영 기술은 균형 상태에서 질서를 도출하고 보편 원칙에 대한 저항으로부터 정체성이 생겨났다. 유럽의 군주들이 다른 문명의 군주들보다 정복의 영광에 무심했다거나 이론적인 다양성의 이상에 더욱 열성적이었던 것은 아니다. 그보다 그들은 서로 단호하게 자신의 의지를 강요할 힘이 부족했다. 시간이 지나면서 다원주의는 세계 질서 모델의 특징들을 갖추었다. 지금의 유럽은 이 다원주의적 성향을 초월했을까? 아니면 유럽 연합(EU)의 내부 갈등이 그러한 성향을 확인해 주고 있는가?

로마 제국은 500년 동안 단일한 법률 체계와 공동 방위 체계, 뛰어난 수준의 문명을 보장해 주었다. 관례적으로 476년으로 알려진 로마 제국의 몰락으로 제국은 해체되었다. 역사가들이 암흑시대라고 부른 시기 동안 잃어버린 보편성에 대한 향수는 커져만 갔다. 조화와 통일이라는 비전은 점점 더 교회로 집중되었다. 그 세계관에서 기독교 세계는[2] 보완적인 두 권력이 운영하는 단일한 사회였다. 그 두 권력은 바로 현세의 영역에서 질서를 유지하는 '카이사르의 계승자'인 시민 정부와 보편적이고 절대적인 구원의 원칙들을 따르는 베드로의 계승자인 교회였다. 로마 제국이 무너질 때 북아프리카에서 집필 중이던 아우구스티누스는 현세의 정치권력은 하느님을 경외하는 삶과 인간의 구원을 추구하는 일에 힘을 보태는 한, 정당성을 가진다는 신학적 결론을 내렸다. 교황 젤라시오 1세는 494년에 비잔틴 황제 아나스타시오에게 다음과 같은 서한을 보냈다. "이 세상은 두 체제가 통치하는데, 바로 사제들의 성스러운 권위와 왕의 권력이다. 사제들이 최후의 심판에서 왕들을 위해 하느님에게 답을 하는 한, 사제들에게 더 큰 힘이 있다." 이 의미에서 실질적인 세계 질서는 이 세상에 존재하지 않았다.

모든 것을 아우르는 이 세계 질서 개념은 처음부터 변칙적인 개념과 경쟁해야 했다. 로마 시대 이후 유럽에서는 수십 명의 정치 지배자들이 명확한 위계 구조 없이 주권을 행사했다. 모든 지배자들이 그리스도에 대한 충성을 언급했지만, 교회나 교회의 권위와의 관계는 애매했다. 독립된 군대와 자주적인 정책을 보유한 왕국들이 아우구스티누스의『신국론(City of God)』과는 뚜렷한 관계가 없는 방식으로 이익을 교묘히 얻어 냈지만, 교회의 권위를 설명할 때에는 격렬한 논쟁이 수반되었다.

통일에 대한 열망은 800년 성탄절에 짧게나마 실현되었다.[3] 교황 레오 3세가 지금의 프랑스와 독일 지역을 대부분 정복한 프랑크 왕 샤를마뉴를 로마 황제 자리에 앉히고 당시 비잔틴 제국의 영토였던 과거의 로마 제국 동쪽 절반에 대한 명목상의 소유권을 부여하면서였다. 황제는 교황에게 "이교도의 습격과 해외 이단자들의 파괴로부터 그리스도의 성스러운 교회를 지키고 가톨릭을 승인하여 가톨릭 신앙에 힘을 더해 주겠다."라고 맹세했다.

하지만 샤를마뉴의 제국은 그 포부를 실현하지 못했다. 실제로 그의 제국은 그가 황제로 취임하자마자 무너지기 시작했다. 본국에서 처리해야 할 일들로 곤혹스러워진 샤를마뉴는 교황이 자신에게 나눠 준 옛 동로마 제국 영토를 통치하려 하지 않았다. 무어인들에게 정복당한 서쪽의 스페인을 되찾으려는 샤를마뉴의 계획은 거의 진전이 없었다. 샤를마뉴가 죽은 뒤, 그의 후임자들은 전통에 호소하고 그의 영토를 신성 로마 제국으로 칭함으로써 그의 입지를 강화하려고 애썼다. 하지만 수립된 지 100년도 안 되는 시간 동안 여러 차례 일어난 내란으로 쇠약해진 샤를마뉴 제국은 응집력 있는 정치적 독립체로서의 모습을 보여 주지 못했다. (신성 로마 제국이라는 이름은 1806년까지 연이은 영토 변화를 거치면서도 계속 사용되었다.)

중국에는 황제가 있었다. 그리고 이슬람 세계에는 이슬람 영토의 인정받은 지도자 칼리프가 있었다. 유럽에는 신성 로마 황제가 있었다. 하지만 신성 로마 황제는 다른 문명의 황제들보다 훨씬 더 취약한 기반에서 활동했다. 신성 로마 제국의 황제는 자기 뜻대로 부릴 수 있는 제국의 관료들을 갖지 못했다. 그의 권위는 왕조의 역량으로 황제가 다스리는 지역, 즉 황제 가문의 재산에 의해 좌우되었다. 황제 자리는 공식적으로 세습되는 게 아니라 처음에는 7명이었다가 9명으로 늘어난 선제후 선거로 결정되었다. 이 선거는 일반적으로 정치적인 책략과 신앙심에 대한 평가, 엄청난 금전적인 이익에 의해 결정되었다. 이론적으로 황제의 권위는 교황에게서 황제직을 수여받는 데서 발생했지만, 정치적이거나 업무적인 고려 사항으로 인해 황제로 임명되지 못하면서 여러 해 동안 '황제-당선인'으로 통치하는 경우가 종종 있었다. 종교와 정치가 단 한 번도 단일한 구조로 통합된 적이 없었던 탓에 볼테르는 신성 로마 제국이 "결코 신성하지도 않고 로마도 아니고 제국도 아니었다."는 진심 어린 농담을 던졌다. 중세 유럽의 국제 질서 개념은 교황, 황제, 다수의 봉건 통치자들 간의 개별적인 협상을 반영했다. 단일한 통치 조직과 그 통치를 정당화하는 일단의 단일한 원칙들을 근거로 세워진 보편적인 질서는 점점 더 현실과 멀어졌다.

　세계 질서에 대한 그러한 중세적 개념은 16세기에 합스부르크 왕가의 군주 카를 5세(1500~1588)가 등장하면서 잠시나마 완벽한 전성기를 꿈꿀 수 있었다. 하지만 그의 통치는 돌이킬 수 없는 쇠퇴를 예고하기도 했다. 플랑드르에서 태어난 준엄하고 신앙심 깊은 이 군주는 통치하기 위해 태어난 인물 같았다. 매운 음식을 좋아했다는 널리 알려진 사실 외에 그는 대체로 악덕하지 않고 혼란에 영향을 받지 않는다는 인상을 주었다. 어렸을 때 네덜란드 왕위를 물려받은 그는 16세에 아시아와 아메리카 대륙에 거대한 식민지를 건설 중이던 스페인의 왕위까지 물려받았다. 곧이어 1519년에는 신성 로마 황제직 선출에서 승리하면서 샤를마뉴의 공식적인 계승자가 되었다. 이들의 직함이 같았다는 것은 중세의 비전이 성취될 준비가 되었음을 의미했다. 미혼의 이 독실한 지배자는 현재의 오스트리아, 독일, 북이탈리아, 체코공화국, 슬로바키아, 헝가리, 동부 프랑스, 벨기에, 네덜란드, 스페인, 아메리카 대륙의 많은 지역에 해당하는 영토를 통치했다. (이 거대한 정치권력의 복합체는 거의 전적으로 정략결혼에 의해 탄생했고, 합스부르크 왕가는 "Bella gerant alii; tu, felix Austria, nube!" 즉, "다른 나라들은 전쟁을 하게 하라. 그대, 운 좋은 오스트리아는 결혼을 하라!"고 말할 수 있었다.) 카를의 후원하에 출범한 마젤란과 코르테스 같은 스페인 탐험가 겸 정복자들은 아메리카 대륙의 고대 제국들을 파괴하는 동시에 신세계 전역에 유럽의 정치권력과 성체를 전달했다. 카를의 육군과 해군은 남동부 유럽과 북아프리카 지역에서 오스만투르크 제국과 그들의 대리 세력의 침입에 맞서 기독교 세계를 수호했다. 카를은 신세계에서 얻은 금으로 마련한 함대를 이끌고 튀니지에서 몸소 반격을 주도했다. 이러한 흥미진진한 사건 전개에 몰두해 있던 카를은 동시대인들로부터 "843년에 로마 제국이 분리된 이후로 세상을 단 한 명의 양치기에게 돌려놓을 운명인 가장 위대한 황제"로 인정받았다.[4]

카를은 샤를마뉴의 전통을 따라[5] 대관식에서 "신성로마교회의 보호자이자 수호자"가 되겠다고 맹세했고, 사람들은 그에게 '로마 황제'이자 '제국'으로서 경의를 표했다. 교황 클레멘스는 "기독교 세계에 평화와 질서를 회복시켜 주는" 현세의 세력으로서 카를을 인정했다.

당시 유럽을 방문한 중국인이나 투르크인이라면 유럽의 정치 체계가 낯익게 느껴졌을 것이다. 신의 위임을 받은 듯한 한 왕조가 대륙을 다스리는 것처럼 보였을 것이다. 만약 카를이 권력을 강화하여 거대한 영토가 합쳐진 합스부르크 왕가에서 규칙에 따른 왕위 계승에 성공했다면, 유럽은 중국 제국이나 이슬람 영토처럼 유력한 중앙 권력에 의해 형성되었을 것이다.

하지만 그런 일은 일어나지 않았다. 그리고 카를은 그렇게 하려고 하지도 않았다. 결국 그는 균형 상태를 기반으로 질서를 세우는 데 만족했다. 그는 패권을 상속받을 수 있었지만, 그의 목적은 패권이 아니었다. 이는 카를이 1525년 파비아 전투에서 현세의 정치적 경쟁자인 프랑스 왕 프랑수아 1세를 사로잡고도 다시 풀어 준 사실에서 입증되었다. 결국 프랑스는 유럽의 한복판에서 적대적이고 독립된 외교 정책을 재개할 수 있었다. 이 프랑스 왕은 중세 기독교 국가 개념에 사뭇 어긋나는 놀랄 만한 조치를 취함으로써 카를의 위엄 있는 조치를 거부했다.[6] 프랑수아 1세는 당시 동유럽에 침입하여 합스부르크 왕가에 도전장을 낸 오스만 제국의 술탄 술레이만에게 군사적인 협력을 제안했다.

카를이 입증하려 한 교회의 보편성은[7] 성취할 수 없었다. 그는 자신의 권력 기반인 영토 전역에 확산되는 새로운 개신교 교리를 막지 못하는 것으로 드러났다. 종교적 통일성과 정치적 통일성 모두 금이 갔다. 신성 로마 황제로서 품을 수밖에 없는 열망을 실현하려는 시도는 한 사람의 능력 밖의 일이었다. 티치아노가 1548년에 그린 잊을 수 없는 카를의 초상화는 뮌헨의 알테 피나코테크 미술관에 소장되어 있다. 이 그림을 보면 정신적인 충족감에 도달하지 못한 황제의 고통, 다시 말하면 자신에게는 결국 부차적인 수단일 수밖에 없는 패권적 통치를 처리하지 못한 황제의 고통을 알 수 있다. 카를은 왕위에서 물러나 자신의 거대한 제국을 나누기로 결심했다. 그리고 자신의 통일 의지를 꺾어 놓은 다원주의를 반영하는 방식으로 그 일을 처리했다. 카를은 아들 펠리페에게 나폴리 왕국과 시칠리아를 물려준 뒤, 다시 스페인 왕위와 전 세계에 걸쳐 있는 스페인 제국까지 물려주었다. 1555년 브뤼셀에서 열린 감동적인 의식에서 카를은 치세 중에 이룬 자신의 업적을 되새기면서 자신이 성실하게 임무를 다했음을 증명했다. 그러면서 그는 네덜란드까지 펠리페에게 넘겨주었다. 같은 해에 카를은 신성 로마 제국 내에서 신교를 인정하는 역사적인 아우크스부르크 화의를 매듭지었다. 신성 로마 제국의 영적 기반을 포기한 카를은 제후들에게 영토의 종교를 선택할 권리를 부여했다. 곧이어 그는 신성 로마 황제 자리에서 내려와 제국에 대한 책임은 물론, 제국의 격변과 외부의 도전까지 동생인 페르디난트에게 넘겨주고는 스페인 시골의 한 수도원으로 은퇴하여 은둔의 삶을 살았다. 그는 자신의 고해 신부와 이탈리아 출신 시계 제조공과 함께 말년을 보냈다. 시계 제조공의 작품을 벽에 진열해 놓았던 카를은 시계 만드는 일을 배우려 했다. 1558년 카를이 세상을 떠났을 때, 그의 유언장에는 자신의 치세 중에 교회가 분열된 게 유감스러웠으며 종교 재판을 강화하라고 아들에게 당부하는 내용이 담겨 있었다.

통일이라는 오래된 이상은 마침내 세 가지 사건으로 무너졌다. 카를 5세가 세상을 뜰 무렵 유럽은 혁명적인 변화들로 인해 지역별 활동에서 전 세계적인 활동으로 눈을 돌렸고, 그와 동시에 중세의 정치적, 종교적 질서도 무너지기 시작했다. 이 혁명적인 변화들은 바로 대항해 시대의 시작과 인쇄술의 발명, 그리고 교회의 종파 분립을 말한다.

중세 시대의 박식한 유럽인이 이해한 세계 지도[8]는 예루살렘을 중심으로 동쪽의 인도에서부터 서쪽의 영국까지 뻗은 북반구와 남반구를 보여 주었을 것이다. 중세인들이 생각하기에 이 지도는 여행자를 위한 것이 아니라 인간의 구원이라는 드라마가 펼쳐질 신이 정한 무대였다. 성경에 따르면 세상의 7분의 6은 땅이고 7분의 1은 물이다. 구원의 원칙이 확고하고 기독교 세계로 알려진 땅에서 노력을 통해 그 원칙을 익힐 수 있기 때문에 위험을 무릅쓰고 문명의 변두리 너머로 나선다고 해도 보상은 없었다. 단테는 「지옥편(Inferno)」에서 율리시스가 지식을 찾아 헤라클레스의 기둥(Pillars of Hercules, 지중해 서쪽 끝, 지브롤터와 인접한 북아프리카의 언덕에 있는 바위) 너머까지 항해했다가 하느님의 계획을 어긴 데 대한 벌로 회오리바람에 배와 선원 모두를 잃을 운명이었다고 설명했다.

근대는 모험심이 왕성한 집단들이 바다는 물론 그 너머에 있는 모든 것을 탐험하여 영광과 부를 추구하려 하면서 그 시작을 알렸다. 15세기의 유럽과 중국은 거의 같은 시기에 전속력으로 나아갔다. 당시 세계에서 가장 크고 기술적으로도 가장 발전한 중국의 선박들은 탐험의 여정에 착수하여 동남아시아, 인도, 아프리카 동부 해안에까지 이르렀다. 중국인들은 그 지역의 세력가들과 선물을 교환하고 그 지역의 군주들을 중국 제국의 '조공 체계'에 편입시키고 문화적으로나 동물학적으로 진기한 물건들을 고향으로 가져갔다. 그러나 1433년에 대표적인 항해사인

정화가 사망하자 중국 황제는 해외 원정을 중단했고, 함대는 버려졌다. 중국은 자국의 세계 질서 원칙들이 보편적으로 타당하다고 계속 주장했지만, 해외 원정을 중단한 이후에는 중국 본토에서 국경선 주변에 살고 있는 민족들을 상대로 그 원칙들을 구축했다. 중국은 현대가 되기까지는 과거와 비슷한 해군 원정을 결코 시도하지 않았다.

60년 뒤 유럽의 강대국들은 서로 경쟁하는 주권 국가들로 이루어진 대륙에서 벗어나 항해를 시작했다. 각 군주는 경쟁국을 상대로 상업적, 전략적 우위를 차지할 수 있기를 바라며 해양 탐험을 후원했다. 포르투갈, 네덜란드, 영국의 함선들은 인도로 향했고, 스페인과 영국의 함선들은 신대륙으로 나아갔다. 스페인과 영국 모두 기존의 무역 독점 상품과 정치 체제를 대체하기 시작했다. 3세기에 걸쳐 유럽이 세계 문제에 지배적인 영향을 미치는 시대가 시작된 것이다. 그때 이후로 과거에는 지역적 문제였던 국제 관계가 지리적으로 전 세계가 포함되는 활동이 되었고, 그 활동의 무게 중심은 세계 질서 개념을 규정하고 그 실행 과정을 결정한 유럽이었다.

그러면서 정치적 세계의 본질을 생각하는 혁명이 뒤따랐다. 존재하는지도 몰랐던 지역의 사람들을 어떻게 생각해야 하는가? 그들은 제국과 교황제로 이루어진 중세의 우주론에 어떻게 적응했을까? 1550~1551년에 카를 5세는 스페인의 도시 바야돌리드에 신학자들을 불러 모았다. 그리고 그 신학자들은 신대륙에 사는 사람들이 영혼이 있는 인간이기 때문에 구원받을 자격이 있다는 결론을 내렸다. 물론 이 신학적 결론은 정복과 개종을 정당화하는 슬로건이기도 했다. 유럽인들은 재산을 늘리는 동시에 자신들의 양심을 달랠 수 있었다. 영토 지배를 위한 전 세계적인 경쟁은 국제 질서의 본질을 바꾸어 놓았다. 유럽의 관점은 다양한 유럽 국가들의 잇단 식민지 정복 시도가 지구 대부분의 지역에 이르고 세계 질서 개념이 유럽에서 작동하는 세력 균형과 합쳐질 때까지 확대되었다.

두 번째 획기적인 사건은 15세기 중반에 이동 가능한 형태의 인쇄술이 발명되면서 그때까지만 해도 상상할 수 없는 규모로 지식을 공유할 수 있게 된 것이다. 중세 사회는 종교 문서를 암기하거나 힘들게 손으로 베껴 쓰는 방법, 서사시를 통해 역사를 이해하는 방법으로 지식을 저장했다. 탐험의 시대가 되면서 새로이 발견되는 것을 이해해야 할 필요가 생겼는데, 바로 이 인쇄술에 힘입어 이야기를 전파할 수 있었다. 신세계 탐험은 개인의 중심적인 역할을 특별히 강조하면서 고대 세계와 그 세계의 진실을 재발견하려는 시도 또한 자극했다. 이성을 계몽과 해석이라는 객관적인 힘으로 받아들이는 추세가 증가하면서 그 당시까지는 난공불락이던 가톨릭 교회를 포함한 기존 제도들이 흔들리기 시작했다.

세 번째 혁명적인 변동인 종교 개혁은 마르틴 루터가 1517년에 비텐베르크 성곽 교회 문에 95개 조항의 논제를 게시하면서 시작되었다. 그는 개인과 하느님의 직접적인 관계를 주장하면서 확고한 정당성이 아니라 개인의 양심을 구원의 열쇠로 제시했다. 수많은 봉건 제후들이 신교를 인정하고 주민들에게 신교를 강요하고 교회의 토지를 장악하여 부를 축적함으로써 자신들의 권위를 높일 수 있는 기회를 잡았다. 양쪽은 상대를 이단으로 간주했고, 정치적 분쟁과 종파 간의 분쟁이 뒤섞이면서 양측의 다툼은 목숨을 건 싸움이 되었다. 군주들이 때로는 잔인하기까지 한 종교 갈등에 휩싸인 이웃국의 경쟁 집단을 지원하면서 국내 분쟁과 해외 분쟁을 분리해 주던 장벽이 무너졌다. 종교 개혁은 교황과 제국의 '양검'이 지탱해 온 세계 질서 개념을 무너뜨렸다. 분열된 기독교는 스스로와 전쟁을 치르고 있었다.

30년 전쟁: 정당성이란 무엇인가?

간간이 전쟁이 벌어진 한 세기 동안 로마 교회의 절대적 지위에 대한 신교 측의 비판은 확산되었다. 합스부르크 왕가와 교황은 자신들의 권위에 도전하는 세력을 없애 버리려고 애썼고, 신교도들은 새로운 신앙을 지키기 위해 저항했다.

후세에 30년 전쟁(1618~1648)이라 불린 이 시기는 이러한 혼란을 절정으로 치닫게 만들었다. 황제의 왕위 계승이 다가오면서 가톨릭계 보헤미아 왕인 합스부르크의 페르디난트가 가장 유력한 황제 후보로 부상하자, 보헤미아의 신교 귀족들은 신교도인 독일 제후에게 보헤미아 왕위와 자신들의 결정적인 투표권을 넘겨줌으로써 '정권 교체'를 시도했다. 이러한 결과가 발생하면 신성 로마 제국은 더 이상 가톨릭 국가가 될 수 없었다. 이에 제국 군대가 보헤미아의 반란을 진압한 뒤 신교 세력 전체를 상대로 자신들의 이점을 밀어붙이면서 중부 유럽을 유린한 전쟁이 촉발되었다. (신교 제후들은 당시 상대적으로 중요하지 않았던 프로이센을 포함하여 독일 북부에 대체로 분포되어 있었다. 가톨릭의 중심지는 독일 남부와 오스트리아였다.)

원칙적으로 신성 로마 황제를 지지하는 가톨릭 군주들은 새로운 이단자들에 맞서 힘을 합쳐야 했다. 하지만 종교적 통일과 전략적 이익을 놓고 선택해야 하는 입장에 처하자 적잖은 군주들이 후자를 택했다. 그중에 가장 대표적인 경우는 프랑스였다.

일반적으로 격변의 시기에 국내 권력을 유지하는 국가는 더욱더 중요한 국제적 목적을 위해 이웃 국가들의 혼란을 이용할 수 있다. 교활하고 무자비한 프랑스 성직자들은 기회를 감지하고 단호하게 움직였다. 프랑스 왕국은 스스로 새로운 통치 방식을 선택함으로써 그 과정을 시작했다. 봉건 체제에서 권력은 개인의 것이었다. 통치 방식은 지배자의 의지를 반영하지만 전통에 의해서도 제한을 받았다. 따라서 한 국가의 국가적, 국제적 행동에 이용할 수 있는 자원은 제한되었다. 1624년부터 1642년까지 프랑스의 재상을 지낸 리슐리외 추기경, 아르망장 뒤 플레시스는 이러한 제한을 극복한 최초의 정치가였다.

궁정 음모에 푹 빠진 사제 리슐리외는 기존 구조가 무너지고 종교적 격변이 발생한 시기에 잘 적응했다. 대단치 않은 귀족 가문의 세 아들 중 막내였던 그는 처음에 군인의 길을 선택했지만, 자신의 형이 가문의 생득권이나 마찬가지인 뤼송 주교직에서 예기치 않게 물러난 뒤 신학으로 진로를 바꾸었다. 전해지는 이야기에 따르면 리슐리외는 신학 공부를 아주 빠르게 마쳤기 때문에 사제로 임명될 수 있는 최저 연령에 미치지 못했다. 그는 로마로 가서 교황에게 직접 자기 나이를 속이고 이 문제를 해결했다. 그렇게 신임장을 얻은 리슐리외는 프랑스 궁정의 분파 정치에 뛰어들어 먼저 왕의 어머니인 마리 드 메디시스의 심복이 되었다. 그리고 다시 그녀의 주요한 정치 라이벌이자 미성년 아들인 루이 13세의 신망 받는 조언자가 되었다. 두 사람 모두 리슐리외를 정말로 믿지는 않았지만, 프랑스 내 개신교 신자들인 위그노(Huguenot)와의 분쟁을 힘들어했기에 리슐리외의 정치가 및 행정가로서의 천재적 재능을 차마 외면할 수 없었다. 이 젊은 성직자는 서로 경합하는 두 왕족 사이를 조정한 덕에 추기경 추천서를 얻을 수 있었다. 결국 추기경이 된 그는 왕의 직속 협의회에서 가장 지위가 높은 일원이 되었다. 거의 20년 동안 그 자리를 지킨 "붉은색의 우두머리"[9](치렁치렁한 추기경의 붉은색 옷 때문에 그렇게 불렸다.)는 프랑스의 재상이자 막후 실력자, 중앙 집권화된 국가와 세력 균형에 기초한 대외 정책이라는 새로운 개념을 만든 천재가 되었다.

리슐리외가 프랑스 정치를 주무르고 있을 때, 정치인의 능력을 다룬 마키아벨리의 원고[10]가 세상에 알려졌다. 리슐리외가 권력 정치를 다룬 이 글을 알았는지는 알 수 없다. 하지만 그가 마키아벨리의 중요한 원칙들을 실행하고 있었던 것은 분명하다. 리슐리외는 국제 질서에 급진적으로 접근하는 방식을 수립했다. 그는 국가를 그 자체로 존재하는 추상적이고 영원한 독립체라고 생각했다. 국가의 요건은 통치자의 인격이나 가문의 이익, 종교의 보편적인 요구에 의해 결정되지 않았다. 국가의 행동 지침은 계산할 수 있는 원칙을 따르는 국익이었다. 이는 나중에 국가 이성(raison d'état)으로 알려졌다. 따라서 국가는 국제 관계의 기본 단위가 되어야 했다.

리슐리외는 고도의 정책을 실행하는 수단으로서 갓 출발한 국가를 이용했다. 그는 파리에 권력을 집중시키고 이른바 지방장관이라는 전문적인 관리인을 두어 정부 권력이 왕국의 모든 행정 구역에 미치게 했다. 또한 효율적으로 세금을 거둬들이고 오래된 귀족들의 전통적인 지역 권력에 단호히 맞섰다. 왕은 주권 국가의 상징이자 국익의 표현으로서 왕권을 지속적으로 행사할 터였다.

리슐리외는 중유럽의 혼란이 교회를 지키기 위해 군대를 동원해야 할 이유가 아니라 우월한 존재인 합스부르크 제국을 저지할 기회라고 생각했다. 14세기 이후로 프랑스 왕이 렉스 가톨리시무스(Rex Catholicissimus), 즉 '최고의 가톨릭 왕'으로 불렸지만, 프랑스는 냉정한 국익 계산을 근거로 하여 처음에는 드러내지 않다가 나중에는 공개적으로 (스웨덴, 프로이센, 북부 독일의 제후들로 이루어진) 신교 연합군을 지지하는 쪽을 택했다.

추기경으로서 보편적이고 영원한 가톨릭 교회에 의무를 다해야 한다는, 다시 말하면 북유럽과 중유럽에서 반란을 일으킨 신교 제후들에 맞서 힘을 모아야 한다는 성난 불평에 대해[11] 리슐리외는 위기에 처한 현세의 독립국 재상으로서의 의무를 지적했다. 구원은 그의 개인적인 목적일 수 있지만, 정치가로서 그는 구원받을 수 있는 영원한 영혼을 지니지 못한 독립국에 책임을 다해야 했다. 그는 다음과 같이 말했다. "인간은 죽지 않는다. 인간은 사후에 구원된다. 국가에게는 불멸성이 없다. 국가의 구원은 지금 아니면 결코 이루어지지 않는다."

리슐리외는 중유럽의 분열[12]이 정치적, 군사적으로 필요하다고 생각했다. 프랑스에 대한 근본적인 위협은 형이상학적이거나 종교적인 것이 아니라 전략적인 문제였다. 통일된 중유럽은 대륙의 나머지 지역을 지배할 수 있기 때문이었다. 따라서 중유럽의 통합을 막는 것이 프랑스에게는 국가 이익이 되었다. "신교 세력이 완전히 무너진다면, 오스트리아의 예봉은 프랑스로 향할 것이다." 프랑스는 중유럽의 많은 중소 국가들을 지지하고 오스트리아의 힘을 약화시킴으로써 전략적 목적을 달성했다.

리슐리외의 구상은 엄청난 격변기를 견뎌 냈다. 리슐리외가 등장한 1624년부터 비스마르크가 독일 제국을 선포한 1871년까지 250년 동안 중유럽(현재의 독일, 오스트리아, 북부 이탈리아의 영토에 해당하는)의 분열을 유지하려는 목표는 프랑스의 외교 정책을 이끌어 가는 원칙으로 남았다. 이 개념이 유럽 질서의 본질로 작용하는 한 프랑스가 유럽 대륙에서 우세한 입지를 지킬 수 있었기 때문이다. 그 원칙이 무너지면서 프랑스의 지배적인 역할도 무너졌다.

리슐리외의 성공으로부터 세 가지 결론을 얻을 수 있다. 먼저 모든 관련된 요인들을 세심하게 분석한 결과를 토대로 한 장기적인 전략 개념이야말로 성공적인 외교 정책에 반드시 필요한 요소라는 것이다. 두 번째로 정치가로서 그러한 비전을 도출하려면 애매모호하면서 종종 서로 부딪치는 압박 요인들을 분석하고, 그 분석 결과를 일관되고 결단력 있는 방향으로 끌고 가야 한다는 것이다. 정치가는 이 전략이 어떤 결과로 이어질지, 왜 그렇게 되는지 알아야 한다. 세 번째로 정치가는 자신이 속한 사회의 경험과 열망 간의 간극을 메우면서 가능성의 경계선에서 활동해야 한다. 익숙한 일이 반복되면 정체가 발생하기 때문에 엄청난 대담성이 필요해진다.

베스트팔렌 평화 조약

우리 시대에 베스트팔렌 평화 조약은 전 세계적으로 확산된 국제 질서의 새로운 개념을 개척한 조약으로서 특별한 반향을 얻었다. 하지만 당시 조약 협상을 위해 모인 대표들은 조약 원안과 자격에 더 많이 집중했다.

신성 로마 제국과 제국의 주요 적국인 프랑스와 스웨덴 대표들이 평화 회담을 소집하는 데 원칙적으로 동의했을 무렵, 양측의 대립은 23년째 질질 끌며 계속된 상태였다. 그리고 추후 2년 동안에도 전쟁이 지속되다가 마침내 대표단의 만남이 성사되었다. 그 사이에 양측은 동맹 관계와 국내 지지층을 교묘하게 강화했다.

1814~1815년의 빈 회의나 1919년의 베르사유 조약 같은 다른 획기적인 협정과는 달리 베스트팔렌 평화 조약은 한 번의 회담으로 탄생하지 않았다. 그리고 그 회담이 이루어진 환경도 세계 질서 같은 대단한 문제들을 숙고하는 정치인들의 회담과는 사뭇 달랐다. 스페인에서 스웨덴에 이르는 다양한 참전국들을 반영하듯 평화 조약은 베스트팔렌 지역의 두 도시에서 각기 마련된 일련의 협정들을 통해 도출되었다. 신성 로마 제국 내 여러 국가의 참가자 178명 등이 포함된 가톨릭 세력은 뮌스터라는 가톨릭계 도시에 모였고, 신교 세력은 대략 48킬로미터 떨어진 오스나브뤼크에서 만났다. 이 도시는 루터파와 가톨릭계가 섞여 있었다.

235명의 공식 사절[13]과 참모들은 두 소도시에서 숙소를 잡기 위해 혈안이 되었다. 두 도시 모두 유럽의 모든 열강이 모이는 회의는 말할 것도 없고 대규모 행사를 열기에 적합한 도시로 여겨진 적이 한 번도 없었다. 스위스 사절은 "소시지와 생선 기름 냄새가 진동하는 방직공 가게 윗방에 머물렀고", 29명이 파견된 바이에른 대표단은 침상 18개를 확보했다. 회의 참가자들은 공식적인 회의 대표나 조정관도 없고 총회도 계획되지 않은 상태에서 필요에 따라 그때그때 만났고, 때로는 중간에 비공식적으로 만나기도 하면서 두 도시 사이의 중립 지역에서 입장을 조율했다. 일부 주요 강대국들은 두 도시에 대표단을 상주시키기도 했다. 회담이 이루어지는 동안에도 유럽의 여러 지역에서 전투가 계속되었고, 달라지는 군사적 역학 관계는 협상 과정에 영향을 미쳤다.

대표들은 대부분 전략적 이익을 기초로 해서 대단히 현실적인 지시 사항을 받고 왔다.[14] 그들은 "기독교 세계의 평화"를 달성하겠다는 고결한 문구를 채택했지만, 교리상의 통일이나 정치적인 통일을 통해 이 고상한 목표를 달성할 수 있다고 생각하기에는 너무나 많은 희생이 따른 상태였다. 적어도 평화가 수립된다면 이제는 경쟁국 간의 균형을 통해 가능하다는 의견이 당연시되었다.

이렇듯 대단히 복잡한 논의 과정을 통해 탄생한 베스트팔렌 평화 조약은 실제로 협정의 조건들을 구체화한 조약이 하나도 없는데도 유럽사에서 가장 자주 인용되는 외교 문서일 것이다. 대표자들은 한 차례의 총회를 통해 조약을 채택한 것도 아니었다. 실제로 이 평화 조약은 각기 다른 시간에 다른 도시에서 서명된 세 개의 보완적인 협정을 합해 놓은 것이다. 1648년 1월에 체결된 뮌스턴 평화 조약에서 스페인은 30년 전쟁에 흡수된 80년간의 네덜란드 반란을 마무리 지으며 네덜란드 공화국의 독립을 인정했다. 이후 1648년 10월에 따로 만난 강대국 그룹들이 서로의 조약을 반영하고 주요한 조항들을 참고하여 통합한다는 조건으로 뮌스터 조약과 오스나브뤼크 조약에 각기 서명했다.

두 다자간 조약 모두[15] "하느님의 영광과 기독교 세계의 방어"를 위한 "보편적이고 영원히 계속되고 진실하고 진정한 기독교인의 평화와 우정"으로서 자신들의 의지를 선언했다. 유효한 조항들은 그 시대의 다른 문서와 크게 다르지 않았다. 하지만 그 조항들에 도달하기까지 동원된 방법은 전례가 없었다. 전쟁은 보편성이나 종파 간의 단결을 외치는 가식적인 주장들을 산산조각 냈다. 가톨릭 대 신교의 투쟁으로 시작된 이 전쟁은 프랑스가 가톨릭계인 신성 로마 제국에 대항하여 참전한 뒤에는 특히 모두가 자기 이익만을 위해 동맹 관계를 바꿔 버리는 전쟁이 되어 버렸다. 종파별 협력은 현대 중동에서 발생하고 있는 돌발적인 사건들처럼 단결과 전투 동기로 언급되다가도 서로 충돌하는 지정학적 이익이나 지도자의 단순한 야심에 의해 종종 묵살되어 버렸다. 모든 관계자는 전쟁 중에 한 번씩은 '본래의' 동맹국에 버림받았다. 자신의 이익이나 위신을 증진하는 일이 아닌 다른 일을 하고 있다는 착각에 빠져 서류에 서명한 관계자는 단 한 명도 없었다.

역설적으로 참가자들은 이러한 일반적인 병폐와 냉소주의 덕[16]에 특정 전쟁을 끝내는 현실적인 수단을 세계 질서의 일반적인 개념들로 바꾸어 놓을 수 있었다. 전쟁에 단련된 다수의 당사국들이 어렵게 얻은 이득을 확실히 지키기 위해 회담에 임하면서 과거의 위계에 따른 존중 방식은 조용히 잊혀졌다. 갖고 있는 힘이 어느 정도인지, 어떤 국내 체제를 갖고 있는지에 관계없이 주권 국가들은 본질적으로 평등하다는 개념이 도입되었다. 스웨덴이나 네덜란드 공화국 같은 신흥 강대국들은 프랑스나 오스트리아 같은 기존 강대국과 동일한 의전 대우를 받았다. 모든 왕들은 '폐하'로 불렸고, 모든 대사들은 '각하'로 불렸다. 이 새로운 개념은 절대적인 평등을 요구하는 대표자들이 개별 문을 통해 협상 장소에 들어가는 절차가 도입될 정도로 확대 적용되었다. 그로 인해 출입구를 여러 개 만들어야 했고, 각 대표자들은 자기 마음대로 도착하는 다른 대표자를 기다리는 수모를 피하기 위해 똑같은 속도로 회담장에 걸어 들어갔다.

베스트팔렌 평화 조약은 그 조약이 마련한 요소들이 전면적이면서도 단순했기 때문에 국가들의 역사에서 전환점이 되었다. 제국이나 왕조, 종파가 아니라 국가를 유럽 질서의 기본 요소로 확인했다. 조약의 새로운 조항들[17]은 소수 종파가 평화롭게 자신의 신앙을 믿을 수 있고 강요된 개종에서 자유로워졌을 뿐만 아니라, 각각의 서명국이 간섭받지 않고 각자 국내 체제와 종교적 성향을 선택할 수 있는 권리를 확인했다. 유럽 대륙에서 총력전이 재발되는 상황을 피하려는 공통된 소망에 자극받아 그 시기의 당면한 문제들을 초월하는 새로운 '국제 관계' 체계의 원칙들이 형성되었다. 관계를 조절하고 평화의 기술을 촉진하기 위해 우방국 수도에 상주 대표를 주둔시키는 방안(그전에는 베네치아만 따르던 관습)을 포함한 외교적인 교류가 계획되었다. 조약 관계자들은 베스트팔렌 모델을 바탕으로 삼아 충돌로 이어지기 전에 분쟁을 해결하는 토론장으로서 미래의 회의와 회담을 계획했다. 전쟁 중에 여러 국가를 돌아다니며 조언을 건넨 그로티우스 등의 학자들이 발전시킨 국제법은 베스트팔렌 조약을 중심으로 화합 분위기 구축을 목표로 하는 확대 가능한 합의 원칙들로 취급받았다.

이 체제의 비범한 부분이자 이 체제가 전 세계에 확산된 이유는 이 조약의 규정들이 본질에 관한 것이 아니라 절차에 관한 것이라는 점이었다. 이 기본 요건들을 받아들인 국가는 국제 체계 덕분에 외부의 간섭으로부터 보호받으면서 자신들만의 문화와 정치, 종교, 국내 정책을 유지할 수 있는 국제 시민으로서 인정받을 수 있었다. 역사적으로 유럽을 비롯하여 대부분 지역 질서의 전제 조건이었던 제국의 통일이나 종교적 통일이라는 이상은 원칙적으로 한 권력 중심지만이 완벽히 정당화될 수 있음을 의미했다. 베스트팔렌 개념은 다양성을 체제의 출발점으로 삼았다. 그리고 각 사회를 현실로 인정하면서 다양한 다수의 사회들을 공동의 질서 추구 작업에 끌어들였다. 20세기 중반 무렵 이 국제 체계는 모든 대륙에 자리 잡게 되었다. 이 체제는 현재 국제 질서의 기반으로 남아 있다.

베스트팔렌 평화 조약은 동맹국들 간의 구체적인 협정이나 유럽의 영구적인 정치 구조를 지시하지 않았다. 보편 교회가 정당성의 근본적인 원천으로서 더 이상 존재하지 않고 신성 로마 제국의 세력이 약화되면서 세력 균형이 유럽의 질서를 구축하는 개념이 되었다. 정의에 따르면 세력 균형에는 이념상의 중립과 변화하는 상황에 대한 적응이 필요하다. 19세기의 영국 정치가 파머스턴 경은 이 개념의 기본 원칙을 다음과 같이 표현했다. "우리에게는 영원한 동지도, 영원한 적도 없다.[18] 우리의 이익만이 영원할 뿐이며, 그 이익을 지키는 것이 우리의 의무이다." 공식적인 '외교 정책'의 형태로 이 이익을 더욱 구체적으로 규정해 달라는 질문에 그 칭송받는 영국 권력의 집사는 이렇게 주장했다. "사람들은 내게 이른바 정책이라는 것이 무엇인지 물어본다.[19] 나는 정책이 제기될 때마다 국가 이익을 정책의 지도 원리로 삼아 최선의 일을 하는 것이라고 답해 줄 수 있을 뿐이다." (물론 이 믿을 수 없을 정도로 단순한 개념이 영국에서 성공한 이유는 부분적으로 영국의 지배 계층이 지속적인 국익이 지닌 직관적이면서 일반적인 의미를 교육받았기 때문이다.)

오늘날 베스트팔렌 조약의 이 개념들은 도덕적인 요구에 무관심한 채 부정적인 힘의 조종을 일삼는 체제라는 비난을 종종 받는다. 그러나 베스

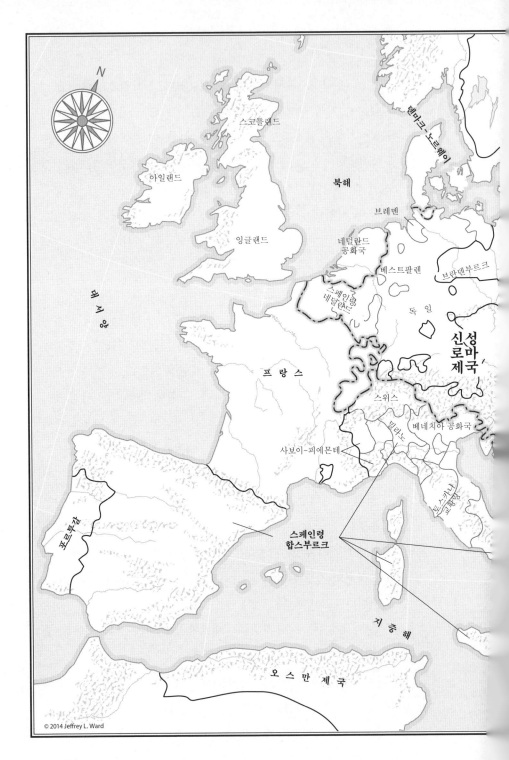

스코틀랜드

아일랜드

북해

덴마크-노르웨이

브레멘

잉글랜드

네덜란드
공화국

베스트팔렌

브란덴부르크

스페인령
네덜란드

독 일

신성
로마
제국

대 서 양

프 랑 스

스위스

베네치아 공화국

밀라노

사보이-피에몬테

포르투갈

스페인령
합스부르크

지 중 해

오 스 만 제 국

© 2014 Jeffrey L. Ward

1648년 베스트팔렌 평화 조약 이후의 유럽

스웨덴과
스웨덴 속령

발트 해

러시아

동프로이센

노이센

호엔촐레른 속령
(프로이센)

폴 란 드

합스부르크 속령
(오스트리아)

보헤미아

오스트리아

헝가리

흑 해

오 스 만 제 국

다뉴브

범례

신성 로마 제국 경계선

강대국 경계선

국가 경계선

0 마일   300

0 킬로미터   300

트팔렌 평화 조약에서 수립된 구조물은 합의된 규칙과 제한을 기초로 국제 질서를 제도화하고 지배적인 한 국가가 아니라 다수의 강대국들을 기초로 해서 국제 질서를 세우려던 최초의 시도였음을 보여 주었다. 처음으로 등장한 국가 이성과 '국익'의 개념들은 힘을 키우는 것이 아니라 힘의 사용을 합리화하고 제한하려는 시도를 의미했다. 군대는 여러 세대 동안 보편적인(동시에 모순되는) 도덕적 요구를 내걸고 유럽 전역을 행진해 왔다. 예언자와 정복자들은 개인의 야망, 왕조 및 제국의 야망, 종교적 야망이 뒤섞인 야망을 위해 총력전을 촉발했다. 이론적으로 논리적이고 예측 가능한 각국의 국익이 서로 맞물리면서 유럽 대륙의 구석구석에서 전개되는 무질서를 극복해 줄 것이었다. 계산 가능한 사안들 때문에 벌어지는 국지전은 보편주의가 서로 경쟁함에 따라 추방과 개종을 강요하고 전면전으로 민간인을 희생시키는 시대를 대체할 예정이었다.

세력 균형은 애매모호한 특징을 지녔지만 강제적인 종교 전쟁에 대한 개선책으로 간주되었다. 하지만 세력 균형을 어떻게 달성할 수 있을까? 이론적으로 세력 균형은 현실에 기초했다. 따라서 그 체제에 참여하는 모든 국가들은 세력 균형을 똑같이 생각해야 한다. 하지만 각 사회의 인식은 국내 체제나 문화, 역사에 영향을 받고, 아무리 객관적이라고 해도 힘의 요소들이 끊임없이 변화하는 중요한 현실에도 영향을 받는다. 따라서 세력 균형은 이따금 재조정되어야 한다. 세력 균형은 전쟁을 야기하지만, 그 균형이 전쟁의 규모를 제한하기도 한다.

베스트팔렌 체제의 작동

베스트팔렌 조약이 체결되면서 교황의 권한은 교회의 기능으로 국한되고 주권 평등의 원칙이 지배하게 되었다. 그렇다면 어떤 정치 이론이 세속적인 정치 질서의 기원을 설명하고 그 기능을 정당화할 수 있었을까? 토머스 홉스는 베스트팔렌 평화 조약이 체결된 지 3년 뒤인 1651년에 『리바이어던(Leviathan)』에서[20] 그러한 이론을 제공했다. 그는 과거의 '자연 상태'에서는 권력의 부재로 인해 '만인의 만인에 대한 투쟁'이 발생했다고 생각했다. 그는 사람들이 그 견딜 수 없는 불안감에서 벗어나기 위해 자신의 권리를 국가에 넘기면 국가는 국가 내에 사는 모든 사람들의 안전을 보장해 준다는 이론을 제시했다. 주권 국가의 권력 독점은 끔찍한 죽음과 전쟁에 대한 영원한 두려움을 극복하는 유일한 방법으로 인정받았다.

홉스의 분석에 등장한 이 사회 계약은 국경선 너머까지는 적용되지 않았다. 질서를 강요하는, 국가를 초월하는 주권은 존재하지 않았기 때문이다. 따라서

나는 흔히 국제법이라 불리는 법에서 이해되는 주권 국가들 간의 관계에 대해[21] 이 자리에서 아무 말도 할 필요가 없다. 국제법과 자연법은 똑같은 것이기 때문이다. 그리고 모든 주권 국가는 어떤 개인이 자기 몸의 안전을 확보할 수 있는 권리를 갖듯 국민의 안전을 확보하는 데 있어서도 똑같은 권리를 가진다.

국가 간의 영역을 안전하게 만들 수 있는 세계 주권이 존재하지 않았고 현실적으로 어떤 것도 설립할 수 없었기 때문에 국제 관계는 자연 상태를 벗어나지 못하고 무질서했다. 따라서 각 국가는 힘이 가장 중요한 요인인 세상에서 자국의 이익을 가장 우선시해야 했다. 리슐리외 추기경이었다면 이 생각에 단호하게 동의했을 것이다.

이행 초기 단계에 베스트팔렌 평화 조약은 홉스의 세계를 실행에 옮겼다. 이 새로운 세력 균형은 어떻게 조정될 수 있었을까? 우선 사실로서의 세력 균형과 체제로서의 세력 균형을 구분 지어야 한다. 국제 질서가 그 이름값을 하려면 머지않아 균형 상태에 도달해야 하며, 그렇지 못하면 끊임없이 전쟁을 치르는 상태가 될 것이다. 중세 사회에는 수십 개의 공국이 있었기 때문에 실제로 실질적인 세력 균형이 자주 형성되었다. 베스트팔렌 평화 조약이 체결된 이후 세력 균형은 체제로서 나타났다. 다시 말하면 세력 균형 달성이 외교 정책의 주요한 목적 중의 하나로 인정되었다. 그 균형을 흔들면 균형을 유지하려는 동맹이 등장할 것이었다.

18세기 초에 영국이 주요 해군 강국으로 부상하면서 세력 균형의 사실들은 체제로 바뀔 수 있었다. 바다를 지배하게 된 영국은 세력 균형의 중재자로서 대륙 문제에 개입하는 시기와 규모를 선택할 수 있었다. 말하자면 유럽이 세력 균형을 유지하도록 보장하는 국가가 된 셈이었다. 세력 균형의 조건들을 정확하게 평가하는 한 영국은 대륙의 약한 세력을 지지함으로써 단일 국가가 유럽의 패권을 잡아 대륙의 자원을 동원하여 영국의 해상 지배에 도전할 수 없게 만들 수 있었다. 제1차 세계대전이 발발하기 전까지 영국은 균형을 잡아 주는 역할을 했다. 영국은 동맹국을 바꿔 가며 유럽의 여러 전쟁에서 싸웠다. 영국이 순전히 특정한 국가적 목표를 추구해서가 아니라 국가의 이익을 세력 균형 유지와 동일시했기 때문이었다. 이러한 원칙들 중 다수가 오늘날 미국의 역할에 적용되는데, 이 이야기는 나중에 다룰 것이다.

실제로 베스트팔렌 조약이 체결된 이후에 유럽에는 두 가지 세력 균형이 등장했다.[22] 영국이 수호자 역할을 하는 전체적인 균형은 전반적인 안정을 지켜 주었고, 기본적으로 프랑스가 조종한 중유럽의 균형은 유럽 대륙에서 가장 강력한 국가가 될 수 있는 통일 독일의 등장을 막는 것을 목표로 했다. 200년이 넘는 세월 동안 이 두 균형은 30년 전쟁 때처럼 유럽이 산산조각으로 나뉘는 결과를 막아 주었다. 이 두 균형이 전쟁을 막은 것은 아니었지만, 전면적인 정복이 아니라 균형이 목표였기 때문에 전쟁의 영향을 제한할 수 있었다.

세력 균형은 적어도 두 가지 상황에서 흔들릴 수 있다. 첫 번째는 주요 강대국이 패권을 잡겠다고 위협적인 수준까지 힘을 키우는 경우이다. 두 번째는 지금까지는 강대국이 아니었던 국가가 강대국의 지위에 오르기 위해 다른 강대국들의 보완적인 조정을 유발함으로써 새로운 균형이 수립되거나 전체적인 대격변이 일어날 때 발생한다. 베스트팔렌 체제는 18세기에 이 두 번의 시험을 모두 치렀는데, 첫 번째 시험은 패권 장악에 나선 프랑스 루이 14세의 공격을 좌절시킨 경우이고, 두 번째는 강대국과 동등한 지위를 요구한 프로이센 프리드리히 대왕의 주장에 따라 체제를 조정한 경우이다.

루이 14세는 1661년에 프랑스 왕위를 완벽하게 장악한 뒤, 리슐리외의 통치 개념을 전례 없는 수준으로까지 발전시켰다. 과거에 프랑스 왕은 세습을 근거로 자율적인 권한을 요구하는 봉건 영주들을 통해 국가를 통치했다. 루이 14세는 전적으로 자신에게 의존하는 왕실 관료들을 통해 나라를 다스렸다. 그는 귀족 출신의 조신들을 격하시키는 대신 관료들에게 작위를 내렸다. 가문의 지위가 아니라 왕에 대한 복무가 중요했다. 도시 포목상의 아들인 뛰어난 재무상 장 바티스트 콜베르는 조세 행정을 통일하고 거듭되는 전쟁을 치를 자금을 마련해야 했다. 세습 공작이자 문인이던 생시몽의 회고록은 이러한 사회적 변화를 씁쓸히 증언해 준다.

그(루이)는 자신이 한 국가의 장관을 그의 가족과 함께 맨 밑바닥으로 끌어내리고 극심한 불만감에 귀족을 짓밟을 수는 있어도 귀족이나 귀족의 혈통을 완전히 말살할 수 없음을 알고 있었다.[23] 만약 그렇게 되면 아무리 재산이 많아도 그에게는 소용이 없다. 그가 자신의 장관들에게 같은 혈통의 왕자들보다도 높은, 국가에서 가장 높은 권한을 부여하려 한 것은 바로 그런 이유 때문이었다.

1680년에 루이 14세는 이전에 스스로에게 부여한 '태양왕'이라는 칭호와 함께 '대왕'이라는 칭호까지 덧붙임으로써 모든 것을 아우르는 자신의 원칙의 특징을 상징화했다. 1682년에는 프랑스가 점령하고 있던 북미 영토에 '루이지애나(Louisiana)'라는 이름을 부여했다. 같은 해에 루이 14세는 베르사유로 궁전을 옮겼는데, 거기서 그는 자신의 위대한 업적만을 무대에 올리는 '극적인 군주 정치'를 정성껏 감독할 수 있었다.

통일된 왕국으로서 내전으로 피폐해지지 않은 상태에서 숙련된 관료들은 물론 어떠한 이웃 국가의 군대도 능가하는 군대를 보유한 프랑스는 한동안 유럽에서 지배적인 위치를 추구할 수 있었다. 루이 14세의 통치 기간은 거의 끊임없이 이어지는 전쟁의 연속이었다. 유럽의 패권을 잡으려 한 이후의 모든 국가들과 마찬가지로, 프랑스가 새로운 영토를 정복할 때마다 프랑스에 반대하는 국가들이 손을 잡았다. 처음에 루이 14세의 장군들은 모든 곳에서 승전보를 울렸다. 하지만 최후에 그들은 모든 곳에서 패배하거나 저지당했는데, 가장 두드러진 패배로는 나중에 말버러 공으로 서임된 존 처칠에게 패한 전투를 꼽을 수 있다. 존 처칠은 20세기의 위대한 수상 윈스턴 처칠의 조상이다. 루이 14세의 군대는 베스트팔렌 체제의 기본적인 회복력을 극복하지 못했다.

리슐리외가 세상을 뜨고 수십 년이 지난 뒤에 세속적인 외교 정책을 추구하는 중앙 집권화된 통일 국가가 효과적임이 증명되면서, 프랑스의 세력을 상쇄시키기 위해 손을 잡은 모방 국가들이 자극을 받았다. 영국, 네덜란드, 오스트리아가 대동맹을 형성했고, 이후 스페인, 프로이센, 덴마크, 일부 독일 공국들이 이 동맹에 참여했다. 루이 14세를 반대한 이유는 사실 이념이나 종교 때문이 아니었다. 프랑스어는 유럽의 많은 지역에서 외교 언어이자 고등교육의 언어로 남아 있었고, 동맹 진영 내 곳곳에서 가톨릭과 신교 간의 대립이 존재했다. 오히려 루이 14세의 반대 세력이야말로 베스트팔렌 체제에 내재했으며, 다원주의적 유럽 질서를 보존하는 데 반드시 필요했다. 이러한 특징은 동시대의 관찰자들이 붙인 '대안정기'라는 명칭에서도 잘 나타났다. 루이 14세는 프랑스의 영광이라는 미명하에 패권에 해당하는 것을 추구했다. 그는 다양성 속에서 질서를 추구한 유럽에 패하고 말았다.

18세기 전반기는 프랑스를 봉쇄하려는 시도가 지배했고, 18세기 후반기는 강대국들 사이에서 자신의 위치를 찾으려는 프로이센의 시도가 이루어졌다. 루이 14세가 자국의 힘을 패권으로 바꾸기 위해 전쟁을 벌였다면, 프로이센의 프리드리히 2세는 잠재적으로 취약한 나라를 강대국의 지위로 높이기 위해 전쟁을 벌였다. 북부 독일의 황량한 평원에 위치한 프로이센은 비슬라 강에서부터 독일로 세력을 확대해 나갔는데, 천부적으로 더 좋은 조건을 갖춘 국가들의 인적, 물적 자원을 대체하기 위해 규율을 마련하고 공무원을 육성했다. 두 곳의 비접경 지역으로 분리되어 있던[24] 프로이센은 불안하게도 오스트리아, 스웨덴, 러시아, 폴란드의 세력권과 접해 있었다. 인구 밀도가 희박한 프로이센의 힘은 국가의 제한된 자원을 결집시키는 규율이었다. 이 국가의 최대 자산은 시민 의식과 효율적인 관료제, 잘 훈련된 군대였다.

1740년에 왕위에 오른 프리드리히 2세는[25] 역사가 그에게 허락해 준 대왕의 지위에 걸맞아 보이는 도전자는 아니었다. 황태자로서 따라야 할 규율을 답답해하던 그는 한스 헤르만 폰 카테라는 친구와 함께 영국으로 도망치다가 붙잡혔다. 왕은 자신이 주재하는 군법회의에 황태자를 데려온 뒤 그의 앞에서 폰 카테를 참수하라고 명령했다. 프리드리히는 178개의 질문으로 된 아버지의 반대 심문에 아주 능숙하게 답변한 덕에 복위될 수 있었다.

그가 이런 혹독한 경험에서 살아남을 수 있었던 것은 아버지의 엄격한 의무감을 받아들이고 사람을 싫어하는 태도를 길렀기 때문이었다. 프리드리히는 자신의 개인적인 권한은 절대적이라고 생각했지만, 자신의 정책은 1세기 전에 리슐리외가 제시한 국가 이성의 원칙들에 의해 엄격히 제한받는다고 생각했다. 그의 신조는 이러했다. "통치자는[26] 국가 자원의 노예이고, 국가의 이익은 국가의 법이다. 그리고 이 법은 침해할 수 없다." 용기 있는 세계주의자였던(프리드리히는 프랑스어를 말하고 쓸 줄 알았고 군사 작전 중에도 감상적인 프랑스 시를 지었는데, 자신의 작품에 "Pas trop mal pour la veille d'une grande bataille(대전투를 앞둔 날치고는 그리 나쁘지 않다.[27])"라는 부제를 달기도 했다.) 그는 이념이 아니라 유효성으로 정당성을 부여받은 자애로운 전제정에 의한 계몽 통치[28]의 새 시대를 구현했다.

프리드리히 2세는 프로이센이 강대국이 되려면 연속된 영토가 필요하다고, 다시 말하면 영토 확장이 필요하다는 결론을 내렸다. 다른 정치적, 도덕적 정당성은 필요하지 않았다. "우리 군대가 우수하고[29] 신속하게 출동할 수 있다는 점, 한마디로 우리가 이웃 국가들에 비해 분명한 우위를 차지하고 있다."는 것은 1740년에 프리드리히가 전통적으로 오스트리아 영토였던 부유한 슐레지엔 지방을 점령하는 데 필요한 타당한 이유였다. 그 문제를 법적인 문제나 도덕적 문제가 아니라 지정학적 문제로 간주한 프리드리히는 (프로이센 입장에서는 오스트리아의 반대 세력이라고 생각한) 프랑스와 손을 잡고 1742년의 평화 협정을 통해 영토와 인구 면에서 프로이센의 2배에 가까운 슐레지엔을 지켜 냈다.

그 과정에서 프리드리히 2세는 유럽 체계에 전쟁을 되돌려 주었다. 유럽 체계는 위트레히트 조약이 루이 14세의 야심에 종지부를 찍은 1713년 이후로 평화로운 상태였다. 기존의 세력 균형에 도전장을 던지자 베스트팔렌 체제가 작동하기 시작했다. 유럽 질서의 새로운 일원으로 받아들여지기까지 프로이센은 7년 동안 재앙에 가까운 전쟁에 시달리는 대가를 치러야 했다. 프리드리히의 과거 동맹국들이 그의 활동을 진압하려 하고 그들의 경쟁국들이 자기들 목적에 프로이센의 규율 잡힌 전투력을 이용하려 하자 동맹 관계가 역전되었다. 신비에 싸인 먼 나라 러시아가 처음으로 유럽의 세력 균형을 위한 경쟁에 뛰어들었다. 러시아 군대가 베를린 코앞까지 진격하면서 패배를 눈앞에 둔 순간, 프리드리히는 예카테리나 2세의 갑작스러운 죽음으로 목숨을 구할 수 있었다. 오래전부터 프리드리히를 숭배해 온 새로운 러시아 황제는 전쟁에서 철수했다. (1945년 4월에 베를린에서 포위된 히틀러도 이른바 브란덴부르크가의 기적에 비견될 만한 사건을 기다리고 있었다. 히틀러는 요제프 괴벨스로부터 프랭클린 D. 루스벨트 대통령이 세상을 떠난 덕에 그 기적이 발생했다는 얘기를 들었다.)

이제 신성 로마 제국은 허울만 남았다. 보편적인 권위를 요구하는 유럽의 경쟁국이 등장하지 않았기 때문이다. 통치자들 대부분은 자신이 신성한 권리를 근거로 통치하고 있다고 주장했고, 어떠한 강대국도 이의를 제기하지 않았다. 그러나 통치자들은 신이 다른 여러 군주들에게도 비슷하게 그 권리를 주었다는 점을 인정했다. 따라서 전쟁은 기존 정부나 제도를 전복하거나 새로운 국가 간의 관계를 강요하기 위해서가 아니라 제한된 영토를 목표로 벌어졌다. 통치자들은 전통 때문에 백성들을 징집하지 못하고 세금을 올리지도 못했다. 전쟁이 민간인들에게 미친 영향은 30년 전쟁이나 기술과 이념이 야기할 200년 뒤의 공포와는 결코 비교할 수 있는 수준이 아니었다. 18세기의 세력 균형은 "화려함과 세련됨, 용맹함과 완벽한 자신감의 표현 속에서 삶과 가치를 보여 주는"[30] 극장처럼 작동했다. 그 힘의 행사는 베스트팔렌 체제가 패권에 대한 열망을 허용하지 않는다는 인식에 의해 억제되었다.

가장 높은 안정성을 보여 준 국제 질서들은 동일한 인식이라는 이점을 갖고 있었다. 18세기의 유럽 질서를 이끌어 간 정치인들은 명예나 의무 같은 무형의 개념들을 동일한 방식으로 해석하고 기본 원칙에 동의하는 귀족들이었다. 그들은 같은 언어(프랑스어)를 사용하고, 같은 살롱의 단골이고, 서로의 수도에서 낭만적인 관계를 추구하는 단일한 엘리트 사회[31]를 대표했다. 물론 국가별 이해관계는 달랐지만, 한 국가의 외무장관이 다른 국적의 군주를 위해 일할 수 있고(1820년까지 모든 러시아 외무장관은 해외에서 뽑았다.) 어떤 지역이 혼인 협정이나 우연한 상속으로 소속 국가가 달라질 수 있는 세상에서는 모든 것을 아우르는 공동의 목적 의식이 반드시 필요했다. 18세기의 세력 계산은 정당성에 대한 공통된 의식과 국제적 행동에 대한 무언의 규칙 같은 점점 더 개선되는 환경을 바탕으로 이루어졌다.

이러한 합의는 예의의 문제만은 아니었다. 그것은 유럽의 공통된 관점에 대한 도덕적인 확신을 반영했다. 계몽주의 시대만큼 유럽이 통일되거나 자발적인 적은 없었다. 과학과 철학에서 얻은 새로운 업적은 균열이 생기고 있던 유럽의 확실한 전통과 신앙을 대체하기 시작했다. 물리학, 화학, 천문학, 역사, 고고학, 지도 제작, 합리성 등 다수 분야의 급속한 발전은 자연의 숨겨진 모든 메커니즘이 밝혀지는 것이 시간문제에 불과함을 알려 주는 세속의 새로운 탐구 정신을 강화시켜 주었다. 프랑스의 뛰어난 박식가 장 르 롱 달랑베르는 1759년에 다음과 같은 글로 그 시대의 정신을 설명했다. "세상의 진정한 체계는 인정받고, 개발되고, 완벽해졌다."

요컨대 지구에서 토성까지[32], 하늘의 역사에서 곤충의 역사까지 자연철학에 혁명이 일어났다. 그리고 거의 모든 지식 분야가 새로운 모습을 보여 주었다. (중략) 철학적으로 사색하는 새로운 방법의 발견과 적용, 새로운 발견에 동반되는 열정, 우주의 장관이 우리에게 안겨 주는 사상의 고양 등 이 모든 이유들이 활발한 정신의 흥분을 야기했다. 둑을 무너뜨리는 강물처럼 사방으로 자연에 확산되는 이 흥분은 중간에 있는 모든 것을 격렬하게 휩쓸어 버렸다.

이 흥분은 모든 전제를 엄격하게 실험하고 분석하는 새로운 정신을 기반으로 했다. 모든 지식을 탐구하고 체계화하는 작업, 즉 달랑베르가 1751년부터 1772년까지 공동으로 편집한 28권의 『백과사전(*Encyclopédia*)』으로 상징되는 그 시도는 인간이 중심적인 행위자이자 해설자로서 우주의 수수께끼를 알기 쉽게 풀어 냈음을 선언했다. 달랑베르의 동료 드니 디드로는 "인류가 최고의 이익을 얻을 수 있도록 막대한 양의 지식과 열정을"[33] 결합할 것이라고 지적했다. 이성은 "확고한 원칙으로 거짓에 맞서고 진실의 기초로서 작용할"[34] 것이다. 그리고 그 진실로 "우리는 진흙으로 만들어진 건물을 무너뜨려 무익한 흙먼지 더미를 흩뜨리고 인간을 올바른 방향으로 가게 할 수 있을 것이다."

결국 이 새로운 사고와 분석 방식은 통치법과 정치적 정당성, 국제 질서의 개념에도 적용되었다. 정치철학자인 샤를 루이 드 세콩다 몽테스키외 남작은 나중에 미국 헌법에서 제도화된 견제와 균형의 개념을 설명함으로써 세력 균형의 원칙들을 국내 정책에 적용했다. 그는 거기서 더 나아가 역사철학과 사회 변화의 메커니즘까지 다루었다. 다양한 사회의 역사를 연구한 몽테스키외는 중요한 사건은 결코 우연한 사고로 일어나지 않는다고 결론 내렸다. 이성이 발견한 뒤에 공공선에 맞게 형성할 수 있는 근본적인 원인이 항상 존재했다는 것이다.

세계를 지배하는 것은 운이 아니다.[35] (중략) 모든 군주국에는 그 국가의 등장과 유지, 몰락을 야기하는 물리적인 원인뿐 아니라 지적인 원인도 작동하고 있다. 모든 (표면적인) 사고는 이러한 원인의 대상이 되며, 우연한 싸움, 즉 어떤 특별한 원인으로 인해 국가가 무너질 때마다 한 번의 전투 결과로 이 국가를 무너뜨린 일반적인 원인 또한 존재했다. 한마디로 말하면 모든 특정한 사건들을 함께 이끌어 가는 것은 일반적인 상황의 속도이다.

계몽 시대 최고의 철학자라 할 수 있는 독일의 임마누엘 칸트는 영속적인 평화로운 세계 질서 개념을 수립함으로써 몽테스키외의 사상을 한 차원 더 높게 끌어올렸다. 7년 전쟁, 미국 독립 전쟁, 프랑스 혁명을 쭉 지켜보면서 프로이센의 옛 수도 코니스베르크에서 세상에 대해 곰곰이 생각하던 칸트는 일반적인 격변 속에서 희미하지만 더욱 평화로운 새로운 국제 질서가 시작되는 것을 감지할 수 있었다.

칸트는 인간의 특징을 독특한 "비사회적인 사회성"[36]이라고 생각했다. 자세히 설명하면 "인간은 사회에서 다른 사람들과 합치려는 성향을 갖고 있으면서도 끊임없이 저항하며 이 사회를 해체하겠다고 지속적으로 위협한다."는 얘기다. 질서, 특히 국제 질서의 문제는 "인류가 해결하기에 가장 부적당하고 가장 어려운[37] 질서"라는 점이었다. 인간은 자신의 열정을 억제하기 위해 국가를 만들었다. 하지만 자연 상태에 있는 사람들처럼 각각의 국가 역시 "흉포한 무법 상태"를 겪는 희생을 치르고서라도 자국의 절대적인 자유를 지키려고 애썼다. 그러나 국가 간의 충돌로 인해 "대대적인 파괴와 격변,[38] 심지어는 내부적으로 완전히 힘이 고갈되는 상황"이 발생한 다면, 사람들은 대안을 생각할 수밖에 없다. 인간은 "인류의 거대한 무덤"[39] 이 안겨 주는 평화나 합리적인 구상에 의한 평화에 직면했다.

칸트는 서로 적대시하지 않고 국내외적으로 투명하게 행동하겠다고 약속하는 공화국들의 자발적인 연합이 해결책이라고 주장했다.[40] 각 공화국 시민들은 전쟁을 생각할 때 독재적인 통치자들과는 달리 "자신들이 전쟁의 모든 고통을 짊어진다고"[41] 생각하기 때문에 평화를 구축할 것이었다. 시간이 지나면서 이 협정의 매력은 분명해질 것이고 평화적인 세계 질서로 점점 확대되는 길이 열릴 것이다. 인간이 결국에는 "연합된 힘의 체계[42]로, 더 나아가서는 전반적인 정치적 안정과 완벽한 시민 연합이라는 전 세계적인 체계"를 지향하는 쪽을 생각해 내는 것이야말로 자연의 목적이었다.

이성의 힘에 대해 무모해 보일 정도로 자신만만한 태도는 부분적으로 그리스인들이 휴브리스(hubris)라 부른, 그 속에 파멸의 씨앗을 품고 있는 일종의 정신적인 자부심을 의미했다. 계몽주의 철학자들은 정부의 질서를 아무런 준비 없이 지적인 사상가들이 만들 수 있는지, 아니면 기초가되는 유기적, 문화적 현실이 선택의 폭을 제한하는지(에드먼드 버크의 관점)와 같은 중요한 문제를 무시했다. (달랑베르와 몽테스키외가 주장했듯이) 발견할 수 있고 설명할 수 있는 방법으로 모든 것을 논리적으로 통합하는 단일한 개념이자 메커니즘이 존재하는가? 아니면 세상이 너무 복잡하고 인간이 너무 다양해서 논리만으로는 이러한 문제에 접근할 수 없기 때문에 비전(秘傳)에 가까운 국정 운영 기술과 일종의 직관이 필요한 것인가?

유럽 대륙의 계몽주의 철학자들은 일반적으로 정치적 진화에 대해 유기적 관점 대신 합리주의적 관점을 선택했다. 그 과정에서 그들은 본의 아니게 사실은 의도했던 것과는 반대로 수십 년 동안 유럽을 갈라놓았을 뿐 아니라 지금까지도 그 여파가 전해지는 격변의 발생에 기여했다.

프랑스 혁명과 그 여파

혁명은 전혀 예상하지 못했을 때 가장 큰 불안을 안긴다. 베스트팔렌 체제와는 아주 다른 국내 및 세계 질서를 선언한 프랑스 혁명이 그랬다. 프랑스 혁명은 국내 정책과 대외 정책을 더 이상 구분 짓지 않고 30년 전쟁의 열정을 부활시켰다. 어쩌면 17세기의 종교적 충동을 세속의 십자군으로 대체하면서 그 열정을 넘어섰다고도 할 수 있었다. 이 혁명은 사회 내부의 변화가 어떻게 외세의 침입보다 훨씬 더 격렬하게 국제적 균형 상태를 흔들어 놓을 수 있는지를 보여 주었다. 우리는 20세기에 발생한 격변들을 통해 이 교훈을 절실히 깨닫게 되는데, 20세기의 많은 격변은 프랑스 혁명이 처음으로 제기한 개념들을 근거로 발생했다.

혁명은 종종 서로 다른 여러 적개심이 합쳐져서 혁명과는 거리가 먼 정권을 공격할 때 발생한다. 혁명의 동맹 세력이 넓을수록 기존의 권력 유형을 파괴하는 능력이 더 크다. 하지만 변화가 더욱더 전면적으로 발생할수록 권력을 재건하는 데 더 많은 폭력이 필요하다. 권력 없이는 사회가 붕괴될 것이기 때문이다. 공포 정치는 우연한 사고가 아니다. 그러한 정치 형태는 혁명의 영역에 내재되어 있다.

프랑스 혁명은 일시적으로 정부가 파산한 상태였지만 그래도 유럽에서 가장 부유한 국가에서 발생했다. 혁명 본래의 원동력 대부분은 귀족과 상층 부르주아지인 지도자들에게서 찾을 수 있다. 그들은 자국의 통치 방식을 계몽주의 원칙에 맞게 바꾸려고 노력했다. 혁명은 혁명을 일으킨 사람들이 예견하지 못하고 지배적인 엘리트층은 생각조차 하지 못한 기세를 얻었다.

혁명의 중심부에서는 여러 차례의 종교 전쟁이 끝난 이후로는 유럽에서 볼 수 없었던 규모로 재조정이 이루어졌다. 혁명가들이 생각하던 인간의 질서는 중세 시대의 신의 계획도, 서로 맞물리는 18세기 거대 왕국들의 이익도 반영하지 않았다. 프랑스 혁명의 철학자들은 20세기 전체주의 운동의 후계자들처럼 역사의 메커니즘을 민의(民意)의 완전한 작동과 동일시했다. 정의상 민의는 내재적인 제한이나 헌법상의 제한을 인정하지 않으며, 그들은 민의를 확인할 독점적인 권리를 갖고 있었다. 그런 식으로 인식된 민의는 영국에서 유행했던 다수결의 원칙이라는 개념이나 미국의 경우처럼 성문법에 깊숙이 자리 잡은 견제와 균형이라는 개념과는 완전히 달랐다. 프랑스 혁명가들은 개인이 아니라 사상과 행동의 일치를 요구하고 스스로를 국민의 대변인이자 화신으로 지명하는, 분할할 수 없는 독립체로서의 국민 전체에 추상적인 주권 개념을 부여함으로써 리슐리외의 국가 권력 개념을 크게 넘어서는 주장을 펼쳤다.

프랑스 혁명의 지적 대부[43]라 불린 장자크 루소는 이 보편적인 요구를 일련의 글을 통해 공식화했다. 그 글에서 묻어나오는 박식함과 매력은 그 글의 압도적인 영향까지도 가려 버렸다. 독자들과 함께 인간 사회를 '합리적'으로 차근차근 분석해 나간 루소는 기존의 모든 제도, 즉 재산, 종교, 사회 계급, 정부 권한, 시민 사회 등이 허황된 거짓이라고 비난했다. 그 제도들은 "사회 질서의 새로운 관리 통치 방식"[44]으로 대체될 것이었다. 민중은 그 방식에 전적으로 굴복해야 했다. 러시아의 황제를 제외하고 신에게서 왕권을 부여받은 통치자조차 상상할 수 없을 정도로 복종해야 했다. 러시아에서는 귀족을 제외한 모든 국민과 우랄 산맥 너머의 척박한 국경선에 거주하던 사람들은 농노의 지위를 갖추고 있었다. 이러한 이론들은 현대의 전체주의 정권의 출현을 예고했는데, 이들 정권에서 민의는 각색된 대중 시위라는 수단을 통해 이미 발표된 결정들을 승인할 것이었다.

이 이념을 추구한다면 모든 군주들은 당연히 적으로 간주되었다. 그들은 저항 없이 권력을 포기하지 않을 것이기 때문에 혁명이 성공하려면 국제적인 운동으로 변신하여 혁명의 원칙들을 강요함으로써 세계 평화를 달성해야 했다. 유럽 전역에 새로운 체제를 추진하기 위해 프랑스의 모든 성인 남성이 징병되었다. 혁명은 천 년 전의 이슬람교와 20세기의 공산주의와 비슷한 주장에 기반을 두었다. 진실에 대한 종교적, 정치적 개념이 서로 다른 국가들은 영원히 공존할 수 없으며, 사회의 모든 구성 요소와 이용 가능한 모든 수단을 동원하여 국제 문제를 전 세계적인 이념 경쟁으로 바꾸어 놓기 위해 싸워야 한다는 것이었다. 그렇게 하는 과정에서 혁명은 국내 정책과 대외 정책, 정당성과 힘의 경계선을 다시 무너뜨렸다. 베스트팔렌 협정으로 서로 분리되면서 유럽에서는 그 범위와 강도 면에서 전쟁을 제한하는 효과가 있었는데 말이다. 국가의 행위에 제한을 둔 국제 질서 개념은 완승 아니면 패배만을 아는 영원한 혁명 때문에 끌어내려졌다.

1792년 11월, 프랑스 국민 공회는 놀라운 두 개의 법령으로 유럽에 도전장을 내밀었다. 첫 번째 법령은 인민혁명이 발생한다면 어디든 프랑스군의 지원을 확대하겠다는 전면적인 약속을 표현했다. 법령에 따르면 스스로를 해방시킨 프랑스는 "자유를 되찾으려는 모든 국민들에게 우애와 원조를 보내려 했다."[45] 국민 공회는 이 문서를 "모든 언어로 번역하여 발행하라."는 조건으로 법령에 힘을 실어 주었다. 국민 공회는 몇 주 뒤에 왕좌에서 물러난 프랑스 왕을 단두대에서 처형시킴으로써 18세기와의 단절을 되돌릴 수 없게 만들었다. 국민 공회는 또한 오스트리아에 전쟁을 선포하고 네덜란드 침략을 감행했다.

1792년 12월에는 훨씬 더 광범위하게 적용되는 더욱 급진적인 법령을 공표했다. 이 법령이 자신들에게 적용된다고 생각하는 혁명 운동은 어떤 운동이든 "프랑스 국민이 _____ 국민에게"라는 문서의 '빈칸을 채울 수' 있었다. 이 문서는 이후에 발생할 형제 같은 혁명을 미리 칭찬하면서 "오늘날까지 그들을 지배해 온 모든 민간 및 군사 권력을 진압하는 데" 아낌없는 지원을 약속했다. 그 범위가 무제한적이었던 이 과정 또한 되돌릴 수 없었다. "프랑스는 자유와 평등을 거부하거나 포기하면서 군주와 특권 계급을 보호하거나 기억하거나 대접하려고 하는 사람들을 적으로 취급할 것을 선언한다."[46] 루소는 이미 "일반 의지에 복종하길 거부하는 사람은 누구든, 모든 사람들에 의해 그 의지에 복종하도록 강요당할 것이다. (중략) 그는 강제로 자유로워질 것이다."라고 지적했다. 혁명은 이 정당성의 정의를 모든 인간에게 확대하는 작업에 착수했다.

프랑스 혁명 지도자들은 그렇게 엄청나고 보편적인 목표를 달성하기 위해 국내에 반대 세력이 등장할 가능성을 완전히 없애 버리려고 노력했다. 공포 정치는 수천 명에 달하는 과거 지배 계층과 모든 미심쩍은 국내 반대 세력을 살해했다. 심지어 혁명의 몇 가지 방법에 의문을 제기했지만 혁명의 목표를 지지한 사람들까지도 처리했다. 2세기 뒤에 이와 비슷한 동기가 1930년대의 러시아 대숙청과 1960년대, 1970년대의 중국 문화혁명의 기저를 이루었다.

그리고 마침내 질서가 회복되었다. 국가가 붕괴되지 않으려면 질서는 회복되어야 했기 때문이다. 이번에도 그 질서의 모델은 루소의 "위대한 입법자(great legislator)"로부터 시작되었다. 루이 14세는 왕권을 위해 국가를 제 것처럼 부렸지만, 혁명은 국민에게 혁명의 구상에 동의하라고 명령했다. 자기 자신을 "종신 집정관"이라고, 나중에는 황제라고 선언한 나폴레옹은 카리스마 있는 매력과 군인으로서의 개인적인 성공으로 정당성을 확보한 뒤 자신의 의지력으로 세계를 뒤흔든 '위인(Great Man)'이라는 새로운 유형을 대표했다. 위인의 요체는 전통적인 한계를 인정하길 거부하고 자신의 권력으로 세계를 재조정하겠다고 주장하는 것이었다. 1804년 황제 대관식이라는 절정의 순간에 나폴레옹은 샤를마뉴와는 달리 자신의 권력이 아닌 다른 권력에 의해 정당성을 부여받길 거부했다. 그는 교황의 손에서 황제 왕관을 뺏어 온 뒤 스스로 왕관을 썼다.

혁명은 더 이상 지도자를 만들지 않았다. 지도자가 혁명을 규정한 것이다. 나폴레옹은 혁명을 완화시켜 가면서도 스스로 혁명의 보증인이 되었다. 하지만 그는 자기 자신을 계몽주의 최고의 업적이라고도 생각했는데, 그의 생각에는 일리가 있었다. 그는 지방 행정 구역 체계를 수립하는 등 프랑스의 정부 체계를 합리화했으며, 지금 이 글을 쓰는 시점에도 프랑스의 행정 체계는 그 체계를 통해 작동하고 있다. 나폴레옹은 나폴레옹 법전도 만들었다. 프랑스를 비롯한 일부 유럽 국가에 보급된 법률은 모두 이 법전을 근거로 한다. 그는 종교적 다양성을 용인하고 합리적인 행정을 장려한 결과, 다수 프랑스 국민의 삶을 개선해 주었다.

나폴레옹은 혁명을 구체화하는 동시에 계몽사상을 표현하기 위한 조치로 유럽을 지배하여 통일하는 작업에 착수했다. 1809년 무렵, 나폴레옹 군대는 그의 뛰어난 지휘 아래 서유럽과 중유럽의 모든 반대 세력을 무너뜨렸다. 그러면서 그는 지정학적 구상으로서 대륙 지도를 다시 그릴 수 있었다. 그는 중요한 지역은 프랑스에 합병하고 다른 지역에는 위성 공화국을 세웠다. 이 공화국 중 다수는 친척이나 프랑스 사령관이 통치했다. 그리고 유럽 전역에 단일한 법전을 수립하고 경제, 사회 문제에 대한 수천 건의 지시 사항을 발포했다. 나폴레옹은 로마 제국이 망한 이후로 분열된 대륙을 통일하는 황제가 될 수 있었을까?

그러기에는 영국과 러시아라는 두 개의 장애물이 남아 있었다. 넬슨 덕분에 1805년에 트라팔가르에서 압도적인 승리를 거둔 뒤 바다를 지배해 온 영국은 당장은 난공불락이었지만, 영국 해협을 건너 의미 있는 침략을 감행할 정도로 강하지는 않았다. 150년 뒤에 영국이 처할 상황과 마찬가지로, 당시의 영국은 서유럽에 홀로 분리되어 있었다. 그리고 정복자로 인해 평화가 성립되면 단일한 강대국이 유럽 전체의 자원을 조직하여 조만간 영국의 해양 지배를 넘어설 수 있음을 알고 있었다. 영국은 해협 뒤에서 나폴레옹(그리고 150년 뒤에는 히틀러가)이 실수를 저지르기를 기다리고 있었다. 그가 실수를 저지르면 영국은 세력 균형의 수호자뿐 아니라 군사적으로도 대륙에 다시 등장할 수 있었다. (제2차 세계대전 당시에도 영국은 미국의 참전을 기다리고 있었다.)

18세기의 왕조 체제하에서 성장한 나폴레옹은 왕조 체제의 정당성을 이상한 방식으로 이해했다. 고향인 코르시카 섬에서 지위가 높지 않았던 나폴레옹은 엄밀히 따지면 정당성을 갖추지 못한 인물이었다. 따라서 적어도 그는 자신의 통치의 정당성은 정복의 영원함과 범위에 달려 있다고 생각했다. 자신의 의지와는 관계없이 통치자가 계속 남아 있을 때마다 나폴레옹은 그를 뒤쫓아야 한다고 생각했다. 개념적으로나 기질적으로 혹은 경험적으로 자제하기가 힘들었던 그는 스페인과 러시아로 군대를 출격시켰다. 사실 스페인과 러시아 모두 지정학적 구상에 절대적으로 중요한 국가는 아니었다. 나폴레옹은 국제 질서 안에서는 살 수 없었다. 그의 야망에는 적어도 유럽 정도의 영토를 지배하는 제국이 필요했는데, 그 제국을 세우기에는 그의 힘이 부족했다.

혁명 전쟁과 나폴레옹 전쟁으로 인해 국가의 모든 자원이 동원되는 총력전의 시대가 시작되었다. 전쟁으로 인한 유혈과 파괴의 규모는 30년 전쟁을 상기시켰다. 합병 지역까지 포함하여 징병제를 통해 병사를 충원한 나폴레옹 대육군은 엄청난 재정적 '공물'을 비롯하여 정복된 적과 국민들의 자산을 공급받아 유지되었다. 그 결과 군대 규모가 엄청나게 커지고 모든 지역을 정복할 수 있었다. 나폴레옹은 거대한 군대를 지원할 만한 자원이 충분치 않은 스페인과 러시아로 진출하고 싶은 유혹에 무너지고 나서야 패배에 직면했다. 1812년에 과욕을 부린 탓에 러시아에서 처음 패배를 맛본 그는 유럽의 나머지 국가들이 뒤늦게 베스트팔렌 원칙들을 지키기 위해 힘을 합쳐 그에게 맞서자 다시 한 번 무릎을 꿇어야 했다. 나폴레옹 정복전쟁에서 살아남은 유럽 국가의 연합 군대가 1813년 라이프치히 전투에서 나폴레옹에게 처음으로 대대적인 패배이자 결정적으로 중요한 패배를 안겼다. (러시아에서의 패배는 저항력이 떨어진 결과였다.) 열국의 전투 이후에 나폴레옹은 화해를 거부했는데, 만약 화해했다면 점령지의 일부분은 지킬 수 있었을 것이다. 그는 공식적으로 한계를 인정하면 정당성을 요구할 수 있는 자신의 유일한 권리가 없어질까 봐 두려워했다. 그는 베스트팔렌 원칙뿐 아니라 스스로의 불안감 때문에도 파멸하고 말았다. 샤를마뉴 이후로 유럽의 가장 강력한 정복자였던 나폴레옹은 자신에게 맞선 국제 질서만이 아니라 자기 자신 때문에 패했다.

나폴레옹 시대는 신성화된 계몽주의를 특징으로 삼았다. 그리스와 로마의 선례에 영감을 받은 계몽 시대 사상가들은 계몽을 이성의 힘과 동일시했다. 이는 교회로부터 세속 엘리트 계층으로 권력이 분산됨을 의미했다. 그리고 이제 이러한 열망들이 전 세계적인 권력의 형태로 지도자 한 사람에게 농축되어 집중되었다. 프로이센군이 대패한 예나 전투 하루 전인 1806년 10월 13일에 나폴레옹이 세상에 미친 영향을 극적으로 보여 주는 사건이 벌어졌다. 그가 자신의 참모와 함께 전장을 순찰하러 떠나려 할 때, 당시 대학 강사였던 게오르그 빌헬름 프리드리히 헤겔 (나중에 마르크스의 학설에 영감을 불어넣은 『역사철학(The Philosophy of History)』을 쓴다.)은 자갈더미를 밟는 말발굽 소리를 들으며 그 장면을 찬양하듯 설명했다.

나는 황제가, 이 세계 정신이[47] 말을 타고 순찰에 나서는 모습을 보았습니다. 세계에 군림하고 세계를 지배하는 이와 같은 사람이 말에 걸터앉아 이곳에 시선을 집중하고 있는 모습을 목격하는 것은 실로 불가사의한 기분입니다.

하지만 결국 이 세계 정신은 유럽에 엄청난 신흥 강대국을 끌어들이고 말았다. 유럽에 소속되어 있지만 아시아에도 그 거대한 영토의 4분의 3을 갖고 있던 제정 러시아 군대는 유럽 대륙을 거슬러 이미 전멸 수준에 가까워진 나폴레옹 군대를 쫓아갔다. 그들은 전쟁이 끝났을 때 파리를 점령했다. 제정 러시아의 힘은 유럽의 세력 균형에 근본적인 문제를 제기했고, 그들의 열망 때문에 유럽은 혁명 이전의 균형 상태로 되돌아가지 못할 것처럼 보였다.

2

유럽의 세력 균형 체제와 그 종말

러시아라는 존재

프랑스 혁명과 나폴레옹 시대가 끝났을 때, 러시아 군대는 역사의 놀라운 반전을 보여 주며 파리를 점령했다. 50년 전, 러시아는 7년 전쟁에 참전함으로써 처음으로 서유럽의 세력 균형에 발을 들여놓았고, 새로이 왕위에 오른 황제가 프리드리히 대왕을 흠모한다는 이유로 갑자기 중립을 선언하고 전쟁에서 물러나면서 황제 통치의 독단적인 특징을 여실히 보여 주었다. 나폴레옹 시대가 끝났을 때, 또 다른 러시아 황제 알렉산드르는 유럽의 미래를 제시하기 시작했다. 유럽의 자유와 그에 동반되는 질서 체계에는 유럽의 나머지 국가들을 모두 합친 것보다 더 크고 유럽 역사상 전례가 없을 정도로 독재적인 제국의 참여가 필요했다.

그때 이후로 러시아는 국제 정세에서 독특한 역할을 맡았다. 유럽과 아시아 대륙 양쪽에서 세력 균형의 일부를 구성하지만 국제 질서의 균형에는 단속적으로만 기여하는 역할이었다. 러시아는 동시대의 다른 어떠한 강대국보다도 더 많은 전쟁을 시작했지만, 스웨덴의 칼 12세와 나폴레옹, 히틀러가 대륙의 주요한 다른 국가들을 침략했을 때 견고히 저항한 경우처럼 단일 강대국의 유럽 지배 시도를 좌절시키기도 했다. 수백 년에 걸쳐 러시아의 정책은 거의 모든 기후와 문명에 펼쳐져 있는 광대한 영토를 상대로 자체적인 특별한 리듬을 추구해 왔다. 거대한 계획에 맞게 국내 체제를 조정하느라 가끔 그 리듬이 끊기기는 했지만, 바닷가의 조류처럼 원래대로 돌아가곤 했다. 표트르 대제부터 블라디미르 푸틴에 이르기까지 주변 상황은 달라졌지만 그 리듬은 놀라울 정도로 한결같았다.

나폴레옹 시대의 격변에서 벗어난 서유럽인들은 대륙의 국가들을 모두 합쳐도 영토나 군사력 면에서 비교도 안 될 만큼 강하며 엘리트 집단의 세련된 매너에서도 서양 문화 전후의 원시적인 힘을 숨길 수 없는 듯 보이는 한 국가를 경외심과 불안감을 갖고 바라보았다. 프랑스 여행객 퀴스틴 후작이 1843년에 주장했듯이, 러시아의 힘에 저지당한 프랑스와 러시아의 힘이 재형성한 유럽의 관점에서 본 러시아는 유럽의 심장에 대초원의 활력을 안겨 주는 혼혈아 같은 존재였다.

비잔티움의 열등한 세련미와 사막 유목민의 흉포함이 괴물같이 뒤섞이고[1] 비잔틴 제국의 예절과 아시아의 야만적인 덕목이 맞서 싸운 결과로 강력한 국가가 탄생했다. 그들은 자신들의 영향력이 어떻게 작용할지 모른 채 자신들의 힘을 느낄 것이며, 유럽은 그들을 주시하지 않을 수 없다.

러시아에 대한 모든 것, 즉 절대왕정, 국가 규모, 전 세계를 향한 야심과 불안감은 균형과 억제를 기초로 한 유럽의 전통적인 국제 질서 개념에 대한 암묵적인 도전이었다. 유럽 내에서 러시아의 위치와 유럽에 대한 러시아의 자세는 오래전부터 분명하지 않았다. 9세기에 샤를마뉴의 제국이 프랑스와 독일이라는 근대 국가의 모태가 될 지역들로 분리되었을 무렵 프랑스와 독일에서 수천 킬로 떨어져 살던 슬라브 족들은 키에프(Kiev, 대부분의 러시아인들은 자신의 유산과 떼려야 뗄 수 없는 곳이라고 생각하지만 지금은 우크라이나의 수도이자 지리상의 중심지이다.) 시를 기반으로 연합을 형성했다. 이 '러시아 땅'은 문명과 무역 통상로의 불안한 교차지로서 존재했다. 북쪽에는 바이킹, 남쪽에는 세력을 확장하고 있는 아랍 제국, 동쪽에는 기습에 능한 투르크족에 둘러싸여 있던 러시아는 늘 유혹과 두려움이 뒤섞인 채 시달리고 있었다. 동쪽으로 너무 멀리 떨어져 있어서 로마 제국을 경험하지 못했고('차르'의 정치적, 어원적 조상이 '시저'라고 주장하지만) 기독교지만 로마보다는 콘스탄티노플의 그리스정교에 종교적 권위를 의지한 러시아는 공동의 문화적 어휘를 공유할 정도로 유럽에 가까웠지만 유럽 대륙의 역사적 추세와는 영구적으로 어긋나 있었다. 이러한 경험으로 인해 러시아는 두 대륙에 걸쳐 있지만 결코 어느 쪽에서도 편치 못한 특이한 '유라시아' 강국으로 남게 되었다.

유럽과의 가장 심각한 단절은 13세기에 몽골이 침입하여 정치적으로 분열된 러시아를 진압하고 키예프를 완전히 파괴하면서 발생했다. 250년에 걸쳐 몽골의 종주권(1237~1480)이 지속되다가 이후 모스크바 공국을 중심으로 응집력 있는 국가를 되찾으려는 분투가 벌어지자 러시아는 동쪽을 지향할 수밖에 없었다. 당시 서유럽은 근대를 탄생시킬 새로운 기술적, 지적 전망을 세우고 있을 때였다. 유럽의 대항해 시대 동안 러시아는 독립 국가로서 재정비하고 사방으로부터의 위협에 대항하여 국경을 강화하기 위해 노력하고 있었다. 종교 개혁이 유럽의 정치적, 종교적 다양성을 재촉하고 있을 때, 러시아는 자국의 종교적 길잡이이던 콘스탄티노플과 동로마 제국이 1453년에 이슬람 세력에 무너지는 사건을 지켜보았다. 이제는 러시아 황제가 기독교 세계를 위해 멸망한 비잔틴 제국의 수도를 되찾으라는 메시아의 소명을 받은 (1500년 무렵 필로페이라는 수도승이 이반 3세에게 보낸 편지대로) "전 세계 모든 기독교인들의 유일한 황제"[2]라는 신비주의에 가까운 확신을 가졌다.

유럽은 유럽의 다극성을 균형에 도움이 되는 메커니즘으로 받아들였지만 러시아는 고정된 국경이 거의 없는 탁 트인 지형에서 자원을 놓고 유목 민족들끼리 경쟁하는 대초원의 역경 속에서 지정학에 대한 감각을 익혔다. 약탈을 위해 습격하고 외국인들을 노예로 삼는 일은 흔한 일이었고, 어찌 보면 삶의 방식이었다. 독립은 한 국가의 국민들이 물리적으로 지킬 수 있는 영토와 일치했다. 러시아는 서양 문화와의 강한 유대 관계를 단언했지만, 국가 규모가 기하급수적으로 커지면서 스스로를 사면초가에 몰린 문명의 전초 기지로 생각하게 되었다. 이 문명의 안전은 러시아가 이웃 국가들에게 절대 의지를 행사하는 경우에만 얻을 수 있을 터였다.

베스트팔렌의 질서 개념에서 유럽의 정치인들은 세력 균형과 안전을 힘의 행사에 대한 억제와 안전과 동일시하게 되었다. 러시아의 역사 경험에서 힘에 대한 억제는 파국을 초래했다. 이 관점에서 보면 러시아는 주변국을 지배하는 데 실패하면서 몽골의 침입을 받았고, 악몽과도 같은 '동란 시대(1613년 로마노프 왕조가 설립되기 전 15년 동안 왕조가 혼란에 빠진 시기. 이 시기 중에 발생한 침략과 내전, 기근으로 인해 러시아 인구의 3분의 1이 희생되었다.)'에 빠지고 말았다. 베스트팔렌 평화 조약은 국제 질서를 균형에 필요한 복잡한 메커니즘이라고 생각한 반면, 각 단계마다 자국의 활동 영역을 물질적인 자원의 절대적인 한계까지 확대하던 러시아는 이 조약을 영원한 의지의 경연장이라고 생각했다. 따라서 17세기 중반 러시아 황제 알렉세이 때의 외무장관 나시초킨은 러시아의 외교 정책을 규정해 달라는 질문에 다음과 같이 간단하게 설명했다. "모든 방향으로 국가를 확대하는 것[3], 이것이 외무부의 할 일이다."

이 과정은 한 국가의 세계관으로 발전했고[4], 한때는 모스크바 공국에 불과하던 국가를 유라시아 대륙을 거슬러 세계 최대의 영토를 가진 제국으로 몰아갔다. 이 거부할 수 없어 보이는 더딘 팽창주의적 욕구는 1917년까지 조금도 수그러들지 않았다. 1903년(이 시점에 러시아는 한국에까지 세력을 뻗쳤다.)에 미국의 문인 헨리 애덤스는 워싱턴 주재 러시아 대사의 세계관을 다음과 같이 기록했다.

그의 정치철학은 모든 러시아인들의 정치철학과 마찬가지로[5] 러시아가 전진해야 한다는, 다시 말하면 저항할 수 없는 타성에 의해 눈앞에 무엇이 있든 그것을 괴멸시켜야 한다는 한 가지 생각에 사로잡힌 듯 보였다. (중략) 이웃 국민들을 짓밟고 나아가는 러시아는 황제도 소작농도 서양식 관습과 혈통으로 바꿀 수 없고, 또 바꾸려 하지도 않는 특유의 관습과 혈통의 진전에 그들의 에너지를 빨아들였다.

북극해와 태평양 외에 자연 국경이 없던 러시아는 중앙아시아, 카프카스 지역, 발칸 지역, 동유럽, 스칸디나비아, 발트해로 차례로 진출한 뒤, 급기야는 태평양과 중국, 일본 국경까지(그리고 18세기와 19세기 중에는 태평양을 건너 알래스카와 캘리포니아 정착지까지도 진출했다.) 진출하면서 수백 년 동안 이러한 충동을 충족시킬 수 있었다. 러시아는 해마다 다수의 유럽 국가들을 합친 영토보다 더 넓은 영토를 확장했다.[6] (1552년부터 1917년까지 해마다 평균 10만 제곱킬로미터)

힘이 강할 때 러시아는 강대국으로서의 압제적인 확신을 갖고 행동하면서 자신들에게 공식적으로 복종을 표시하라고 주장했다. 반면 힘이 약할 때에는 내면에 품고 있는 엄청난 힘에 호소하면서 자신의 약점을 감추었다. 어떤 경우든 러시아는 다소 우아한 스타일을 다루는 데 익숙한 서양 국가들에게는 다루기 힘든 특이한 문제였다.

이와 동시에 러시아의 경탄할 만한 영토 확장의 위업은 서양의 기준으로 보면 발전이 덜 된 인구학적, 경제적 근거지에서 이루어졌다. 많은 지역이 인구 밀도가 낮고 근대 문화와 기술의 영향을 받지 못한 듯 보였기 때문이다. 따라서 세계를 정복하는 제국주의는 역설적인 의미의 취약성과 짝을 이룬 채로 남아 있었다. 마치 세계의 절반을 행진해 나가다 보니 더욱더 안전해지기보다는 잠재적인 적이 더 늘어난 것 같았다. 그 관점에서 보면[7] 러시아 황제의 제국은 멈추는 것보다 계속 전진하는 게 더 수월한 것으로 드러났기 때문에 영토를 확장했다고 말할 수 있다.

이러한 상황에서 러시아의 독특한 정치적 정당성의 개념이 자리를 잡았다. 르네상스 시대의 유럽이 고전주의 시대의 인본주의적 역사를 재발견하고 개인주의와 자유라는 새로운 개념들을 가다듬고 있을 때, 러시아는 모든 분열을 압도하는, 신이 인정한 일관된 단일 권력과 그 권력에 대한 순수한 믿음 속에서 국가의 부활을 추구했다. 황제는 "하느님의 살아 있는 초상"이고, 황제의 명령은 저항할 수 없고 본질적으로 정당했다. 모두가 기독교 신앙을 믿고 엘리트 집단이 똑같은 언어(프랑스어)를 쓴다는 사실은 서양 세계와 관점을 공유하고 있음을 강조했다. 그러나 일찍이 제정 러시아를 방문한 유럽인들은[8] 현실을 초월한 듯한 극단적 상태의 국가라고 느꼈고, 겉모습은 근대 서양 군주제지만 몽고나 타타르족의 관습을 모델로 삼은 폭정이 이루어지고 있다고 생각했다. 퀴스틴 후작의 몰인정한 표현을 빌리면 유럽인들은 "아시아의 독재 정치를 지지하는 유럽식 규율"을 보았다.

러시아는 표트르 대제 치하 때 다른 사회와는 다른 방식으로 근대 유럽 국가 체계에 합류했다. 양측 모두에게 러시아의 합류는 조심스러운 일이었다. 표트르는 1672년 본질적으로는 아직도 중세를 벗어나지 못한 러시아에서 태어났다. 그 무렵 서유럽은 대항해 시대와 르네상스, 종교 개혁을 거치며 발전했다. 그리고 과학혁명과 계몽주의 시대의 문턱에 서 있었다. 거인처럼 키가 크고(2미터) 활력이 넘치는 젊은 황제는 러시아의 여러 가지 특징과 열망 속에 내포된 극단성을 보여 주는 통치 방식으로 제국을 변화시키기 시작했다.

근대화의 결실을 탐구하고 러시아의 성과와 그것들을 비교 평가하겠다고 마음먹은[9] 표트르는 모스크바의 독일인 망명자 구역에 있는 상점과 공장을 자주 방문했다. 젊은 지도자로서 그는 서양의 수도들을 둘러보면서 근대 기술과 전문적 훈련법을 몸소 시험했다. 러시아가 서양에 비해 뒤졌음을 알게 된 표트르는 "국민들에게 과거의 아시아적 관습을 모두 끊어 내고[10] 유럽의 기독교 민족이 어떻게 행동하는지 가르쳐 주는" 것이 자신의 목표라고 선언했다.

표트르는 연속적으로 칙령을 발포했다.[11] 이제부터 러시아가 서양의 예의 범절과 머리 모양을 도입하고, 해외의 과학기술적 전문 지식을 도입하며, 근대화된 육군과 해군을 양성하고, 인접국과 전쟁을 통해 국경선을 완성하며, 발트해까지 진출하고, 새로운 수도로 상트페테르부르크를 건설하겠다는 내용이었다. 마지막 칙령에 등장한 러시아의 "대(對)서양 창구"는 표트르가 직접 선택한 늪투성이의 황무지에 징집 노동자들을 희생시키며 건설되었다. 표트르는 자신이 선택한 땅에 칼을 꽂으며 "여기에 도시가 들어설 것"이라고 선언했다. 표트르는 전통주의자들이 반란을 일으키자 그들을 진압했다. 서양에 전해진 이야기에 따르면 그는 직접 반란 지도자들을 고문하고 참수하는 일을 책임졌다.

표트르의 노력은 러시아 사회를 변화시켰고, 제정 러시아를 최고 수준의 강대국 반열에 올려놓았다. 하지만 러시아는 급작스러운 변혁으로 벼락부자와 같은 불안감을 안게 되었다. 50년 뒤에 표트르의 후임자인 예카테리나 대제는 국민들에게 "러시아는 유럽 국가다.[12] 이는 다음의 기록에 의해 확실하게 증명된다."고 문서로 일깨워 주었는데, 사실 어떤 제국의 절대 군주도 그럴 필요성을 느끼지는 않았을 것이다.

러시아의 무자비한 전제 군주들은 미래에 대한 자신감에 힘을 얻었다기보다는 과거를 극복하려는 마음에 고분고분한 국민들을 상대로 예외 없이 개혁을 실행에 옮겼다. 그럼에도 표트르의 통치가 끝났을 때, 그의 신민과 자손들은 그를 이은 개혁가나 혁명가들과 마찬가지로 표트르 대제가 무자비하긴 했어도 러시아의 위업을 안겨 준 인물이라고 평가했다. (최근 여론 조사에 따르면 스탈린 역시 현대 러시아인들로부터 이러한 인정을 받았다.[13])

1762년부터 1796년까지 제정 러시아를 통치한 독재적인 개혁가이자 문화적 업적과 영토 확장(그녀는 크림한국과 크림반도 저지대에 위치한 자포리지아 군도 정복했다. 이 지역은 한때 코사크족의 자치 지역이었고, 현재의 중앙 우크라이나에 해당한다.)에 빛나는 역사적 시대를 이끌어 간 예카테리나 대제는 러시아의 극단적인 전제 정치가 거대한 영토를 하나로 뭉칠 수 있는 유일한 통치 체계라고 정당화했다.

통치가 이루어지려면 그 지역을 통치하는 사람에게 절대적인 힘을 부여해야 한다.[14] 먼 지역의 문제가 빠르게 전달되면 지역 간의 먼 거리로 인해 야기되는 지연을 크게 보상할 수 있게 된다.

다른 모든 정부 형태는 러시아에 해로웠을 뿐 아니라 러시아의 몰락을 입증했을 것이다.

따라서 서양 세계에서는 독단적인 권위주의로 간주된 것이 러시아에서는 근본적으로 필요한 것으로, 제대로 기능하는 통치권의 전제 조건으로 제시되었다.

러시아 황제는 중국의 황제처럼 전통에 의해 신비로운 힘을 부여받아 대륙 전체에 펼쳐진 광활한 영토를 두루 살피는 절대 통치자였다. 그러나 차르의 지위는 한 가지 중요한 점에서 중국의 황제와 달랐다. 중국의 관점에서 황제는 평온한 행동을 통해 어디든 지배할 수 있었다. 반면 러시아의 관점에서 차르의 지도력은 도전할 수 없는 권력을 주장하여 자신의 의지를 강요하고 모든 구경꾼들에게 러시아라는 국가의 압도적인 힘을 보여 주는 능력을 통해 효과를 발휘했다. 중국의 황제는 다른 민족을 상대로 "와서 변하라."고 자극하는, 우수한 중국 문명의 화신으로 간주되었고, 차르는 사방에서 러시아를 둘러싸고 있는 적들을 상대로 러시아를 보호하는 수호의 화신으로 간주되었다. 따리서 중국 황제들이 공정하고 냉정한 자비로 칭찬을 받았던 반면, 19세기의 역사가 니콜라이 카람진은 러시아의 차르는 무자비한 태도에서 자신의 진정한 소명을 다하고 있음을 알 수 있다고 생각했다.

러시아의 군주는 살아 있는 법이다.[15] 그는 선을 좋아하고 악을 벌한다. (중략) 군주의 여린 마음은 분별 있는 엄정함을 발휘해야 하는 의무감이 가미된 경우에만 덕목으로 간주된다.

서쪽으로 대공세를 펼친 미국과 별반 다르지 않게 러시아 역시 자신들이 야만적인 점령 지역에 질서와 계몽사상을 퍼뜨리고 있다는 도덕적 변명을 주입시켰다.(수익성 높은 모피, 광물 무역은 부수적인 이익이었다.) 그러나 미국의 비전이 끝없는 낙관주의를 불어넣은 반면, 러시아의 경험은 궁극적으로 금욕적인 인내에 근거했다. "서로 타협할 수 없는 두 거대한 세계의 접촉 면에서"[16] 오도 가도 못하는 신세였던 러시아는 자신들에게 두 세계를 이어 주는 특별한 임무가 주어졌다고 생각했지만, 그 소명을 이해하지 못하는 온 사방의 위협적인 세력들을 마주하고 있었다. 러시아의 위대한 소설가이자 열렬한 민족주의자 표도르 도스토옙스키는 "러시아 민족에게는 지구상의 위대한 보편 교회에 대한 이 지칠 줄 모르는 열망이[17] 늘 내재했었다."고 지적했다. 전 세계를 아우르며 문명을 통합한다는 러시아에 대한 칭찬은 "인간 집단으로부터 고립된 고아"[18]로서의 러시아의 지위에 대한 절망 역시 불러일으켰다. "사람들의 주목을 받기 위해, 우리 러시아는 베링 해협에서부터 오데르 강까지 뻗어 있어야 했다."

이 음울한 팽창주의적 "러시아 정신(러시아 사상가들의 표현대로)"에는 언젠가 러시아의 모든 노력과 반대가 결실을 맺을 것이라는 확신이 담겨 있었다. 러시아의 여정은 그릇되지 않았음이 입증될 것이고, 러시아의 업적은 칭찬받을 것이며, 서양의 멸시는 경외와 찬양으로 바뀔 터였다. 러시아는 동양의 힘과 거대함을 서양의 세련미, 진정한 종교의 도덕적 힘과 결합할 것이었다. 그리고 몰락한 비잔틴 제국을 물려받은 "제3의 로마"[19] 모스크바는 "동로마 황제의 계승자이자 기독교 교리를 세운 교회와 공회 주최자들의 계승자"인 차르와 함께 전 세계적인 정의와 동포애의 새 시대를 여는 데 결정적인 역할을 할 것이었다.

나폴레옹이 드넓은 영토와 신비로움에 유혹된 것은 전적으로 러시아 때문이라고는 할 수 없지만 유럽 속의 이러한 러시아의 위치 때문이었다. 나폴레옹이 무너지면서(150년 뒤 히틀러가 무너졌던 것처럼) 인내라는 위대한 위업에 단련된 러시아 민족은 나폴레옹의 대육군(혹은 히틀러의 부대)보다 더 심한 궁핍을 견뎌 낼 수 있음이 드러났다. 러시아인들은 나폴레옹의 정복을 부인하고 그의 군대가 버티지 못하도록 모스크바의 80%를 태워 없앴다. 나폴레옹은 한 편의 서사시 같던 자신의 전략이 운이 다하자 다음과 같이 외쳤다. "대단한 민족이야. 스키타이인들이지![20] 정말 결연하군! 야만인들!" 코사크 기병들이 파리에서 샴페인을 들이키던 그 순간, 이 거대한 전제 국가는 자신들의 야심과 운영 방식을 알아내려고 애쓰는 유럽 위에 우뚝 서 있었다.

빈 회의가 열릴 무렵 아마도 러시아는 유럽 대륙에서 가장 강력한 국가였을 것이다. 직접 빈 회의의 러시아 대표로 나선 황제 알렉산드르가 가장 강력한 절대 군주였다는 사실은 의심할 여지가 없었다. 간혹 바뀌긴 했지만 깊은 신념의 소유자였던 그는 그 무렵 성경 읽기와 영적 대화에 집중하는 과정을 통해 자신의 신앙을 새롭게 다졌다. 1812년 지인에게 쓴 편지에서 드러나듯이, 그는 나폴레옹에게 거둔 승리가 종교적 원칙에 기초한 새롭고 조화로운 세계를 열어 줄 거라고 확신했다. 그리고 다음과 같이 맹세했다. "예수 그리스도의 진정한 치세를 앞당기려는 대의에 내 세속의 모든 영광을 바칠 것이다."[21] 자신이 신의 뜻을 이루는 도구라고 생각한 차르는 어떻게 보면 보편성 면에서 나폴레옹의 구상보다 훨씬 더 급진적인 새로운 세계 질서를 머릿속에 그리며 1814년 빈에 도착했다. 차르는 형제애라는 기독교 원리를 위해 세력 균형을 포기하고 각자의 국익을 평화와 정의를 공동으로 추구하는 데로 승화시키는 군주들 간의 '신성 동맹(Holy Alliance)'을 구상하고 있었다. 알렉산드르는 프랑스 왕당파 지식인이자 외교관인 샤토브리앙에게 "영국, 프랑스, 러시아, 프로이센, 오스트리아의 정책은 더 이상 존재하지 않는다.[22] 이제는 공동 정책만이 존재한다. 모두의 안녕을 위해 모든 국가와 모든 민족이 공동으로 그 정책을 채택해야 한다."라고 말했다. 원칙에서는 미국 윌슨의 구상과 극적일 정도로 정반대지만, 이는 윌슨이 구상한 세계 질서의 전신이었다.

승리를 거두고 군사적으로 유럽 대륙을 위압하고 있는 강대국의 그러한 구상이 주권 국가들의 세력 균형을 바탕으로 한 베스트팔렌 구상에 도전을 제기한 것은 말할 필요조차 없다. 러시아가 새로운 정당성의 비전을 위해 지나치게 많은 힘을 발휘했기 때문이다. 알렉산드르 황제는 군대를 이끌고 파리로 진격하여 나폴레옹 전쟁을 끝냈다. 그리고 승리를 축하하기 위해 파리 외곽 평원에서 16만 명에 이르는 러시아군의 전례가 없는 열병식을 감독했다. 이러한 시위는 동맹국까지 불안하게 만들 수 있었다. 자신의 정신적 조언자와 이야기를 나눈 알렉산드르는 승전국 국왕들의 합의 내용을 공동으로 발표할 선언서 초안을 제시했다. 그는 선언서 초안에서 "예전에 상호 관계를 맺은 강대국들이 채택한 방침을[23] 버리고 영원한 그리스도 종교의 고매한 진실에 기초한 질서로 대체하는 게 시급하다."라고 주장했다.

빈 회의에 참석한 협상자들은 알렉산드르의 메시아적 비전을 각국의 독립권 유지와 양립할 수 있는 구상으로 바꿔야만 했다. 다시 말하면 러시아의 국제 질서 편입을 환영하면서도 그로 인해 그 질서가 무너지지 않도록 해야 했다.

빈 회의

평화로운 질서를 어떻게 구상할지 논의하기 위해 빈에 모인 정치인들은 기존의 권력 체계를 거의 모두 뒤집어놓은 격변을 쉴 새 없이 겪어 온 사람들이었다. 25년의 시간 동안 그들은 계몽주의의 합리성이 공포 정치의 열정으로 대체되는 모습을 보았고, 프랑스 혁명의 선교 정신이 정복자 보나파르트 제국의 규율에 의해 변하는 모습도 보았다. 프랑스의 힘은 강해졌다 줄어들었다. 프랑스는 자국의 오래된 국경선 너머까지 힘을 뻗쳐 유럽 대륙을 거의 다 정복했지만, 결국 거대한 러시아의 힘에 무너지고 말았다.

빈 회의에 파견된 프랑스 외교관은 그 시대에 끝없이 발생한 격변들을 몸소 보여 주는 인물이었다. 샤를 모리스 드 탈레랑 페리고르는 어디에서나 등장했다. 처음에 오툉 주교였던 그는 교회를 버리고 혁명을 지지했다. 그리고 다시 혁명을 버리고 나폴레옹의 외무부 장관으로 일하다가 루이 18세의 외무부 장관으로 빈에 나타났다. 많은 사람들이 탈레랑을 기회주의자라고 불렀다. 탈레랑은 프랑스의 안정과 유럽의 평화가 자신의 목표이며 이 목표를 달성하기 위해 이용할 수 있는 기회는 무엇이든 이용했다고 주장했을 것이다. 그는 힘과 정당성의 여러 요소들이 부당하게 저지하는 일 없이 그 요소들을 가까이서 살펴볼 수 있는 위치에 오르려고 노력했다. 아주 대단한 사람만이 그토록 갈등이 심한 엄청난 사건들의 한복판에 뛰어들 수 있었을 것이다.

빈 회의에서 탈레랑은 '예전의 국경선'을 그대로 유지하는 평화를 프랑스에 안겨 주었다. 이는 프랑스가 해외 원정을 시작할 때 존재한 국경선이었다. 그리고 3년도 지나지 않은 1818년에 프랑스를 4국 동맹에 가입시키는 데 성공했다. 전쟁에서 패한 적국이[24] 원래는 그 적국을 억제하기 위해 구상한 동맹에 가입하여 유럽의 질서를 지키게 되었다. 그리고 이 사건은 제2차 세계대전이 끝났을 때 독일이 대서양 동맹에 가입하게 된 사건의 선례라 할 수 있었다.

빈 회의에서 수립된 질서는 샤를마뉴 제국이 무너진 이후로 유럽이 보편적인 통치 질서에 가장 가까워진 경우에 해당했다. 그 질서는 기존 질서 내에서의 평화로운 발전이 다른 대안들보다 바람직하다는 합의를 탄생시켰다. 다시 말하면 체제 보전이 체제 내에서 일어날 수 있는 그 어떤 분쟁보다 더 중요하며, 의견 차이는 전쟁보다는 협의를 통해 처리되어야 한다는 얘기였다.

제1차 세계대전이 이 비전에 종지부를 찍은 뒤, 빈 회의 질서가 세력 균형에 지나치게 의존했다며 이 질서를 공격하는 것이 유행이 되었다. 세력 균형에 내재한 냉소적인 책략의 역학 관계가 세계를 전쟁으로 내몰았다는 이유였다. (영국 대표단은 빈 회의를 주제로 책을 쓴 외교 역사가 C.K. 웹스터에게 그런 실수를 피하는 방법을 논문으로 써 달라고 요청했다.) 하지만 그러한 공격은 제1차 세계대전이 발발하기 직전 10년 동안에만 해당했다. 1815년부터 세기가 바뀌는 무렵까지는 유럽이 가장 평화로웠던 시기였고, 빈 회의 직후 수십 년 동안 정당성과 힘이 이례적으로 균형을 이루었기 때문이다.

1814년 빈에 모인 정치인들은 베스트팔렌 평화 조약을 입안한 전임자들과는 근본적으로 다른 상황에 처해 있었다. 150년 전에는 30년 전쟁 중에 발발한 여러 전쟁에서 연달아 체결된 협정들이 외교 정책의 일반적인 행동에 대한 일단의 원칙들과 합쳐졌다. 그때 탄생한 유럽 질서는 이제는 종교적 추동력과 분리되어 존재하는 정치적 독립체를 출발점으로 삼았다. 이제 베스트팔렌 원칙을 적용한다면 갈등을 막거나 적어도 완화시켜 주는 균형이 이루어질 것으로 기대할 수 있었다. 그 후 150년 동안 이 체제는 자발적으로 다른 세력을 상쇄시키는 동맹을 결성함으로써 균형에 도전하는 세력을 억제하는 데 성공할 수 있었다.

빈 회의의 교섭가들은 이 질서가 무너지는 모습을 맞닥뜨렸다. 세력 균형은 군사적으로 기세가 등등해진 혁명이나 나폴레옹을 저지할 수 없었다. 왕조 통치의 정당성은 나폴레옹의 혁명적 기백과 능수능란한 전투 능력에 압도당했다.

새로운 세력 균형은 국가 체계와 신성 로마 제국의 잔해 속에서, 그리고 프랑스군의 대륙 점령으로 등장한 민족주의라는 새로운 지류 속에서 구축되어야 했다. 나폴레옹은 1806년에 신성 로마 제국의 잔해를 없애 버리면서 천 년간 지속된 제국에 종지부를 찍었다. 그 균형은 러시아의 등장으로 동쪽에서 비슷한 위험이 발생한 상황에서도 프랑스의 팽창주의가 재발하지 않도록 막을 수 있어야 했다. 프랑스의 팽창주의로 인해 프랑스가 유럽에서 패권에 가까운 힘을 얻을 수 있었기 때문이다.

따라서 중유럽의 균형 또한 다시 구축되어야 했다. 한때는 대륙을 지배하다시피 한 합스부르크 왕조는 이제 빈에서 선조들이 점령했던 영토만을 통치하게 되었다. 이 지역은 넓고 여러 언어를 사용했으며(대략 현재의 오스트리아, 헝가리, 크로아티아, 슬로베니아, 남부 폴란드), 정치적인 유대감이 불확실했다. 독일 일부 소국가들의 기회주의는 18세기 베스트팔렌 체제의 외교술에 어느 정도 유연성을 제공했지만, 나폴레옹의 정복으로 그 국가들은 흔적도 없이 사라지고 말았다. 그들의 영토는 되찾은 균형과 양립할 수 있는 방식으로 재분배되어야 했다.

빈 회의의 외교 행위는 21세기의 관행과는 근본적으로 달랐다. 현대의 외교관들은 자국 수도와 실시간으로 접촉한다. 그들은 발표문 문구에 대해 아주 상세한 지시 사항을 받는다. 지역 상황에 대해서는 본국이 그들에게 조언을 구하지만, 원대한 전략의 문제에 대해서는 그럴 일이 거의 없다. 빈에 있던 외교관들은 각자의 수도와 여러 주가 걸려야 연락할 수 있었다. 빈에서 보낸 메시지가 베를린에 도착하려면 4일이 걸렸고(따라서 지시 사항을 요구했을 때 답변을 받으려면 적어도 8일이 걸렸다.), 파리에 도착하려면 3주가 걸렸다. 런던은 그보다 더 걸렸다. 따라서 본국의 지시 사항은 모든 상황 변화를 다룰 수 있을 정도로 보편적인 표현으로 작성되어야 했다. 그래서 외교관들은 주로 일반적인 개념과 장기적인 이익에 관한 지시 사항을 들었다. 매일매일의 전술에 대해서는 대개 혼자 힘으로 처리했다. 알렉산드르 1세는 본국 수도가 두 달이 걸리는 거리에 있었지만, 지시 사항이 필요하지 않았다. 그가 마음에 내켜 하는 것이 바로 러시아의 지시 사항이었고, 빈 회의는 그의 풍부한 상상력에서 벗어나지 못했다. 빈에서 가장 상황 판단이 빠르고 경험이 많은 정치인이었을 클레멘스 폰 메테르니히 오스트리아 외무장관은 알렉산드르가 "진정한 야심을 갖기에는 너무 나약하고[25], 순수한 허영심을 갖기에는 너무 단호하다."라고 평가했다. 나폴레옹은 알렉산드르가 능력은 아주 뛰어나지만 그가 하는 일에는 늘 '무언가'가 빠져 있다고 그를 평가했다. 그리고 어떤 특정한 경우에 정확히 어떤 조각이 빠져 있는지 누구도 예측할 수 없기 때문에 그는 예측 불가능한 인물이었다. 탈레랑은 더욱더 솔직하게 말했다. "그가 (미친) 차르 파벨의 아들인 데는 충분한 이유가 있었다."

빈 회의의 다른 참석자들은 국제 질서의 일반적인 원칙들과 유럽을 일정한 형태의 균형 상태로 시급히 되돌려야 한다는 데 동의했다. 그러나 그들은 이것이 현실적으로 무엇을 의미하는지에 대해 인식하지 못했다. 그들의 임무는 크게 다른 역사적 경험이 형성한 관점들을 조정하는 것이었다.

영국 해협 뒤에 위치해서 침략으로부터 안전하고 독특한 국내 제도가 대륙에서 전개되는 사건들에 본질적으로 영향을 받지 않는 영국은 대륙 내 패권에 대한 위협의 관점에서 질서를 규정했다. 그러나 대륙의 국가들은 더 쉽게 위협을 받을 수 있는 상태였다. 그들의 안전은 대륙의 패권 이외에 영토 조정에 의해서도 약화될 수 있었다. 무엇보다도 그들은 영국과는 달리 이웃 국가들의 국내 정세 변화에 취약함을 느꼈다.

빈 회의 참가자들은 전체적인 균형에 대한 정의에 합의하는 게 비교적 쉬울 거라고 생각했다. 전쟁이 진행 중이던 1804년에 이미 윌리엄 피트 영국 수상은 자신이 생각한 베스트팔렌 협정의 약점을 바로잡기 위해 계획을 제시했다. 베스트팔렌 조약은 프랑스의 영향력을 높이기 위한 방법으로 중유럽을 계속 분열된 상태로 유지했다. 피트는 유혹을 차단하려면 중유럽의 소국가들을 일부 합쳐서 '큰 덩어리'를 만들어야 한다고 생각했다. 그렇게 하면 그 지역을 통합할 수 있다는 생각이었다. ('통합'은 상대적인 표현이었다. 오늘날의 독일이 포함된 지역에 37개국이 여전히 남아 있었기 때문이다.) 없어지는 공국들을 흡수할 수 있는 확실한 후보는 프로이센이었다. 원래 프로이센은 인접한 작센 지방을 합병하기를 원했지만, 라인 지방을 대신 받으라는 오스트리아와 영국의 간청에 양보했다. 이렇듯 확장된 프로이센은 프랑스 국경선을 중요시함으로써 베스트팔렌 평화 협정 이후로 존재하지 않던 전략 지정학적 현실을 탄생시켰다.

남아 있는 37개 독일 국가들은 독일 연방이라 불리는 독립체로 모여들었다. 이 독일 연방은 유럽의 영원한 독일 딜레마에 대한 해답을 제공해 줄 터였다. 독일의 힘이 약해지면 외국(대부분이 프랑스)의 개입을 부추겼다. 반대로 독일이 통일되면, 이웃 국가들을 단독으로 물리칠 정도로 강해지면서 이웃 국가들이 그 위험에 맞서 힘을 합치는 결과를 야기할 수 있었다. 그런 의미에서 독일은 역사의 상당 기간 동안 유럽에 평화를 안겨 주기에는 너무 약하거나 너무 강했다고 할 수 있다.

독일 연방은 너무 분열되어 있었기 때문에 외국의 영토 침입에 저항할 수 있을 만큼 단결하여 공격적인 조치를 취할 수 없었다. 이 협정은 동쪽의 러시아, 서쪽의 프랑스라는 두 강대국에 위협을 주지는 못했지만 중유럽에 대한 침략에 장애물을 제공했다.

새로운 영토 협정을 보호하기 위해 영국, 프로이센, 오스트리아, 러시아로 이루어진 4국 동맹이 체결되었다. 4국 동맹의 본래 목적이던 영토 보장은 각각의 조인국에게 동일한 의미를 갖지는 않았다. 위협을 인식하는 절박함의 수준이 크게 달랐기 때문이었다. 바다를 지배하고 있는 영국은 만일의 사태에 대한 확실한 약속을 보류하는 데 자신감을 갖고 있었고 유럽의 주요한 위협이 구체화되기 전까지는 기다리는 쪽을 선호했다. 대륙의 국가들은 안전에 관한 한 운신의 폭이 더 좁았기 때문에 자신들의 생존이 영국을 놀라게 할 만한 행동보다 덜 극적인 행동에도 위험할 수 있다고 평가했다.

특히 혁명 앞에서, 다시 말하면 정당성의 문제가 위협에 수반되면 이러한 상황이 연출되었다. 보수적인 국가들은 새로운 혁명의 물결에 맞서 방어벽을 세우려 했다. 그들은 정당한 질서를 지키기 위한 메커니즘을 포함시키려 했다. 물론 그들에게 정당한 질서란 군주 통치를 의미했다. 차르가 제안한 신성 동맹은 유럽 전역에서 현재의 상황을 보호하는 메커니즘을 제공해 주었다. 차르의 동반자들은 교묘하게 재구상된 신성 동맹에서 원기 왕성한 러시아를 억제하는 방법을 포착해 냈다. 그들은 개입할 권리를 제한했다. 최종 협정 조항에서 밝혀졌듯이 동맹국들의 합의에 의해서만 개입할 권리를 행사할 수 있었다. 오스트리아와 프로이센은 이런 방법으로 더욱더 의기양양해진 차르의 계획에 거부권을 유지했다.

빈 체제는 세 단계의 제도가 지지했다. 먼저 영토 질서에 대한 도전을 물리칠 4국 동맹, 그리고 국내 제도에 대한 위협을 극복해 줄 신성 동맹, 마지막으로는 공통의 목적을 규정하거나 새로이 등장한 위기에 대처하려는 동맹국 정부 수반들의 정기적인 외교 회담을 통해 제도화된 강대국들의 협조 체계다. 이 협조 메커니즘은 유엔 안전 보장 이사회의 선구자 같은 역할을 했다. 이들의 회담은 1820년의 나폴리 혁명, 1820~1823년의 스페인 혁명(신성 동맹과 프랑스에 의해 각각 진압되었다.), 1820~1823년의 그리스 혁명과 독립 전쟁(결국 영국, 프랑스, 러시아의 지원을 받았다.) 등의 연이은 위기 상황에서 조치를 취하면서 공통의 행동 방침을 도출하려 했다. 강대국 협의체는 모두가 똑같은 관점을 갖는다고 보장하지는 못했지만, 강대국 간의 전쟁 없이 매번 긴박한 위기를 해결했다.

　현재의 벨기에에 해당하는 지역이 네덜란드로부터 독립을 꾀하면서 벌어진 1830년의 벨기에 혁명에 대한 대응은 빈 체제의 유효성을 여실히 보여 주는 예였다. 18세기의 많은 시간 동안 유럽을 지배하려는 군대들은 나폴레옹의 패배 이후로 네덜란드와 통일되어 있던 당시의 합스부르크 지역을 행진해 지나갔다. 해양 지배를 기초로 세계 전략을 짠 영국으로서는 강 입구에 자리 잡은 앤트워프 항구가 해협 하나를 두고 영국과 맞닿아 있는 스헬데 강 어귀는 어떤 경우에도 유럽 강대국이 아닌 우방국의 지배하에 있어야 했다. 막상 그런 일이 일어나자 런던에 모인 유럽 강대국들은 일방적인 선언이라는 점을 제외하고는 그때까지만 해도 강대국 관계에서는 알려지지 않은 개념인 '중립' 국가를 새로이 선언하면서 벨기에의 독립을 인정하는 새로운 접근 방식을 수립했다. 이 신생 국가는 군사 동맹에 가입하지 않고 자국 영토에 외국 군대 주둔을 허락하지 않겠다는 데 동의했다. 그리고 다시 강대국들이 이 서약을 보장해 주면서 벨기에의 중립성을 침범하는 행위에 반대하는 의무를 지기로 했다. 국제적으로 보장된 지위는 거의 1세기 동안 지속되었다. 영국을 제1차 세계대전에 끌어들인 도화선은 바로 독일군이 프랑스로 가기 위해 벨기에 영토를 강제로 지나간 사건이었다.

　국제 질서의 생명력은 그 질서가 정통성과 힘의 균형을 어떻게 절충하고 그 둘을 상대적으로 얼마나 강조하는가로 알 수 있다. 정당성과 힘 중 어떤 것도 변화를 저지하려 하지 않는다. 그보다는 그 둘이 결합하여 의지의 노골적인 경쟁이 아니라 발전의 문제로 변화가 발생하도록 보장하려 한다. 만약 힘과 정당성의 균형이 적절히 이루어진다면, 행동은 어느 정도 자발성을 획득할 것이다. 힘의 시위는 지엽적으로 이루어지고 대체로 상징적일 것이다. 각국이 세력 배치를 대체로 납득할 것이기 때문에 어떤 쪽도 비축해 둔 모든 것을 끌어 낼 필요성을 느끼지 않을 것이다. 그 균형이 무너지면 통제가 사라지고 가장 팽창주의적인 요구가 발생하며 가장 완강한 행위자들에게 싸움터를 개방할 것이다. 결국 새로운 질서 체계가 수립될 때까지 혼란이 따를 것이다.

그 균형은 빈 회의의 귀중한 업적이었다. 4국 동맹은 영토 균형에 대한 도전을 저지했고, 나폴레옹에 대한 기억은 혁명의 피로에 시달리던 프랑스를 계속 침묵시켰다. 이와 동시에 평화에 대한 신중한 태도로 인해 원래는 프랑스의 야심을 좌절시키기 위해 형성된 강대국 동맹에 프랑스가 재빠르게 다시 편입되는 결과가 발생했다. 그리고 세력 균형의 원칙에서 보면 서로 경쟁하는 국가였을 오스트리아, 프로이센, 러시아는 실제로 공동 정책을 추구하고 있었다. 오스트리아와 러시아 모두 국내에서 일어날 격변이 두려워 불안하게 다가오고 있는 지정학적 갈등을 뒤로 했다. 1848년 혁명이 실패하면서 이 국제 질서의 정당성이 흔들린 이후에야 균형은 공동으로 조정해야 할 상태가 아니라 우위를 차지하기 위한 경쟁에 대비하는 조건으로서 이해되었다.

균형에서 힘의 요소가 점점 더 강조되기 시작하자, 균형자로서의 영국의 역할이 점점 더 중요해졌다. 영국이 갖고 있던 균형자로서의 특징은 영국이 자유롭고 결단력 있게 행동할 수 있음이 입증되었다는 점이다. 1841년 차르는 (나중에 수상이 된) 영국의 외무부 장관 파머스턴 경에게 "프랑스가 유럽의 자유를 공격하는 만일의 사태"[26]가 발생하면 영국이 프랑스를 저지하겠다고 확실히 약속해 줄 것을 요구했다. 이에 파머스턴 경은 영국의 입장을 보여 주는 전형적인 실례를 제공했다. 파머스턴은 영국은 "한 국가가 다른 국가에 속한 영토를 빼앗아 자기 것으로 만들려는 시도"를 위협으로 간주하며 그 이유는 "그러한 시도가 기존의 세력 균형을 교란시킬 뿐 아니라 국가들의 상대적인 힘이 달라지면 다른 강대국들에게도 위험하기 때문이다."라고 답했다. 그러나 파머스턴 내각은 프랑스에 대항하는 어떠한 공식적인 동맹도 가입하지 못했는데, "보통 영국은 실제로 일어나지 않았거나 당장 일어날 가망이 없는 경우와 관련하여 동맹에 가입하지 않기" 때문이었다. 달리 말하면 러시아나 프랑스 모두 상대와 맞서게 되면 영국의 확실한 지원을 기대할 수 없었다. 이는 만약 러시아나 프랑스가 유럽의 균형을 위협하는 지경까지 상황을 몰고 가면 두 국가 모두 영국이 군사적으로 반대할 가능성을 무시할 수 없다는 의미이기도 했다.

국제 질서의 전제들

빈 회의 체제의 미묘한 균형은 19세기 중반에 발생한 민족주의의 등장, 1848년 혁명, 크림 전쟁 등 세 사건의 영향으로 흔들리기 시작했다.

수 세기 동안 함께 살아왔던 다수의 민족들은 나폴레옹 정복의 영향으로 자신의 통치자를 '외국인'으로 대하기 시작했다. 독일 철학자 요한 고트프리트 폰 헤르더[27]는 이러한 흐름을 대표하는 주창자가 되어 언어, 조국, 민속 문화로 규정되는 각 민족이 독창적인 천재성을 갖고 있기 때문에 자치를 누릴 자격이 있다고 주장했다. 역사가인 자크 바전은 이를 다른 방식으로 설명했다.

이 이론의 근거가 된 사실은[28] 혁명군과 나폴레옹 군대가 유럽의 정신적 지도를 다시 그렸다는 것이다. 이제 서양은 왕조와 범세계주의적 상류층으로 이루어진 18세기의 수평적 세계 대신 수직적인 개체들, 즉 완전히 분리되지는 않았지만 서로 다른 국가들로 이루어졌다.

언어적 민족주의의 등장으로 인해 전통적인 제국들[29], 특히 오스트리아·헝가리제국은 제국 내 국민들과 민족적 연관성을 주장하는 이웃 국가들의 분노와 내부 압력에 취약해졌다.

민족주의의 등장은 또한 빈 회의 결과로 '큰 덩어리'가 탄생한 이후 프로이센과 오스트리아의 관계에 미묘한 영향을 미쳤다. 중유럽의 두 독일계 강대국이 독일 연방에 속한 35개 소국들의 충성을 얻기 위해 벌인 경쟁은 중유럽 수호라는 필요성 때문에 처음에는 저지되었다. 또한 전통에 의해 500년 동안 지배자로 군림해 온 신성 로마 황제의 국가에 어느 정도 복종하는 경향이 형성되어 있었다. 독일 연방 의회(37개 회원국으로 이루어진 연방에 파견된 대사들)는 프랑크푸르트에 있는 오스트리아 대사관에서 열렸고, 오스트리아 대사가 의장을 맡았다.

이 무렵 프로이센은 우월한 지위를 요구하는 목소리를 키워 가고 있었다. 희박한 인구와 확장된 국경선에 내재한 핸디캡을 극복하기 시작한 프로이센은 100년이 넘는 기간 동안 잠재력을 바탕으로 국가를 운영해 간 지도자들의 능력 덕분에 중요한 유럽 국가로 부상했다. 오토 폰 비스마르크(이 과정을 정점으로 끌어올린 프로이센 지도자)는 "국가의 군사적, 재정적 자원을 세심하게 관리하고 그 자원들을 모두 손에 쥐고 있다가 좋은 기회가 생기면 곧바로 무모할 정도의 용기로 유럽의 정치판에 그 자원들을 쏟아부으려 한 강력하고 단호하고 현명한 섭정들"[30]이야말로 프로이센의 잠재력이라고 지적했다.

빈 협정은 지리적인 기회를 통해 프로이센의 강력한 사회, 정치 구조를 강화시켜 주었다. 비스툴라 강에서 라인 강까지 영토가 펼쳐져 있던 프로이센은 역사상 처음으로 독일인들의 통일에 대한 염원을 품은 지역이 되었다. 시간이 지나면서 오스트리아의 정책에 대한 프로이센의 예속은 느슨해졌고, 프로이센은 더욱 대립적인 정책을 추구하기 시작

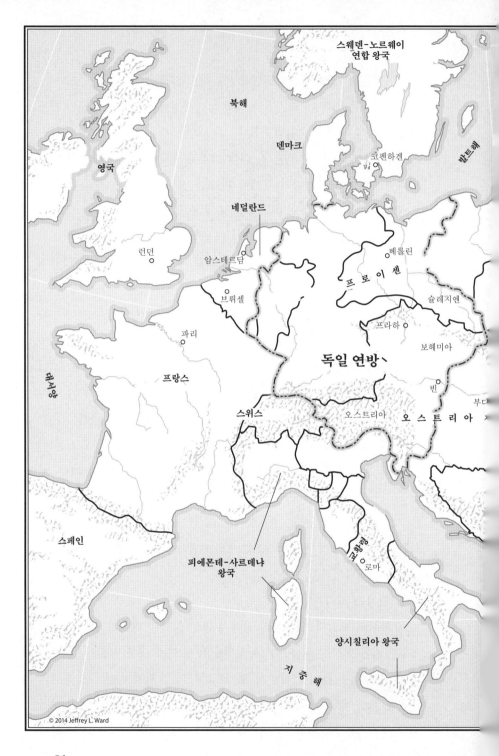

1815년 빈 회의 이후의 유럽

모스크바

러 시 아 제 국

쾨니히스베르크

바르샤바

폴란드

헝가리

보스니아

불가리아

흑 해

콘스탄티노플

오스만 제국

아테네

N

0 마일   300

0 킬로미터   300

범례

━ ‧ ━ ‧ ━   독일 연방 경계선

━━━━   국가 경계선

2 | 유럽의 세력 균형 체제와 그 송말

했다.

1848년 혁명은 모든 주요 도시에 영향을 미친 전 유럽의 동란이었다. 증대되는 중산 계급이 고집 센 정부들에게 자유주의 개혁을 수용하라고 강요하려 하자, 구 귀족 질서는 가속화되는 민족주의의 힘을 느꼈다. 처음에 봉기는 동쪽의 폴란드에서 서쪽 멀리 콜롬비아, 브라질(나폴레옹 전쟁 중에 망명 정부를 받아 준 뒤, 포르투갈로부터 막 독립한 제국)까지 확대되면서 맹렬한 기세로 번졌다. 프랑스에서는 역사가 반복되는 듯했다. 나폴레옹의 조카가 국민 투표를 근거로 처음에는 통령으로, 나중에는 나폴레옹 3세로 권력을 잡았기 때문이다.

신성 동맹은 이러한 격변에 신중하게 대처하기 위해 구상된 동맹이었다. 하지만 베를린과 빈의 통치자들의 지위가 아주 위태로워졌기 때문에 공동으로 대응할 수는 없었다. 게다가 격변이 아주 광범위하게 발생하고 그 결과 또한 너무 다른 것도 문제였다. 국가로서의 능력을 갖춘 러시아가 헝가리에서 발생한 혁명을 진압하기 위해 개입하면서 오스트리아의 헝가리 지배를 지켜 주었다. 그 외의 지역에서는 구 질서가 혁명의 도전을 극복할 정도로 강력한 것으로 드러났지만, 이전 시기의 자신감을 결코 회복하지는 못했다.

마지막으로 1853~1856년에 발생한 크림 전쟁은 오스트리아, 프로이센, 러시아라는 보수주의 국가들의 협조 체제를 깨뜨렸다. 이 협조 체제는 빈 국제 질서를 지탱한 핵심적인 두 기둥 중의 하나였다. 이 두 국가들은 힘을 합쳐 혁명 중에 기존 체제를 지켜 왔다. 즉 과거에 평화를 방해한 프랑스를 격리한 것이었다. 그런데 이제 또 다른 나폴레옹이 여러 방향에서 자신의 힘을 과시하기 위한 기회를 살피고 있었다. 나폴레옹은 프랑스의 고립을 끝낼 방책을 크림 전쟁에서 찾았다. 그 방책은 바로 러시아가 콘스탄티노플에 세력을 미치고 지중해에 접근하지 못하게 막으려는 영국의 역사적 노력과 손을 잡는 것이었다. 실제로 이 협력 관계는 러시아의 진출을 저지했지만, 그로 인해 외교가 점점 더 불안정해지는 희생을 치러야 했다.

갈등은 러시아가 18세기에 오스만투르크 제국의 가신에게서 뺏은 크림 반도 때문이 아니라 당시에는 오스만투르크 제국이 통치하던 예루살렘의 기독교 교도들에게 특권을 줄 것을 주장한 프랑스와 러시아의 경쟁으로 인해 시작되었다. 가톨릭과 그리스정교 중에 어떤 교파가 성지에 먼저 접근할 수 있는지를 놓고 논쟁이 벌어지자, 러시아 황제 니콜라스 1세는 오스만투르크 제국에서 그리스정교를 믿는 모든 백성들을 비호할 권리를 인정해 달라고 요구했다. 사실 그들은 전략적 지역에 널리 퍼져 있는 중요한 집단이었다. 외국 문제에 개입할 권리에 해당한 그 요구는 보편적인 도덕적 원칙으로서 표현되었지만, 오스만 제국 통치권의 핵심을 건드렸다. 오스만이 그 요구를 거절하자마자 러시아 군대가 발칸 반도로 진격했고 곧바로 흑해 해상에서 교전이 벌어졌다. 6개월 뒤, 오스만투르크 제국의 붕괴와 그로 인한 유럽 균형의 붕괴를 두려워한 영국과 프랑스는 오스만투르크 제국 편을 들어 전쟁에 뛰어들었다.

결과적으로 빈 회의의 동맹 체제는 깨졌다. 이 전쟁이 크림 전쟁으로 불린 이유[31]는 프랑스와 영국 군대가 러시아 흑해 함대의 본거지인 세바스토폴을 점령하기 위해 크림 반도에 상륙했기 때문이다. 러시아 군대는 11개월 동안 지속된 포위 작전에 저항했지만, 결국 러시아 함선은 침몰당하고 말았다. 프로이센은 중립을 지켰지만, 어리석게도 러시아의 고립을 이용하여 발칸 지역에서 입지를 키우려던 오스트리아는 그곳으로 군대를 파견했다. 오스트리아의 총리 겸 외무장관이던 슈바르첸베르크 공은 러시아가 원조를 요청하자 "우리는 엄청난 배은망덕한 행위로 세계를 놀라게 할 것이다."[32]라고 말했다. 오스트리아는 최후통첩에 가까운 조치로 영국과 프랑스의 전쟁 활동을 외교적으로 지지했다.

러시아를 고립시키려던 시도는 오스트리아의 고립으로 끝이 났다. 2년 만에 나폴레옹은 러시아의 지원을 업고 이탈리아 통일을 지원하기 위해 이탈리아 내 오스트리아 영토를 침략했다. 독일 내에서는 프로이센이 행동의 자유를 얻었다. 크림 전쟁이 끝난 뒤 10년이 지나기 전에 오토 폰 비스마르크는 독립 국가로서 독일을 지켜 주던 오스트리아의 역사적 역할을 거부함으로써 독일 통일 작업을 시작했다. 여기에도 러시아의 묵인이 작용했다. 오스트리아는 국제 문제에서 믿을 수 있는 국가라는 평판이 전술적으로 영리함을 발휘하는 능력보다 더 중요한 자산임을 너무 늦게 깨달았다.

메테르니히와 비스마르크

오스트리아의 외무장관 클레멘스 폰 메테르니히와 프로이센의 총리였다가 독일 수상이 된 오토 폰 비스마르크는 독일과 유럽의 엄청난 변화를 뒷받침해 주는 버팀목 역할을 했다. 19세기 중유럽의 주된 두 정치가가 남긴 유산의 뚜렷한 차이는 19세기 후반 유럽의 국제 질서가 정당성에서 힘으로 주안점이 옮겨 갔음을 여실히 보여 준다. 두 사람 모두 전형적인 보수주의자로 간주되었고 세력 균형을 조종하는 데 아주 뛰어난 인물로도 기록되었는데 실제로도 그랬다. 그러나 그들이 갖고 있던 국제 질서에 대한 근본적인 개념은 정반대에 가까웠다. 그들은 세력 균형을 아주 다른 목적을 위해 조종했고, 유럽 평화와 세계에 미친 영향 또한 대조를 이룰 정도로 크게 달랐다.

메테르니히가 외무장관으로 임명되었다는 사실은 18세기 사회가 범

세계주의적인 특성을 띠고 있었다는 증거이다. 그는 프랑스 국경선 근처의 라인 지방에서 태어나서 스트라스부르와 마인츠에서 학교를 다녔다. 13세에 오스트리아를 처음 봤고, 17세가 돼서야 그곳에서 살았다. 1809년에 외무장관에 임명된 그는 1821년에 수상직에 오른 뒤 1848년까지 그 자리를 지켰다. 운명의 장난처럼 그는 오래된 제국이 막 쇠퇴하기 시작할 때 최고위직에 올랐다. 한때는 유럽 내에서 가장 강력하고 가장 훌륭하게 통치되는 국가로 손꼽히던 오스트리아가 이제는 공격받기 쉬운 입장에 처하고 말았다. 유럽의 한가운데 위치한다는 사실은 유럽이 조금이라도 흔들릴 때마다 오스트리아 역시 들썩인다는 의미였기 때문이다. 여러 언어를 사용하는 특징으로 인해 새로이 등장하던 민족주의 물결에도 취약할 수밖에 없었다. 이 물결은 한 세대 전만 해도 전혀 알려지지 않은 세력이었다. 메테르니히는 정책을 수립하는 데 안정과 신뢰성을 지침으로 삼았다.

무엇보다도 모든 것이 흔들리는 경우에는[33] 그것이 무엇이든 길을 잃은 사람들이 연결점을 찾고 피난처를 찾을 수 있도록 무언가 확실한 게 남아 있어야 한다.

계몽주의가 낳은 인물인 메테르니히는 무력의 힘을 지지하는 사람들보다는 이성의 힘을 믿는 철학자들에게 영향을 받았다. 메테르니히는 눈앞의 문제에 대한 해법을 쉴 새 없이 찾기를 거부하는 대신 진실에 대한 추구를 정치가의 가장 중요한 임무라고 생각했다. 그가 생각하기에 상상할 수 있는 것은 무엇이든 성취할 수 있다는 믿음은 착각이었다. 진실은 인간의 본성과 사회구조라는 기본적인 현실을 반영해야 했다. 실제로 더욱 광범위한 변화는 진실이 성취하겠다고 주장하는 이상을 해쳤다. 이러한 의미에서 "발명은 역사의 적이다.[34] 역사는 발견만을 알고, 존재하는 것만이 발견될 수 있기 때문이었다."

메테르니히에게 오스트리아의 국익은[35] 유럽 전체의 이익을 의미했다. 구체적으로 설명하면 다양성은 물론 공동의 유산과 믿음, 관습까지도 존중하는 체계 안에서 여러 인종과 민족, 언어를 통합하는 방법이 중요했다. 그 관점에서 보면 오스트리아의 역사적 역할은 다원주의, 따라서 유럽의 평화를 지키는 것이었다.

반대로 비스마르크는 프로이센의 지방 귀족 후손이었다. 그들은 독일 서부 출신 귀족들보다 훨씬 더 가난하고 훨씬 덜 국제적이었다. 메테르니히가 연속성을 지지하고 유럽 사회의 보편적인 이념을 회복하려고 애쓴 반면, 비스마르크는 자기 시대의 모든 통념에 이의를 제기했다. 그가 정치가로서 모습을 드러내기 전까지 독일 통일은 민족주의와 자유주의의 결합을 통해 일어날 것이라는 생각이 당연시되고 있었다. 비스마르크는 이 두 가닥을 분리할 수 있음을 증명하는 일에 착수했다. 다시 말하면 질서를 지키는 데 신성 동맹의 원칙이 필요하지 않으며, 보수주의자들이 민족주의에 호소하면 새로운 질서를 수립할 수 있고, 유럽의 질서라는 개념은 전적으로 힘의 평가에 기초할 수 있음을 입증하는 데 주력했다.

국제 질서의 특성에 대한 이 두 유력가의 의견 차이는 국익에 대한 그들의 정의에서 정확하게 드러난다. 메테르니히가 생각하는 질서는 국익을 추구할 때가 아니라 자국의 국익을 다른 국가들의 이익에 연결시킬 수 있을 때 발생했다.

정치학의 위대한 원칙은[36] 모든 국가의 진정한 이익을 인정하는 데서 비롯된다. 특별한 이익을 장려하는 행위는 불안에 떠는 근시안적인 사람들의 정치적 지혜로, 부차적인 중요성만을 가진다. 반면 존재에 대한 보장은 전체의 이익 속에서 찾을 수 있다. 근대 역사는 연대와 균형의 원칙을 비롯하여 각국의 노력을 합치는 행위가 타당함을 증명하며, 공동의 법으로 되돌아가라고 강요한다.

비스마르크는 훌륭한 원칙으로 힘을 억제할 수 있다는 주장을 거부했다. 그의 유명한 좌우명은 힘의 구성 요소들을 정확히 평가하는 경우에만 안보를 성취할 수 있다는 확신을 표현했다.

> 감상적인 정책은 어떠한 호혜주의도 알지 못한다.[37] (중략) 모든 정부는 정부 행위가 법적인 추론으로 국익을 은폐하더라도 국익에서만 정부 행위의 기준을 찾는다. (중략) 아무튼 좋은 일을 했다는 의식이 우리의 희생에 유일한 보상을 제공하는 감정적 동맹은 없다.[38] (중략) 강대국의 정책을 뒷받침하는 유일하게 건전한 근거[39]는 이상주의적 경향이 아니라 자기중심적 성향이다.(중략) 감사하는 마음과 자신감은 우리 편 전쟁터로 한 사람도 보내 주지 않을 것이다.[40] 우리가 두려움을 신중하고 능숙하게 이용한다면, 두려움만이 그 일을 해낼 것이다. (중략) 정책은 가능성의 예술이고[41], 상대성의 학문이다.

최종 결정은 정확히 효용성을 고려하는 데서 좌우될 터였다. 서로 맞물린 부품들로 이루어진 뉴턴의 거대한 시계 장치로 간주되던 18세기 유럽 질서는 다윈의 적자생존의 세계로 대체되었다.

세력 균형의 딜레마

1862년에 프로이센 총리로 임명된 비스마르크는 자신의 원칙을 실행에 옮기고 유럽의 질서를 바꾸는 일에 착수했다. 크림 전쟁의 여파로 동유럽의 보수적 군주국들이 분할되고 통치자가 되살려 낸 기억들로 인해 유럽 대륙에서 프랑스가 고립되었다. 또한 단일 국가로서의 역할과 유럽 국가로서의 역할 사이에서 오스트리아가 망설이고 있는 사이, 비스마르크는 역사상 처음으로 독일 민족 국가를 탄생시킬 기회를 보았다. 1862년부터 1870년 사이에 몇 차례 대담한 위업을 올린 그는 통일 독일에 프로이센을 앞세우고, 새로운 질서 체계의 중심에 독일을 내세웠다.

디즈레일리는 1871년에 이루어진 독일 통일을 "프랑스 혁명보다 더 중대한 정치적 사건"[42]이라고 부르면서 "힘의 균형이 완전히 무너지고 말았다."고 결론 내렸다. 베스트팔렌 시대의 유럽 질서와 빈 체제의 유럽 질서는 분할된 중유럽에 기초를 두었다. 중유럽 내의 서로 경쟁하는 압박 세력들, 즉 베스트팔렌 협정 당시의 여러 독일 국가들과 빈 협정 당시의 오스트리아와 프로이센 등은 서로 균형을 잡고 있었다. 독일이 통일되면서 각각의 이웃 국가를 따로따로 물리칠 수 있고 어쩌면 대륙의 모든 국가들까지도 한 번에 물리칠 정도로 강력한 지배적인 국가가 등장했다. 정당성의 구속은 사라지고 말았다. 이제는 모든 것이 힘의 계산에 좌우되었다.

비스마르크가 거둔 가장 큰 승리로 인해 유연하게 세력 균형을 작동시키는 일은 아주 힘들어졌다. 어쩌면 불가능해졌을지도 몰랐다. 비스마르크의 능란한 자극에 선전포고를 던진 프랑스는 1870~1871년의 프랑스 프로이센 전쟁에서 참담히 패했다. 프랑스의 패전으로 알자스로렌 지역이 배상금으로 지급되었고, 1871년 베르사유 궁전의 거울의 방에서 독일 제국 수립이 선언되었다. 유럽의 새로운 질서는 다섯 개의 강대국으로 압축되었는데, 이들 중 2개국(프랑스와 독일)은 돌이킬 수 없을 정도로 소원해진 사이였다.

비스마르크는 18세기에 루이 14세에 대항한 동맹 세력이나 19세기 초반에 나폴레옹에 대항한 동맹 세력이 결성된 것처럼 유럽 중앙에 등장한 지배적인 강대국은 다른 모든 국가들로 이루어진 동맹 세력을 끊임없이 유발할 수 있음을 알고 있었다. 가장 절제된 행동만이 이웃 국가들의 집단적인 적개심을 잠재울 수 있었다. 이후 비스마르크는 그가 프랑스 말로 표현한 이 "동맹의 악몽(cauchemar des coalitions)"을 미연에 방지하기 위해 정교한 책략들에 전력을 기울인다. 비스마르크의 조언에 따르면 다섯 개의 강대국으로 이루어진 세상에서는 셋이 모인 쪽에 가담하는 것이 항상 더 좋았다. 그러다보니 앙숙과도 같은 프랑스를 제외한 다른 강대국들이 독일에 대항하여 동맹을 맺기보다는 독일과 협력할 때 더 큰 이익을 얻을 수 있도록 부분적으로는 중첩되고, 부분적으로는 서로 충돌하는 동맹을 현기증이 날 정도로 계속 맺어야 했다. (예를 들면 오스트리아와 동맹을 맺고 러시아와 재보장 조약을 맺었다.)

빈 회의에서 새롭게 조정한 베스트팔렌 체제의 특성은 그 체제가 지닌 유동성과 실용주의였다. 보편적인 계산법을 갖춘 베스트팔렌 체제는 이론적으로는 어떤 지역에든 확장할 수 있고 어떠한 국가 조합도 받아들일 수 있었다. 하지만 독일이 통일되고 프랑스가 적대국으로 고정되면서 그 체제는 유연성을 잃고 말았다. 재임 기간 동안 전면 충돌을 미연에 방지하는 거장과도 같은 성과로 균형을 유지하고 잡아 주는 임무를 지속하려면 비스마르크 같은 천재가 필요했다. 그러나 한 세대마다 천재를 배출하는 데 따라 안보가 좌우되는 국가는 어떠한 사회도 충족시키지 못한 과제를 떠안는다.

1890년에 비스마르크가 어쩔 수 없이 자리에서 물러난 이후(새로이 황제가 된 빌헬름 2세와 권한 범위를 놓고 충돌한 이후), 서로 중복되는 동맹들로 이루어진 그의 체계는 미약하게만 유지되었다. 비스마르크의 뒤를 이어 수상이 된 레오 폰 카프리비는 공 5개를 동시에 공중에 던져 놓은 비스마르크와는 달리 공 2개를 관리하는 것도 힘이 들다고 불평했다. 1891년 러시아와의 재보장 조약은 그 조약이 오스트리아와의 동맹과 부분적으로 양립할 수 없다는 이유로 갱신되지 않았다. 사실 비스마르크는 바로 그 점에서 그 조약이 유용하다고 생각했다. 프랑스와 러시아는 다른 동맹 관계를 알아볼 수밖에 없었다. 이러한 재조정은 변화무쌍하게 달라지는 유럽의 질서 속에서 전에도 여러 번 시도된 적이 있었다. 이 경우에 달라진 점은 그것이 제도화된 작업이었다는 사실이다. 외교는 이미 복원력을 상실했다. 외교는 점진적인 조정이라기보다는 생사가 걸린 문제가 되었다. 동맹 관계가 바뀌면 버림받은 국가 입장에서는 국가적인 재앙을 겪을 수 있기 때문에 각 동맹국은 가장 바람직한 신념에 구애받지 않고 동맹국으로부터 지원을 뺏어 낼 수 있었다. 그 결과 모든 위기가 확대되었고 서로를 위기에 끌어들일 수밖에 없었다. 외교가 각 진영의 내부 결속을 다지는 노력이 되면서 모든 불만이 영구화되고 강화되는 결과로 이어졌다.

영국이 "영광의 고립(splendid isolation)" 정책을 포기하고 1904년 이후 프랑스, 러시아와의 평화 협정에 가담하면서 유연성의 마지막 요소가 사라지고 말았다. 영국은 공식적인 평화 협정을 맺은 게 아니라 참모 회담을 통해 사실상의 협정을 맺었다. 그렇더라도 영국에게는 상대 국가들 편에서 싸워야 하는 도덕적 의무가 생겼다. 영국은 균형을 잡는 국가로서 행동한다는 자국의 안정된 정책을 접었다. 부분적으로는 연이어 발생한 모로코, 보스니아 위기 때 독일 외교부가 프-러 동맹 관계를 깨뜨리려고 애썼기 때문이다. 독일은 각자의 동맹국이 믿을 수 없는 국가라는 인상을 주기 위해 프랑스와 러시아에게 차례로 굴욕을 안겼다. (1905년과 1911년에 모로코 문제로 프랑스가, 1908년 보스니아 위기 때 러시아가) 그리고 마침내 독일군은 영국의 해상 장악력에 도전하는 거대 해군을 도입했다.

군사 작전은 경직성을 악화시켰다. 빈 회의 이후로 유럽 전역에서 발생한 전쟁은 크림 전쟁 단 한 건에 불과했다. (프로이센 프랑스 전쟁은 두 적대국에 한정되었다.) 군사 작전은 특정한 문제가 있을 때 실시되었고 제한된 목표를 충족시켰다. 20세기로 접어들 무렵, 기계화와 새로운 동원 방식의 교훈에 의존한 군사 작전 입안자들은 총력전에서 완전한 승리를 목표로 삼기 시작했다. 새로운 철도 체계 덕분에 군사력의 빠른 이동이 가능해졌다. 온 사방에 대규모 예비군이 준비된 상태였기 때문에 동원 속도가 절대적으로 중요한 요소가 되었다. 독일의 전략이었던[43] 그 유명한 슐리펜 작전은 독일이 이웃 국가들 중에 하나를 패배시켜야만 그 국가가 다른 국가들과 힘을 합쳐 독일의 동쪽과 서쪽에서 공격하지 못하게 막을 수 있다는 평가에 기초하고 있었다. 따라서 독일의 군사 작전에는 선제공격이 계획되어 있었다. 독일의 이웃 국가들은 정반대 상황에 처해 있었다. 그들은 가능한 독일의 선제공격의 영향을 줄이기 위해 자국 군대의 동원 속도를 높이고 서로 합심하여 빠른 속도로 조치를 취해야 했다. 따라서 동원 일정이 외교를 지배했다. 만약 정치 지도자들이 군사적인 고려 사항들을 장악하고자 했다면 반대의 상황이 됐어야 했다.

다소 여유롭기까지 한 전통적인 방식으로 작동하던 외교 행위는 급부상하는 기술과 그로 인해 필연적으로 등장한 전투 방식을 따라가지 못했다. 유럽의 외교관들은 자신이 공동의 활동에 참여하고 있다는 생각을 버리지 못했다. 20세기 들어 여러 차례 발생한 외교 위기가 한계점까지 상황을 몰고 간 경우가 없었기 때문에 그들의 그러한 접근 방식은 한층 더 강화되었다. 모로코, 보스니아 위기가 발생했을 때, 양측의 언동은 상당히 격렬했지만 동원 일정이 작전에 영향을 미치지 않았고, 일촉즉

발의 대립으로 확대되지 않았다. 역설적이게도 이러한 위기 사태를 해결할 수 있었다는 바로 그 사실이 실제 이해 관계자들과는 관계없는 자유롭고 근시안적인 위험 감수 방식을 탄생시켰다. 애국주의 언론에서 성원하는 전술적 승리를 위한 책략 동원이 정상적인 정책 실행 방법이라는 생각이 당연시되었고, 주요 강대국들은 마지막 결전은 피하면서 사소한 분쟁거리를 두고 계속되는 교착 상태를 통해 서로를 부추겨 승리를 거둘 수 있다고 생각했다.

그러나 역사는 조만간 경박한 전략에 벌을 내릴 터였다. 제1차 세계대전은 정치 지도자들이 각자의 전술에 대한 통제력을 상실했기 때문에 발발했다.[44] 1914년 6월에 오스트리아 황태자가 세르비아 민족주의자에게 암살된 뒤 거의 한 달 동안, 외교는 그 무렵 극복된 여러 위기 상황에서 나타난 지연(遲延) 방식에 따라 실행되었다. 오스트리아가 최후통첩을 준비하는 동안 4주가 지나갔다. 회담이 이루어지기는 했지만, 그때는 한여름이었기 때문에 정치가들은 휴가를 갔다. 그러나 1914년 7월에 오스트리아가 최후통첩을 보내고 나자 그들이 정한 최후통첩 기한으로 인해 의사 결정이 다급해졌고, 2주도 다 지나지 않았을 때 유럽은 결코 회복하지 못할 전쟁에 뛰어들어야 했다.

이 모든 결정은 주요 강대국들이 각자의 언동과는 정반대되는 의사를 표시하면서 내려졌다. 국가와 제국이 혼합된 새로운 개념의 정당성은 어떠한 강대국도 다른 강대국들의 사회 제도가 기본적으로 자신의 존재를 위협한다고 생각하지 않았기 때문에 등장할 수 있었다. 당시에 존재하던 힘의 균형은 견고했지만 압제적이지는 않았다. 왕위에 오른 지도자들의 관계는 따뜻했고 사교적이고 가족적이기까지 했다. 알자스로렌 지방을 되찾겠다는 프랑스의 집념을 제외하고는 어떠한 강대국도 이웃 국가의 영토를 요구하지 않았다. 정당성과 힘은 상당한 균형을 이루고 있었다. 그러나 오스만투르크 제국의 영토가 남아 있는 발칸 지역에서는 세르비아를 선두로 민족자결이라는 충족되지 않은 요구로 오스트리아를 위협하는 국가들이 있었다. 만약 어떤 강대국이 그러한 요구를 지지한다면, 러시아가 프랑스와 동맹 관계로 엮여 있듯이 오스트리아도 독일과 연결되어 있었기 때문에 전면전이 일어날 수 있었다. 세르비아 민족주의자가 오스트리아 황태자를 암살했다는, 본질적으로는 그 지역에 국한된 문제로 인해 아무도 그 결과를 심사숙고하지 않은 전쟁이 서양 문명을 덮치고 말았다. 그리고 유럽은 평화와 질서의 한 세기가 사라져 버리는 타격을 입게 되었다.

빈 협정이 체결된 이후 40년 동안 유럽의 질서는 갈등을 완화시켜 주었다. 독일 통일 이후 40년 동안 그 체제는 모든 분쟁을 악화시켰다. 어떠한 지도자도 다가올 대참사가 어느 정도일지 예측하지 못했다. 근대적인 군사 무기의 지원을 받은 일상화된 대립 체계는 조만간 그 범위가 어느 정도일지 확실하게 알려 줄 터였다. 그리고 그 지도자들 모두는 자신들이 국제 질서를 해체하고 있다는 사실은 의식하지 못한 채 그 대참사의 발생에 기여했다. 프랑스는 알자스로렌 지방을 되찾겠다는 확고한 신념으로 전쟁이 필요했고, 오스트리아는 국가로서의 책임과 중유럽 국가로서의 책임 사이에서 주저하는 모습을 보여 줌으로써 전쟁에 기여했다. 독일은 자신들이 영국의 탁월한 해군력을 위협할 생각이 있는 것처럼 행동하면 영국이 유럽 최대의 지상 병력을 저지할 게 분명하다는 역사의 교훈을 모르는 척하며 해군력을 강화하고, 프랑스와 러시아와의 연속된 눈싸움에서 승리를 거둠으로써 포위에 대한 두려움을 극복한 게 문제였다. 또한 러시아는 사방을 지속적으로 철저히 탐색함으로써 오스트리아와 오스만투르크 제국의 남은 영토를 동시에 위협하며 전쟁에 일조했다. 그리고 영국은 연합군 측에 꾸준히 헌신할 것인지 헷갈리게 만드는 모호한 태도로 모든 방책의 결점을 한데 합쳤다. 구체적으로 설명하면 영국의 지지로 프랑스와 러시아는 견고해졌지만, 그들과 거리를 두는 영국의 태도에 혼란스러워진 독일 지도자들은 영국이 유럽 전쟁에서 중립을 지킬 수도 있다고 믿게 되었다.

다른 역사적 시나리오에서는 어떤 일이 일어났을지 생각해 보는 것은 대체로 소용없는 짓이다. 그러나 서양 문명을 뒤집어 놓은 그 전쟁은 결코 피할 수 없는 필연성을 갖고 있지는 않았다. 그 전쟁은 자신들이 세운 계획이 가져올 결과는 물론, 대체로 평온한 시기로 간주된 해에 발생한 테러 공격이 어떤 대혼란을 안겨 줄지 제대로 파악하지 못한 주요 지도자들의 연이은 판단 착오에 의해 발생했다. 결국 군사 작전은 외교 행위에 압도적인 승리를 거두었다. 이는 이후 세대들이 절대로 잊어서는 안 되는 교훈이다.

양 대전 간의 정당성과 힘

제1차 세계대전은 행복에 도취된 채 한정된 목표를 위해 영광스러운 단기전을 구상한 지도자들과 열광적인 대중의 환영을 받았다. 이 전쟁은 2500만 명이 넘는 목숨을 앗아 갔고 그 시대를 지배하고 있던 국제 질서를 무너뜨렸다. 달라지는 이익을 섬세하게 계산해 내던 유럽의 균형 상태는 굳건한 두 동맹 체제의 대립적인 외교 행위를 위해 폐기된 뒤 지금까지도 믿을 수 없을 정도의 사상자를 내며 참호전에 의해 파괴되었다. 그 고난 속에서 러시아 제국과 오스트리아 제국, 오스만투르크 제국은 완전히 사라졌다. 러시아에서는 보편적인 혁명 교리를 선언한 무장 엘리트 집단이 근대화와 자유주의적 개혁을 도모하는 대중 폭동을 장악했다. 기근과 내전을 겪으며 몰락한 러시아와 러시아 영토는 소련으로 새로이 탄생했고, "이 세상의 위대한 보편 교회"를 꿈꾸던 도스토옙스키의 갈망은 기존의 모든 질서 개념을 부인하는, 모스크바의 지시를 받는 공산주의 운동으로 바뀌었다. 비스마르크는 "전쟁이 시작할 때만큼 끝날 때도 설득력을 유지하는 참전 논거를 내놓지 못한 정치가는 화를 입으리라."고 경고한 바 있다. 1918년의 세계를 예측할 수 있었다면, 1914년 8월에 전쟁에 말려든 지도자들 중에 그렇게 했을 사람은 아무도 없었을 것이다.

눈앞에 펼쳐진 대학살에 망연자실해진 유럽의 정치가들은 대전(大戰)을 일으킨 주범으로 간주되던 전전의 위기와는 가능한 많이 다른 전후 시대를 구축하려고 노력했다. 그들은 국제 질서, 특히 빈 회의의 국제 질서를 구축하면서 얻은 모든 교훈을 마음속에서 대부분 지워 냈다. 하지만 그것은 행복한 결정이 아니었다. 1919년에 체결된 베르사유 조약은 빈 회의에 패전국 프랑스를 받아들이는 조항을 포함시킨 것과 달리 독일을 유럽 질서에 받아들이기를 거부했다. 소련의 마르크스 레닌주의 혁명 정부는 자신들의 전복을 예견한 국제 질서 개념이나 규제에는 얽매이지 않겠다는 입장을 밝혔다. 실제로 서양 열강들은 유럽 외교의 주변부에 참여한 소련 정부를 서서히 그리고 마지못해 인정했다. 유럽의 균형을 이룬 5개국 중에서 오스트리아 제국은 사라지고 없었다. 러시아와 독일 제국은 배제되거나 스스로 물러났다. 영국은 잠재적인 위협을 미연에 방지하기보다는 세력 균형을 위협하는 실질적인 세력에 반대하기 위해 유럽 문제에 관여하는 과거의 역사적 태도로 돌아가기 시작했다.

전통적인 외교는 힘과 정당성의 두 요소를 섬세하게 균형 잡는 국제 질서를 통해 유럽에 1세기에 걸쳐 평화를 안겨 주었다. 그 세기의 마지막 25년 동안 균형은 힘의 요소에 의존하는 쪽으로 옮겨 갔다. 베르사유 조약 초안자들은 공동의 원칙에 호소할 때만 유지될 수 있는 국제 질서를 탄생시킴으로써 정당성의 요소로 다시 돌아갔다. 힘의 요소들이 무시되거나 어지럽게 뒤섞였기 때문이다. 독일과 소련 사이에 위치한, 민족 자결의 원칙으로부터 탄생한 국가들은 너무 힘이 없어서 저항할 수 없는 것으로 드러났다. 그 결과 그들은 서로 공모할 수밖에 없는 상황에 처했다. 영국은 점점 더 뒤로 물러났다. 처음에 국민들이 주저했는데도 1917년에 단호하게 참전 결정을 내린 미국은 전후 결과에 환멸을 느끼고 상대적인 고립 정책으로 후퇴했다. 따라서 힘의 요소를 공급하는 책임은 주로 프랑스가 떠맡았는데, 프랑스는 전쟁으로 인해 진이 다 빠진 상태였고 인적 자원이나 심리적인 스태미나 역시 바닥이 난 상태였다. 프랑스는 자국과 독일의 힘의 차이가 선천적인 문제가 될 조짐이 보인다는 사실을 점점 더 절실히 느끼고 있었다.

베르사유 조약만큼 조약의 목적을 놓친 외교 문서는 거의 없다. 조정을 이끌어 내기에는 너무 가혹하고, 독일의 회복을 막기에는 너무 관대했던 베르사유 조약은 진이 다 빠진 민주 국가들에게 혁명적인 소련뿐 아니라 복수를 벼르던 화해 불가능한 독일까지도 끊임없이 경계하라고 선고했다.

독일이 베르사유 조약에 도덕적으로 관심을 가진 것도 아니고 독일의 도전을 막는 분명한 세력 균형에 정면으로 부딪친 것도 아닌 상태에서 베르사유 질서는 독일의 수정주의를 부추긴 것이나 다름없었다. 독일이 자국의 잠재적인 전략적 우월함을 주장하지 못하게 막을 수 있는 것은 차별적인 조항뿐이었는데, 그러한 조항들은 미국과 영국의 도덕적 신념에 이의를 제기했다. 따라서 독일이 베르사유 조약에 항의하기 시작하자, 프랑스군이 무자비하게 조항을 적용하거나 유럽 대륙 문제에 미국이 영구적으로 개입하는 경우에만 조약 조건을 유지할 수 있었다. 하지만 프랑스와 미국 모두 그럴 준비가 되어 있지 않았다.

프랑스는 중유럽을 처음에는 분할된 상태로, 나중에는 봉쇄된 상태로 유지하는 데 300년의 시간을 보냈다. 그리고 그 작업을 처음에는 혼자서, 나중에는 러시아와 동맹 관계를 통해 계속했다. 그러나 베르사유 조약이 체결된 이후 프랑스는 이 선택권을 잃어버렸다. 프랑스는 전쟁에 너무 힘을 뺀 나머지 유럽의 경찰 역할을 할 수 없었다. 그리고 중유럽과 동유럽은 프랑스가 조종할 수 있는 능력을 초월하는 정치적 흐름에 휩싸여 있었다. 통일 독일을 상쇄하는 세력으로서 혼자 남겨진 프랑스는 강제로 조약을 지키려고 드문드문 노력을 기울였지만, 히틀러의 출현으로 프랑스의 역사적 악몽이 되살아나자 사기가 꺾이고 말았다.

강대국들은 전쟁에 대한 혐오감을 제도화하여 새로운 형태의 평화로운 국제 질서를 구축하려 했다. 실행 과정에 대한 논의는 연기되었지만, 국제적인 군비 축소를 위해 애매모호한 타개책이 제시되었다. 국제 연맹을 비롯한 일련의 중재 조약들은 분쟁 해결 방식으로 힘의 경쟁 대신 법적 기구를 설립하는 작업에 착수했다. 이러한 조직의 회원 자격에 제한은 없고 모든 형태의 평화 위반 행위는 공식적으로 금지되었지만, 어떤 국가도 조약 조건을 기꺼이 집행하려는 의향을 보여 주지 않았다. 독일이나 제정 일본, 무솔리니의 이탈리아 등 불만을 품거나 팽창주의적 목표를 지닌 강대국들은 국제 연맹의 회원 자격 조건을 위반하거나 국제 연맹에서 탈퇴하더라도 심각한 문제가 발생하지 않음을 머지않아 깨달았다. 전후 세계에는 서로 중복되면서도 모순되는 두 개의 질서가 등장하게 되었다. 하나는 상호 작용을 주고받는 서양 민주주의 국가들로 주로 이루어진, 원칙과 국제법으로 이루어진 세계이며, 다른 하나는 더 많은 행동의 자유를 얻기 위해 이 제한 체계로부터 물러난 강대국들이 전용한 자유로운 지대였다. 그 두 세계 밖에서 희미하게 등장하여 둘 사이에서 기회를 엿보며 책략을 쓰던 소련의 혁명적인 세계 질서 개념은 둘 모두를 매몰시킬 것 같았다.

결국 베르사유 질서는 정당성도 균형도 얻지 못했다. 베르사유 질서의 가슴 아픈 약점은 1925년의 로카르노 조약에 의해 여실히 드러났다. 이 조약에서 독일은 서쪽 국경선과 라인 지방의 비무장화를 받아들였다. 사실 독일은 이미 베르사유 조약에서 라인 지방의 비무장화에 동의했지만 폴란드, 체코슬로바키아와의 국경선에 대해서도 똑같이 약속해 주기를 노골적으로 거부하면서 자신들의 야심과 잠재적인 분노를 고스란히 드러냈다. 놀랍게도 프랑스는 로카르노 조약에 의해 동유럽의 프랑스 동맹국들이 독일의 보복 정책에 공식적으로 노출되는 결과가 발생했는데도 그 조약에 서명했다. 이는 독일이 10년 뒤에 실질적인 저항에도 불구하고 취할 행동을 암시해 주었다.

1920년대에 독일의 바이마르 공화국은[45] 베르사유 조약의 모순과 가혹한 처사를 국제 연맹의 더욱 이상적인 국제 질서 원칙과 대조함으로써 서양 세계의 양심에 호소했다. 1933년에 분노한 독일 국민에게서 다수표를 얻어 집권한 히틀러는 모든 규제를 벗어 버렸다. 그는 베르사유 평화 협정 조건을 위반하면서 재무장을 추진했고, 라인 지방을 다시 점령하는 행위로 로카르노 조약을 뒤엎어 버렸다. 그의 도전이 의미 있는 반응을 이끌어 내는 데 실패하자, 히틀러는 중유럽과 동유럽 국가들을 차례로 무너뜨리기 시작했다. 오스트리아를 필두로 체코슬로바키아를 친 히틀러는 폴란드까지 무너뜨렸다.

이러한 도전의 특징은 1930년대 특유의 것은 아니었다. 모든 시대마다 인류는 악마 같은 인간과 매력적인 억압의 관념을 낳는다. 정치가는 그런 악마 같은 인간들이 권력을 잡지 못하게 막고 만약 그들이 권력을 손에 넣는다면 그들을 막을 수 있는 국제 질서를 지탱해야 한다. 양 대전 사이에 안이한 평화주의와 지정학적 불균형, 동맹국들의 분열이 뒤섞이면서 이 세력들이 활개를 칠 수 있는 환경을 만들어 주는 부정적인 결과를 초래했다.

유럽은 300년에 걸친 분쟁의 시기를 거치며 하나의 국제 질서를 구축한 바 있다. 유럽의 지도자들이 제1차 세계대전에 참전하면서 그 전쟁이 미칠 영향을 제대로 파악하지 못하는 바람에 힘겹게 구축한 유럽의 국제 질서는 무너지고 말았다. 그리고 설혹 또 다른 대재앙의 영향을 제대로 인식했다고 해도 그들은 자신의 선견지명에 따라 행동할 때 발생할 수도 있는 결과 앞에서 움츠러들었다. 국제 질서의 붕괴는 근본적으로 권력의 포기, 심지어는 자살에 관한 이야기였다. 베스트팔렌 조약의 원칙들을 포기하고 그 조약이 선언한 도덕적 대안을 옹호하는 데 필요한 힘을 행사하기를 주저했던 유럽은 이제 또 다른 전쟁에 휩싸일 운명이었다. 그 전쟁이 끝날 때 다시 한 번 유럽의 질서를 재구성해야 할 필요성이 제기될 터였다.

전후의 유럽 질서

두 차례 세계대전의 결과로 베스트팔렌 조약의 통치권 개념과 세력 균형의 원칙들은 그 개념과 원칙들을 야기한 유럽 대륙의 당대 질서 속에서 크게 축소되었다. 그 원칙들의 잔여물은 발견과 확장의 시대에 그 원칙들을 제공받은 일부 국가들에서 계속해서 존재할 것이었다.[46]

제2차 세계대전이 끝나고 유럽은 세계 질서를 구축할 기구나 심리적 수용력이 바닥난 상태였다. 스위스와 스웨덴을 제외하고 유럽 대륙의 모든 국가들은 외국군에 한 번쯤은 점령당했다. 모든 국가의 경제는 파괴된 상태였다. 어떠한 유럽 국가(스위스와 스웨덴을 포함하여)도 더 이상 스스로 자국의 미래를 결정할 능력이 없었다.

서유럽이 정신을 추슬러 새로운 질서를 모색할 수 있었던 것은 위대한 세 사람이 애쓴 결과였다. 독일의 콘라드 아데나워, 프랑스의 로베르 쉬망, 이탈리아의 알치데 데 가스페리였다. 제1차 세계대전 발발 전에 태어나 교육을 받은 그들은 인간 향상의 조건에 대한 과거 유럽의 철학적 확신을 일부 간직하고 있었고, 그 덕분에 유럽이 경험한 비극의 원인을 극복하는 데 필요한 비전과 불굴의 정신을 갖추고 있었다. 그들은 가장 약해진 순간에도 젊은 시절에 배운 질서의 개념 일부를 간직하고 있었다. 그들이 지녔던 가장 중요한 확신은 만약 그들이 자국 국민들에게 도움을 주고 유럽의 비극이 재발되는 것을 막고자 한다면 유럽의 역사적인 분열을 극복하고 그 기반 위에서 새로운 유럽 질서를 만들어 내야 한다는 것이었다.

우선 그들은 또다시 발생한 유럽의 분열에 대처해야 했다. 1949년 서방 연합군 측은 세 곳의 점령지를 합쳐서 독일 연방 공화국을 탄생시켰다. 소련은 자국 점령지를 사회주의 국가로 만들었고, 그 국가는 바르샤바 협정에 의해 소련과 밀접한 관계를 맺었다. 독일은 베스트팔렌 평화 조약이 체결된 300년 전의 상황으로 되돌아갔다. 독일의 분할이 새로이 등장할 국제 체계의 핵심적인 요소가 되었기 때문이다.

300년 동안 유럽에서 전쟁이 발생할 때마다 그 중심부에 있던 두 경쟁 국가, 즉 프랑스와 독일은 각자에게 남아 있던 경제력의 핵심 요소들을 한데 합침으로써 유럽의 역사를 초월하는 과정을 시작했다. 1952년 프랑스와 독일은 유럽의 여러 민족들로 구성된 '그 어느 때보다 더 긴밀한 연합'과 새로운 유럽 질서의 중추를 향한 첫 번째 단계로서 석탄철강 공동체를 창설했다.

지난 수십 년간, 독일은 유럽의 안정을 가장 크게 흔들었다. 그렇기에 전후 첫 10년 동안 독일 정치 지도자들의 선택이 대단히 중요했다. 콘라드 아데나워는 73세의 나이에 새로운 독일 연방 공화국의 수상이 되었다. 참고로 비스마르크는 73세에 정치가로서의 경력을 거의 끝내고 있었다. 귀족적인 스타일로 포퓰리즘을 의심스러워한 그는 기독교민주연합이라는 정당을 만들었다. 기독교민주연합은 독일 의회 역사상 처음으로 중도 정당으로서 다수당의 권한을 행사한 정당이었다. 다수당의 권한을 행사할 수 있었던 아데나워는 독일에게 피해를 입은 국가들의 신뢰를 되찾는 일에 전념했다. 1955년, 그는 서독을 대서양 동맹에 가입시켰다. 아데나워는 1950년대에 서독이 서방 국가들과의 동맹을 포기한다면 독일이 통일될 수도 있음을 암시하는 소련의 제안을 거부할 정도로 유럽 통합에 헌신적이었다. 이 결정은 그가 소련의 제안을 믿을 수 있는가에 대해 날카로운 판단을 내렸다는 사실뿐 아니라 유럽 대륙의 중심부에 위치한 민족 국가로서 외로운 여정을 반복할 수 있는 독일 사회의 능력에 대해서도 가혹한 의심을 품었음을 여실히 보여 주었다. 그럼에도 독일의 분할을 기반으로 한 새로운 국제 질서를 세우려면 독일 지도자의 대단한 정신력이 필요했다.

유럽 역사에서 독일의 분할은 새로운 사건이 아니었다. 독일 분할은 베스트팔렌 조약은 물론 빈 조약의 토대였다. 여기서 새로운 사실은 신흥 독일이 국제 정치 질서의 성격을 두고 벌어진 논쟁에서 서방 세계의 일원 역할을 명확히 맡았다는 점이다. 이는 대체적인 세력 균형이 유럽 대륙 밖에서 형성되기 때문에 더더욱 중요했다. 천 년 동안 유럽의 여러 민족들은 세력 균형에 어떠한 변동이 일어나든 그 균형의 구성원들이 유럽에 존재한다는 사실을 당연시했다. 하지만 새로이 등장하고 있던 냉전의 세계는 대서양 건너편의 미국과 지리적으로 유럽의 변두리에 위치한 소련이라는 두 초강대국의 행동과 군비 확충에서 그 균형을 찾았다. 미국은 1947년의 그리스-터키 원조 계획과 1948년의 마셜 계획으로 유럽의 경제를 재가동하는 데 도움을 주었다. 1949년 미국은 미국 역사상 처음으로 북대서양 조약을 통해 평화 시의 동맹 관계 수립에 착수했다.

역사적으로 볼 때 유럽 국가들이 만들어 낸 유럽의 균형 상태는 외부 강대국들에 대한 전략의 양상을 띠게 되었다. 북대서양 동맹은 미국과 유럽 간의 정기적인 회담을 위한 기본 틀을 마련해 주면서 어느 정도 일관된 외교 정책 수행을 가능케 했다. 그러나 본질적으로 유럽의 세력 균형은 유럽 내부의 협의로부터 미국의 핵 능력을 이용한 소련에 대한 전 세계적인 봉쇄로 전환했다. 두 차례의 파괴적인 전쟁을 겪으며 충격을 받은 서유럽 국가들은 역사 정체성에 대한 의식에 이의를 제기하는 변화된 지정학적 관점에 직면해야 했다.

냉전의 첫 단계 동안 수립된 국제 질서는 동맹 관계 전체를 이끌어 가는 주된 파트너인 미국의 지휘하에 서양의 동맹 관계가 작동하면서 사실상 양극화되었다. 미국은 균형을 지키기 위해 조화롭게 행동하는 여러 국가들 간의 관계가 아니라 미국이 합작 회사의 사장 역할을 하는 관계로 동맹 관계를 이해했다.

유럽의 전통적인 세력 균형은 각 회원국의 평등함에 기초를 두고 있었다. 각각의 협력국은 균형이라는, 기본적으로 제한된 공동의 목표를 위해 각자의 세력을 기여해 왔다. 그러나 대서양 동맹은 공통된 체계에 동맹국들의 군사력을 합치기는 했지만, 주로 미국의 일방적인 군사력, 특히 핵 억제력에 의해 유지되었다. 전략적 핵무기가 유럽 방어의 주요한 요소로 인식되는 한 유럽 정책의 목적은 본질적으로 심리적인 것이었다. 즉 유럽이 위급한 상황에 처할 경우에 미국이 유럽을 자국의 연장된 영역으로 간주하도록 요구하는 것이었다.

냉전의 국제 질서는 두 가지 균형 상태를 반영했다. 이 두 균형 상태는 역사상 처음으로 서로 관계가 없는 편이었는데, 하나는 소련과 미국의 핵 균형이었고, 나머지 하나는 그 운영이 심리적인 측면에서 중요성을 띤 대서양 동맹 내부의 균형이었다. 유럽은 핵우산을 제공받는 대신 미국의 우월적인 지위를 인정했다. 유럽 국가들은 추가적인 병력을 창설하는 게 아니라 동맹국의 결정에 발언권을 갖기 위해 각자 군사력을 키웠다. 말하자면 미국의 억제력을 사용하는 문제를 논의하는 자리에 참석할 수 있는 입장권을 얻기 위해서였다. 프랑스와 영국은 전체적인 세력 균형과는 무관한 소규모의 핵무기를 개발했지만, 주요 강대국들 간의 협상 테이블에 앉겠다고 추가로 요구했다.

핵 시대가 시작되고 소련이 지리적으로 근접해 있다는 현실은 한 세대 동안 동맹 관계를 지탱해 주었다. 그러나 기본적인 관점의 차이는 1989년에 베를린 장벽이 붕괴되면서 다시 나타날 수밖에 없었다.

40년간 지속되던 냉전이 끝나면서 북대서양 조약 기구(NATO)는 처음 나토를 세운 인물들이 선언한 냉전 종식이라는 목표를 달성했다. 1989년의 베를린 장벽 붕괴는 빠른 속도로 독일 통일로 이어졌다. 이와 함께 소련의 통제 시스템에 지배되던 동유럽의 소련 위성 국가들 역시 무너졌다. 대서양 동맹을 설계한 지도자들의 비전과 그 극적인 결말을 감독한 지도자들의 섬세한 성과를 증명하듯 20세기에 유럽을 두고 벌어진 세 번째 논쟁은 평화롭게 끝이 났다. 독일은 자유민주주의의 진실성을 확인시켜 주면서 통일을 이루었다. 독일은 공동의 가치와 공유된 발전 사업으로서의 유럽 통합에 헌신할 것을 재확인시켜 주었다. 40년 동안(일부는 더 오래도록) 억압받은 동유럽 국가들은 독립 국가로서 다시 탄생하고 각자의 개성을 되찾기 시작했다.

소련의 붕괴는 외교 행위의 주안점을 바꾸어 놓았다. 유럽 내부에 존재하던 상당한 군사적 위협이 사라지면서 유럽 질서의 지정학적 특성이 근본적으로 달라졌다. 균형 상태에서의 전통적인 문제들은 이후에 형성된 의기양양한 분위기 속에서 '시대에 뒤떨어진' 외교로 무시되었고, 널리 보급된 공동의 이상으로 대체되었다. 이제는 대서양 동맹이 안보보다는 정치적 영향력에 더 많이 신경 써야 한다는 주장이 등장했다. 러시아 국경선까지 나토를 확대시켜야 한다거나 심지어는 러시아를 포함시켜야 한다는 의견이 진지한 계획으로 등장하기도 했다. 모스크바에서 수백 킬로미터 이내에 있는, 역사적으로 논쟁이 된 지역까지 군사 동맹에 포함시키려는 계획은 기본적으로 안보상의 이유가 아니라 민주주의의 이익을 '고정화'하는 합리적인 방법으로 제안되었다.

직접적인 위협에 직면해 있던 국제 질서는 미국과 소련이 각기 지배하는 적대적인 두 진영 간의 대립으로 인식되었다. 하지만 소련의 힘이 쇠퇴하면서 세계는 어느 정도까지는 다극화되었고, 유럽은 독립적인 정체성을 규정하려고 노력했다.

유럽의 미래

유럽은 힘든 여정을 거쳐 여기까지 왔다. 유럽은 스스로 세계 탐험을 시작했고, 전 세계에 유럽의 관습과 가치를 퍼뜨렸다. 세기마다 유럽은 내부 구조를 바꾸어 국제 질서의 특징에 대한 새로운 사고방식을 고안했다. 이제 한 시대의 정점에 이른 지금, 유럽은 그 질서에 참여하기 위해 350여 년 동안 유럽 내 문제를 처리할 때 이용한 정치 기구를 포기해야 한다는 생각을 갖게 되었다. 부분적으로 새로 통일된 독일의 충격을 완화시키려는 바람이 작용하여 탄생한 유럽 연합은 2002년에 단일 통화를 도입했고, 2004년에는 공식적인 정치 조직까지 수립했다. 유럽 연합은 평화적인 기구를 통해 차이를 조정하는 완전하고 자유로운 통합 유럽을 선언했다.

독일 통일은 독일이 또다시 가장 강력한 유럽 국가가 되었다는 현실이 어떠한 합법적인 제도로도 달라질 수 없기 때문에 유럽의 균형 상태를 바꾸어 놓았다. 단일 통화는 신성 로마 제국 이후로 유럽에서는 볼 수 없던 어느 정도의 통일성을 발생시켰다. 유럽 연합은 헌장에 공표된 전 세계적인 역할을 해낼 것인가? 아니면 카를 5세의 제국처럼 결국 통일될 수 없음을 보여 주고 말까?

어떤 의미에서 보면 새로이 등장한 체제는 베스트팔렌 체제를 포기하는 것이었다. 그러나 유럽 연합은 유럽이 만들어 전 세계에 확산시켰고 근대의 많은 시기 동안 지켜 내고 모범을 보여 준 베스트팔렌 국제 체계로 유럽이 돌아갔음을 알리는 존재로도 해석할 수 있다. 다만 이번에는 국가가 아니라 지역의 세력으로서, 글로벌해진 베스트팔렌 체제의 새로운 단위로서 유럽 연합을 이해할 수 있다.

그 결과는 국가적인 접근 방식과 지역적인 접근 방식의 양상을 모두 결합시켰다. 하지만 두 접근 방식 중 어느 하나의 완벽한 이점도 확보한 것은 아니다. 유럽 연합은 회원국의 주권과 통화 관리, 국경선 통제와 같은 전통적인 정부 기능을 축소한다. 한편 유럽 정치는 기본적으로 국가 영역을 벗어나지 못하고 있는데, 여러 국가에서 유럽 연합의 정책에 대한 반대가 주요한 국내 문제로 대두되었다. 그 결과 각료 회담과 공동의 관료 체계를 통해 운영되는, 국가와 연방의 중간쯤에 위치한 혼합된 형태가 탄생했다. 이는 19세기의 유럽보다는 신성 로마 제국과 더 비슷하다. 그러나 신성 로마 제국(적어도 그 제국이 존재한 대부분의 기간 동안)과는 달리 유럽 연합은 유럽 연합을 이끌어 가는 원칙과 목표를 추구하면서 내부의 긴장 관계를 해결하려고 애쓴다. 그 과정에서 유럽 연합은 민주주의와는 어울리지 않는 재정 분산 및 관료주의와 함께 통화 동맹을 추구한다. 대외 정책 분야에서 유럽 연합은, 동과 서, 그리고 남과 북유럽 사이의 분열 및 국가적 통합성에 도전하는 독립운동(카탈로니아, 바이에른, 스코틀랜드)에 대한 세계주의적 태도를 동반하는 유럽적 통일성과 함께, 그것을 강제할 수단이 부재한 보편적 이상과 애국심과 경쟁하는 코스모폴리탄적 정체성을 받아들인다. 유럽의 '사회적 모델'은 시장의 역동성에 의존하면서도 그것 때문에 불안해진다. 유럽 연합의 정책들은 회원국들이 비유럽인 유입에 대한 두려움에 휩싸여 정책을 실행하는데도 서구 특유의 가치를 내세우지 않으려고 애쓰면서 관용적인 포용성을 소중히 한다.

그 결과 유럽 연합 자체의 대중적인 정당성을 시험하는 주기가 생겨났다. 유럽 국가들은 과거에 주권으로 간주되던 상당 부분을 포기했다. 유럽 지도자들은 지금도 국가별 민주 절차에 의해 인정을 받거나 거부를 당하기 때문에 국가에 이익이 되는 정책을 실시하고 싶어 한다. 따라서 유럽의 여러 지역 간에는 대개 경제 문제를 두고 분쟁이 계속되고 있다. 특히 2009년에 시작된 위기에서처럼 유럽 체제는 단순히 살아남기 위해 점점 더 개입 폭을 넓히는 비상조치 쪽으로 기울어진다. 그러나 대중에게 '유럽의 계획'을 위해 희생하겠냐고 물으면 그 의무에 대한 명확한 이해가 없을 수도 있다. 그런 경우에 지도자들은 국민의 뜻을 무시할 것인지, 유럽 연합의 브뤼셀 본부에 반대하며 국민의 뜻을 따를 것인지 선택에 직면한다.

이번에는 전 세계에 영향이 미친다는 점을 빼고, 유럽은 처음에 유럽이 출발할 때 가졌던 문제로 되돌아갔다. 서로 경쟁을 벌이는 야심과 모순되는 경향으로부터 어떤 국제 질서를 추출해 낼 수 있을까? 어떤 국가들이 그 질서의 구성원이 될 것인가? 그리고 그들은 어떤 방식으로 자신들의 정책을 이야기할 것인가? 유럽은 얼마만큼의 통합이 필요하며, 얼마만큼의 다양성을 견딜 수 있을까? 그런데 그 반대의 문제가 결국 훨씬 더 근본적인 문제인 듯하다. 다시 말하면 유럽의 역사를 고려할 때 유럽이 의미 있는 통합을 이루어 내려면 얼마만큼의 다양성을 유지해야 하는가?

지구적 체제를 유지했던 시기의 유럽은 세계 질서에 대한 지배적 정의를 제시했다. 유럽의 정치인들은 국제 체계를 구상하여 세계의 나머지 국가들에게 그 체계를 규정해 주었다. 오늘날에는 새로이 등장하고 있는 세계 질서의 특성에 대한 논의가 진행 중이며, 유럽 너머의 지역들이 그 질서의 속성들을 규정하는 데 주요한 역할을 할 것이다. 세계는 베스트팔렌 체제에서 국가가 했던 역할을 각 지역이 수행하는 지역별 연합 체계로 옮겨 가는 중일까? 만약 그렇다면 균형이 뒤따를 것인가? 아니면 핵심적인 역할을 수행하는 행위자들의 숫자가 크게 줄면서 편협함이 불가피해지고 상대 진영을 제압하려는 경직된 진영들로 인해 20세기 초의 위기가 다시 발생하는 결과가 생길까? 미국, 중국, 인도, 브라질 같은 대륙 체계가 이미 임계 질량에 도달한 지금, 유럽은 어떻게 지역 단위로의 전환을 처리할 수 있을까? 지금까지 유럽의 통합 과정은 유럽의 다양한 행정 기구들의 권한을 늘리는, 본질적으로 관료주의적인 문제로 다루어졌다. 다시 말하면 익숙한 것을 정교히 하는 작업이었다. 그렇다면 이러한 목표들에 대한 내부의 참여 계획을 세울 추동력은 어디로부터 발생할 수 있을까? 유럽 역사를 보면 주로 행정적인 절차에 의해 통일이 이루어진 적이 한 번도 없음을 알 수 있다. 통일에는 독일의 프로이센, 이탈리아의 피에몬테같이 통일을 이룰 사람이 필요했다. 그들의 지도력(과 기정사실을 만들려는 의지)이 없었다면 통일은 실패하고 말았을 것이다. 어떤 국가, 어떤 기관이 그 역할을 맡을 것인가? 그 과정을 계획하기 위해 어떤 새로운 기관이나 내부 집단을 구상해야 할까?

그리고 만약 유럽이 어떤 길을 택하든 통일을 이루어 낸다면, 유럽은 세계에서 자신의 역할을 어떻게 규정할 것인가? 유럽은 세 가지 중 하나를 선택할 수 있다. 대서양 협력 관계를 발전시키거나 더욱더 중립적인 입장을 채택하거나 유럽 외의 강대국과 암묵적인 협약을 맺고 그들과 집단을 이루는 방향을 지향하는 것이다. 유럽은 동맹 관계를 바꾸려 하는가? 아니면 스스로가 양립 가능한 입장을 취하는 북대서양 진영의 일원이라고 생각하는가? 유럽은 자신의 어떤 과거에 스스로를 결부시킬까? 대서양 동맹을 맺은 최근의 과거? 아니면 국익을 기초로 최대한의 이익을 모색하던 유럽의 더 긴 역사? 한마디로 말해서 대서양 공동체는 계속해서 존재할 것인가? 나는 그렇게 되기를 열렬히 바라지만, 만약 그렇게 된다면 유럽은 스스로를 어떻게 규정할 것인가?

이 문제는 대서양 양쪽에 있는 미국과 유럽 모두가 스스로에게 물어야만 한다. 대서양 공동체는 단순히 익숙한 것을 도모해서는 의미 있는 관계가 될 수 없다. 대서양 동맹의 유럽 회원국들은 전 세계적인 전략적 문제들을 결정하는 데 협력하면서 자신들의 정책이 중립적으로 원칙을 처리하고 도움을 나누어 주는 정책이라고 여러 차례 설명한 바 있다. 그러나 종종 그들은 이 모델이 거부되거나 그 실행 과정이 틀어진 경우에 어떻게 할지에 대해 확신을 갖지 못했다. 냉전 시대의 소련의 도전과는 다른 경험들과 형성된 새로운 세대는 자주 들먹여지는 "대서양 협력 관계"에 더욱 구체적인 의미를 부여해야 한다.

유럽의 정치적 진화는 본질적으로 유럽인들이 결정해야 한다. 그러나 대서양 건너편에 있는 유럽의 동반자들이 그 과정에 중요한 이해관계를 갖고 있다. 새로이 등장한 유럽은 새로운 국제 질서 구축에 적극적으로 참여할 것인가? 아니면 유럽 자체의 내부적인 문제에만 힘을 쓰고 말 것인가? 유럽의 전통적인 강대국들의 순수한 세력 균형 전략은 현대의 지정학적, 전략적 현실에 의해 배제되었다. 그러나 범유럽 엘리트 계층에 의해 새로이 등장한 '규범과 규칙' 체계도 지정학적 현실을 책임지는 사람들이 동반되지 않는 한, 전 세계적인 전략을 실행하기에는 충분하지 않은 수단으로 판명될 것이다.

역사와 지정학으로 볼 때, 유럽 연합을 지지하고 유럽 연합이 지정학적 공백 상태에 빠지지 않도록 막을 만한 충분한 이유가 있다. 정치, 경제, 국방 분야에서 미국이 유럽과 분리된다면, 미국은 유라시아로부터 멀리 위치한 고립된 지정학적 섬이 되고 유럽은 아시아와 중동 영향권의 부속물로 변해 버릴 것이다.

한 세기 전만 해도 세계 질서를 구상하는 데 거의 독점적인 역할을 한 유럽은 유럽의 내적 구조에 유럽의 지정학적 목적을 일치시킴으로써 세계 질서를 추구하려는 현대의 추세로부터 단절될 위험에 처해 있다. 많은 사람들에게 유럽 통합은 수 세대에 걸친 꿈이 정점에 이르렀음을 의미한다. 그것은 바로 평화 속에서 연합하며 자발적으로 권력 갈등을 포기한 지역의 탄생이다. 그러나 유럽의 연성 권력 접근법에서 선호된 가치들이 종종 영감을 불어넣기는 했지만, 다른 지역의 경우에는 오히려 불균형의 전망을 제기할 뿐, 유럽처럼 단일한 정책 스타일에 압도적 기여를 한 가치는 별로 없다. 유럽은 자신이 주도적으로 설계한 세계 질서에의 추구가 그러한 질서를 형성하는 데 별반 도움을 주지 못한 지역을 침몰시킬 수도 있는 난감한 상황에 직면해 있는 바로 그때, 안으로 움츠러든다. 따라서 유럽은 자신들이 극복하려던 과거와 아직 규정하지 못한 미래 사이에 매달려 있는 스스로를 발견하게 된다.

3

이슬람교와 중동: 무질서의 세계

중동 지역은 세계 3대 종교가 태동한 곳이다. 그 척박한 지형으로부터 보편적인 열망의 기치를 높이 든 정복자와 예언자 들이 생겨났다. 끝이 없어 보이는 지평선 너머로 여러 제국들이 생겨났다 사라졌다. 자신이 모든 권력의 화신이라고 선언했던 절대 권력자들은 결국 신기루처럼 사라지고 말았다. 여기서는 모든 형태의 국내 질서와 국제 질서가 한 번쯤 생겨났다가 버려졌다.

세계는 보편적인 비전을 위해 지역 질서와 세계 질서를 파괴하라고 주장하는 중동의 외침에 익숙해졌다. 과거의 영광에 대한 꿈과 더 이상 국내외적 정당성에 관한 공동의 원칙들을 중심으로 통일을 이룰 수 없는 처지 사이에서 오도 가도 못하는 이 지역은 예언적 절대론이 무수히 많이 등장했다는 특징을 지녔다. 지역 질서를 구축하는 문제나 세상의 나머지 지역에서 그 질서가 평화롭고 확실하게 융화될 수 있도록 보장하는 문제에서 국제 질서라는 과제가 이 지역만큼 복잡한 곳은 없다.

현대의 중동 지역은 서로 합의된 국제 질서 개념에 도달하기(만약 그럴 수 있다면) 전에 제국이나 성전, 외세의 지배, 만인의 만인에 대한 종파 전쟁 등 그 지역이 역사적으로 겪은 모든 경험들을 동시에 실험해야 할 운명인 듯 보인다. 그 개념에 도달하기 전까지 중동은 세계 공동체에 참여하다가도 그것에 대항하여 투쟁을 벌이는 행동을 번갈아 가며 할 것이다.

이슬람교의 세계 질서

역사 초기에 중동과 북아프리카에 생겨난 조직은 일련의 제국들로부터 발달했다. 각 제국은 스스로를 문명화된 삶의 중심이라고 생각했다. 각 제국은 지리적인 특징을 통합하면서 생겨난 다음, 다른 제국과의 사이에 있는 통합되지 않은 지역으로 영토를 확장해 나갔다. 기원전 3000년에 이집트는 나일 강을 따라 세력을 확장하면서 현재의 수단까지 영토를 확대했다. 같은 시기에 등장한 메소포타미아 제국, 수메르 제국, 바빌론 제국은 티그리스 강과 유프라테스 강을 따라 살고 있는 민족들을 상대로 지배력을 강화했다. 기원전 6세기에 이란 고원에 출현한 페르시아 제국은 "역사상 처음으로 서로 이질적인 아프리카인과 아시아인, 유럽인을 단일하게 조직화된 국제 사회에 계획적으로 통합하기 위해"[1] 지배 체제를 수립했다. 그들의 지배자는 스스로를 "왕 중의 왕", 샤한샤라고 불렀다.

6세기 말 거대한 두 제국이 중동 지역 대부분을 지배했다. 콘스탄티노플을 수도로 두고 기독교(그리스 정교)를 인정한 비잔틴(혹은 동로마) 제국과, 현대의 바그다드 근처인 크테시폰을 수도로 두고 조로아스터교를 믿은 사산 왕조 페르시아가 그들이었다. 두 제국은 여러 세기에 걸쳐 산발적으로 충돌했다. 602년 두 제국이 전염병으로 모두 힘든 시기를 겪은 지 얼마 되지 않아 페르시아가 비잔틴 제국의 영토에 침략을 가했다. 그 침략은 25년간의 긴 전쟁으로 이어졌고, 두 제국은 전쟁을 통해 자신들에게 남아 있는 힘을 시험했다. 비잔틴 제국이 승리를 거둔 뒤, 모든 힘을 소진한 두 제국에는 정치인들도 이루지 못한 평화가 찾아왔다. 전쟁으로 힘을 모두 소진한 결과는 이슬람 세계에 궁극적인 승리를 안겨 줄수 있는 길을 터 주기도 했다. 예언자 마호메트와 그의 추종자들이 어떠한 제국도 통제하지 못한 아라비아 서부의 척박한 사막에서 새로운 세계 질서에 대한 비전에 사로잡혀 힘을 모으고 있었기 때문이었다.

이슬람교의 초기 확산 과정만큼 극적인 사건은 세계사에 거의 존재하지 않는다. 이슬람교에서 전해지는 이야기에 따르면 570년에 메카에서 태어난 마호메트는 40세에 신의 계시를 받았다. 그 계시는 약 23년 동안 계속되있고 그 계시를 받아 적은 것이 코란으로 알려졌다. 비잔틴 제국과 페르시아 제국이 서로의 힘을 무력화하면서 마호메트와 그를 따르는 신자들은 통치 조직을 세우고 아라비아 반도를 통일한 다음, 그 지역에 유행하고 있던 유대교와 기독교, 조로아스터교를 그가 받은 계시의 종교로 대체하는 일에 착수했다.

이슬람교의 성장이 전례가 없을 정도로 빠르게 확산되었다는 사실은 역사상 가장 중대한 사건들 중의 하나로 손꼽힌다. 632년에 마호메트가 사망한 뒤 100년 동안 아랍군은 신흥 종교를 아프리카의 대서양 연안은 물론 스페인의 대부분 지역과 중부 프랑스, 동쪽으로는 북부 인도까지 전파했다. 이후 수백 년에 걸쳐 중앙아시아와 러시아, 중국 일부 지역, 그리고 동인도 대부분 지역에 이슬람교가 전파되었다. 상인과 정복자들이 번갈아 가며 전파한 이슬람교는 그 지역에서 지배적인 종교로 자리잡았다.

소집단을 이룬 아랍 협력자들이[2] 수백 년 동안 그 지역을 지배한 거대한 제국들을 쓰러뜨릴 변화를 일으켰다는 사실은 수십 년 전만 해도 상상조차 할 수 없었을 것이다. 그토록 많은 제국적 추진력과 모든 것을 삼켜버리는 전방향성 열정이 어떻게 남의 눈에 띄지 않고 축적될 수 있었을까? 그때까지 인접 사회의 기록물들은 아라비아 반도를 제국적 세력으로 간주하지 않았다. 여러 세기 동안 아랍인들은 사막과 사막 주변의 비옥한 땅에서 부족끼리 가축을 기르며 반유목민으로서 살아왔다. 그들은 로마의 지배에 몇 차례 덧없는 도전을 취했지만, 이 시점까지 거대한 국가나 제국을 설립한 적이 없었다. 그들의 역사적 기억은 구전되는 서사시에 요약되어 있었다. 그리스인이나 로마인, 페르시아인 들의 의식 속에서 그들은 통상로나 상주 인구 집단을 가끔 침입하는 민족으로 간주되었다. 그들은 이들 문화권의 세계 질서에 통합되기도 했는데, 이는 한 부족의 충성심을 매수하여 그들에게 제국의 국경선을 따라 안전을 지키는 일을 맡긴 경우였다.

1세기에 걸친 괄목할 만한 노력 끝에 이 세계는 뒤집어졌다. 팽창주의적이고 어떤 면에서는 철저한 평등주의를 지향한 이슬람 세계는 역사상 다른 어떤 사회와도 달랐다. 매일 자주 기도해야 한다는 이슬람교의 요구로 인해 신앙은 생활 방식이 되었다. 종교 권력과 정치권력의 일치성이 강조되면서 이슬람교의 확산은 제국주의적 사업에서 성스러운 의무로 바뀌었다. 앞만 보고 나아가는 이슬람 세력과 마주친 모든 민족은 동일한 선택을 제시받았다. 개종해서 보호받는 지위를 택하든지 정복될지를 선택해야 했다. 포위된 페르시아 제국과의 협상을 위해 파견된 아랍 이슬람교 사절은 7세기 최고의 전투를 앞두고 다음과 같이 선언했다. "이슬람교를 받아들이면[3] 우리는 너희를 간섭하지 않을 것이다. 인두세를 내는 데 동의하고 우리의 보호가 필요하면 우리는 너희를 보호할 것이

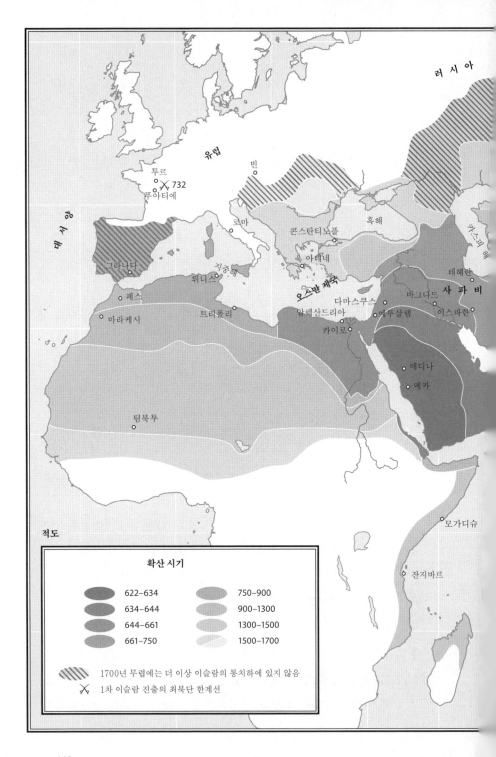

러시아

유럽

투르
×732
푸아티에

빈

대서양

로마

콘스탄티노플

흑해

카스피해

그라나다

지중해

아테네

테헤란

페스

튀니스

오스만 제국

다마스쿠스

바그다드

사 파 비

마라케시

트리폴리

알렉산드리아

예루살렘

이스파한

카이로

메디나

메카

팀북투

적도

모가디슈

잔지바르

확산 시기

622–634	750–900
634–644	900–1300
644–661	1300–1500
661–750	1500–1700

1700년 무렵에는 더 이상 이슬람의 통치하에 있지 않음

× 1차 이슬람 진출의 최북단 한계선

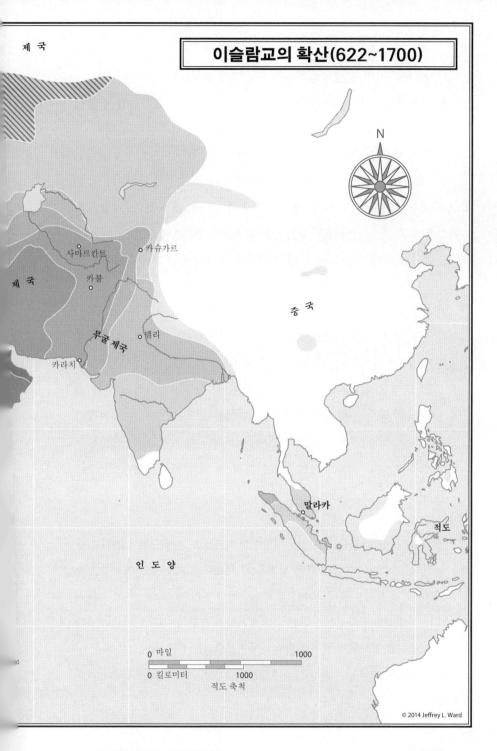

이슬람교의 확산(622~1700)

제국

N

사마르칸트　카슈가르

제국　카불

무굴 제국　델리

카라치

중국

말라카

적도

인도양

0 마일　　　　　　　　　　1000
0 킬로미터　　　　1000
적도 축척

© 2014 Jeffrey L. Ward

다. 그게 아니라면 전쟁이다." 종교적 신념과 군사 기술, 정복지에서 마주친 사치품에 대한 경멸을 모두 품은 아랍 기병대가 그 위협을 뒷받침해 주었다. 이슬람교의 역동성과 성과물을 목격한 사회들은 절멸의 위협 앞에서 새로운 종교와 그 비전을 받아들이는 쪽을 택했다.

세 대륙에 걸쳐 이슬람교가 빠른 속도로 번져 나갔다는[4] 사실은 이슬람교의 신성한 사명을 믿고 있는 사람들에게 증거가 되어 주었다. 이슬람교 확산으로 모든 인간이 결속되고 평화를 얻게 된다는 확신에 힘을 얻은 이슬람교는 하나의 종교이자 여러 민족으로 이루어진 초강대국이었으며 새로운 세계 질서이기도 했다.

이슬람교가 정복한 지역이나 조공 관계를 통해 지배하던 비이슬람 지역들은 단일한 정치 단위로 간주되었다. 구체적으로 "이슬람의 집", 즉 평화의 영역을 의미하는 다르 알 이슬람(dar al-Islam)으로 간주되었다. 그리고 그 영역은 예언자 마호메트가 행사한 세속 정치권력의 정당한 승계권에 의해 규정된 칼리프가 다스릴 것이었다. 그 너머의 땅은 전쟁의 영역인 다르 알 하르브(dar al-harb)였다. 이슬람교의 임무는 이 지역들을 이슬람교 자체의 세계 질서에 통합시켜서 전 세계에 평화를 안겨 주는 것이었다.

이론적으로 다르 알 이슬람은[5] 다르 알 하르브와 전쟁을 치르고 있는 상태였다. 이슬람교의 궁극적인 목적은 전 세계이기 때문이었다. 이슬람교가 다르 알 하르브를 정복하면 팍스 이슬라미카(Pax Islamica, 이슬람 평화 시대 — 옮긴이)의 공공질서가 다른 모든 질서를 대체할 것이다. 비이슬람 집단들은 이슬람 공동체의 일부로 편입되거나 용인되는 종교 집단으로, 혹은 이슬람 세계와 조약 관계를 맺은 자치권을 가진 독립체로 이슬람 주권에 복종할 것이다.

이 세계적인 체제를 수립하는 전략은 지하드(jihad)라 불렸는데, 이는 투쟁을 통해 이슬람교를 전파해야 하는 이슬람교도의 의무를 말한다. '지하드'에는 전쟁이 포함되어 있지만, 군사적인 전략에만 국한되지는 않았다. 지하드에는 영적인 분투나 이슬람교 원칙을 찬미하는 훌륭한 행위처럼 이슬람교의 메시지를 이행하고 퍼뜨리기 위해 온 힘을 다하는 다른 방법들도 포함되어 있었다. 상황에 따라, 그리고 시대와 지역에 따라 상대적인 강조점이 달라졌다. 이슬람교도는 "마음으로, 말로, 손으로, 칼로"[6] 지하드를 이행할 수 있다.

물론 초기 이슬람 국가가 사방으로 이슬람교 교리를 퍼뜨리기 시작한 이후로 상황은 크게 달라졌다. 또한 초기 이슬람 국가가 세계 나머지 지역에 대한 도전은 잠시 접어 둔 채 신자들로 이루어진 집단 전체를 단일한 정치적 독립체로 다스리면서도 상황은 크게 달라졌다. 이슬람 사회와 비이슬람 사회 간의 상호 작용은 적대적인 시기뿐 아니라 종종 유익한 공존의 시기 또한 경험했다. 무역 방식이 이슬람 세계와 비이슬람 세계를 더욱 밀접하게 묶어 놓기도 했고, 이슬람 국가와 비이슬람 국가가 외교적인 조정을 기초로 의미 있는 목표를 위해 함께 작업한 적도 자주 있었다. 그러나 세계 질서에 대한 이분법적 개념은 이란의 공식적인 국가 교리로 헌법에도 그대로 남아 있다. 그리고 레바논, 시리아, 이라크, 리비아, 예멘, 아프가니스탄, 파키스탄 무장 단체의 슬로건에도 남아 있고 이라크와 지중해 연안 이슬람 국가(Islamic State in Iraq and the Levant, ISIL) 같이 전 세계에서 활동 중인 일부 테러 집단의 이념에도 남아 있다.

다른 종교들, 특히 기독교는[7] 성전을 치르는 시기를 거쳤는데, 이슬람교에 비교될 만한 열정으로 선교를 강화하기도 하고 정복이나 강제 개종이라는 비슷한 방법에 의존한 경우도 있었다. (스페인 정복자들은 이슬람교와 비슷하게 세계 정복을 목표로 16세기에 중앙아메리카와 남아메리카의 고대 문명을 없애 버렸다.) 차이가 있다면 서양 세계에서 십자군 정신은 진정되었고 종교적인 명령보다 절대적이지 않은(혹은 지속적이지 않은) 세속 개념의 형태를 띠었다는 점이다. 시간이 지나면서 기독교 세계는 전략이나 국제 질서의 작동 원리가 아니라 철학적, 역사적 개념이 되었다. 그 과정은 기독교 세계가 처음으로 "카이사르의 것"과 "신의 것"을 구분했기 때문에 용이하게 이루어졌다. 기독교의 이러한 구분 덕분에 우리가 앞서 두 장에서 살펴본 것처럼 국가를 기본으로 하는 국제 체계 안에서 세속 기반의 다원주의적인 외교 정책으로 발전할 수 있었다. 또한 그 과정은 우발적인 상황에 의해서도 가속화되었는데, 세계 혁명을 설파하는 호전적인 공산주의나 인종을 기반으로 한 제국주의처럼 상대적으로 매력은 없지만 종교적인 열정을 대체하도록 요구받은 일부 성전 개념을 예로 들 수 있다.

이슬람 세계의 진화 과정은 더욱 복잡했다. 시기에 따라서는 접근 방법의 수렴이 이루어질 거라는 희망이 커지기도 했지만, 반대로 1920년대에도 오스만투르크 제국은 예언자 마호메트로부터 정권을 세습받은 직계가 중동 지역의 국정을 운영하는 게 실제 상황이라고 주장했다. 이제국이 무너진 이후 주요 이슬람 국가들의 반응은 양분되었다. 한쪽은 국가를 기초로 하는 전 세계적인 국제 질서에 중요한 일원으로 참여하기 위해 가슴 깊이 종교적 신념을 고수하면서도 외교 정책의 문제와는 구분 지은 국가들이었고, 다른 한 쪽은 자신들이 이슬람의 전통적인 세계 질서 개념을 엄중하게 해석하면서 보편적 권위에 대한 계승권 다툼에 가담하고 있다고 생각하는 국가들이었다.

지난 90년 동안 양쪽 견해의 옹호자들은 당대의 뛰어난 일부 인물들을 대표하기도 했다. 그들 중에는 이 세기에 가장 뛰어난 선견지명을 가진 정치가나 가장 비범한 종교 절대론자로 간주되는 이들도 있다. 그들간의 논쟁은 아직 결론이 나지 않았다. 일부 중동 국가에서는 국가 기반의 세계 질서와 신앙 기반의 세계 질서를 신봉하는 사람들이 가끔 서로 불편해하면서도 공존하고 있다. 이슬람 경전을 개인 생활과 정치 생활, 국제 생활의 중심이 되는 심판자로 강요하려는 이슬람교의 재발흥 시기에는 특히 이슬람 세계와 외부 세계의 대립은 불가피하다고 생각하는 신자들이 많다.

초기 이슬람 세계에서는 비이슬람 사회와의 불가침 조약을 허용했다. 전통적인 법 체계에 따르면 이러한 조약들은 존속 기간을 제한하는 실용적인 계약으로, 이슬람 측이 위협으로부터 스스로를 보호하면서 힘과 결속력을 다질 수 있게 해 주었다. 적군과 휴전에 들어간 초기 이슬람 국가가 세운 선례에 따르면 적과의 휴전은 최고 10년까지로 구체적으로 제한되었고 필요하면 갱신될 수 있었다. 이슬람교 역사 초기에 등장한 법률 판결은 다음과 같다.[8] "조약은 영원할 수 없다. 이슬람교도들이 적과 싸울 수 있는 능력이 생기면 곧바로 조약을 없애야 하기 때문이다."

이 조약들은 이슬람 국가가 자주적인 비이슬람 국가들과 동등하게 관계를 맺는 영구적인 체계가 존재함을 의미하지 않았다. "다르 알 하르브 사람들은[9] 이슬람교의 윤리적, 법적 기준을 따르지 못하기 때문에 평등과 호혜주의에 기초하여 법적으로 이슬람과 교류할 수 없는 '자연 상태'에 있는 존재로 간주되었다." 이러한 시각에서 보면 이슬람 국가 내부에서 적용하는 원칙들은 신이 정했기 때문에 비이슬람 국가들에게는 정당하지 않았다. 이슬람 국가들은 결코 그들을 동등한 상대로 받아들일 수가 없었다. 평화로운 세계 질서는 서로 경쟁하는 세력 간의 균형이 아니라 단일한 이슬람 국가를 세워서 확장시킬 수 있는 능력에 달려 있었다.

이 세계관을 이상화한 버전에서[10] 이슬람 세계의 평화와 정의의 보급은 역행할 수 없게 일정 방향으로만 진행하는 과정이었다. 다르 알 이슬람에서 일어난 영토의 상실은 영원한 일로 받아들일 수 없었다. 그것은 사실상 보편 신앙의 유산을 부인하는 것이기 때문이었다. 실제로 역사에는 그토록 가차 없는 결과를 안기며 확산된 다른 정치적 활동은 기록되어 있지 않다. 결국 이슬람교가 확장되던 시기에 도달한 일부 영토는 이슬람의 정치적 지배에서 사실상 벗어나게 되는데, 그중에는 스페인, 포르투갈, 시칠리아, 남부 이탈리아, (이제는 그리스 정교 기독교 거주지가 주를 이루고 이슬람 거주지가 섞여 있는 발칸 반도), 그리스, 아르메니아, 그루지야, 이스라엘, 인도, 남부 러시아, 중국 서부 일부분이 포함되어 있다. 그러나 확장 초기에 이슬람권에 통합된 지역들 중 상당히 많은 지역이 지금도 이슬람교로 남아 있다.

어떤 단일한 사회도 권력을 가진 적이 없고, 어떤 지도부도 복원력을 가진 적이 없고, 어떤 종교도 전 세계에 지속적으로 자신들의 경전을 강요할 활력을 갖지 못했다. 보편성은 이슬람교를 비롯하여 어떠한 정복자도 손에 넣을 수 없는 것임이 드러났다. 초기에 세력을 넓히던 이슬람 제국도 결국에는 권력의 중심지가 여럿으로 분할되었다. 마호메트가 죽은 뒤 발생한 계승권 위기는 수니파와 시아파로 이슬람교가 분열되는 결과로 이어졌다. 이는 현대의 이슬람 세계를 규정하는 분열이기도 하다. 신생 국가에는 계승권 문제가 따르기 마련이다. 그 국가를 세운 지도자가 "예언자들의 봉인", 즉 신의 최후의 전달자로도 여겨지는 경우에는 그 논쟁이 정치적인 문제인 동시에 신학적인 문제가 된다. 632년 마호메트의 서거 이후 부족 연장자들로 이루어진 협의회는 마호메트의 장인인 아부 바크르를 그의 뒤를 이을 칼리프로 선출했다. 신생 이슬람 사회의 합의와 조화를 가장 잘 유지할 수 있는 인물로 인정받은 것이었다. 소수파는 그 문제를 투표에 부쳐서는 안 됐다고 생각했다. 그들은 인간의 불완전성을 의미하는 투표가 잘못된 행위였을 뿐 아니라 마호메트의 가장 가까운 혈족인 그의 사촌 알리에게 권력이 자동적으로 넘어갔어야 했다고 생각했다. 마호메트의 사촌 알리는 일찍이 이슬람교로 개종한 중요한 인물로, 마호메트가 직접 선택했을 것으로 생각되는 영웅적인 전사였다.

두 파벌은 결국 이슬람교의 주요한 두 분파를 형성했다.[11] 아부 바크르와 그의 뒤를 곧바로 이은 계승자들을 지지하는 사람들은 마호메트와 신의 관계가 유일하고 궁극적이라고 생각했다. 그들이 보기에 칼리프의 주요 임무는 마호메트가 보여 주고 세운 것을 지키는 것이었다. 그들은 "전통과 합의를 따르는 사람들"을 줄여 말한 수니파가 되었다. 반면 알리시트 알리(시아)파에게 새로운 이슬람 사회에 대한 통치 작업은 비전(秘傳)의 요소가 수반된 영적인 임무이기도 했다. 그들은 예언자 마호메트와 알리의 직계 자손으로서 영적인 재능을 가진 사람들이 이끌어 주어야만 이슬람교도가 마호메트의 계시와 제대로 된 관계를 맺을 수 있다고 생각했다. 예언자 마호메트와 알리는 이슬람교의 숨겨진 내밀한 의미를 '맡아 관리하는 사람들'이었다. 마침내 네 번째 칼리프로 집권하게 된 알리가 모반의 대상이 되어 폭도에 의해 살해당하자, 수니파는 이슬람 세계의 질서 회복을 가장 중요한 과제로 취급하면서 안정을 회복한 분파를 지지했다. 시아파는 새로운 정권이 불법적인 강탈자라고 비난하면서 저항하다 죽은 순교자들을 치켜세웠다. 이러한 일반적인 태도는 여러 세기 동안 지속되었다.

지정학적 경쟁 관계는 교리상의 차이를 악화시켰다. 시간이 지나면서 아랍, 페르시아, 투르크, 무굴 지역이 각각 부상했는데, 각 지역은 이론적으로는 동일한 이슬람 세계 질서를 충실히 지켰지만 이해관계와 신앙에 대한 해석이 각기 다른, 경쟁하는 군주국으로 행동하는 일이 많아졌다. 인도의 무굴 시대 등을 포함하여 일부 경우에서는 다른 신앙에 대한 관용을 강조하고 종파별 의무보다는 실질적인 외교 정책에 특혜를 부여하는, 비교적 전 세계주의적이고 혼합주의적인 접근법이 포함되기도 했다. 인도 무굴 제국은 같은 수니파 권력자들이 시아파 이란을 상대로 지하드를 벌이자고 간청하자, 그들과 전통적인 우호관계를 맺고 있기에 개전 이유가 없다며 반대했다.

결국 이슬람의 세계 계획은 유럽에서 이슬람 전파의 첫 번째 물결이 뒤집히면서 그 기세가 꺾였다. 732년 프랑스 푸아티에와 투르에서의 전투는 아랍과 북아프리카 이슬람 세력의 꺾일 줄 모르던 전진을 종식시켰다. 소아시아와 동유럽의 비잔틴 방어선은 400년 동안 유지되었다. 그 방어선 뒤에서 서양 세계는 로마 시대 이후의 세계 질서 개념을 발전시키기 시작했다. 일시적이지만 비잔틴 제국이 중동 지역으로 다시 진출함에 따라 서양의 개념들이 이슬람 세력 지역에 유입되기 시작했다. 7세기에 기독교 기사 계층이 이슬람 세력에 통합된 역사적인 성지를 되찾기 위해 주도한 십자군 공격은 1099년에 예루살렘을 탈환하여 그곳에 왕국을 세웠다. 이 왕국은 대략 200년 동안 지속되었다. 기독교의 스페인 재정복은 1492년 이베리아 반도의 이슬람 최후 거점이던 그라나다를 함락시키면서 끝이 났고, 이슬람권의 서쪽 경계선은 북아프리카로 밀려났다.

13세기에 세계 질서에 대한 꿈이 다시 등장했다. 정복자 오스만의 뒤를 이은 오스만투르크의 새로운 이슬람 제국은 군소국이던 아나톨리아 국가를 키워 비잔틴 제국에 도전했고, 결국 그 제국의 마지막 흔적을 대체할 수 있는 가공할 열강으로 확대되었다. 그들은 앞선 세기들의 위대한 이슬람 칼리프의 계승 세력을 구축하기 시작했다. 스스로를 통일된 이슬람 세계의 지도자라고 칭한 그들은 성전으로 분류된 충돌을 통해 발칸 반도를 필두로 사방으로 세력을 확대해 나갔다. 1453년 그들은 비잔틴 제국의 수도 콘스탄티노플(이스탄불)을 정복했다. 콘스탄티노플은 보스포로스 해협 양쪽에 걸쳐져 있는 전략 지정학적으로 중요한 곳이었다. 그들은 콘스탄티노플 정복에 이어 남쪽과 서쪽으로 이동하여 아라비아 반도, 메소포타미아, 북아프리카, 동유럽, 캅카스 산맥까지 진출했다. 오스만투르크 제국은 지중해 동부 연안의 지배적 열강으로 부상했다. 초기 이슬람 제국과 마찬가지로 오스만투르크도 자신들의 정치적 사명이 보편적인 '세계 질서'[12]를 유지하는 것이라고 생각했다. 술탄은 자신이 "이 세상의 신의 그림자"이자 "세상을 보호하는 세계 통치자"라고 선언했다.

500년 전의 이슬람 선조들처럼 오스만 제국도 서쪽으로 세력을 확장해 나가면서 서유럽 국가들과 접촉했다. 이후 다극적인 체계로 규정된 유럽의 체계와 오스만의 단일 세계 제국에 대한 개념 차이로 인해 양측 간의 상호 작용에 복잡한 특징이 생겼다. 오스만은 유럽 국가들을 정당하거나 동등하다고 인정하기를 거부했다. 이는 단순히 이슬람 교리의 문제가 아니었다. 그러한 태도는 세력 관계의 현실에 대한 판단을 반영하기도 했다. 오스만 제국의 영토는 서유럽 국가들을 모두 합친 것보다 더 넓었고, 군사적으로도 수십 년 동안 유럽 국가들이 모두 참여하는 상상 가능한 다국적군보다 더 강했기 때문이었다.

이러한 맥락에서 오스만 제국은 공식 문서에서[13] 유럽 군주들에게 제국 지배자인 술탄보다 낮은 외교상의 지위를 부여했다. 그 지위는 술탄의 장관에 해당했다. 같은 이유로 오스만 제국이 콘스탄티노플에 주재할 수 있도록 허락한 유럽 대사들은 탄원자의 지위를 부여받았다. 이 특사들과 협의된 협정은 쌍무적인 조약이 아니라 너그러운 술탄이 허락했지만 언제든 취소할 수 있는 일방적인 특전이었다.

오스만 제국의 군사력이 한계에 도달했을 때 양측은 가끔 전술적인 이익을 위해 서로를 지지하는 입장을 취하게 되었다. 전략적, 상업적 이익이 종교적인 교리를 둘러가는 일도 자주 발생했다.

1526년 프랑스는 남쪽으로는 스페인의 합스부르크에, 동쪽으로는 합스부르크가가 이끄는 신성 로마 제국에 포위됐다고 생각하고 오스만 제국의 술레이만 1세에게 군사 동맹을 제안했다. 100년 뒤 가톨릭 국가인 프랑스가 30년 전쟁에서 신교 세력과 손을 잡은 것도 동일한 전략적 개념 때문이었다. 합스부르크를 동유럽에서 오스만 제국의 야심을 방해하는 주요한 세력이라고 생각한 술레이만은 프랑스 왕 프랑수아 1세를 자신보다 지위가 낮은 협력자로 취급하면서도 호의적인 반응을 보였다. 그는 동맹에 동의하지는 않았다. 동맹은 도덕적인 평등성을 의미할 수 있기 때문이었다. 그 대신 술레이만은 윗사람의 일방적인 행위로서 프랑스에 원조를 약속했다.

술탄들 중의 술탄이자[14] 국왕들 중의 국왕이고, 지구상의 군주들에게 왕관을 나눠 주는 사람이며, 이 세상의 신의 그림자이고, 백해와 흑해의 술탄이자 최고 통치자이며, 루멜리아, 아나톨리아, 카라마니아의 최고 통치자인 내가 (중략) 프랑스 왕인 그대 프랑수아에게 전한다.

그대는 나의 정부에 서한을 보냈다. (중략) 그대는 그대를 구해 달라며 원군을 요청했다. (중략) 용기를 내고 낙담하지 말라. 우리의 영예로운 전임자들과 걸출한 조상들(신께서 그들의 무덤에 빛을 밝혀 주기를!)은 적을 물리치고 그의 영토를 정복하기 위해 전쟁을 중단하지 않으셨다. 우리도 그들의 발자국을 따랐고 아주 강력하고 접근하기 어려운 성채와 지역도 늘 정복해 왔다. 우리의 말에는 밤낮없이 안장이 얹혀 있고 허리에는 우리의 칼이 걸쳐 있다.

오스만 제국과 프랑스는 스페인과 이탈리아 반도에서 연합 해상 작전을 펼치는 등 군사적으로 협력했다. 같은 원칙을 이용한 합스부르크가도 오스만 제국을 피해 페르시아의 시아파 왕조 사파비와 동맹 관계를 꾀했다. 적어도 한동안은 지정학적 충동이 이념을 압도했다.

오스만 제국: 유럽의 병자

유럽 질서에 대한 오스만 제국의 공격은 다시 시작되었다. 그중에서 가장 의미 있는 공격은 1683년 빈에 가해졌다. 같은 해 사보이의 오이겐 왕자가 이끄는 유럽군에 의해 실패한 빈 포위 작전은 오스만의 세력 확장이 정점에 이르렀음을 보여 주었다.

18세기 말부터 그 과정을 뒤집는 일을 시작한 유럽 국가들은 여세를 몰아 19세기 내내 세력의 역전을 도모했다. 오스만 제국은 왕실 정통파가 근대화에 저항함에 따라 점차 유연성을 잃어 갔다. 러시아는 흑해와 캅카스 산맥을 향해 전진하면서 북쪽으로부터 오스만 제국을 압박했다. 프랑스와 영국이 오스만 제국의 노른자위인 이집트에서 영향력을 행사하기 위해 서로 경쟁을 벌이는 가운데 러시아와 오스트리아가 동쪽과 서쪽으로부터 발칸 반도를 향해 이동해 왔다. 이집트는 19세기에 다양한 단계의 민족 자치권을 얻어 냈다.

서양 열강들은 내부 소란에 크게 흔들린 오스만 제국을 "유럽의 병자(病者)"[15]로 취급했다. 서양과 역사적으로 관련되어 있는 중요한 기독교 공동체를 포함하여 발칸 반도와 중동에 있던 거대한 오스만 제국의 영토는 '동방문제'가 되었다. 그리고 거의 19세기 내내 유럽의 주요 열강들은 세력 균형에 문제를 일으키지 않으면서 오스만 제국의 영토를 나눠 가지려고 노력했다. 오스만 제국은 병자의 방법에 의지했다. 그들은 행동의 자유를 최대한으로 얻기 위해 서로 힘겨루기를 하는 세력들을 조종하려고 애썼다.

19세기 말 오스만 제국은 베스트팔렌 국제 질서의 임시 회원이지만 자신의 운명을 전적으로 통제할 수는 없는 쇠퇴하는 세력으로서 유럽의 균형에 가담했다. 오스만 제국은 유럽의 균형 상태를 확립하는 데 고려해야 할 '세력'이지만 그 균형 상태를 구상하는 일에 참여하는 완전한 성원은 아닌 셈이었다. 영국은 러시아의 해협 진출을 막는 데 오스만 제국을 이용했다. 오스트리아는 발칸 문제를 처리하는 과정에서 러시아와 오스만 제국과 번갈아 가며 동맹을 맺었다.

제1차 세계대전으로 각국이 조심스럽게 도모하던 술책은 종식되었다. 독일과 동맹을 맺은 오스만 제국은 베스트팔렌 국제 체계와 이슬람 국제 체계 양쪽에서 도출된 논거에 따라 전쟁에 뛰어들었다. 술탄은 "국제법에 어긋나는 부당한 공격을 가한" 러시아가 오스만 제국의 "무장 중립"을 침해했다고 비난하면서 "우리의 합법적인 이익을 보호하기 위해 무력에 의지할 것을(철저하게 베스트팔렌 체제의 개전 이유를 적용했다.)" 약속했다. 이와 동시에 오스만 제국의 최고위 종교 지도자는 러시아, 프랑스, 영국이 이슬람교를 절멸시키기 위해 칼리프를 향해 공격을 감행했다고[16] 비난하고 "모든 국가의 이슬람교도들(영국, 프랑스, 러시아 치하에 있는 이슬람교도들도 포함하여)"에게 "서둘러 지하드에 참여하여 신의 노여움을 마주하라는" 종교적 의무를 선언했다.

종종 성전은 이미 힘을 가진 자들을 더 많이 노력하게 만든다. 그러나 전략적, 정치적 현실을 무시할 때마다 성전은 실패로 끝나기 마련이다. 그리고 그 시대의 자극제는 전 세계적인 지하드가 아니라 민족적 정체성과 국익이었다. 대영제국의 이슬람교도들은 지하드 선언을 무시했다. 영국령 인도의 핵심적인 이슬람 지도자들은 종종 전(全) 기독교적인 특성을 보여 주거나 힌두교 신자들과의 협력 관계 속에 독립운동 활동에 치중했다. 아라비아 반도에서는 본질적으로 반 오스만 제국 성향을 띤 국가적 열망이 일어났다. 범이슬람 세력이 전쟁을 지지할 거라는 독일의 희망은 망상임이 드러났다. 1918년에 전쟁이 끝나면서 예전 오스만 제국 영토는 다양한 강제적인 기구에 의해 베스트팔렌 국제 체계 속으로 사라지고 말았다.

베스트팔렌 체제와 이슬람 세계

제1차 세계대전 이후 남겨진 오스만 제국을 상대로 체결된 1920년의 세브르 조약은 중동 지역을 여러 국가들로 이루어진 일종의 모자이크로 생각했다. 하지만 이것은 당시의 중동 세계에서는 존재하지 않던 개념이었다. 이집트나 비아랍계 이란 같은 일부 국가들은 과거에 제국이나 문화적 독립체였던 적이 있었다. 다른 국가들은 영국이나 프랑스의 '위임 통치령'으로 고안되었다. 이는 식민 정책을 둘러대는 핑계이거나 보호를 필요로 하는 신생 국가로 그들을 규정하려는 온정주의적인 시도에 해당했다. 1916년에 체결된 사이크스 피코 협정(영국과 프랑스 측 교섭자들의 이름을 땄다.)은 중동 지역을 강대국의 세력권에 따라 분할했다. 국제 연맹이 비준한 위임 통치 제도에 따라 분할이 실행에 옮겨졌다. 시리아와 레바논은 프랑스에 할당되었고, 나중에 이라크가 된 메소포타미아 지역은 영국의 세력권에 들어갔다. 그리고 팔레스타인과 트란스요르단은 지중해 연안에서 이라크에 이르는 영국의 '팔레스타인 위임 통치령'이 되었다. 이 국가들에는 모두 다수의 종파 집단과 인종 집단이 포함되어 있었는데, 그중 일부는 과거에 서로 충돌한 적이 있었다. 그 덕분에 위임 통치권을 가진 강대국은 부분적으로 긴장 상태를 교묘히 이용하면서 통치할 수 있었지만 그 과정에서 전쟁과 내전의 씨앗이 뿌려졌다.

1917년 영국 정부는 급성장하는 시온주의(이스라엘 땅에 국가를 세우겠다는 유대인의 민족주의 운동. 제1차 세계대전보다 앞서 발생한 대의명분이지만 전쟁의 여파로 힘을 얻었다.)에 관해 밸푸어 선언을 발표했다. 영국의 외무부 장관이 로스 차일드 경에게 보낸 편지에 담긴 이 선언문은 "팔레스타인에 현존하는 비유대인 사회의 시민권과 종교의 권리가 전혀 침해되지 않을 것으로 확실히 믿는다."고 장담하면서 "유대 민족의 국가 본거지를 팔레스타인에 세우는 것"[17]을 찬성한다고 밝혔다. 같은 지역을 메카의 샤리프에게도 약속하는 듯한 영국의 행위로 이 선언은 더욱더 모호해졌다.

이러한 공식적인 세력 재조정은 엄청난 대변동을 야기했다. 터키 공화국은 범이슬람교의 주요 제도인 칼리프를 폐지하고 터키가 세속 국가임을 선언했다. 이후로 이슬람 세계는 승리를 거둔 베스트팔렌 국제 질서와 이제는 실현할 수 없는 개념이 된 다르 알 이슬람 사이에서 오도 가도 못하는 신세가 되었다. 경험이 부족했던 중동 지역 국가들은 스스로를 근대 국가로 재규정하는 작업에 착수했다. 하지만 대부분 국가의 국경선은 역사적인 뿌리가 전혀 없었다.

아랍 역사에서 유럽식 세속 국가의 등장은 전례가 없었다. 아랍인들의 첫 반응은 주권과 독립 국가라는 개념을 자신들만의 목적에 맞게 바꾸는 것이었다. 기존의 상업 및 정치 엘리트들은 베스트팔렌 질서와 세계 경제의 틀 안에서 움직이기 시작했다. 그들은 자국 국민들이 동등한 회원국으로서 참여할 수 있는 권리를 요구했다. 그들의 슬로건은 베스트팔렌 질서의 타도가 아니라 최근에 수립되었다 하더라도 이미 확립된 정치 단위들의 진정한 독립이었다. 세속화의 물결은 이러한 목적을 추구하면서 탄력을 받았다. 하지만 유럽에서처럼 다원적 질서로 끝나지는 않았다.

두 가지 대립되는 추세가 나타났다.[18] '범아랍주의자'들은 국가를 기본으로 하는 체제의 전제를 인정했다. 그러나 그들이 추구한 국가는 통일된 아랍 국가로서 단일한 인종과 언어, 문화를 가진 독립체였다. 이와는 대조적으로 '정치화된 이슬람' 세력은 아랍의 현대적인 정체성을 위한 가장 좋은 매개체로서 공동의 종교에 의존해야 한다고 주장했다. 이제는 무슬림형제단으로 가장 친숙하게 표현되는 이슬람교도들 중에는 종종 신흥 중산층의 고등교육을 받은 엘리트 출신이 많았다. 많은 사람들이 자신의 가치관을 포기할 필요 없이 전후 시대에 참여하고 서양화될 필요 없이 현대화될 수 있는 방법으로서 이슬람교를 생각했다.

제2차 세계대전 때까지 유럽 열강들은 제1차 세계대전 이후 중동을 위해 구상한 지역 질서를 유지할 수 있을 정도로 강력했다. 이후 유럽 열강은 점점 더 반항적이 되어 가는 사람들을 통제할 수 있는 능력을 상실했다. 미국이 주요한 외부 세력으로 등장했다. 1950년대와 1960년대에 이집트, 이라크, 시리아, 예멘, 리비아의 다소 봉건 군주적인 정부들은 군부 지도자들에 의해 전복되었다. 그리고 그들은 세속 정권을 수립하기 시작했다.

대부분 정치적 소외 계층 출신인 새로운 통치자들은 민족주의에 호소하며 대중적인 지지층을 넓혀 갔다. 민주적이지는 않지만 인민주의적인 정치문화가 그 지역에 뿌리를 내렸다. 1954년부터 1970년까지 이집트를 통치한 카리스마 넘치는 인민주의 지도자 가말 압델 나세르와 그의 후임자인 안와르 사다트는 지방 출신으로 그 자리에까지 올라갔다. 이라크의 사담 후세인도 비슷하게 변변치 않은 출신이었는데, 더욱 극단적인 형태의 세속 군사 통치를 시행했다. 1970년대 초부터 2003년까지 협박과 잔인무도함으로 이라크를 통치한(처음에는 사실상의 유력자로 활약하다가 1979년부터 대통령으로서) 그는 호전성으로 그 지역을 위압하려고 했다. 후세인과 그의 이념적 협력자인 시리아의 교활하고 무자비한 하페즈 알아사드 모두 범아랍 민족주의를 공언함으로써 훨씬 더 많은 다수파 집단을 상대로 소수파에 해당하는 자신들의 종파를 확고히 했다. (아이러니컬하게도 이라크에서는 다수파인 시아파를 수니파가 통치했고, 시리아에서는 시아파에 가까운 알라위테가 다수파인 수니파를 통치하는 정반대의 모습을 보여 주었다.) 공동의 국가 정체성에 대한 의식이 이슬람 비전에 대한 대체물로서 발전했다.

그러나 이슬람의 유산은 얼마 지나지 않아 다시 등장했다. 세속 통치자들의 지나친 행위와 실패에 대한 비판을 신권 통치 필요성에 대한 성서의 논거와 결합시킨 이슬람 정당들은 현존하는 국가를 대체하는 범이슬람 신정 정치를 지지했다. 그들은 서양 세계와 소련을 똑같이 비난했다. 다수의 이슬람 정당들이 기회주의적 테러 행위를 통해 자신들의 비전을 지지했다. 군사 독재자들은 이슬람교의 정치 운동이 근대화와 국민 단결에 피해를 입힌다고 비난하면서 그들을 가혹하게 진압하며 대응했다.

오늘날 이 시대가 이상화되지 않는 것은 당연하다. 중동의 군사 정부와 군주 정부를 비롯한 독재 정부들은 반대 의견을 반동적인 선동으로 취급하면서 시민 사회나 다원주의적 문화가 발전할 여지를 거의 주지 않았고, 그러한 빈틈이 중동 지역을 21세기까지 괴롭힐 것이었다. 그러나 독재적인 민족주의 환경에서도 당대의 국제 질서와 잠정적인 화해 분위기가 조성되고 있었다. 나세르나 사담 후세인같이 조금 더 의욕적인 일부 통치자들은 무력을 통해서든 아랍 통일에 대한 선동적인 호소를 통해서든 영토를 넓히려고 시도했다. 1958년부터 1961년까지 짧은 기간 동안 유지된 이집트와 시리아 동맹은 그러한 시도를 반영했다. 그러나 이러한 노력들은 아랍 국가들이 자국 유산을 지나치게 보호하려는 모습을 보여 주면서 정치적 결합이라는 더욱 광범위한 사업에 몰두하지 못했기 때문에 실패했다. 따라서 최종적으로 군사 독재자들의 공통의 기반이 된 것은 국가 및 기존 국경선과 거의 일치한 민족주의였다.

이러한 상황에서 그들은 냉전 열강들의 경쟁 관계를 이용하여 자신들의 영향력을 높이려고 애썼다. 1950년대 말에서 1970년대 초까지 그들은 소련을 이용하여 미국에 압박을 가했다. 소련은 민족주의 아랍 국가들에게 주요한 무기 공급국이자 외교적 지원국이 되었다. 그리고 그들도 대체적으로는 소련의 국제적 목표를 지지해 주었다. 군사 독재자들은 '아랍 사회주의'에 충성을 바치고 소련의 경제 모델을 존경한다고 천명했다. 그러나 대부분 경제는 전통적인 가부장적인 체제로 남아 있었고, 과학기술 전문가들이 이끌어 가는 특정 산업에만 치중했다. 그 정권들이 판단하기에 압도적 힘은 정치적, 종교적 이념이 아니라 국익이었다.

전체적으로 냉전 시대의 이슬람 세계와 비이슬람 세계 간의 관계는 본질적으로 세력 균형에 기초한 베스트팔렌 방식을 따랐다. 이집트, 시리아, 알제리, 이라크는 대체적으로 소련의 정책을 지지하고 소련의 지도를 따랐다. 요르단, 사우디아라비아, 이란, 모로코는 미국을 지지하고 안보 문제에서 미국의 지원에 의존했다. 일부 국가들은 표면상 국익에 기초한 국정 운영 원칙을 따르면서도 정치적 정당성은 종교적 색채가 가미된 전통적인 군주제 형태에 의존했지만, 사우디아라비아를 제외한 모든 국가들은 세속 국가로서 운영되었다. 국가별로 특정 초강대국과의 협력으로 국익이 실현된다고 생각하는지가 기본적인 차이였다.

1973~1974년에 이러한 협력 관계에 변화가 생겼다. 소련이 무기는 공급해 주겠지만 이스라엘(1967년 6일 전쟁 때 시나이반도를 차지했다.)이 점령하고 있는 시나이 반도를 되찾는 데 외교적으로 도움을 줄 수 없다고 확

신한 안와르 사다트 이집트 대통령은 편을 바꿨다. 그때 이후로 이집트는 사실상 미국의 동맹국으로 활동하게 되었다. 이집트의 안보는 소련의 무기가 아니라 미국의 무기를 기초로 지켜질 터였다. 시리아와 알제리는 냉전의 양축과 똑같은 거리를 유지하는 입장으로 옮겨 갔다. 그 지역에서 소련의 역할은 크게 축소되었다.

아랍 세계는 이스라엘이 주권 국가로서, 그리고 국제적으로 인정받는 유대인들의 고향으로서 등장했다는 이슈 앞에서 하나로 의견을 합쳤다. 그러한 시각에 대한 아랍권의 저항은 1948년, 1956년, 1967년, 1973년 네 차례의 전쟁으로 이어졌다. 네 차례 전쟁에서 모두 이스라엘군이 이겼다.

사다트가 국익을 근거로 하여 반 소련권으로 사실상 돌아서면서 치열한 외교 정책의 시대가 시작되었다. 그 결과로 이집트는 이스라엘과 두 차례 분리 협정을 체결했고, 1979년에는 평화 협정까지 체결했다. 이집트는 아랍 연맹에서 축출되었다. 사다트는 비난을 받다가 결국 암살당했다. 그러나 그의 용기 있는 행동은 유대 국가와 비슷한 합의에 도달하려는 모방 국가들을 찾아냈다. 1974년 시리아와 이스라엘은 두 국가 간의 최전선을 명확히 밝히고 보호하는 분리 협정을 맺었다. 이 협정은 전쟁과 테러, 시리아 내전의 혼란 속에서도 40년 동안 유지되었다. 요르단과 이스라엘은 서로를 견제하다가 결국 평화 협정을 체결했다. 시리아와 이라크의 독재 정권들은 국제 문제에서 계속 소련 쪽에 기울어져 있었지만, 사례별로 다른 정책을 지지할 수도 있는 입장을 유지했다. 1970년대 말에 발생한 중동의 위기는 19세기의 발칸 위기와 점점 더 흡사해지기 시작했다. 종속적인 국가들이 자신들의 국가 목표를 위해 주요 열강들의 대립 관계를 교묘하게 조종하는 상황이었다.

그러나 궁극적으로 미국과의 외교적 연합은 민족주의적 군사 독재 국가들이 직면한 어려운 문제를 해결해 줄 수 없었다. 소련과의 연합도 정치적인 목표를 촉진하지 못했고, 미국과의 연합은 사회적 문제를 진정시키지 못했다. 권위주의 정권들은 대체로 식민 통치로부터 독립을 성취했고 냉전의 주요 강대국들 사이에서 교묘히 움직일 수 있는 능력을 보여 주었다. 그러나 그들의 경제적 발전은 너무 더뎠고 발전 이익에 대한 접근권이 너무 불공평해서 국민의 요구에 반응할 수 없었다. 다수의 경우, 풍부한 에너지 자원이 독점에 가까운 석유 의존을 조장하고 경제 문화가 혁신과 변화를 이루기에는 불리했기 때문에 문제가 악화되었다. 무엇보다도 냉전이 갑작스럽게 끝나는 바람에 그들이 협상에서 취할 수 있는 입장이 약해졌고, 정치적으로도 더욱 불필요해졌다. 그들은 외세의 침략이나 국제 위기가 없을 때, 국가 그 자체가 중요한 것이 아니라 자신들의 행복을 증진시켜 줄 의무를 가진 대상으로서 국가를 점점 더 생각하는 국민을 어떻게 동원해야 할지 알아내지 못했다.

결과적으로 이 엘리트들은 자신들의 정당성에 이의를 제기하는, 점점 더 거세지는 국내의 불만 세력에 맞서 싸울 수밖에 없음을 깨달았다. 급진주의 집단들은 종교에 기초한 중동의 질서로 기존 체제를 대체하겠다고 약속했다. 당시 중동의 질서는 세계 질서에 대한 보편적인 두 가지 접근 방식을 반영하고 있었다. 1928년에 설립되어 광범위한 지역에 확산된 무슬림형제단의 뒤를 이은 수니파 급진주의 집단, 2007년 가자 지구에서 세력을 확보한 급진적인 운동인 하마스(Hamas), 전 세계에서 테러 활동을 벌이는 알카에다(al-Qaeda), 호메이니 혁명과 혁명의 파생물을 이용하는 시아파 급진주의 운동, 레바논의 '국가 속의 국가'인 헤즈볼라(Hezbollah)가 바로 그 집단들이다. 그들은 서로 격렬하게 충돌하면서도 기존의 지역 질서를 해체하고 신의 계시를 받은 체제로서 새로운 질서를 수립하겠다는 약속으로 합심했다.

이슬람교: 혁명의 물결─ 두 가지 철학적 해석[*]

1947년 봄, 시계 기술자 겸 교사이고 폭넓은 독서를 통해 독학으로 공부한 이집트의 종교 운동가 하산 알 반나는 이집트 왕 파루크에게 "빛을 향하여(Toward the Light)"라는 제목으로 이집트 제도를 비판하는 편지를 보냈다. 그는 편지에서 세속 민족 국가를 대체하는 이슬람 국가를 제안했다. 신중하게 생각해 낸 예의 바른 표현을 쓰면서도 가차 없이 써 내려간 알 반나는 자신이 1928년에 외세와 세속적인 생활 방식이 미치는 저급한 영향을 해결하기 위해 설립한 이집트 무슬림형제단(편하게 무슬림형제단으로 알려져 있는)의 원칙과 열망을 개략적으로 설명했다.

이집트 수에즈 운하 지구를 지배한 영국에 내쫓긴 독실한 이슬람교도들의 비공식적인 모임으로 출발한[19] 알 반나의 형제단은 전국적으로 사회, 정치 활동을 벌이는 조직으로 발전했다. 회원 수가 수만 명에 이르렀고 모든 이집트 도시에 지부가 생겼다. 그리고 알 반나의 시사 논평을 배포하는 영향력 있는 선전 통신망도 갖추었다. 무슬림형제단은 1937~1939년에 영국령 팔레스타인에서 발생했다가 실패한 반영국, 반시온주의 아랍 봉기를 지지하면서 그 지역에서 존경받게 되지만 이집트 당국의 철저한 조사 대상이기도 했다.

이집트 정치에 직접적으로 참여하는 길은 막혔지만, 이집트에서 가

---

[*] 필자는 현재 이슬람 세계를 재편하려고 열심히 노력하고 있는 종파와 교리의 핵심적인 진실을 규정하기 위해 어떠한 입장도 주장하지 않는다. 많은 국가에서 다수파에 해당하는 많은 이슬람교도들은 이 페이지에서 인용된 사람들보다 이슬람교에 대해 덜 대립적이고 더 다원주의적인 해석을 내렸다. 그러나 이 책에서 표현된 시각들은 다수의 주요 중동 국가들과 거의 모든 비국가 조직의 목표에 종종 결정적일 정도로 상당한 영향력을 미치고 있다. 이 시각들은 정의상 베스트팔렌 체제나 자유주의적 국제주의의 가치보다 더 우수하고 그것들과 양립할 수 없는 독립된 세계 질서를 주장하고 있다. 그 시각들을 이해하려 한다면 서로 경쟁하는 단체들이 들먹이는 종교 용어에 의지해야 할 것이다.

장 영향력 있는 정치 인사로 손꼽힌 알 반나는 이집트 군주에게 보낸 성명서를 통해 무슬림형제단의 비전이 정당함을 입증하려 했다. 그는 이집트와 중동 지역이 외국의 지배와 내부의 도덕적 부패에 희생되었음을 한탄하면서 부활의 시기가 도래했다고 선언했다.

알 반나는 다음과 같이 주장했다. "오랫동안 완벽한 과학의 힘으로 빛났던[20] 서구 세계가 이제는 파산하여 쇠퇴 일로를 걷고 있다. 서구 사회의 토대는 무너지고 있고 그 제도와 지도 원리는 허물어지고 있다." 서구 열강들이 자신들의 세계 질서에 대한 통제력을 상실했다는 주장이었다. 그는 "그들의 의회는 실패작이고, 그들의 조약은 깨졌으며, 그들의 계약은 갈기갈기 찢겨졌다."고 덧붙이면서 평화 유지를 위해 창설된 국제 연맹은 '환영(幻影)'이었다고 주장했다. 실제로 그 말을 사용하지는 않았지만 알 반나는 베스트팔렌 세계 질서가 정당성과 힘 둘 다를 잃어버렸다고 주장했다. 그리고 그는 이슬람교를 기초로 새로운 세계 질서를 창조할 기회가 도래했음을 분명하게 알렸다. 그는 이렇게 주장했다. "이슬람교의 방식은 이전에 시도된 적이 있었다. 그리고 역사는 그 방식이 건전함을 증명했다." 어떤 사회가 이슬람 본래의 원칙들을 회복하고 코란이 지시한 사회 질서를 수립하는 "완벽하고도 모든 것을 망라하는" 과정에 전념하려 한다면, "완전한 이슬람 민족", 즉 전 세계 이슬람교도들이 "우리를 지지할 것이다." 그 결과, "아랍의 단결", 궁극적으로는 "이슬람세계의 단결"이 이루어질 것이다.

회복된 이슬람 세계 질서는 국가를 중심으로 수립된 현대의 국제 체계와 어떤 관계를 맺을 것인가? 알 반나의 주장에 따르면 진정한 이슬람교도는 다수의 중첩되는 영역에 충성을 바치는데, 그 영역들 중에서 전 세계를 아우르는 통일된 이슬람 체계가 맨 꼭대기에 있었다. 진정한 이슬람교도의 고향은 우선 '특정 국가'이며, "그다음에 다른 이슬람 국가들로 확대된다. 그 국가들 모두가 모국이고 이슬람교도의 거처이기 때문이다." 그런 다음 그것은 독실한 선조들이 세운 제국을 본보기로 삼는 '이슬람 제국'으로 이어진다. "신이 이슬람교도에게 제국을 회복하기 위해 과거에 한 일을 물어볼 것이기 때문이다." 마지막 영역은 전 세계였다. "이후 이슬람교도의 모국은 더욱 확대되어[21] 전 세계를 포함하게 된다. 당신은 '더 이상 박해당하지 않고 신을 숭배할 수 있을 때까지 싸우라.'고 말하는 신의 말이 들리지 않는가?(신성하고 전지전능하신 신이여!)"

가능하다면 이 싸움은 점진적이고[22] 평화로울 것이었다. 초기의 무슬림형제단은 비이슬람교도들이 그 운동에 반대하지 않고 적절한 존중을 표시하는 한 그들에게 "보호"와 "절제, 뿌리 깊은 공정성"을 권고했다. 외국인들이 정직하고 진실하게 행동하는 한 그들을 "평화로운 마음과 동정심"으로 대해야 했다. 따라서 "현대 생활에서 이슬람 제도"를 실행하면 이슬람교도와 서양 국가가 서로를 시기하고 미워한다는 주장은 "순전한 망상"이었다.

알 반나가 충고한 절제는 얼마만큼은 전술에 해당하고 얼마만큼은 서양 열강이 지배하는 세상에서 인정을 받으려는 시도라고 할 수 있을까? 지하드 전사의 웅변 중에 얼마만큼이 전통적인 이슬람 진영에서 지지를 얻어 내기 위해 계획되었을까? 1949년에 암살당한 알 반나는 세계를 변화시키려는 자신의 혁명적인 야심찬 계획과 자신이 옹호한 관용과 문명 간의 친선의 원칙을 어떻게 조화시킬지 상세히 설명할 시간이 없었다.

알 반나의 글에는 이러한 모호함이 남아 있었지만, 이후 등장한 많은 이슬람 사상가와 이슬람 운동은 다원론과 세속 국제 질서를 근본적으로 거부하는 데 유리하게 그 모호한 부분들을 해석했다. 종교학자이자 무슬림형제단의 이념 연구자인 사이드 쿠틉은 이 관점에 대해 가장 정통하고 영향력 있는 해석을 내놓았다고 할 수 있다. 쿠틉은 1964년 이집트

나세르 대통령 암살 음모에 가담한 혐의로 수감됐을 때『진리를 향한 이정표(*Milestones*)』를 집필했다. 기존의 세계 질서를 향해 전쟁을 선언한 이 책은 현대 이슬람교의 기본서가 되었다.

쿠틉은 이슬람교가 유일하게 진정한 형태의 자유를 제공하는 보편적인 체계라고 생각했다. 그 자유란 다른 사람들이나 인간이 만든 교리에 의한 통치뿐 아니라 "인종, 피부색, 언어, 국가, 지역 및 국가별 이익에 기초한 낮은 연관성[23](즉 다른 모든 근대적인 형태의 통치 방식과 충성심이자 베스트팔렌 질서의 일부 구성 요소)"에 의한 통치로부터의 자유를 의미했다. 쿠틉이 보기에 이슬람교가 현대에 맡은 임무는 그것들 모두를 뒤집어 버린 다음 코란을 문자 그대로, 궁극적으로는 전 세계적으로 행동에 옮기는 데 필요한 것으로 대체하는 일이었다.

이 과정은 "지구상의 인간이, 전 지구의 모든 인간이 자유를 얻을 때"[24] 정점에 도달할 것이었다. 그렇게 되면 7,8세기에 이슬람교가 처음 전파될 때 시작된 과정이 끝이 날 것이다. "이 종교의 목적은 모든 인간이고 이 종교의 행동 범위는 전 지구이기 때문에 그 과정은 지구상의 인류 전체에 전달될 것이다." 모든 유토피아적인 계획과 마찬가지로 이 계획이 실행에 옮겨지려면 극단적인 조치가 필요하다. 쿠틉은 이 극단적인 조치를 이념적으로 순수한 선동대에게 맡겼다. 그들은 쿠틉이 "비이슬람적이고 불법적"이라고 낙인찍은 중동 지역의 지배 정부와 사회를 거부하고 새로운 질서를 초래하는 과정에서 주도권을 잡을 것이었다.

박식하고 정열적인 쿠틉은 제1차 세계대전 이후 중동 지역의 영토 조정으로 비준된 이슬람 세계의 분열과 무모할 정도로 세속적인 근대화라는 당시 정세에 전쟁을 선포했다. 실제로 많은 이슬람교도들은 개인적으로 중동의 상황에 슬퍼했다. 대부분의 동시대인들이 그가 옹호한 폭력적인 방법에 뒷걸음질쳤지만, 그가 계획한 선봉대처럼 헌신적인 핵심 추종자들은[25] 조직을 결성하기 시작했다.

스스로 '역사'의 이념적 충돌을 초월했다고 판단한 세계화된 세속 세계가 보기에 쿠틉과 그의 추종자들의 시각은 너무 극단적이어서 진지한 관심의 대상이 될 수 없었다. 상상력이 부족한 서양의 많은 엘리트들은 혁명가들의 열정을 이해하지 못할 것이라고 생각하면서 그들의 극단적인 발언은 은유적 표현이거나 단순히 교섭을 유리하게 이끌기 위한 재료로 제시되었을 뿐이라고 추정한다. 그러나 이슬람 근본주의자들에게 이러한 의견들은 베스트팔렌 국제 질서는 물론, 실제로 그 어떤 질서의 원칙과 규범들까지도 압도하는 진실을 의미한다. 그것들은 수십 년 동안 중동 지역 등지에서 활동하는 급진주의자들과 지하드 전사들의 슬로건이었다. 알카에다, 하마스, 헤즈볼라, 탈레반, 이란의 성직자 정권, 히즈브 우트타리르(서양에서 활동 중이고 이슬람이 지배하는 세상에서 칼리프를 다시 부활시켜야 한다고 공공연히 주장하는 해방당), 나이지리아의 보코하람, 시리아의 극단주의 무장단체 자브핫 알 누스라, 2014년 중반 대대적인 군사 공격을 가한 이슬람 국가 등은 이 슬로건을 메아리처럼 따라하고 있다. 1981년 지하드의 "의무를 소홀히 했다고" 선언하면서 이스라엘과 평화 협정을 맺었다는 이유로 대통령을 변절자로 낙인찍으며 안와르 사다트를 암살한 이집트 급진주의자들도 이 전투적인 교리를 따랐다. 그들은 안와르 사다트 대통령이 두 가지 이단 행위를 저질렀다고 비난했다. 구체적으로 설명하면 유대 국가의 합법적 존재를 인정했고, (그들의 시각에서는) 따라서 역사적으로 이슬람 세계에 속한다고 여겨진 영토를 비이슬람 민족에게 넘겨주는 데 동의했다고 비난했다.

이러한 생각들은 베스트팔렌 세계 질서를 거의 전적으로 뒤집는 것을 의미한다. 순수한 형태의 이슬람교에서 국가는 국제 체계의 출발점이 될 수 없다. 국가는 세속적이어서 정당성을 갖지 못하기 때문이다. 기껏해야 국가는 더 큰 규모의 종교적 독립체로 옮겨 가는 도중에 일종의 일시적인 지위를 얻을 수 있을 뿐이다. 다른 국가의 국내 문제에 간섭하지 않는 불간섭주의는 통치 원칙의 역할을 할 수 없다. 국가에 대한 충성심은 진정한 믿음으로부터의 일탈을 의미하고, 지하드 전사들은 이슬람교를 믿지 않는 사람들의 세계인 다르 알 하르브를 바꿔 놓아야 할 의무가 있기 때문이다. 이 세계 질서 개념의 지도 원리는 안정성이 아니라 순수성이다.

아랍의 봄과 시리아의 격변

아주 잠깐 동안이지만 2010년 말에 시작된 아랍의 봄을 계기로 중동의 경쟁 세력인 독재 정권과 지하드가 새로운 개혁 물결에 의해 더 이상 문제 될 게 없어졌다는 기대감이 높아졌다. 서양 정치 지도자들과 언론은 젊은 세대가 주도한 자유 민주주의 원칙을 위한 지역 혁명이라며 튀니지와 이집트의 대변동을 열광적으로 환영했다. 미국은 시위대의 요구가 '자유'와[26] '자유선거 및 공정 선거', '대의 정치', '진정한 민주주의'를 향한 명백한 외침이기에 결코 실패하게 놔 둬서는 안 된다고 주장하면서 그들을 공식적으로 지지했다. 그러나 민주주의로의 여정은 독재 정권들의 붕괴 이후 분명하게 드러난 대로 우여곡절과 고통으로 가득할 운명이었다.

서양 세계의 많은 이들은 이집트 타흐리르 광장의 봉기가 독재 정치의 대안을 훨씬 더 일찍 추진했어야 했음을 입증하는 사건이라고 해석했다. 그러나 진짜 문제는 미국이 다원주의적 제도들을 구성할 수 있는 원칙이나 그것을 실천하는 데 전념할 지도자를 찾는 게 힘들다는 것을 알게 됐다는 것이다. (이 때문에 민정과 군정을 구분하면서 결코 민주적이지 않은 무슬림형제단을 지지한 사람들도 있었다.)

양당 행정부 모두 인정한, 중동 지역 민주화에 대한 미국의 열망은 미국의 이상주의에 대한 유창한 표현으로 이어졌다. 그러나 안보상의 필요성과 민주주의 옹호라는 두 개념은 자주 충돌했다. 민주화에 열성적인 사람들은 자신들의 지배력을 확보하는 수단 외에 민주주의의 중요성을 인정하는 지도자를 찾는 데 어려움을 겪었다. 이와 동시에 전략적 필요성을 옹호하는 사람들은 기존 체제가 어떻게 민주적으로 혹은 개혁적인 방향으로라도 발전할지 보여 줄 수 없었다. 민주화 접근법은 그 목적을 추구하는 과정에서 나타나는 공백 상태를 없애 버릴 수 없고, 전략적 접근법은 이용할 수 있는 제도의 경직성 때문에 불리했다.

아랍의 봄은 자유 민주주의를 위한 신세대의 반란으로 시작했다. 하지만 곧 무시당하고 붕괴되고 진압되었다. 들뜬 기분은 마비 상태로 바뀌었다. 군부와 지방 종교계에 단단히 자리 잡고 있던 기존의 정치 세력들은 타흐리르 광장에서 민주주의 원칙을 위해 시위를 벌인 중산층보다 더 강하고 잘 조직되어 있는 것으로 드러났다. 실제로 아랍의 봄은 이슬람 세계의 내부 모순과 그 모순을 해결하기 위해 계획된 정책의 모순을 극복했다기보다는 겉으로 내보였을 뿐이다. 아랍의 봄 초기에 자주 반복되던 "국민은 정권의 몰락을 원한다."는 슬로건은 국민을 어떻게 규정하고 무엇이 쫓겨난 권력 당국을 대신할 것인가라는 문제를 미해결된 상태로 남겨 놓았다. 처음에 개방된 정치·경제 생활을 요구하며 아랍의 봄을 이끈 시위자들의 외침은 군부의 지원을 받는 독재주의와 이슬람 사상 간의 격렬한 경쟁에 압도당하고 말았다.

처음에 타흐리르 광장에서 세계주의와 민주주의의 가치를 천명하며 승리감에 도취됐던 이집트 시위자들은 혁명의 계승자가 아닌 것으로 드러났다. 인터넷 소셜 미디어는 정권을 무너뜨릴 수 있는 시위를 일으킬 수는 있지만, 사람들을 광장에 모이게 만드는 능력은 국가의 새로운 제도를 확립하는 일과는 다르다. 초기에 시위가 성공한 이후 권력 공백이 생기면 봉기 이전에 존재하는 파벌들이 혁명의 성과를 자신의 것으로 만들 수 있는 위치에 종종 서게 된다. 민족주의와 이슬람 원리주의를 합쳐서 통합을 이루려는 마음이 봉기의 원래 슬로건을 압도했다.

2012년 급진적인 원리주의 집단들로 이루어진 연합 세력의 지원을 받은 무슬림형제단의 리더 마호메트 모르시가 대통령에 선출되었다. 무슬림형제단은 타흐리르 광장 시위가 격렬하던 시절에 대통령제는 추구하지 않겠다고 약속한 바 있었다. 정권을 잡은 이슬람교 정부는 자신들의 지지자들이 여성과 소수 집단, 반대자 들을 위협하고 괴롭히는 활동을 개시하는데도 권력을 제도화하는 일에만 집중했다. 결국 이 정권을 내몰고 새로운 정치 과정을 시작하겠다고 선언한 군부의 결정은 소외된 세속 민주 세력에게도 환영받았다.

이 경험은 인도주의적 외교 정책에 문제를 제기한다. 인도주의적 외교 정책은 전통적인 외교 정책의 국익이나 세력 균형 개념에 도덕적 차원이 부족하다고 비난하면서 전통적인 외교 정책과 차별화한다. 이 정책은 전략적인 위협을 극복하는 게 아니라 정의의 보편적인 원칙을 위반했다고 생각하는 상황을 제거함으로써 자기 합리화를 시도한다. 이러한 스타일의 외교 정책이 지닌 가치와 목표는 미국의 전통이 갖고 있는 매우 중요한 일면을 나타낸다. 그러나 그러한 가치와 목표가 미국 전략의 중심적인 운영 개념으로 실행되면 그 자체로 딜레마를 야기한다. 즉 미국은 자신이 지금까지 국제 체계를 유지하는 데 중요하다고 간주된 정부들을 포함하여 비민주적인 정부에 대항한 모든 대중 봉기를 지지할 의무가 있다고 생각할까? 모든 시위는 당연히 민주적인가? 사우디아라비아는 대중 시위가 사우디 영토에서 발생하기 전까지만 우방인가? 아랍의 봄에 미국이 기여한 주요 부분은 이전에는 소중한 동맹국이었던 이집트 정부를 포함하여 미국이 독재적이라고 판단한 정부들을 비난하고 그들에 반대하거나 그들을 제거하려고 노력했다는 사실이다. 그러나 사우디아라비아처럼 전통적으로 미국에 우호적이었던 정부들은 그 핵심적인 메시지를 자유주의 개혁의 이점이 아니라 미국이 그들을 버리겠다는 위협으로 간주하게 되었다.

　서양 전통은 민주주의 제도와 자유선거를 지지하라고 요구한다. 미국의 도덕적 활동에 뿌리 깊이 자리 잡은 이러한 일면을 무시하는 미국 대통령은 어느 누구도 미국 국민의 지속적인 지지를 기대할 수 없다. 그러나 민주주의를 국민 투표와 동일시하는 정당들에게 그들이 폐기할 수 없다고 생각하는 종교 통치를 실행하는 데 선거를 적용하면, 선거에 대한 지지는 겨우 한 차례의 민주적 선거로 끝날 수 있다. 카이로에 군사 정권이 다시 수립되면서 미국은 안보상의 이익 대 인도주의적인 정당한 통치 방식의 중요성이라는, 풀리지 않은 논쟁거리를 다시 한 번 떠안게 되었다. 그런데 그것은 타이밍의 문제처럼 보이기도 한다. 이론적인 진화 과정의 결과를 위해 안보상의 이익을 어느 정도까지 위태롭게 놔둘 수 있을까? 두 가지 모두 중요하다. 우리가 민주주의의 방향을 어떻게 잡아 나갈지 안다고 가정하고 민주주의의 미래를 경시하면 장기적인 위험이 수반된다. 안보 요소를 무시하여 현재를 소홀히 하는 것은 즉각적인 참사를 무릅쓰는 행위이다. 전통주의자와 행동주의자의 차이는 그 특징에 의해 드러난다. 정치인은 문제가 생길 때마다 균형을 잡아야 한다. 집단학살처럼 그 결과가 너무나도 끔찍해서 전략을 고려하지 않고 개입하는 쪽으로 방향을 잡아야 하는 사건들이 발생할 수도 있다. 그러나 대체로 가장 지속 가능한 길에는 현실주의와 이상주의를 섞어 놓은 방식이 필요하기 마련인데, 미국의 논쟁에서는 그 둘이 너무나도 자주 서로 양립할 수 없는 정반대의 것으로 제시된다.

시리아 혁명이 처음 일어났을 때에는 타흐리르 광장에서 일어난 이집트의 봉기가 재연되는 듯했다. 그러나 이집트 정변은 그 정변의 기초가 된 세력들을 하나로 만들었지만, 시리아에서는 해묵은 갈등이 시아파와 수니파의 천년 된 갈등에 다시 불을 붙였다. 시리아가 인구통계학적으로 복잡한 국가였기 때문에 내전은 인종 집단이나 종교 집단을 추가로 끌어들였다. 역사적 경험에 근거하면 그들 중 어떤 집단도 자신의 운명을 다른 사람들의 결정에 맡길 준비가 되어 있지 않았다. 외부 세력이 개입하고 잔악 행위가 확산되면서 생존자들은 소수 민족 집단이나 소수 종파 거주지로 몸을 피했다.

미국의 공적 논쟁에서는 바샤르 알 아사드에 반대하는 봉기를 무바라크 퇴진 운동과 비슷하다고 간주하면서 민주주의를 위한 투쟁으로 설명했다. 바샤르 알 아사드에 반대하는 봉기가 절정에 이르면 아사드 정부를 제거하고 그 대신 민주적이고 포괄적인 연립정부가 들어설 것으로 예상되었다. 오바마 대통령은 2011년 8월에 시리아 국민들이 그들의 보편적 권리를 지킬 수 있도록 아사드가 "물러나야 한다."고 요구하면서 이러한 입장을 명확히 밝혔다.

시리아의 미래는[27] 시리아 국민들이 결정해야 하는데, 바샤르 알 아사드 대통령이 그들을 방해하고 있다. 자신의 국민들을 감금하고 고문하고 살해하면서 개혁과 대화를 부르짖는 그의 외침은 공허하게 들렸다. 우리는 아사드 대통령이 민주화를 주도하든지 아니면 방해가 되지 않도록 물러나야 한다고 일관되게 말해 왔다. 하지만 그는 민주화를 주도하지 않았다. 시리아 국민을 위해 아사드 대통령이 물러나야 할 시간이 왔다.

이 성명은 아사드에 대한 국내의 반대 세력을 동원하고 그의 퇴진을 위한 국제적 지원을 불러올 것으로 기대되었다.

이러한 이유로 미국은 유엔을 통해 아사드 퇴진과 연립정부 수립 방안을 기초로 하는 '정치적 해결'을 요구했다. 거부권을 가진 다른 유엔 안보리 회원국들이 이러한 조치와 군사적인 조치를 지지하기를 거부하고 시리아 내의 무장 반대 세력 중에 민주적이기는 커녕 민주적인 온건 세력으로도 설명할 수 있는 집단이 없다는 사실이 드러나면서 실망이 이어졌다.

그즈음 갈등은 아사드 문제를 넘어섰다. 주요 행위자들이 생각하는 문제는 미국에서 벌어진 논쟁의 초점과는 크게 달랐다. 시리아와 그 지역의 주요 당사자들은 전쟁을 민주주의가 아니라 지배의 문제로 간주했다. 그들은 자신들에게 나랏일을 맡기는 경우에만 민주주의에 관심이 있었다. 자기 당의 정치 장악을 보장하지 못하는 체제는 어느 누구도 좋아하지 않았다. 전략 지정학적 결과나 종교 지리적 결과에 대한 관심 없이 오직 인권 규범의 이행을 위해서만 전쟁을 치른다는 것은 대다수의 경쟁자들에게는 상상도 할 수 없는 일이었다. 그들이 인식한 대로 그 갈등은 독재자와 민주주의 세력 간의 갈등이 아니라 서로 다투고 있는 시리아 종파들과 그들의 지역 후원자들 간의 갈등이었다. 이런 관점에서 보면 그 전쟁은 시리아의 주요 종파들 중에 누가 다른 종파들을 지배하고 시리아의 남은 자원을 관리하는 데 성공할지를 결정할 터였다. 그 지역 열강들은 자신들이 선호하는 종파 후보자들을 위해 시리아에 무기와 돈, 물류 지원을 아낌없이 제공했다. 사우디아라비아와 페르시아만 연안 국가들은 수니파 집단을 지원했고, 이란은 헤즈볼라를 통해 아사드를 지원했다. 전투가 교착 상태에 빠지면서 점점 더 급진적인 집단과 전술에 의지했고, 모든 참여자들이 인권은 망각한 채 잔혹한 전쟁을 벌였다.

한편 그 다툼은 시리아의 정치 지형, 어쩌면 그 지역의 정치 지형까지도 다시 그리기 시작했다. 시리아 쿠르드 족은 터키 국경선을 따라 자치 정부를 수립했는데, 시간이 지나면 이라크의 쿠르드 자치 정부와 합칠 수도 있다. 이집트의 무슬림형제단이 소수 민족 집단에게 행한 행동이 반복될까 봐 두려워하는 드루즈인과 기독교 집단은 시리아의 정권 교체를 마지못해 받아들였거나 자치 집단으로 분리 독립했다. 지하드 전사 ISIL은 시리아와 이라크 서부의 점령 지역에 칼리프 국가를 건설하는 일에 착수했다. 다마스쿠스와 바그다드 정부는 더 이상 그 지역에서 통치 능력을 상실한 것으로 드러났다.

주요 당사자들은 스스로 생존을 위한 싸움을 벌이고 있다고 생각했다.[28] 일부 지하드 세력들은 세계 종말의 전조가 되는 충돌을 벌이고 있다고 생각했다. 미국이 정세를 바꾸기를 거부하자, 그들은 미국이 이란과의 최종 협상을 염두에 두고 능숙하게 속셈을 숨기고 있거나 중동의 긴요한 세력 균형에 적절히 대응하지 못한다고 판단했다. 이러한 의견 충돌은 사우디아라비아가 유엔안보리 비상임 이사국 자리를 거부한 2013년에 최고조에 달했다. 사우디는 유엔의 전통적인 결정권자들이 제대로 행동하지 못했기 때문에 독자적인 방법을 추구하겠다고 주장했다.

미국이 세계를 상대로 민주주의에 대한 열망을 존중하고 화학 무기에 대한 국제 사회의 합법적인 금지 조치를 실행해 달라고 촉구하자, 러시아와 중국 같은 다른 열강들은 베스트팔렌 체제의 불간섭 원칙을 들먹이며 반대했다. 그들은 튀니지, 이집트, 리비아, 말리, 바레인, 시리아에서 발생한 봉기를 자기들 지역의 안정성과 자국 내의 반항적인 이슬람 집단의 태도를 통해 바라보았다. 가장 숙련되고 헌신적인 수니파 전사들이 알카에다(알카에다마저도 너무 과격하다고 생각한 ISIL의 전술 때문에 알카에다는 자신들이 ISIL과 관계가 없다고 밝혔다.)와 손을 잡은 지하드 자처 세력임을 알기 때문에 그들 열강들은 아사드 반대자들의 완전한 승리를 경계했다. 중국은 시리아의 결과가 외국 세력이 아니라 '시리아 국민'에 의해 결정되어야 한다는 사실 외에 자신들이 시리아 문제와 특별히 관계가 없다고 주장했다. 과거에 시리아의 동맹국이었던 러시아는 아사드 정부의 존속에 관심이 있었고, 어느 정도까지는 시리아가 통일 국가로 살아남는 데도 관심이 있었다. 민주적 가치를 위해 시작된 봉기는 국제적인 합의가 이루어지지 않고 시리아의 반대 세력이 분열되어 있었기 때문에 21세기 초의 심각한 인재(人災)이자 붕괴되는 지역 질서로 전락해 버렸다.

지역 및 국제 안보 체제가 작동했다면 그 재앙을 방지하거나 적어도 억제했을지 모른다. 그러나 국익에 대한 인식이 아주 다른 것으로 드러났고 안정화에 드는 비용은 더 높았다. 초기 단계에 외부에서 대대적인 간섭이 이루어졌다면 서로 다투던 세력들을 진압할 수도 있었겠지만, 그 상태를 유지하려면 상당 규모의 군이 장기적으로 주둔해야 했을 것이다. 이라크와 아프가니스탄 사태의 여파로 미국은 적어도 혼자서는 이 방안을 실행할 수 없었다. 이라크의 정치적 합의가 시리아 국경선에서의 충돌을 막을 수도 있었겠지만, 바그다드 정부의 종파주의적 충동과 그 지역 동맹 관계가 방해가 되었다. 그게 아니면 국제 사회가 시리아와 지하드 민병대를 상대로 무기 금수조치를 취할 수도 있었지만, 그 조치는 유엔안보리 상임 이사국들의 양립할 수 없는 목표 때문에 불가능했다. 합의에 의해 질서를 획득하거나 강제로 질서를 강요할 수 없다면, 질서는 혼란의 경험을 통해 인간성을 말살시키는 처참한 희생을 거쳐 만들어질 것이다.

팔레스타인 문제와 국제 질서

중동의 이 모든 격변 속에서도 폭발할 듯한 대립 관계로 40년을 지내온 아랍권과 이스라엘의 갈등에 종지부를 찍을 평화 협상 과정은 가끔은 변덕스럽고 또 가끔은 격렬하게 진행되고 있다. 그 와중에 네 차례의 재래식 전쟁과 수없이 많은 무력 충돌이 발생했다. 모든 이슬람, 지하드 집단들은 이 충돌을 무장 명령이라고 말한다. 전 아랍 세계는 이스라엘이 존재한다는 사실, 그리고 그들이 뛰어난 군사력을 보유했다는 사실을 치욕스럽게 생각했다. 절대로 영토를 포기하지 말아야 한다는 교조적 의무는, 일부 사람들에게 현실을 인정하고 이스라엘과 공존하는 문제를, 신앙을 부정하는 것으로 받아들이게 했다.

안보와 정체성을 추구하는 이스라엘, 자치를 열망하는 팔레스타인, 자신들의 역사적, 종교적 의무에 대한 인식과 양립할 수 있는 정책을 찾으려는 이웃 아랍 정부들을 화해시키는 방법만큼 열정을 불어넣는 주제는 거의 없었다. 관련 당사자들은 불확실한 미래를 향해 고뇌에 찬 길을 걸어왔다. 현실을 거부하고 전쟁을 치르다가 대개는 휴전 협정 때문이었지만, 공존을 받아들이는 일이 반복되었다. 미국에서 그토록 강한 관심을 받거나 미국 대통령들의 많은 관심을 끈 국제 문제는 거의 없었다.

여기에는 여러 문제들이 관련되어 있는데, 각각의 문제를 다룬 문헌도 엄청난 양에 달한다. 당사자들은 수십 년에 걸친 변덕스러운 협상 속에서 그 문제들을 상세히 설명해 왔다. 하지만 이 책에서는 그 문제들 중의 한 가지 측면, 즉 교섭자들이 표현한 상반되는 평화로운 질서 개념만을 다룰 것이다.

두 세대의 아랍인들은 이스라엘이 이슬람의 유산을 부당하게 강탈한 국가라는 신념 위에서 성장했다. 1947년, 아랍 국가들은 영국령 팔레스타인을 아랍 국가와 유대 국가로 분할하자는 유엔의 계획을 거부했다. 그들은 자신들이 군사적으로 승리를 거두고 그 지역 영토 전부를 차지할 수 있다고 믿었다. 새로이 공표된 이스라엘이라는 국가를 없애 버리는 데 실패했다고 해서 아시아나 아프리카에서 식민 시대 이후에 발생한 충돌처럼 정치적 합의가 이루어지고 국가 대 국가 간의 관계가 새로 시작되는 일은 발생하지 않았다. 그 대신 정치적 거부와 테러 활동을 통해 이스라엘을 굴복시키려는 급진주의적 집단들을 배경으로 마지못한 평화 협정이 체결되는 일이 반복되는 시대가 시작되었다.

위대한 지도자들은 베스트팔렌 원칙을 근거로 한, 다시 말하면 종교적인 절대 원리가 아니라 국익과 국력에 대한 현실적인 평가에 의해 움직이는 주권 국가들 간의 평화 협상을 통해 갈등의 개념적인 측면을 초월하려고 시도했다. 1979년에 이집트의 안와르 사다트는 대담하게도 이러한 대립을 예견하고 이집트의 국익을 근거로 이스라엘과 평화 협정을 맺었다. 2년 뒤 이집트 군부 내 급진적인 이슬람교도들에게 암살당한 그는 정치가로서의 능력을 자신의 생명으로 부담한 셈이었다. 똑같은 운명이 팔레스타인해방기구와 평화 협정을 체결한 최초의 이스라엘 총리 이츠하크 라빈에게도 찾아왔다. 그는 사다트가 죽은 지 14년 뒤에 급진적인 이스라엘 학생에게 암살당했다.

레바논, 시리아, 팔레스타인 영토, 특히 가자 지구의 경우 현재 급진 이슬람 세력인 헤즈볼라와 하마스가 상당한 군사적, 정치적 권력을 갖고 있다. 이들은 주로 '시온주의자들의 점령'을 종식시키기 위한 종교적 의무로서 지하드를 선언한다. 이란의 아야톨라 정권은 이스라엘의 존재 자체에 이의를 제기한다. 마흐무드 아흐마디네자드 이란 전 대통령은 이스라엘의 절멸을 요구했다.

아랍의 태도에서는 적어도 세 가지 관점을 확인할 수 있다. 헌신적이지만 목소리가 아주 크지 않은 소규모 집단은 이스라엘과의 진정한 공존을 인정하고 그 목적을 위해 일할 준비가 되어 있다. 그리고 훨씬 더 큰 집단이 영구적인 대립을 통해 이스라엘을 없애 버리려 한다. 마지막으로 이스라엘과 기꺼이 협상할 용의는 있지만 적어도 대내적으로는 유대 국가를 단계적으로 극복할 수단으로서 협상을 정당화하는 세력이 있다.

폭이 가장 넓은 곳은 96킬로미터, 폭이 가장 좁은 곳은 단지 15킬로미터에 지나지 않을 정도로 영토가 작고 인구가 적은 이스라엘은 무효화될 수도 있는 문서 때문에 주요 인구 밀집 지역과 인접한 영토를 양도하는 데 특히 주저해 왔다. 따라서 이스라엘의 협상 자세는 이론적으로 완벽하고 가끔은 신경에 거슬릴 정도로 상세한 정치적 주장과 안보의 정의를 자세하게 설명하면서 법률을 존중하는 경향을 보이는 동시에 평화 협상 과정이 극복해야 하는 바로 그 열정을 강화하는 경향 또한 보인다.

아랍 세계에서 팔레스타인 문제는 중요성을 잃은 것은 아니지만 긴급성은 일부 상실했다. 평화 협상 과정의 주요 참가자들이 이란의 핵 보유 가능성과 지역 내 이란 대리인들을 처리하는 문제에 에너지를 쏟고 있기 때문이다. 이러한 상황은 두 가지 면에서 평화 협상 과정에 영향을 미친다. 이집트, 사우디아라비아 같은 주요 국가들이 외교적으로 평화 협상 과정을 형성하는 데 역할을 할 수 있다는 점과, 더욱 중요하게는 그들이 협상 과정에서 발생하는 협정의 보증인 역할을 할 수 있다는 점이다. 팔레스타인 지도자들은 협상 결과가 단순히 묵인되는 것이 아니라 지역 내 국가들의 합의에 의해 적극적인 지지 속에 승인되지 않으면 자력으로는 그 결과를 유지할 수가 없다. 이 책을 쓰는 지금 주요 아랍 국가들은 내전에 시달리고 있거나 수니파와 시아파 간의 갈등과 점점 더 강력해지는 이란 문제에 정신이 팔려 있다. 그렇지만 팔레스타인 문제는 머지않아 그 지역 질서와 궁극적으로는 세계 질서의 필수적인 요인으로 받아들여질 것이다.

일부 아랍 지도자들은 평화 협정을 제안하면서 이스라엘이라는 국가를 합법적인 존재로 공식 인정하지는 않지만 이슬람 중동 지역의 현실로 받아들이는 방법을 통해 이스라엘의 안보에 대한 우려를 아랍의 감정과 조화시키려고 했다. 기본적으로 이스라엘은 양측의 평화 협정에 구체적인 행동으로 해석될 수 있는 일종의 도덕적, 법적 인정을 수반하도록 보장해 달라고 요구한다. 이스라엘은 베스트팔렌 체제의 관례에서 벗어나 자신을 유대국가로 승인해 줄 것을 요구하고 있다 이것은 대부분의 이슬람 국가들이 공식적 의미로는 받아들이기 어려운 속성이다. 왜냐하면 그것은 영토상의 승인뿐 아니라 종교상의 승인 또한 의미하기 때문이다.

일부 아랍 국가들은 이스라엘이 1967년의 국경선으로 돌아간다면 외교 관계를 수립할 의향이 있다고 선언했다. 그 국경선은 반세기 전에 끝난 전쟁 때 그어진 휴전선이다. 그러나 진짜 문제는 외교 관계가 구체적인 조치의 관점에서 무엇을 의미하는가이다. 이스라엘을 외교적으로 인정할 경우, 현재 이스라엘을 불법적이고 제국주의적이며 범죄자에 가까운 침입자로 제시하는 아랍 국가들의 언론과 정부 및 교육계의 활동은 끝이 날까? 아랍의 봄으로 높아진 압박에 힘들어하는 아랍 정권 중에서 정확한 행동상의 약속으로 이스라엘을 인정하는 평화 협정을 공식적으로 승인하고 보장할 의향뿐 아니라 그렇게 할 수 있는 정권이 있을까? 결국 이스라엘이라는 국가에 붙여진 꼬리표가 아니라 그러한 문제들이 평화 협상의 전망을 결정할 것이다.

이스라엘-팔레스타인 문제에는 두 가지 세계 질서 개념 간의 충돌이 내재되어 있다. 이스라엘은 정의상으로는 1947년에 설립된 베스트팔렌 국가이다. 이스라엘의 주요 우방국인 미국은 베스트팔렌 국제 질서의 관리인이자 주요 옹호자였다. 그러나 중동의 핵심 국가들과 분파들은 어느 정도 이슬람교적인 의식으로 국제 질서를 바라본다. 이스라엘과 이웃 국가들은 식수 접근권, 자원, 구체적인 안보 협정, 난민 문제 등에서 지리나 역사와는 떼려야 뗄 수 없는 차이를 갖고 있다. 다른 지역에서는 비슷한 문제들을 대개 외교로 해결한다. 그러한 의미에서 이 문제는 요르단 강에서 지중해에 이르는 비교적 좁은 공간에 해당하는 이스라엘과 팔레스타인 두 국가에 두 가지 세계 질서 개념이 공존할 수 있는가로 요약될 수 있다. 양측 모두 땅 한 구역에도 심오한 의미를 부여하기 때문에 공존이 성공하려면 최종 합의를 도출할 때까지 요르단 강 서안지구에 주권과 유사한 속성을 부여하여 적어도 실질적인 공존 가능성을 높이는 일시적 합의안을 구상할 수 있는지 시험해야 한다.

이러한 협상이 이루어지는 동안 중동의 정치적, 철학적 진화 과정은 서방 세계에 모순되는 연구 결과를 안겨 주었다. 미국은 중동이 가진 모든 선택 범위에 따라 이해 당사자들과 밀접한 유대 관계를 맺어 왔다. 이스라엘과 동맹을 맺고, 이집트와 유대 관계를 맺으며, 사우디아라비아와 동반자 관계를 맺었다. 지역 질서는 주요 관계자들이 자신들에게 영향을 미치는 문제들에 대해 일치하는 접근법을 취할 때 발전한다. 중동 지역에서는 그 일치의 정도가 파악하기 힘든 것으로 드러났다. 주요 관계자들은 세 가지 중요한 문제에 관해 의견이 다르다. 자국의 발전, 팔레스타인 아랍인들의 정치적 미래, 이란 핵무기 프로그램의 미래가 바로 그 문제들이다. 목적에 관해 서로 의견을 같이하는 관계국들 중에서 그 목적을 인정할 수 있는 처지가 아닌 경우가 있다. 예를 들어 사우디아라비아와 이스라엘은 이란에 대해 동일한 일반적 목적을 갖고 있다. 즉 이란이 핵무기 능력을 보유하지 못하게 막고, 만약 이란의 핵무기 보유를 막을 수 없다면 억제하자는 것이다. 그러나 정당성에 대한 각자 인식이 다르고 아랍 세계의 합의에 대해 사우디가 예민하게 반응하기 때문에, 그러한 의견을 널리 알리지 못하고 심지어는 겉으로 표현조차 하지 못한다. 이 때문에 중동의 많은 지역이 지하드에 대한 두려움과 지역의 일부 대의명분을 처리하는 방식에 대한 두려움 사이에서 갈피를 잡지 못하고 있다.

이 장에서 설명한 종교적, 정치적 갈등의 결과물은 겉보기엔 별개의 문제처럼 보이지만 실제로 그것은 기본적으로 정치적, 국제적 정당성의 새로운 정의를 추구하는 과정을 의미한다.

사우디아라비아

역사적인 아이러니로 인해 사우디아라비아 왕국은 이 모든 격변을 겪는 내내 서방 민주주의 국가의 가장 중요한 동맹국들 중에서 내부적인 관습이 그들과 완전히 다른 국가였다. 사우디아라비아는 제2차 세계대전 이후로 중동의 주요한 안보 문제가 발생한 대부분의 경우에서 때로는 조용하지만 막후의 결정적인 협력자 역할을 도맡아 왔다. 제2차 세계대전 당시에 사우디아라비아는 연합국 측과 손을 잡았다. 사우디는 베스트팔렌 국가 체계의 특수한 성격을 여실히 보여 주는 제휴 국가였다. 실제로 베스트팔렌 국가 체계는 서로 다른 사회들이 공식적인 기구를 이용하여 의미 있는 상호 이익을 위해 공동의 목표하에 협력할 수 있게 해 주는 체계였다. 반대로 사우디의 기질은 이 시대의 세계 질서를 찾는 과정에서 발생한 주요한 문제들에 부분적으로 영향을 미쳤다.

사우디아라비아 왕국은 전통적인 아랍-이슬람 왕국이다. 즉 부족 왕국인 동시에 이슬람식 신권 정치 국가이다. 8세기부터 서로를 지원하면서 하나로 합친 대표적인 두 가문이 사우디 통치 체제의 핵심을 형성한다. 알 사우드 일가 출신의 국왕이 정치적 계층 체계를 이끄는데, 이 일가는 상호 충성심과 의무라는 구식의 관계를 기초로 한 부족 간의 복잡한 관계망에서 수장 역할을 한다. 종교적 계층 체계는 대 무프티(이슬람교 법률 전문가 — 옮긴이)와 종교 지도자 회의가 이끄는데, 대부분 알 알 샤이크 가문 출신이다. 국왕은 '성스러운 사원 2개의 수호자'(메카와 메디나) 역할을 다함으로써 권력의 두 부분 사이의 간격을 메우려고 노력한다. 사우디 국왕의 역할은 '신앙의 옹호자' 역할을 한 신성 로마 제국 황제를 생각나게 만든다.

사우디의 역사적 경험에는 종교적 표현에 대한 열의와 순수성이 담겨져 있다. 사우디 국가는 세 차례(1740년대, 1820년대, 21세기 초) 동일한 두 가문이 설립하거나 재통일했는데, 매번 가장 엄격하게 해석한 이슬람교 원칙들을 따름으로써 이슬람교 발생지와 가장 성스러운 성지에 대한 통치 약속을 단언했다. 각각의 경우에 사우디군은 최초의 이슬람 국가를 탄생시킨 성전과 놀랍도록 유사한 정복의 물결 속에서, 그리고 동일한 영토 안에서 반도의 사막과 산맥을 통일하기 위해 세력을 펼쳤다. 종교 절대주의와 대담한 군대, 기민한 근대적 정치력이 이슬람 세계의 한복판에 이슬람 세계의 중심이 되는 왕국을 탄생시켰다.

오늘날의 사우디아라비아는 제1차 세계대전 이후 이븐 사우드가 아라비아 반도에 흩어져 있던 여러 봉건 공국들을 재통일하고 가부장적인 충성과 종교적인 헌신을 통해 그들을 단결시켜 터키의 지배에서 벗어나게 만들면서 탄생했다. 그때 이후로 사우디 왕실은 벅찬 과제에 직면해 있다. 사우디 왕실은 메마른 고원 전체에 신기루처럼 자리 잡고 있지만 어쨌든 서양 대도시의 인구 밀집 지역과 비슷해지고 있는, 어떻게 보면 능가할 정도인 도시 지역은 물론 전통적인 유목 생활을 하면서 왕위에 맹렬히 충성하는 부족들까지 다스리고 있다. 신흥 중산층은 호혜적 의무라는 아주 오래된 반(半)봉건적 의식 속에서 존재한다. 지배 군주들은 극도로 보수적인 정치 문화 안에서 왕실 확대 가족의 광범위한 일원들이 결정에 참여하는 합의 제도와 왕조를 결합시켰고, 일반 국민들은 공적 생활에 어느 정도 참여할 수 있는 권리를 꾸준히 부여받았다.

팔레스타인인, 시리아인, 레바논인, 이집트인, 파키스탄인, 예멘인 등 수백만 명에 이르는 외국 노동자들은 이슬람교와 전통 권위에 대한 존경심으로 합쳐진 모자이크 같은 사회를 구성하고 있다. 해마다 전 세계 수백만 명의 이슬람 여행자들이 예언자 마호메트가 살아 있을 때 신성시한 의식을 위해 메카로 향하는 '하지(hajj)' 때문에 사우디아라비아에 모여든다. 건장한 신자라면 살아서 적어도 한 번은 해야 하는 이 믿음의 확인은 다른 어떤 국가도 해마다 떠맡기 힘든 물류상의 과제뿐 아니라 독특한 종교적 의미를 사우디에 부여한다. 한편 사우디아라비아는 엄청난 석유 매장량 덕분에 그 지역에서 유례가 없을 정도의 부자 국가가 되었다. 이 사실은 사우디 인구가 희박하고 자연에 의한 국경선이 존재하지 않으며 정치에 초연한 시아파 소수 집단이 사우디의 핵심적인 석유 생산 지역 중 한곳에 거주하고 있다는 점에서 사우디 안보에 암묵적인 과제를 안겨 준다.

사우디 통치자들은 이웃 국가들의 탐욕이 정복의 시도로 이어질 수 있다는 인식을 갖고 있다. 혹은 혁명이 발생하면 그들이 정치적, 종파적 소요를 지지할 수 있다고도 생각한다. 인접 국가들의 운명을 의식하는 그들은 불가피하게 경제적, 사회적 근대화에 양면적인 태도를 보인다. 그들은 너무 빠른 속도로 시작된 개혁은 그 자체로 가속도가 붙어서 보수적 군주만을 알고 있는 국가의 응집력을 위태롭게 만들 수 있는 반면,

개혁이 이루어지지 않으면 사우디의 젊은 인구 집단이 멀어질 수 있음을 알고 있다. 사우디 왕실은 사회의 양식 안에서 사회적, 경제적 변화의 속도와 내용을 통제하기 위해 변화 과정을 주도해 나가려고 노력해 왔다. 이 전술 덕분에 알 사우드는 지나치게 빠른 변화로 인한 불안정성을 피하면서 폭발 가능성이 있는 사회적 갈등이 축적되지 않을 만큼만 변화를 도모할 수 있었다.

근대 사우디 국가가 존재한 대부분의 시기 동안 사우디의 외교 정책은 신중함이라는 특징을 갖고 있었다. 그리고 그 특징은 특수한 예술 형식 수준으로 승화된 간접적인 역할을 탄생시켰다. 사우디 왕국이 아주 진취적인 정책을 취하면 다시 말해서 모든 분쟁의 중심지가 되면 훨씬 더 강력한 국가들의 간청과 협박, 아첨의 대상이 될 것이기 때문이었다. 그러한 영향이 축적되면 사우디의 독립성이나 국가로서의 응집력이 위험해질 수 있었다. 그 대신 사우디 당국은 거리를 두는 방법으로 안보와 권력을 손에 넣었다. 위기가 한창일 때도, 전 세계적인 반향을 일으킬 수 있는 대담한 진로 변경을 이행하는 경우에도 그들은 거의 언제나 뒤로 물러나 초연한 모습을 보여 주었다. 사우디아라비아는 웅변이나 위협에 휘둘리지 않는 초연한 태도로 외부인들의 동기에 대해 의심을 감추는 동시에 불분명한 태도로 자국의 취약점을 드러내지 않았다.

사우디 왕국은 1979~1989년에 아프가니스탄에 있었던 반소련 지하드 활동이나 1973년의 석유 금수 조치 사건 때처럼 자신들의 자원으로 대립을 지속시킬 수 있는 경우에도 대립의 최전선에 서지 않으려고 노력했다. 사우디는 중동의 평화 협상 과정을 용이하게 만들었지만, 실제 협상은 다른 국가들에게 맡겼다. 사우디 왕국은 이런 방식으로 미국과의 우호관계와 아랍에 대한 충성심, 이슬람교의 금욕주의적 해석, 대내외적인 위험에 대한 인식이라는 고정된 기둥 사이를 헤쳐 나갔다. 지하드와 혁명 봉기가 일어나고 미국의 중동 철수 움직임이 감지되는 시대가 다가오자 사우디 왕국은 간접적인 접근법 대신 더욱 직접적인 접근법을 택함으로써 시아파 이란에 대한 적개심과 두려움을 노골적으로 드러내려 했다.

사우디만큼 이슬람 봉기와 혁명 이란의 등장에 괴로운 중동 국가는 없었다. 사우디의 안보를 지탱해 주고 정당한 주권 국가로서 국제적으로 인정받도록 뒷받침해 주는 베스트팔렌 개념에 대한 공식적인 충성과 사우디 역사를 특징짓는 종교적 순수주의, 그리고 사우디의 대내적 결속을 망치는 급진적 이슬람교의 호소력(실제로 급진 이슬람 세력은 1979년 광적인 살라피스(이슬람 원리주의 신봉자 — 옮긴이)들이 메카 대사원을 점령했을 때 왕국의 생존을 위협했다.) 사이에서 사우디가 분열되어 있기 때문이다.

1989년 사우디 왕국의 불만분자 오사마 빈 라덴은 아프가니스탄에서 반소련 지하드 활동을 벌이다 사우디로 돌아와 새로운 투쟁을 선언했다. 쿠틉의 글을 더듬어간 그와 그의 추종자들은 전방위로 지하드 활동을 개시할 알카에다(기초)라는 전위 조직을 만들었다. 알카에다의 '가까운' 표적은 사우디 정부와 중동의 사우디 협력 국가들이었다. 그리고 그들의 '먼' 적은 미국이었다. 알카에다는 중동의 비이슬람 국가 정부를 지원하고 1990~1991년의 걸프전 동안 사우디아라비아에 군 병력을 배치하여[29] 이슬람을 모욕했다며 미국을 매도했다. 빈 라덴이 분석한 바에 따르면 진정한 신자들과 신앙심 없는 세계 간의 투쟁은 존재에 관한 문제이며, 이미 이 투쟁은 진행 중이었다. 세계의 불평등은 평화로운 방법이 소용없는 지경에 이르렀다. 따라서 암살과 테러 행위가 필요한 전술이며, 그러한 전술은 가까이에 있든 멀리 있든 알카에다의 적들을 두려움에 떨게 만들고 적들의 저항 의지를 없애 버릴 것이다.

알카에다의 야심찬 작전은 중동 및 아프리카에 있는 미국과 우방국

시설에 대한 공격으로 시작되었다. 1993년의 세계무역센터 공격은 알카에다의 전 세계적인 야심을 그대로 보여 주었다. 2001년 9월 11일, 세계 금융 시스템의 중심인 뉴욕과 미국 권력의 정치적 중심지인 워싱턴에 일격을 가한 알카에다의 공격은 절정에 달했다. 사상 최악의 테러 공격이었던 9.11 공격으로 몇 분 만에 2977명이 사망했다. 그들 대부분이 민간인이었다. 그리고 부상을 당하거나 심각한 합병증에 걸린 사람들도 수천 명에 달했다. 오사마 빈 라덴은 공격에 앞서[30] 알카에다의 목표를 선포했다. 서양과 서양 영향권에 있는 국가들은 중동 지역에서 축출되어야 한다는 것이었다. 미국과 협력적인 동반자 관계에 있는 정부들은 전복될 것이고, 서양 열강들의 편의를 위해 수립된 불법적인 '명목상의 국가'로 조롱받는 그들의 정치 구조는 없어질 것이었다. 새로운 이슬람 칼리프가 이슬람교를 7세기의 영광으로 되돌리면서 그 자리를 대신할 것이었다. 세계 질서들 간의 전쟁은 그렇게 선언되었다.

그 충돌은 사우디아라비아의 심장부에서 벌어졌다. 그리고 알카에다가 2003년 알 사우드 왕조를 전복하려다 실패한 이후, 사우디아라비아는 알카에다의 가장 격렬한 상대국이 되었다. 베스트팔렌 질서와 이슬람 질서 내에서 안보를 확보하려는 시도는 잠시 동안은 성공했다. 그러나 사우디 왕조는 1960년대부터 2003년까지 본국에서 자신들의 위치를 위험에 빠뜨리지 않고도 급진적 이슬람주의를 지원할 수 있고 더 나아가서는 조종할 수도 있다고 생각하는 커다란 전략상의 실수를 저질렀다. 2003년 사우디에서 발생한 지속적이고 심각한 알카에다 모반 사건은 이 전략의 치명적인 허점을 드러냈다. 결국 사우디 왕조는 내무부 장관인 신세대 출신의 마호메트 빈 나이프 왕자가 이끄는 효과적인 대(對)반란 계획을 위해 이 전략을 포기했다. 그렇다 하더라도 사우디 왕조는 전복될 위험에 처해 있었다. 이라크와 시리아에서 지하드 활동이 크게 늘어남에 따라 이 계획에서 드러난 통찰력은 다시 한 번 시험받을 수도 있다.

사우디아라비아는 자신들이 직면하고 있는 문제들만큼이나 복잡한 길을 택했다. 이 왕실은 사우디의 안보와 국익이 서양 세계와의 건설적인 관계나 글로벌 경제의 참여와 함께한다고 판단했다. 그러나 이슬람교의 발상지이자 성지 보호자인 사우디아라비아는 이슬람교의 정당성으로부터 벗어날 수가 없다. 사우디는 와하비즘(이슬람 근본주의 교파의 하나로 엄격하고 청교도적인 수니파 이슬람 근본주의 운동, 사우디아라비아 건국의 기초가 된 운동 — 옮긴이)의 관습에 접목된 베스트팔렌 국제 관계와 근대 국가를 보잘것없이 혼합해 놓음으로써 되살아난 이슬람 보편주의를 흡수하려고 시도했다. 와하비즘은 이슬람교를 가장 근본주의적 입장에서 해석하면서 이슬람교를 국제적으로 후원해 주는 운동이다. 때로 그 시도는 사우디 내부에 모순적인 결과를 안겨 주었다. 사우디아라비아는 외교적으로 주로 미국과 손을 잡은 반면, 종교적으로는 근대화와 어울리지 않는 이슬람교의 일종을 선전하면서 비이슬람 세계와의 충돌을 내비치고 있었다. 사우디는 전 세계에 엄격한 와하비즘 교리를 설파하는 마드라사(이슬람 신학교)에 자금을 지원함으로써 이슬람의 의무를 다했을 뿐 아니라 사우디 지지자들이 왕국 내에서보다는 해외에서 이슬람 전도사로서 활동하게 만듦으로써 방어적인 조치를 취해 왔다. 이 사업은 마침내 사우디와 사우디 동맹국들에게 위협이 될 지하드 열정을 북돋우는, 의도치 않은 결과를 안겨 주었다.

원칙에 입각하여 모호한 입장을 취한 사우디 왕국의 전략은 수니파 국가들이 군사 정권에 의해 지배되는 동안은 통했다. 그러나 알카에다가 국제 무대에 등장하고 시아파 이란이 중동 지역의 호전적인 혁명 진영을 이끄는 지도자로서 위치를 굳히며 무슬림형제단이 이집트를 비롯한 일부 국가에서 권력을 잡겠다고 위협하자, 사우디아라비아는 중동에서 두 가지 형태의 내전에 맞닥뜨리는 처지가 되고 말았다. 사실 (본의는 아니었지만) 사우디의 선교 노력이 내전을 부채질하는 데 일조한 부분이 있다. 첫 번째 내전은 국제 질서의 지배적인 제도와 독립 국가로서의 지위가 코란에 대한 무례한 행위라고 간주한 이슬람교도들과 베스트팔렌 국가 체계에 속해 있던 이슬람 정권들 간의 내전이었고, 두 번째 내전은 이란과 사우디아라비아를 적대적인 두 진영의 지도자로 간주하는 중동의 시아파와 수니파 간의 내전이었다.

이 다툼은 다른 두 사건들을 배경으로 전개되었고, 각 사건은 지역 질서에 그 자체로 어려움을 안겨 주었다. 첫 번째 사건은 이라크와 리비아의 증오스러운 독재자들을 추방하려는 미국의 군사 행동으로, 여기에는 '대중동 변화'를 일으키려는 미국의 정치적 압박이 동반되었다. 그리고 두 번째는 수니파와 시아파의 경쟁 관계의 부활로, 이라크 전쟁과 시리아 충돌 중에 가장 격렬하게 드러났다. 두 사건 모두에서 사우디아라비아와 미국은 똑같이 이익을 얻기가 힘든 것으로 드러났다.

지역 지도자로서의 임무, 세력 균형, 교리 논쟁의 관점에서 볼 때, 사우디아라비아는 종교적 현상이자 제국적 현상이라 할 수 있는 시아파 이란에게 위협당하고 있다. 사우디아라비아는 이란의 아프간 국경에서부터 이라크, 시리아, 레바논을 거쳐 지중해까지 펼쳐져 있는, 이란이 이끄는 다수의 시아파 세력들이 이집트, 요르단, 페르시아만 국가들, 아라비아 반도로 이루어진, 사우디가 이끄는 수니파 질서와 대립하고 있다. 수니파 국가들은 모두 터키와 조심스러운 협력 관계를 맺고 있다.

따라서 이란과 사우디아라비아를 대하는 미국의 입장은 단순히 세력 균형을 계산하는 문제나 민주화의 문제가 될 수 없다. 미국의 자세는 무엇보다도 이미 천 년 동안 이슬람 두 진영 간에 지속되고 있는 종교 투쟁의 맥락에서 형성되어야 한다. 미국과 미국의 동맹국들은 조심스럽게 행동을 조정해야 한다. 그 지역에서 폭발된 압력이 중동의 중심부에서 이슬람의 성지를 관리하고 있는 사우디 왕국을 떠받치고 있는 섬세한 관계망에 영향을 미칠 것이기 때문이다. 사우디아라비아에서 대격변이 일어나면 세계 경제와 이슬람 세계의 미래, 세계 평화는 지대한 영향을 받을 것이다. 다른 아랍 국가의 혁명 경험을 고려해 보면 미국은 민주적인 야당이 사우디아라비아를 서양의 감성에 잘 맞는 원칙에 따라 통치하기를 기다리고 있다고 가정할 수 없다. 미국은 수니파와 시아파 지하드 활동의 표적이 되었고 비록 우회적이지만 그들의 노력이 건설적인 지역 발전을 증진하는 데 결정적으로 중요한 역할을 할 국가와 이해관계를 같이해야 한다.

　사우디아라비아에게 이란과의 갈등은 존재의 문제다. 이것은 왕정의 생존과 국가로서의 정당성, 이슬람교의 미래와도 관련되어 있다. 이란이 계속해서 잠재적인 지배 강국으로 나타나는 한 사우디아라비아는 적어도 균형을 유지하기 위해 자국의 권력 지위를 높이려고 할 것이다. 관련되어 있는 기본적인 문제들을 고려하면 구두를 통한 재확약으로는 충분하지 않을 것이다. 이란의 핵 협상 결과에 따라 사우디아라비아는 어떤 형태로든 자체적인 핵 능력에 접근하려 할 가능성이 높다. 기존의 핵 보유국으로부터, 이왕이면 이슬람 국가(파키스탄 같은)로부터 탄두를 구입하든지, 보험용으로 다른 국가의 핵무기 개발에 자금을 대는 방법을 이용할 수 있다. 사우디는 미국이 중동에서 철수할 것으로 보이면 중국이나 인도, 심지어는 러시아 같은 다른 외부 열강이 참여하는 지역 질서를 추구할 수도 있다. 따라서 21세기의 첫 20년 동안 중동 지역에 괴로움을 안기고 있는 긴장과 소란, 폭력 사태는 그 지역이 다른 더 큰 세계 질서 개념과 관계를 맺을지, 맺는다면 어떻게 맺을지를 결정하는 경합 과정에서 일어나는 일련의 내전과 종교 갈등으로 이해해야 한다. 많은 것이 미국의 이익을 충족시키고 사우디아라비아와 그 동맹국들이 자신들의 안보나 원칙과 양립할 수 있다고 생각하는 결과를 실현하는 데 도움을 주는 능력과 기술, 의지에 달려 있다.

국가의 몰락?

한때는 아랍 국가들에게 민족주의의 등불을 비춰 주던 시리아와 이라크는 통일된 베스트팔렌 국가로서 재편성할 능력을 상실한 듯 보인다. 서로 전쟁 중인 종파들이 중동 지역 안팎에서 제휴 집단의 지원을 받으려고 애쓰면서 그들의 갈등은 모든 이웃 국가들의 응집력까지도 위험하게 만들고 있다. 만약 아랍 세계의 중심부에 위치한 여러 인접 국가들이 자국 영토에 합법적인 통치 방식을 수립하여 지속적으로 통제해 나가지 못하면 제1차 세계대전 이후 체결된 영토 협정은 치명적인 단계에 도달하게 될 것이다.

시리아, 이라크를 비롯한 주변 지역에서 발생한 충돌은 불길한 새로운 추세를 상징하게 되었다. 새로운 추세란 국가가 부족이나 종파 단위로 해체되는 것을 말하는데, 그 단위들 중 일부는 서로 격렬하게 충돌하거나 경쟁하는 외부 파벌에 조종되어 기존의 국경선을 차단하고 강자의 법칙 외에는 다른 공동의 법칙을 지키지 않을 것이다. 홉스였다면 자연 상태라고 불렀을 법한 그런 상태이다.

혁명이나 정권 교체가 이루어진 이후 대다수 국민이 정당성을 인정하는 새로운 권력이 수립되지 않으면 다수의 이질적인 분파들이 권력을 놓고 경쟁자들과 공개적으로 계속 충돌할 것이다. 그 국가의 일부 지역들은 무정부 상태나 영구적인 폭동 사태에 빠지거나 다른 해체되는 국가의 일부 지역과 합쳐질 수도 있다. 기존의 중앙 정부는 헤즈볼라나 알카에다, ISIL, 탈레반 같은 비국가 단체나 국경 지역을 상대로 권력을 다시 확고히 할 의향이 없거나 그럴 능력이 없는 것으로 드러날 수도 있다. 이러한 사태가 이라크, 리비아에서 일어났고 파키스탄에서는 위험한 수준까지 발생했다.

현재와 같이 설립된 일부 국가들은 미국은 불법적이라고 거부하는 통치 방식이나 사회 통합 방식을 이용하지 않고서는 완벽한 통치 능력을 갖추지 못할 수 있다. 일부 경우에서는 더욱 자유주의적인 국내 제도로의 진화 과정을 통해 이러한 한계를 극복할 수 있다. 그러나 한 국가 내 파벌들이 서로 다른 세계 질서 개념을 고수하거나 자신들이 생존을 위한 실존적인 싸움을 하고 있다고 생각하는 상황에서 싸움을 중지하고 민주 연정을 수립하라는 미국의 요구는 현 정부(시아파 이란의 경우처럼)를 무력하게 만들거나 완전히 무시당하기(시시 장군이 이끄는 이집트 정부는 더 많은 행동의 자유를 얻기 위해 미국과의 역사적인 동맹 관계에서 방향을 바꿈으로써 타도된 전임자들의 교훈에 주의를 기울이고 있다.) 쉽다. 이러한 상황에서 미국은 안보와 도덕성 모두가 불완전할 수 있음을 인정하고 그 둘의 가장 훌륭한 조합을 끌어낼 수 있는 정책을 기초로 결정을 내려야 한다.

이라크에서는 사담 후세인을 필두로 한 수니파의 잔인한 독재 정권이 무너지면서 민주주의가 아니라 복수에 대한 압력이 터져 나왔다. 다양한 파벌들이 서로 다른 종교 형태를 사이가 좋지 않은 자치 단위에 통합함으로써 복수를 추구했다. 비교적 인구 밀도가 낮고 이탈리아의 식민 지배를 받던 시기를 제외하면 공통되는 역사가 없을 정도로 다수의 종파와 부족 집단으로 분열된 거대 국가 리비아에서는 잔인한 독재자 카다피가 타도되면서 국가 통치와 비슷한 것까지도 무너지는 실질적인 결과가 발생했다. 각 부족과 지역은 스스로 무장하여 자치 민병대를 통해 자치나 우위를 확보하려 했다. 트리폴리 임시정부는 국제적으로 인정받았지만, 도시 경계 너머까지 실질적인 권력을 행사하지는 못한다. 극단주의 집단들이 급증하면서 카다피의 무기고에서 흘러나온 무기들로 무장한 이웃 국가들, 특히 아프리카 국가들로 지하드가 확산되고 있다.

국가 전체가 통치되지 않으면[31] 국제 질서나 지역 질서가 무너지기 시작한다. 무법 상태를 의미하는 빈 공간이 지도의 부분 부분을 지배하게 된다. 한 국가가 붕괴되면 그 국가의 영토는 테러 행위와 무기 공급, 주변국에 대한 종파적 선동의 온상으로 바뀔 수 있다. 통치가 되지 않는 지역이나 지하드가 활발한 지역이 이슬람 세계 전역으로 확장되면서 리비아, 이집트, 예멘, 가자 지구, 소말리아가 영향을 받고 있다. 여러 세대에 걸친 콩고 내전이 모든 이웃 국가들을 끌어들이고 중앙아프리카 공화국과 남수단의 갈등이 비슷하게 악성화될 위험이 있는 중앙아프리카의 고통을 고려해 보면, 세계 영토와 인구의 상당 부분이 국제적 국가 체계에서 사실상 떨어져 나가기 직전이다.

이러한 공백 상태가 갑자기 형성됨에 따라 중동은 베스트팔렌 조약 이전 유럽의 종교 전쟁과 비슷하면서도 그 범위가 더 광범위한 충돌 국면에 돌입했다. 대내적 갈등과 국제적 갈등이 서로를 악화시킨다. 그리고 정치적 분쟁과 부족 및 종파 간 분쟁, 영토와 이념으로 인한 분쟁, 전통적인 국익 분쟁이 합쳐진다. 종교는 지정학적 목적을 위해 '무기화'되었다. 민간인들은 종파 간의 제휴 관계를 근거로 몰살의 대상으로 정해졌다. 권력을 지킬 수 있는 국가들은 자신들의 권력이 제한받지 않으며 생존의 필요에 의해 정당화된다고 생각한다. 붕괴 중인 국가들은 주변 강국들의 경합장이 되는데, 그 강국들이 인간의 행복과 위험을 완전히 무시하고 권력을 확보하는 경우가 너무나도 흔하다.

지금 전개되고 있는 갈등은 종교적인 동시에 지정학적인 갈등이다. 사우디아라비아, 페르시아만 국가들, 이집트, 터키로 이루어진 수니파 진영은 시아파의 이란이 이끄는 진영과 대립하고 있다. 이란은 시리아의 바샤르 알 아사드 진영과 중남부 이라크의 누리 알 말리키, 레바논의 헤즈볼라 민병대, 가자 지구의 하마스 민병대를 지원하고 있다. 수니파 진영은 아사드에 대항하는 시리아의 반란 세력과 말리키에 대항하는 이라크의 반란 세력을 지원하고 있다. 이란은 지역 경쟁국들의 내부적인 정당성을 약화시키기 위해 테헤란과 이념적으로 손을 잡은 비국가 활동 세력들을 이용함으로써 중동에서 지배적인 위치를 확보하려고 한다.

　다툼에 참여한 활동 세력들이 외부, 특히 러시아와 미국의 지원을 얻으려 하면서 그 두 국가 간의 관계까지 형성하는 결과가 발생한다. 러시아의 목표는 대체로 전략적인 성격을 띠는데, 적어도 시리아와 이라크의 지하드 단체들이 자국 내 이슬람 지역으로 진출하지 못하게 막고, 전 세계적인 차원에서는 미국과 비교한 자국의 위상을 높이려고 한다.(그렇게 하여 이 장 앞부분에서 설명한 1973년 전쟁의 결과를 뒤집으려 한다.) 미국은 도덕적인 이유로 아사드를 제대로 비난하고 있지만, 아사드의 대항 세력 중에 가장 규모가 큰 집단이 알카에다와 더욱 극단적인 집단이라는 점에서 진퇴양난에 빠져 있다. 미국은 알카에다와 같은 극단적인 집단들을 전략적으로 반대해야 한다. 러시아나 미국 모두 함께 힘을 모을지, 아니면 서로를 상대로 책략을 도모할지 결정하지 못했다. 물론 우크라이나 사태에서는 냉전 시기의 태도를 취하는 방향으로 이러한 모호성을 해결하려고 하고 있지만 말이다. 과거 역사에서 여러 차례 그랬던 것처럼 이라크는 다수 진영의 다툼의 대상이 되었다. 이번에는 이란, 서방, 다양한 보복주의 수니파 파벌들이 그 다툼에 뛰어들었는데, 매번 다른 배우들이 같은 각본을 연기하는 셈이다.

미국이 쓰라린 아픔을 이미 경험했고 다원주의에 적합하지 않은 상황에 처해 있기 때문에 지금의 격변들을 되는 대로 내버려둔 다음 후임 국가들을 상대하는 데 집중하는 게 매력적으로 보일 수도 있다. 그러나 그 국가들을 이어받을 가능성이 있는 일부 세력들은 이미 미국과 베스트팔렌 세계 질서를 주적(主敵)으로 선언했다.

자살 테러 행위가 자행되고 대량살상무기가 급증하는 시대에는 전 지역에 걸친 종파별 대립을 세계 안정을 위협하는 요인으로 간주해야 한다. 그러한 위협은 몇 가지 만족스러운 지역 질서의 정의에서 표현된 대로 모든 책임 있는 열강들의 협력을 정당화해 준다. 만일 질서를 형성하지 못할 경우, 광대한 지역이 무정부와 극단주의에 무방비 상태로 위험에 처하게 되며, 이 위험은 자연스럽게 다른 지역으로 확산될 것이다. 세계는 세계적인 시야를 가질 수 있는 미국과 다른 국가들이 이 냉혹한 예증으로부터 새로운 지역 질서를 만들어 내길 기다리고 있다.

4

미국과 이란: 질서에 대한 접근법

　　2013년 봄, 이란 이슬람 공화국 최고 지도자인 아야톨라 알리 하메네이는 이슬람 성직자들의 국제회의에서 연설을 하면서 새로운 세계 혁명이 시작되었음을 찬양했다. 그때나 지금이나 이란 대통령과 외무부 장관을 포함하여 이란의 모든 장관들보다 높은 지위에 있는 그는 "아랍의 봄"이라는 사태가 실제로는 전 세계에 영향을 미치는 "이슬람의 각성"이라고 선언했다. 그의 설명에 따르면 서방 세계는 시위대가 자유 민주주의의 승리를 의미한다고 생각하는 잘못을 저질렀다. 시위자들은 "신의 약속이 기적적으로 이행됐음"을 상징하기 때문에 "정치, 행동, 생활 방식에서 서방 세계를 따랐을 때 겪게 될 쓰라리고 몸서리치는 경험"을 거부할 것이었다.

　　오늘날 박식하고 지식 있는 사람이라면 부인할 수 없는 엄연한 사실은[1] 이슬람 세계가 세계의 정치적, 사회적 불평등에서 빠져나와 결정적으로 중요한 세계적 사건의 중심에서 눈에 띄는 중요한 위치를 찾았으며 이제는 삶과 정치, 정부, 사회적 발전에 대한 참신한 관점을 제공한다는 것이다.

하메네이의 분석에 따르면 이러한 이슬람 의식의 각성은 결국 미국과 미 우방국들의 고압적인 영향력을 무너뜨려 3세기 간에 걸친 서양의 우위를 종식시킬 세계적인 종교 혁명으로의 문을 열어 주고 있었다.

반동적이고 오만한 진영의 연설가는 감히 입에 올리지도 못하는 이슬람의 각성은 이슬람 세계의 거의 모든 지역에서 그 징후를 목격할 수 있는 진실이 되었다. 이슬람의 각성을 가장 명확하게 보여 주는 징후는 이슬람교의 영광과 위대함을 되살리고 지배의 국제 질서의 본질을 깨닫고 이슬람, 비이슬람 동방 세계를 압박해 온 파렴치하고 압제적이고 오만한 정부와 중심국의 가면을 벗겨 내려는 여론, 특히 젊은이들 사이에서 형성된 여론이 뜨겁다는 사실이다.

하메네이는 "공산주의와 자유주의가 실패하고" 서양 세계의 힘과 자신감이 무너진 이 마당에 이슬람의 각성은 전 세계 이슬람 움마(국적을 초월한 신자들 공동체)를 하나로 합치고 이슬람교를 세계의 중심에 되돌려 놓음으로써 전 세계에 반향을 일으킬 것이라고 맹세했다.

이 최종 목표는 다름 아닌[2] 훌륭한 이슬람 문화를 만들어 내는 것일 수 있다. 서로 다른 민족과 국가의 형태로 존재하는 이슬람 움마의 모든 부분들은 코란에 명시된 문명의 지위를 달성해야 한다. (중략) 이슬람 문명은 종교적 믿음과 지식, 윤리, 지속적인 투쟁을 통해 이슬람 움마와 전 인류에게 진보적인 생각과 고상한 행동 규칙을 안겨 줄 수 있다. 그리고 이슬람 문명은 현재 서양 문명의 기초가 되는 물질주의적이고 압제적인 견해와 부패한 행동 규칙으로부터 해방되는 지점이 될 수 있다.

하메네이는 이전에도 이 주제에 대해 자세히 설명한 적이 있었다. 2011년 이란의 준군사 부대 대원들을 상대로 연설한 바에 따르면 서방 세계의 대중 시위는 이란의 신권 정치가 실제로 보여 주는 영성과 정당성에 대한 세계의 갈망을 입증했다. 따라서 세계 혁명이 기다리고 있었다.

미국과 유럽 내에서의 발전은[3] 세계가 미래에 목격하게 될 막대한 변화를 암시한다. (중략) 오늘날 이집트 국민과 튀니지 국민들의 슬로건이 뉴욕과 캘리포니아에서도 복창되고 있다. (중략) 현재 이슬람 공화국은 각국의 각성 운동의 중심이며, 이 현실이 적들을 당황하게 만들었다.

다른 지역에서였다면 그러한 선언은 중대한 혁명적 도전으로 취급되었을 것이다. 최고의 종교적, 세속적 권력을 휘두르는 신권 정치가 현재 국제 사회가 실천하고 있는 세계 질서에 반대하여 다른 세계 질서를 구축하는 계획을 공개적으로 받아들였기 때문이다. 현대 이란의 최고 지도자는 국익이나 자유 국제주의가 아니라 보편적인 종교 원칙이 자신이 예언한 새로운 세계를 지배할 것이라고 선언한 것이다. 아시아나 유럽 지도자가 그러한 감정을 드러냈다면 충격을 안기는 세계적 도전으로 해석되었을 것이다. 그러나 그 선언이 35년 동안 반복된 탓에 세계는 이러한 급진적인 감정과 그 감정을 뒷받침하는 행위에 면역이 되고 말았다. 이란은 천 년의 전통에 달하는, 이례적일 정도로 교묘한 국정 운영 기술과 근대화에 대한 도전을 결합시켰다.

이란의 국정 운영 기술 전통

1979년 가장 기대하지 않은 국가의 수도에서 급진적인 이슬람 교리가 국가 권력의 원칙으로 처음 이행되는 사건이 발생했다. 그 국가는 중동의 대다수 국가들과는 달리 고귀한 긴 국가 역사를 갖고 있고 이슬람교 이전의 과거를 오래전부터 존중해 온 국가였다. 따라서 베스트팔렌 체제에서 국가로서 인정받던 이란이 아야톨라 호메이니 혁명 이후 급진적 이슬람교의 옹호자로 변신했을 때, 중동 지역 질서는 엉망이 되었다.

그 지역의 모든 국가들 중에서 이란은 국가 의식이 가장 일관되고 국익 중심의 국정 운영 기술 전통이 가장 정교한 국가라고 말할 수 있다. 그와 동시에 이란 지도자들은 전통적으로 현대 이란의 국경선 훨씬 너머까지 영향을 미쳤고, 베스트팔렌 체제의 국가 개념이나 주권 평등 개념을 고수하는 경우가 드물었다. 이란 창설의 전통은 페르시아 제국의 전통이었는데, 페르시아 제국은 기원전 7세기부터 7세기까지 계속해서 살아남음으로써 지금의 중동 지역의 많은 부분과 중앙아시아, 서남아시아, 북아프리카 일부 지역에까지 지배력을 확립했다. 예술과 문화가 눈부시게 빛나고 멀리 떨어진 지방까지 관리하는 과정에서 섬세한 관료제를 확립했으며 사방으로의 원정이 성공하면서 단련된 거대한 다인종 군대가 있었기에 페르시아는 스스로를 평범한 사회 그 이상으로 생각했다. 군주제에 대한 페르시아의 이상은[4] 여러 민족을 너그럽게 지배하는, 신에 가까운 지위로 자국의 주권을 격상시켰다. 평화로운 정치적 복종 대신 정의를 나누어 주고 관용을 선언하는 '왕 중의 왕'으로 생각했다.

페르시아 제국의 사업은 고대 중국의 사업과 마찬가지로 일종의 세계 질서를 상징했다. 그 질서 속에서 문화적, 정치적 업적과 심리적 보장은 전통적인 군사 정복만큼이나 중요한 역할을 했다. 기원전 5세기의 역사가 헤로도토스는 해외의 모든 관습 중에서 메디아식 복장이나 이집트 갑옷같이 가장 훌륭한 것만을 받아들이고 이제는 자기 제국이 인간이 이룬 업적의 중심이 되었다고 간주한 한 민족의 자신감을 다음과 같이 설명했다.

무엇보다도 그들은 자기 자신을 고귀하게 생각한다.[5] 그리고 자신들 옆에 사는 사람들을 고귀하게 생각하고, 다시 그들 옆에 있는 사람들을 고귀하게 생각한다. 그렇게 거리에 따라 고귀함이 진전한다. 그들은 자신들과 가장 멀리 사는 사람들을 가장 고귀하지 않다고 생각한다. 이러한 이유로 그들은 자신들을 모든 면에서 인류 최고라고 생각하고, 다른 사람들은 자신들과 얼마나 가까운가에 따라 덕을 갖추고 있다고 생각한다. 가장 멀리 사는 사람들이 가장 비천하다.

1850년에 체결된 미국과 사파비 왕조 간의 무역 협정에서도 여실히 드러나듯이 이 고요한 자신감은 약 2500년 후에도 여전히 남아 있었다. 사파비 왕조는 예전에 비하면 축소되었지만 여전히 광활한 페르시아 제국이었다. 당시 이 왕조가 다스리던 영토는 이란과 지금의 아프가니스탄, 이라크, 쿠웨이트, 파키스탄, 타지키스탄, 터키, 투르크메니스탄의 상당 부분으로 이루어져 있었다. 당시 이란 왕은 세력을 넓혀 가고 있던 러시아 제국과 두 차례 전쟁을 치르면서 아르메니아, 아제르바이잔, 다게스탄, 동그루지야를 잃었는데도 크세르크세스 왕과 키루스 왕의 후손으로서의 자신감을 명확히 전달했다.

토성처럼 고귀한 황제 폐하, 태양이 본보기로서 섬기는 통치자, 기품과 광채가 하늘의 것과 동일한 통치자, 별만큼 수많은 군대를 거느린 고결한 통치자, 제인시드의 위대함을 상기시킬 정도로 위대한 통치자, 다리우스 왕의 기품에 맞먹는 기품의 통치자, 카야니안 왕조의 왕관과 왕위를 물려받은 후손이자 모든 페르시아인의 고귀한 황제와 북미의 미국 대통령은[6] 두 정부 간의 친선 관계가 수립되기를 진심으로 바란다. 우리 두 정부는 두 계약 당사국 국민과 백성들에게 모두 이익이 되고 유용한 우호 통상 조약에 의해 그 관계가 강화되기를 바란다. 우리는 이 목적을 위해 양국의 전권 대사들을 임명했다.

동서양 교차점에서 가장 넓게는 현재의 리비아에서 키르기스스탄, 인도에까지 펼쳐진 속국과 속주를 다스리던 페르시아는 고대에서 냉전 시대까지 유라시아 대륙의 거의 모든 주요 정복자들의 시작점이거나 최종 목표지였다. 대략 비슷한 환경에 처한 중국과 마찬가지로 페르시아도 이 모든 격변을 겪으면서 페르시아 특유의 동질감을 간직했다. 아주 다양한 문화와 지역에 펼쳐져 있던 페르시아 제국은 성과물을 종합하여 자신들만의 독특한 질서 개념을 만들었다. 알렉산더 대제, 이슬람 군대, 몽골에 차례로 정복당하며 세력을 잃은 페르시아였지만, 자신들이 문화적으로 우월하다는 자신감은 잃지 않았다. 실제로 그 외세의 정복은 다른 민족들의 역사적 기억과 정치적 자치권을 거의 모두 없애 버릴 정도의 충격이었다. 페르시아는 일시적인 양보를 위해 정복자들에게 고개를 숙였지만, 신비주의와 시로 "위대한 내부 공간"[7]을 기록하고 제국의 서사시 『열왕기(*Book of Kings*)』에 등장하는 고대의 영웅적 통치자들과의 관련성을 되살려 내면서 제국의 세계관을 통해 독립성을 유지했다. 한편 페르시아는 모든 종류의 영토와 정치적 문제를 관리하던 경험을 통해 인내심과 지정학적 현실에 대한 빈틈없는 분석, 상대에 대한 심리적 조종을 높이 평가하는 정교한 외교 규범을 만들어 냈다.

이러한 독특함과 노련한 책략은 이슬람 시대에도 지속되었다. 이슬람 시대에 페르시아는 아랍 정복자들의 종교를 채택했지만, 처음 정복당한 민족들 중에서 홀로 자신들의 언어를 존속시키고 새로운 질서에 자신들 제국의 문화유산을 불어넣으려고 고집했다. 결국 페르시아는 처음에는 아랍의 통치를 받는 반대파의 전통으로서, 그리고 나중에는 16세기에 시작된 국교(페르시아 국경선에서 점점 세력을 넓혀 가는 수니파의 오스만 제국에 저항하고 두각을 나타내기 위한 하나의 방법으로서 채택되었다.)로서 시아파의 인구학적, 문화적 중심지가 되었다. 다수파인 수니파의 해석과는 반대로 이 이슬람 분파는 종교적 진실의 말로 형언할 수 없을 정도로 신비한 특징을 강조했고 신자들에게 도움이 된 "신중한 숨김[8](수니파에 의해 심한 종교적 박해를 받던 시아파 이슬람교도들이 생존과 종교적 신념 보존을 위해 위험한 경우 자신의 신앙을 감추는 행위 — 옮긴이)"이 정당하다고 인정해 주었다. 페르시아의 문회와 종교, 지정학적 관점을 지킨 (1935년 이후 공식적인 명칭이 된) 이란은 페르시아의 독특한 전통과 지역적 역할이 갖는 특수한 성격을 지켜 왔다.

호메이니 혁명

20세기의 이란 왕 레자 팔레비에 대항한 혁명은 민주주의와 경제적 재분배를 요구하는 반군주 정치 운동으로 시작되었다.(그게 아니라면 적어도 서방 세계에는 그렇게 묘사되었다.) 혁명의 불만 사항 중 다수는 왕의 근대화 프로그램이 강요한 혼란과 기존 정부가 반대파를 통제하기 위해 시도한 가혹하고 독단적인 책략 때문에 생긴 현실이었다. 그러나 1979년에 아야톨라 루홀라 호메이니가 파리와 이라크에서의 망명 생활을 끝내고 이란으로 돌아와 혁명의 '최고 지도자' 역할을 주장했을 때, 그는 사회 프로그램이나 민주적 통치를 위해서가 아니라 전체 지역 질서와 근대화의 제도적 장치를 공격하기 위해 그렇게 했다.

호메이니 치하에서 이란에 정착한 교리는 베스트팔렌 시대 이전의 종교 전쟁 이후로 서방 세계에서 실천된 그 어떤 교리와도 달랐다. 그것은 국가를 정통한 존재 자체가 아니라 더 광범위한 종교 투쟁의 편의상의 무기로 생각했다. 호메이니의 선언에 따르면 중동의 20세기 지도는 틀렸고, "이슬람 움마(공동체)를 여러 부분으로 서로 떼어 놓은 뒤 인위적으로 분리된 국가를 만든 제국주의자들과[9] 이기적인 독재 지배자들"의 반이슬람적 결과물이었다. 중동과 중동 이외 지역의 모든 정치 제도들은 "신법에 근거하지 않기" 때문에 "불법"이었다. 베스트팔렌 체제의 절차상 원칙에 기초한 현대의 국제 관계는 "국가 간의 관계가[10] 국익의 원칙이 아니라 종교적 근거에 입각해야 하기" 때문에 잘못된 토대 위에 놓여 있었다.

쿠틉의 견해와 유사한 호메이니의 견해에 따르면 팽창주의적 이념으로 코란을 해석하면 이러한 신성 모독에서 벗어나 진정으로 정통한 세계 질서를 창조하는 방향으로 나아갈 수 있는 길을 알 수 있었다. 첫 번째 단계는 이슬람 세계의 모든 정부를 타도하고 그들을 '이슬람 정부'로[11] 대체하는 것이었다. "현재 이슬람 세계 전체를 지배하고 있는 불법적인 정치권력들, 즉 타그후트를 타도하는 것이 우리 모두의 의무이기" 때문에 전통적인 국가에 대한 충성심은 무시될 것이었다. 호메이니가 이란 이슬람 공화국 수립일인 1979년 4월 1일에 선언했듯이 이란에 진정한 이슬람 정치 체제의 수립은 "신의 정부의 첫 번째 날"로 기록될 일이었다.

이 독립체는 다른 어떤 근대 국가에도 비교할 수 없었다. 호메이니가 첫 총리로 임명한 메디 바자르간은 《뉴욕 타임스》에 다음과 같이 말했다. "우리는 예언자 마호메트가 통치한 10년 동안과 그의 사위이자 첫 시아파 이맘(예배를 인도하는 성직자 ── 옮긴이) 알리가 통치하던 5년 동안 볼 수 있었던 유형의 정부를 원했다."¹² 정부를 신성하다고 여기니 반대파는 정치적 야당이 아니라 신성모독으로 간주될 것이었다. 호메이니 치하의 이슬람 공화국은 곧바로 그 원칙들을 실행에 옮겼다. 그들은 잇따른 재판과 처형을 시작으로 소수 집단의 종교를 체계적으로 탄압함으로써 팔레비 독재 정권을 능가했다.

이러한 격변이 발생한 와중에¹³ 국제 질서에 대한 이중적인 도전의 형태로 새로운 모순이 등장했다. 이란 혁명으로 베스트팔렌 체제를 전복하는 데 전념하던 한 이슬람 운동이 근대 국가에 대한 지배력을 얻은 뒤 유엔 의석을 차지하고 무역을 관장하고 외교 기구를 운영하는 등 '베스트팔렌' 체제 내에서 자신들의 권리와 특권을 주장했기 때문이다. 이란의 성직자 정권은 자신들은 베스트팔렌 체제를 믿지 않으며 그 체제에 얽매이지 않을 것이고 결국에는 그것을 대체할 생각이라고 반복해서 주장한다. 그러면서도 베스트팔렌 체제의 공식적인 보호를 가로채면서 두 세계 질서의 교차점에 자리를 잡고 있었다.

이러한 이중성은 이란의 통치 원칙에도 뿌리 깊이 배어 있었다. 이란은 스스로를 "이슬람 공화국"이라 부르는데, 이는 자신들이 영토상의 경계를 초월하는 권력체임을 의미한다. 그리고 이란의 권력 구조를 이끄는 아야톨라(처음엔 호메이니, 그 다음 후계자는 알리 하메네이)는 이란의 정치인일 뿐 아니라 세계적인 권위자로서도 인식된다. "이슬람 혁명의 최고 지도자"이자 "이슬람 움마와 억압받는 사람들의 지도자"이다.

이슬람 공화국은 테헤란 미국 대사관을 습격하여 대사관 직원들을 444일 동안 인질로 잡아 두었는데,(현 이란 정부가 확인한 행위이다. 2014년 이란 정부는 인질 납치범들의 통역사를 유엔 대사로 임명했다.) 이는 베스트팔렌 국제 체계의 핵심 원칙인 외교관의 면책 특권을 심각하게 위반하며 세계 무대에 자신들을 알린 사건이었다. 비슷한 맥락에서 1989년에 아야톨라 호메이니는 인도계 이슬람 후손인 영국인 살만 루시디가 영국과 미국에서 이슬람교도를 모욕한 책을 출간했다는 이유로 사형을 선고한 파트와(종교적 파문)를 내리면서 전 세계에 대한 사법권을 주장했다.

이란은 레바논의 헤즈볼라나 이라크의 메흐디 민병대 같은 집단에 의해 부분적으로 영토를 빼앗긴 국가들과 정상적인 외교 관계를 유지하는 동시에 이슬람교의 측면에서 그러한 조직들을 지원해 왔다. 이들 비국가 민병대들은 기존 정부들에 도전을 가하고 전략의 일환으로 테러 공격을 이용하고 있다. 테헤란이 주장하는 이슬람 혁명의 의무는[14] 반(反)서방 이익을 증진하기 위해 수니파와 시아파 간의 협력을 허락하는 것으로 해석되었다. 예를 들면 이스라엘에 대항한 수니파 지하드 그룹 하마스를 이란이 무장시킨 경우나, 일부 보도로 알려진 대로 아프가니스탄의 탈레반 역시 무장시킨 경우를 말한다. 9/11 위원회 보고서와 2013년 캐나다 테러 음모 조사 보고서에 따르면 알카에다 정보원들 역시 이란을 근거지로 활동할 기회를 모색했다.

수니파와 시아파 양측의 이슬람교도들은 기존의 세계 질서를 전복할 필요성에 대해 대체로 생각이 같았다. 21세기 초에 수니파와 시아파의 교리상의 분열이 중동 지역 전체에서 격렬하게 터졌다고 해도 사이드 쿠틉의 견해는 이란의 정치적 아야톨라들이 제시한 견해와 본질적으로 동일했다. 이슬람교가 세계를 재편하고 결국 지배할 거라는 쿠틉의 전제는 종교 혁명의 원천으로 이란을 재조명한 사람들의 공감을 불러일으켰다. 쿠틉의 저서는 이란에서도 널리 유포되어 있고, 일부는 아야톨라 알리 하메네이가 직접 번역했다. 1967년, 하메네이는 쿠틉의 저서인 『이 종교의 미래(The Future of This Religion)』 서문에 다음과 같이 썼다.

이 고결하고 위대한 저자[15]는 이 책에서 우선 신앙의 본질을 있는 그대로 소개하고 신앙이 삶의 계획임을 증명한 다음, (중략) 설득력 있는 이야기와 독특한 세계관으로 세계 정부가 결국엔 우리 학파의 손에 들어오고 "미래가 이슬람교에 속해 있음"을 확인시켜 주려고 노력했다.

소수파인 시아파를 대표하는 이란으로서는 공동의 목표를 위해 교리상의 차이를 순화함으로써 승리를 상상할 수 있었다. 이란 헌법은 이 목적을 위해 모든 이슬람교도의 단결이 국가의 의무라고 선언한다.

코란의 신성한 구절("너희들의 이 집단은 유일한 집단이며, 나는 너희들의 신이니, 나를 숭배하라"[21:92])에 따라[16], 모든 이슬람교도는 단일한 국가를 구성하고 이란 이슬람 공화국 정부는 모든 이슬람 민족의 친선과 단결을 도모하기 위해 국가의 일반적인 정책을 마련할 의무가 있다. 그리고 이란 정부는 이슬람 세계의 정치적, 경제적, 문화적 통일을 이루기 위해 끊임없이 노력해야 한다.

강조점은 신학적 분쟁이 아니라 이념적 정복이었다. 호메니이는 다음과 같이 자세히 설명했다. "우리는 전 세계에 우리의 혁명을 수출하려고 노력해야 한다.[17] 그리고 이슬람교는 이슬람 국가들 간의 차이를 인정하기를 거부할 뿐 아니라 모든 억압받는 사람들의 대변자이기 때문에 그렇게 하지 않겠다는 생각을 모두 포기해야 한다." 그렇게 하려면 "시온주의와 이스라엘"뿐 아니라 "세계의 약탈자, 미국"과 러시아, 아시아의 공산주의 유물론 사회들을 상대로 한 영웅적인 투쟁이 필요하다.

그러나 호메니이와 그를 추종하는 시아파 혁명가들은 마흐디(구세자—옮긴이)가 "보이지 않는 상태(보이지는 않지만 존재하는)"에서 돌아와 현재 이슬람 공화국의 최고 지도자가 일시적으로 행사하고 있는[18] 주권을 맡으면 세계 대격변이 마무리될 것이라고 선언한다는 점에서 수니파 이슬람교도들과 달랐다. 그리고 이 사실은 동족상잔을 벌이는 그들의 경쟁 관계의 본질이었다. 당시 마흐무드 아흐마디네자드 이란 대통령은 이 원칙이 충분히 확고해졌다고 생각하여 2007년 9월 27일 유엔 연설에서 다음과 같이 밝혔다.

> 의심할 것 없이[19] 최종 구세주가 재림할 것이다. 그는 모든 신자들, 정의를 추구하는 사람들, 은혜를 베푸는 사람들 앞에서 밝은 미래를 세우고 세상을 정의와 아름다움으로 채울 것이다. 이것은 신의 약속이다. 따라서 이 약속 은 지켜질 것이다.

2006년 아흐마디네자드 대통령은 조지 W. 부시 대통령에게 보낸 서한에서 그러한 개념이 그리는 평화의 전제조건은 올바른 종교 교리에 전 세계가 순종하는 것이라고 밝혔다. 아흐마디네자드의 서한(서방 세계 에서는 협상의 전주곡으로 해석했다.)은 "Vasalam Ala Man Ataba'al hoda"[20] 라는 표현으로 끝이 났는데, 일반에 공개된 서한에는 번역 내용을 추가 하지 않았다. 이는 "진정한 길을 따르는 사람들에게만 평화가 온다."는 뜻으로, 7세기에 예언자 마호메트는 머지않아 이슬람 성전의 공격을 받 을 비잔틴과 페르시아 황제들에게도 똑같은 충고를 전했다.

수십 년 동안 서방의 관찰자들은 그들의 더욱 극단적인 표현이 부분 적으로 비유적인 표현에 불과하고, 1950년대에 미국과 영국이 이란 내 정에 간섭한 것과 같은 서방의 행동이나 정책을 포기하면 화해의 문이 열릴 수도 있다는 확신하에 그러한 감정의 '근본 원인'을 정확히 설명하 려고 노력했다. 그러나 지금까지 혁명주의 이슬람교도들은 서방 세계가 생각하는 국제 협력을 추구하는 것으로 드러나지 않았다. 그리고 이란의 성직자 정권도 가장 좋게 해석해 봤자 미국이 선의를 보여 주기를 기대하는, 식민 시대 이후의 분개한 독립운동으로 볼 수 있다. 호메이니의 정책 개념으로 보면 서방 세계와의 분쟁은 특수한 기술적 양보의 문제나 협상의 공식이 아니라 세계 질서의 본질을 놓고 벌이는 경합이다.

독일 플러스 안보리 상임이사국 5개국이 이란 정부와 이란의 핵 프로그램에 대해 잠정적인 합의를 본 뒤 서방 세계가 새로운 화해 정신의 전조라고 반긴 그 순간에도 이란의 최고 지도자 하메네이는 2014년 1월에 다음과 같이 선언했다.

일부 사람들은 미국의 얼굴에서 추함과 폭력, 테러를 없앤 뒤 미국 정부를 이란 국민에게 다정하고 인도주의적인 정부로 꾸며[21] 소개하려고 한다. (중략) 어떻게 당신들은 이란 국민 앞에서 그렇게 범죄자 같은 추한 얼굴을 분장으로 바꿀 수 있는가? (중략) 이란은 합의한 내용을 어기지 않을 것이다. 그러나 미국인들은 이슬람 혁명의 적이다. 그들은 이슬람 공화국의 적이다. 그들은 당신이 높이 올린 이 깃발의 적이다.

하메네이는 2013년 9월에 이란의 헌법수호위원회를 상대로 한 연설에서 조금 더 정교하게 설명했다. "레슬링 선수가 상대와 시합하면서[22] 기술적인 이유로 가끔 유연성을 보여 줄 수 있다. 하지만 자신의 상대가 누구인지는 잊지 말아야 한다."

이러한 정세는 불가피하게 영원히 계속되지 않는다. 중동 국가들 중에서 이란은 위대한 국가로서 가장 일관된 경험과 가장 길고 섬세한 전략적 전통을 지닌 국가일 것이다. 이란은 때로는 성장하는 제국으로서, 수백 년 동안은 주변 요인들을 능숙하게 조종함으로써 자신의 본질적인 문화를 3000년 동안 유지해 왔다. 이슬람 혁명 전에 서방과 이란의 관계는 국익이 일치한다는 의식을 기초로 화기애애하고 서로 협력적이었다. (아이러니컬하게도 호메이니는 권좌에 오르기 전에 미국의 도움을 받았다. 미국이 다가올 변화로 민주주의가 더 빨리 도래하고 미국과 이란 관계가 강화될 것이라고 잘못 생각하는 바람에 기존 정권과 잡은 손을 놓았기 때문이다.)

미국과 서구 민주주의 국가들은 이란과의 협력적인 관계를 증진할 수 있어야 한다. 그들은 각자 국내에서 얻은 경험이 다른 사회, 특히 이란 사회와 불가피하게 혹은 자동적으로 적절하다는 생각을 기초로 그러한 정책을 수립해서는 안 된다. 그들은 한 세대 동안 변하지 않는 혁명의 수사학이 가식이 아니라 확신을 기초로 하고 있고 상당수 이란 국민들에게 영향을 미칠 수 있다는 가능성을 고려해야 한다. 어조가 달라졌다고 반드시 정상 상태로 돌아간 것은 아니다. 정상의 정의가 근본적으로 크게 다른 경우에는 특히 그렇다. 어조의 변화에는 본질적으로 변하지 않는 목표에 도달하기 위한 전술의 변화 가능성도 포함되어 있고, 실제로도 그럴 가능성이 높다. 미국은 열린 마음으로 진정한 화해에 임해야 하고 화해를 촉진하기 위해 상당한 노력을 기울여야 한다. 그러나 그러한 노력이 성공하려면 명확한 방향 감각이 절대적으로 중요하다. 특히 이란의 핵 프로그램같이 중요한 문제는 더욱 그렇다.

핵 확산과 이란

이란과 미국 관계의 미래는 적어도 단기적으로는 표면적인 기술 군사적 문제에 의해 결정된다. 이 책을 쓰고 있는 지금, 이 지역의 군사적 균형과 심리적 평형 상태에 획기적인 변화가 일어나고 있을 수도 있다. 그러한 결과는 이란과 독일을 추가한 유엔 안보리 상임이사국들(P5+1, 유엔 안보리 상임이사국(미국, 영국, 프랑스, 중국, 러시아)+독일 ─ 옮긴이) 간의 협상 중에 이란이 핵무기 보유 국가의 지위로 빠르게 옮겨 가면서 예고되었다. 기술적, 과학적 능력으로 표현되기는 했지만, 본질적으로 그 문제는 국제 질서에 관한 것이다. 다시 말하면 국제 사회가 교묘한 형태의 거부나 전 세계 핵 확산 방지 체계의 침투 가능성, 세계에서 가장 불안한 지역에서의 핵무기 경쟁 가능성을 막기 위해 자신들의 요구를 강제할 수 있는가의 문제이다.

전통적인 세력 균형은 군사적, 산업적 능력을 강조했다. 그 세력 균형의 변화는 점진적으로만 이루어지거나 정복에 의해서만 이루어질 수 있었다. 현대의 세력 균형은 한 사회의 과학적 발전 수준을 반영하고, 전적으로 한 국가의 영토 내에서 이루어진 발전에 의해 극적으로 위협받을 수 있다. 어떠한 정복도 미국의 핵 독점이 깨진 1949년의 사건만큼 소련의 군사력을 증대시키지는 못했을 것이다. 이와 비슷하게 탑재 가능한 핵무기 확산은 지역 균형과 세계 질서에 극적인 영향을 미치고 사태를 악화시키는 연쇄적인 대응을 일으킬 것이 분명하다.

냉전 시대의 미국 정부는 핵 억제력 계산에 몰두하면서 국제 전략을 구상해야만 했다. 핵전쟁이 발생하면 문명 생활이 위협받을 수 있을 정도로 사상자가 발생한다는 것을 알았기 때문이다. 그들은 세계가 무자비한 전체주의의 수중에 넘어가지 않으려면 적어도 어느 정도까지는 위험을 감수하겠다는 의향을 보여 주는 것이 중요하다는 생각 때문에도 괴로워했다. 핵 억제력은 핵무기 보유 국가가 미국과 소련뿐이었기 때문에 이러한 유사한 악몽에도 불구하고 유지되었다. 양측은 핵무기를 사용하면 자신들에게 닥칠 위험에 대해 비슷한 평가를 내렸다. 하지만 핵무기 보유 국가가 점점 더 늘어나면서 억제력 계산은 그 생명력이나 신뢰도가 점점 떨어지고 있다. 핵무기가 널리 확산된 세계에서는 누가 누구를 억제하고 있고 어떤 계산에 의해 억제하고 있는지 결정하기가 점점 더 어려워진다.

사실 매우 불확실한 판단이기는 하지만 핵무기를 확산시키는 국가들이 서로를 향해 적대 행위를 개시하는 문제에 대해 기존 국가들과 동일한 생존 계산을 한다고 추정하더라도, 신생 핵 국가들은 몇 가지 면에서 국제 질서를 약화시킬 수 있다. 핵무기고를 지키고 설치하는 일(과 선진 핵 국가들이 보유한 정교한 경고 체계를 구축하는 일)이 복잡하기 때문에 기습 공격에 대한 동기가 생기면 선점의 위험이 커질 수 있다. 그리고 핵무기는 비국가 활동 세력의 공격 행위에 대한 보복을 억제하는 방어막으로도 이용할 수 있다. 핵무기 보유국들은 자국에서의 핵전쟁도 무시할 수 없다. 마지막으로 신생 핵 국가가 불량 국가의 공식적인 기준을 충족시키지 않더라도 북한, 리비아, 이란에 기술을 지원한 파키스탄의 '은밀한' 확산 네트워크는 핵무기 확산이 세계 질서에 미친 엄청난 영향을 증명해 준다.

배치할 수 있는 핵무기 능력을 확보하려면 세 가지 장애물을 극복해야 한다. 먼저 운반 시스템을 확보해야 하고, 두 번째는 핵분열 물질을 생산해야 하고, 세 번째는 탄두를 만들 수 있어야 한다. 운반 시스템은 프랑스, 러시아에 상당히 공개된 시장이 존재하고, 중국에도 어느 정도까지는 존재한다. 운반 시스템에는 우선적으로 재원이 필요하다. 이란은 이미 핵심적인 운반 시스템을 확보해 놓은 상태로 재량에 따라 이 시스템을 증대할 수 있다. 탄두 제조법에 대한 정보는 소수만 알 수 있거나 알아내기 어려운 게 아니며, 제조된 탄두도 비교적 숨기기가 용이하다. 핵무기 능력의 등장을 막는 최선의 방법이자 유일해 보이는 방법은 우라늄 농축 과정을 금지하는 것이다. 이 과정에서 없어서는 안 될 부분은 농축된 우라늄을 생산하는 원심분리기 장치이다. (플루토늄 농축[23] 또한 막아야 하며 이 문제도 협상 대상이다.)

미국을 비롯한 유엔 상임이사국들은 미국의 민주, 공화당 두 행정부를 통해 10년이 넘는 기간 동안 이란의 핵 능력 증대 방지를 위해 협상해 오고 있다. 2006년 이후 결의된 여섯 차례의 유엔 안보리 결의안은 이란의 핵 농축 프로그램 중단을 주장해 왔다. 공화당과 민주당 출신의 미국 대통령 3명과 모든 유엔 안보리 상임이사국(중국과 러시아가 포함된)과 독일, 다수의 국제원자력기구(International Atomic Energy Agency, IAEA) 보고서 및 결의안들은 이란 핵무기를 용납할 수 없다고 선언하면서 이란이 핵 농축 과정을 무조건적으로 중단해야 한다고 요구해 왔다. 적어도 두 미국 대통령의 표현에 따르면 그 목적을 위해서라면 어떠한 선택권도 "논의 대상이 될 수" 없었다.

지금까지의 기록을 보면 서양의 입장이 계속해서 누그러지는 가운데 이란의 핵 능력이 꾸준히 높아지고 있음을 알 수 있다. 이란이 유엔 결의안을 무시하고 원심분리기를 설치하자, 서방 세계는 점점 더 관대한 제안을 연달아 제시했다. 2004년에 이란이 우라늄 농축을 영원히 종료해야 한다고 주장하던 서방 세계는 이듬해 농도 20% 이하의 저농축 우라늄은 계속 생산해도 된다고 허용했다. 그리고 2009년에는 프랑스와 러시아가 20% 농축 우라늄 연료봉으로 전환할 수 있도록 다량의 저농축 우라늄을 국외로 보내라고 제안했다. 또한 2013년에는 더 많은 농축 우라늄을 생산할 수 있는 이란의 포르도 원심분리기 가동을 중단하는 대신 연구용 원자로 가동에 필요한 20% 농축 우라늄을 충분히 보유할 수 있게 허용하겠다고 제안했다. 한때는 숨겨진 장소였던 포르도 시설이 발각되자, 서방 세계는 완전 폐쇄를 요구해 왔다. 이제 서방 세계는 재가동을 어렵게 만드는 보호 장치를 갖추고 가동 중단을 제안하고 있다. 2006년에 P5+1이 처음으로 결성되어 국제 사회의 입장을 조율할 때, 협상가들은 협상이 진척되기 전에 이란이 연료 사이클 사업을 중단해야 한다고 주장했다. 하지만 2009년에 이 조건은 유야무야되었다. 이러한 결과를 마주한 이란은 어떠한 제안도 최종적인 것으로 간주할 동기를 전혀 느끼지 못했다. 단계마다 이란은 아주 교묘하고 대담하게 세계 주요 열강들보다 해결책에 관심이 덜 한 척하면서 새로운 양보를 유도했다.

2003년에 협상을 시작했을 때 이란에는 130개의 원심분리기가 있었다. 이 책을 쓰고 있는 지금 이란에는 대략 1만 9000개가 배치되어 있다.(절반만 사용 중이지만) 협상을 시작했을 당시 이란은 핵분열 물질을 생산할 수 없었다. 하지만 2013년 11월에 이루어진 잠정 합의안에서 이란은 7톤의 저농축 우라늄을 보유하고 있다고 인정했다. 7톤의 저농축 우라늄은 이란이 갖고 있는 다수의 원심분리기와 함께 몇 개월 만에 무기를 만들 수 있는 물질로 바뀔 수 있다.(히로시마에 투하된 원자폭탄 7~10개를 만들기에 충분하다.) 잠정 협의안에서 이란은 20% 농축 우라늄 중 절반가량을 포기하겠다고 약속했지만, 우회적인 방법을 통해서였다. 이란은 20% 농축 우라늄을 원래의 상태로 쉽게 되돌아갈 수 있는 형태로 바꾸겠다고 약속했고, 그렇게 할 방법을 알고 있었다. 하지만 어떤 경우든 이란이 다수의 원심분리기를 갖고 있는 상태라 20% 단계는 크게 중요하지 않다. 5%까지 농축된 우라늄(협상의 성과물이라고 주장되는 한계점)을 몇 달 만에 무기를 만들 수 있는 수준으로 농축할 수 있기 때문이다.

양측 협상가들의 태도는 세계 질서에 대한 서로 다른 인식을 반영했다. 이란 협상가들은 상대 협상가들에게 이란 핵 시설이 공격당할 위험이 있더라도 자신들의 길을 계속 추구하겠다고 전달했다. 서방 협상가들은 이란에 대한 군사 공격의 결과가 이란의 핵 능력 증대 위험을 떨어뜨린다고 확신했다. (그리고 평화와 외교에 대한 자신들의 헌신을 강조하면서 주기적으로 이 확신을 언급했다.) 그들의 계산은 전문가들의 주문, 즉 모든 교착 상태는 새로운 제안으로 타개해야 한다는 생각에 의해 강화되었다. 그들은 새로운 제안으로 돌파구를 찾아야 할 책임이 있는 사람들이었다. 서방 세계에게 중요한 문제는 외교적인 해결책을 찾을 수 있는지, 혹은 군사적 조치가 필요한지였다. 이란에서 핵 문제는 지역 질서와 이념적 우위를 놓고 벌이는 일반적인 투쟁의 일면으로 취급되었다. 그 투쟁은 군사적, 준군사적 작전, 외교술, 공식적인 협상, 선전, 정치적 전복 등 전쟁과 평화로 이어지는 여러 가지 방법들을 유동적으로, 그리고 서로의 영향력을 강화시켜 주도록 결합함으로써 다양한 분야와 영토에서 치러질 것이었다. 이러한 상황에서 추구하는 합의안은 테헤란이 적어도 제재를 중단시킬 정도로만 갈등을 완화하는 전략을 모색하면서 나중에 무기 프로그램을 추진할 수 있도록 실질적인 핵 기간 시설과 최대한의 행동의 자유를 지켜 낼 것이라는 전망과 씨름해야 할 것이다.

그 협상 과정의 결과물은 2013년 11월에 체결된 잠정 합의안이었다.[24] 이 합의안에서 이란은 유엔 안보리의 요구를 거절했다는 이유로 받은 국제 제재 중 일부를 해제받는 대신 농축 작업을 제한적이고 일시적으로 중단하는 데 동의했다. 그러나 잠정 합의안이 적용되는 6개월 동안은 농축 작업을 계속하도록 허용했기 때문에 더욱 포괄적인 규제를 실행하는 방안뿐 아니라 농축 작업을 계속하는 방안도 전체적인 합의안을 마무리 짓는 마감 시한과 합쳐질 것이었다. 이로 인해 이란의 농축 프로그램을 사실상 인정하는 결과가 발생했고, 그 규모만 정해지지 않은(서방측만) 상태이다.

영구적인 합의안을 위한 협상은 이 책을 쓰고 있는 지금도 진행 중이다. 합의 조건도, 합의를 통해 얻을 게 있는지도 아직까지 알려진 게 없지만 중동 지역의 여러 문제들과 마찬가지로 합의 조건이 '레드 라인'(협상 시 한쪽 당사자가 양보하지 않으려는 쟁점이나 요구 — 옮긴이)에 관한 것이 될 것은 분명하다. (P5+1을 통해 활동하는) 서방 협상가들은 유엔 결의안과 마찬가지로 그 레드 라인이 농축 능력이어야 한다고 주장할 것인가? 이는 만만치 않은 일이다. 이란은 민간 핵 프로그램 운용에 필요한 수준으로 원심분리기를 줄이면서 그 나머지는 파괴하거나 사용하지 말아야 할 것이다. 실제로 (이란의) 군사 핵 프로그램을 포기시킬 수 있는 결과는 양측이 현재 중동 지역을 위협하고 있는 수니파와 시아파의 호전적인 극단주의 물결을 잠재우기로 노력하는 데 합의하는 경우와 연계하면 이란과 서방 세계의 관계에 근본적인 변화를 가져올 수 있다.

이란 최고 지도자는 물론 이란 고위급 관료들 다수가 이란이 이미 보유하고 있는 능력을 포기하지 않을 거라고 반복해서 선언한다는 사실을 고려해 보면, 이란은 탄두 생산 쪽으로 레드 라인을 옮기거나 군사 핵 프로그램에 대비하여 상당한 여유를 확보할 수 있는 수준만큼 원심분리기 수를 줄이는 쪽을 강조하는 듯하다. 그러한 계획하에 이란은 핵무기 생산에 반대한다고 알려진 이란 최고 지도자의 파트와(한 번도 발표된 적이 없고 이란 권력 구조에 속하지 않은 사람은 본 적도 없는 판결)를 국제 합의안에 소중히 간직할 것이다. 이란은 P5+1에게 핵무기를 만들지 않을 뿐 아니라 준수 여부를 지켜볼 수 있는 사찰 권한까지 부여하겠다고 약속할 것이다. 그러한 약속의 실효성은 이란이 그 합의안을 폐지하거나 어긴 이후 무기를 만드는 데 시간이 얼마나 걸릴지에 좌우될 것이다. 이란이 국제 사찰을 받는 중에도 비밀리에 농축 공장을 두 곳이나 건설했다는 사실을 고려하면, 합의안 위반 가능성에 대한 평가를 내릴 때 알려지지 않은 위반 사항이 존재할 가능성도 고려해야 할 것이다. 합의안은 이란을 '사실상의' 핵 보유 국가로 남겨서는 안 된다. 다시 말하면 이웃하는 비핵무기 보유국이 필적할 수 있거나 핵무기 보유 국가가 확실하게 막을 수 있는 수준보다 더 짧은 시간 안에 군사적인 핵 보유국이 되지 않게 해야 한다.

이란은 중동의 국가 체계를 약화시키고 그 지역에서 서양 세력을 내쫓으려는 목표를 위해 뛰어난 기술과 일관성을 이용했다. 이란이 가까운 시일 내에 핵무기를 만들어 실험할지, 아니면 선택을 내릴 수 있는 몇 개월 동안 그럴 능력을 '단지' 갖고만 있을지 관계없이, 지역 질서와 세계 질서에 미칠 영향은 비슷할 것이다. 사실상의 핵무기 능력을 갖춘 단계에서 멈춘다고 해도 이란은 지금껏 어떠한 국가에게도 부과되지 않은 가장 포괄적인 국제 제재에 굴하지 않고 이 수준까지 도달한 국가로 간주될 것이다. 터키나 이집트, 사우디아라비아 같은 이란의 전략 지정학적 경쟁국들은 이란의 핵 능력에 필적하기 위해 자체적인 핵 프로그램을 개발하거나 구입하고픈 생각을 떨쳐내기 힘들 것이다. 이스라엘이 선제공격을 가할 위험은 크게 높아질 것이다. 핵무기 능력을 키우면서 제재를 견뎌 낸 이란으로서는 신망은 물론 위협적인 새로운 힘을 얻을 것이고, 재래식 무기나 핵전쟁에서 비핵무기를 함께 사용하는 능력 또한 높아질 것이다.

핵 협상 과정에서 미국과 이란 관계에 대한 새로운 접근법이 등장하여 역사적으로 오래된 서방의 입장을 포기하더라도 보상받을 수 있다는 주장이 제기되어 왔다. 미국의 대(對)중국 관계가 이 효과에 자주 인용된다. 미국과 중국의 관계가 1970년대에 비교적 짧은 기간 동안 적대적인 관계에서 서로를 인정하고 심지어는 협력하는 관계로 옮아 갔기 때문이다. 이란이 미국의 친선과 전략적 협력을 얻는 대신 사실상의 핵무기 프로그램을 외교적으로 사용하기를 자제할 준비가 되어 있다는 얘기가 가끔 들리기도 한다.

하지만 이러한 비교는 적절하지 않다. 중국은 10년 동안 소련과의 상호 적대감이 커지고 내부적으로도 혼란을 겪은 뒤에 북쪽 국경선에서 소련의 42개 사단을 마주하고 있었다. 따라서 중국은 단단하게 기반을 다질 수 있는 다른 국제 체계를 찾아야 할 충분한 이유가 있었다. 이란과 서방 세계의 관계에서는 그러한 동기가 뚜렷하게 나타나지 않는다. 지난 10년 동안 이란은 자신들의 가장 중요한 적수에 해당하는 아프가니스탄의 탈레반 정권과 이라크의 사담 후세인 정권이 아이러니컬하게도 미국의 조치에 의해 사라지는 모습을 목격했다. 그 덕에 이란은 레바논, 시리아, 이라크에서 자신들의 영향력과 군사적 역할을 심화시켰다. 지역 영향력에도 2009년의 친 민주주의 봉기 이후 국내의 적대 세력을 빠르고 성공적으로 진압한 이란과는 달리 이란의 주요 경쟁국들인 이집트와 사우디아라비아는 국내 문제에 발목이 잡힌 상태이다. 이란 지도자들은 실질적으로 중요한 정책상의 변화에 전념하지 않고도 국제적으로 훌륭한 인물로 환영받아 왔고, 투자 기회를 얻으려는 서양 기업들은 제재가 풀리지 않았는데도 이란 지도자들의 환심을 사려고 애써 왔다. 아이러니컬하게도 이란 국경선을 따라 등장한 수니파 지하드 운동으로 인해 이란에 대해 다시 생각할 수 있는 기회가 생길 수도 있다. 그러나 이란 정부는 현재 전략적 상황이 자신들에게 유리하게 바뀌고 있고 자신들의 혁명 과정이 그 정당성을 인정받았다고 간주할 수도 있다. 이란이 어떤 선택을 내리는가는 미국의 예상이 아니라 이란의 계산이 결정할 것이다.

이 책을 쓰고 있는 지금까지 이란과 서방 세계는 협상의 개념에 서로 다른 의미를 부여해 왔다. 미국과 유럽 협상가들은 핵 협정 체결 가능성에 대해 신중한 낙관론을 갖고 이야기하면서 공개적인 발언을 할 때 유리한 분위기를 조성하기 위해 극도로 자제하는 모습을 보여 준다. 반면 최고 지도자 하메네이는 영원한 종교 투쟁의 일부로 핵 협상 과정을 설명했다. 이 과정에서 협상은 일종의 전투였고 타협은 금지되었다. 잠정 합의안 기간이 6주밖에 남지 않은 2014년 5월에 이란의 최고 지도자는 뒤늦게 핵 협상을 다음과 같이 설명한 것으로 보도되었다.

전투가 계속되고 있음을 강조한 이유는[25] 이슬람 지배층의 주전론 때문이 아니다. 해적으로 가득한 지역을 건너가려면 완벽하게 무장한 다음, 적극적인 태도를 갖추는 동시에 스스로를 지킬 수 있는 능력 또한 갖추어야 한다.

그러한 상황에서 우리로서는 전투를 계속하고 전투에 대한 생각이 이란의 모든 국내외 상황을 지배하도록 놔두는 것 외에는 선택권이 없다. 악당들에게 양보와 항복을 조장하고 이슬람의 기존 체제를 전쟁광이라고 비난하는 사람들은 반역을 저지르고 있는 것이다.

이란의 경제, 과학, 문화, 정책 입안, 입법, 대외 협상 분야에 종사하는 모든 공무원들은 자신들이 이슬람 체제의 존립과 생존을 위해 계속 싸우는 중임을 알아야 한다. (중략) 사탄과 극악무도한 앞잡이가 영원히 존재할 것이기 때문에 지하드는 끝없이 이어질 것이다.

국가에게 역사는 인격이 인간에게 부여하는 역할을 수행한다. 이란의 당당하고 풍부한 역사 속에서 국제 질서에 대한 세 가지 다른 접근법을 구분할 수 있다. 먼저 호메이니 혁명 이전의 국가 정책이 있었다. 국경선을 물샐틈없이 지키고 다른 국가들의 주권을 존중하고 동맹에 참여하려는 의향을 보인, 요컨대 베스트팔렌 원칙에 따라 이란의 국익을 좇는 방식이었다. 제국의 전통 또한 존재한다. 이는 이란을 문명 세계의 중심이라고 생각하고 이란의 힘이 닿는 한 주변 국가들의 자치권을 없애려고 애썼다. 마지막으로 앞서 설명한 지하드의 이란이 존재한다. 이란 고위 관료들의 태도는 이 전통들 중에서 어떤 접근법으로부터 영감을 얻을까? 우리가 근본적인 변화를 가정한다면 그 변화는 무엇 때문에 발생했을까? 갈등은 심리적인 문제인가? 아니면 전략적인 문제인가? 그 갈등은 태도의 변화로 해결될 것인가? 아니면 정책의 수정으로 해결될 것인가? 후자의 경우라면 어떤 정책 수정을 추구해야 하는가? 세계 질서에 대한 미국과 이란의 생각을 조정할 수 있을까? 그게 아니면 오스만 제국 초기에 세력 간의 역학 관계와 대내적 최우선 사항이 달라지면서 지하드의 압박이 사라진 경우처럼 지하드의 압박이 시들해질 때까지 기다려야 할 것인가? 미국과 이란 관계의 미래와 어쩌면 세계 평화까지도 이 의문들에 대한 답이 좌우한다.

원칙적으로 미국은 베스트팔렌 체제의 내정 불간섭 원칙을 기초로 이란을 지정학적 관점에서 이해하고 지역 질서에 대한 양립할 수 있는 개념을 수립할 준비가 되어 있어야 한다. 호메이니 혁명 전까지 이란과 미국은 양당 출신 미국 대통령들의 냉철한 국익 평가를 기초로 한 사실상의 동맹국이었다. 양측 모두 이란과 미국의 국익이 비슷하다고 간주했고 초강대국인 소련이 그 지역을 지배하는 데 반대했다. 양국 모두 지역 정책을 추진하는 과정에서 다른 주권 국가들을 존중하는 원칙들에 의존할 준비가 되어 있었다. 두 국가는 그 지역 경제 발전이 광범위하게 진행되지 않았는데도 경제 발전에 찬성했다. 미국의 관점에서 보면 그러한 관계를 다시 수립할 이유가 충분하다. 이란과 미국 간의 갈등은 이란 정부가 미국의 이해관계와 국제 질서에 대한 시각을 직접적으로 공격했을 뿐 아니라 지하드 원칙과 혁명의 수사학을 채택했기 때문에 발생했다.

이란이 자신들의 복잡한 유산을 어떻게 통합하는가는 주로 국내의 역학 관계에 의해 결정할 것이다. 문화적, 정치적으로 그토록 복잡한 국가의 역학 관계는 외부 관찰자 입장에서 예측하기 힘들고, 대외적인 위협이나 감언에 직접적인 영향을 받지 않는다. 그러나 이란이 외부 세계에 어떤 얼굴을 보여 주든 관계없이 이란이 선택을 내려야 하는 현실은 바뀌지 않는다. 이란은 자신들이 하나의 국가인지 대의명분인지를 결정해야 한다. 미국은 협력적인 방향을 택할 여지를 두고 그 방향을 촉진해야 한다. 그런데 서방 협상가들의 교묘한 계획과 결단력은 이러한 발전 과정에 필요한 요소지만, 발전을 보장하기에 충분하지는 않을 것이다. 이란이 헤즈볼라 같은 집단을 더 이상 지지하지 않는 것이 건설적인 양자 관계를 다시 수립하는 데 중요하고도 필요한 단계가 될 것이다. 이란이 자국 국경선을 따라 발생하는 혼란 사태를 위협으로 해석할지, 천 년 동안 품은 소망을 성취할 기회로 해석할지가 시험대가 될 것이다.

미국은 자신들이 연루된 그 과정에 대해 전략적인 관점을 수립해야 한다. 중동 지역에서 미국의 역할이 축소되었다고 설명하는 행정부 대변인들은[26] (어쩌면 이스라엘을 포함하여) 수니파 국가들과 이란이 세력 균형을 이루는 상황을 설명해 왔다. 그러한 균형 상태가 발생할 수 있다고 해도 그 상태는 미국의 적극적인 대외 정책에 의해서만 유지될 수 있을 것이다. 세력 균형은 결코 정지된 상태가 아니기 때문이다. 균형을 이루는 요소는 늘 유동적이다. 미국은 예측할 수 있는 미래에 균형을 유지하는 국가로서 필요할 것이다. 균형을 유지하는 국가의 역할은 서로 경합을 이루는 세력들끼리 가깝기보다는 미국이 각각의 세력과 더 가깝고 극단적인 세력의 한쪽 전략에 동의하지 않으면서 제자리를 지키는 경우에 가장 잘 수행할 수 있다. 미국이 본인들의 전략적 목적을 추구한다면, 이란이 혁명주의 이슬람의 길을 추구할지, 아니면 베스트팔렌 국가 체계에 정당하게 그리고 중요한 세력으로서 자리 잡은 위대한 국가로서의 길을 추구할지 결정하는 데 중요한 요인으로, 어쩌면 가장 중요한 요인으로 작용할 수 있다. 그러나 미국은 철수할 때가 아니라 이란 문제에 관여하는 경우에만 그 역할을 이행할 수 있다.

비전과 현실

최근 여러 해 동안 중동 지역의 평화는 이란 핵무기라는 고도로 기술적인 주제에 집중되어 왔다. 핵무기 등장을 막아야 하는 의무 주변에는 지름길이 없다. 그러나 용기와 비전이 아주 다루기 힘들어 보이던 중동 지역의 다른 위기들에 새로운 차원을 부여한 시기를 기억하면 좋을 것이다.

1967년부터 1973년 사이에 아랍과 이스라엘 간에 두 차례 전쟁이 벌어지면서 미국은 두 차례 경계 태세에 돌입했다. 시리아가 요르단을 침략하고 교전 지역에서 미군의 대규모 공수 작전이 진행되고 항공기 공중 납치가 여러 차례 발생했다. 아랍 국가들은 대부분 이 기간 동안 미국과 외교 관계를 단절했다. 그러나 그 힘든 시기 뒤에 이어진 평화 협상 과정으로 이집트와 이스라엘 간에 세 차례 조약이 체결되었고,(결국 1979년에 평화 조약이 체결되었다.)1974년에는 시리아와 이스라엘이 분리 협정을 맺었다. (이 협정은 시리아 내전에도 불구하고 40년 동안 지속되었다.) 그리고 1991년에는 마드리드 중동평화회담에서 평화 협상 과정이 재개되었고, 1993년에는 PLO와 이스라엘 간에 오슬로 평화 협정이, 1994년에는 요르단과 이스라엘 간에 평화 조약이 체결되었다.

이 목표들은 세 가지 조건이 충족된 덕에 달성되었다. 첫 번째 조건은 미국의 적극적인 정책이고, 두 번째는 폭력으로 보편주의 원칙을 강요하여 지역 질서를 구축하려는 계획을 저지했다는 사실, 세 번째는 평화의 비전을 지닌 지도자들의 등장이었다.

내가 경험한 두 사건은 그 비전을 상징한다. 1981년 사다트 대통령은 그의 마지막 워싱턴 방문길에 나와 만난 자리에서 이듬해 봄에 이집트를 방문해 달라고 요청했다. 이스라엘의 시나이 반도 반환을 축하하는 기념 행사에 참석해달라는 얘기였다. 그는 잠시 멈칫하더니 다시 이렇게 말했다. "기념 행사에는 오지 마십시오. 이스라엘에게는 너무 가슴 아픈 일일 테니까요. 6개월 뒤에 오십시오. 우리 함께 시나이 산 정상까지 자동차로 올라갑시다. 나는 평화의 필요성을 상징하기 위해 그곳에 회교 사원과 교회, 유대교 회당을 지을 생각입니다."

이스라엘군 참모총장을 지낸 이츠하크 라빈은 이스라엘과 이집트가 처음 정치 협상을 벌이던 1975년과 현 외무부 장관인 시몬 페레스가 국방부 장관으로서 그와 함께 요르단과 평화 협정을 협상하던 1994년에 총리직을 수행하고 있었다. 이스라엘과 요르단의 평화 협정 체결에 즈음하여 라빈은 1994년 7월에 후세인 요르단 국왕이 함께 참석한 미국 양원합동회의에서 다음과 같이 연설했다.

오늘 우리는 사망자도 부상자도 피도 고통도 없는 전투를 시작했습니다.[27] 이 전투, 즉 평화의 전투는 즐겁게 벌일 수 있는 유일한 전투입니다. (중략)

성서에서는 다양한 관용구를 통해 평화가 237번 언급됩니다. 우리의 가치와 힘의 원천인 예레미야서에는 라헬을 애통해하는 글이 나옵니다.

"소리 내어 울지 말라. 그리고 눈물을 흘리지 말라. 그들의 노력이 보상받을 것이기 때문이다 라고 주님께서 말하신다."

나는 사라진 사람들을 위해 울지 않을 것입니다. 그러나 이 여름 날 고향에서 멀리 떨어진 여기 워싱턴에서 우리는 선지자가 예언했듯이 우리의 노력이 보상받을 것임을 느끼고 있습니다.

사다트와 라빈 모두 암살당했다. 그러나 그들의 업적과 영감은 결코 꺼지지 않는다.

다시 한 번 폭력적인 위협의 정책들이 세계 질서에 대한 희망에 도전을 제기한다. 그러나 그 정책들을 저지하면, 방금 전 이야기한 대로 비전이 현실을 극복하면서 비약적 전진을 이룬 그 비슷한 순간이 올 수도 있다.

5

아시아의 다양성

아시아와 유럽: 세력 균형의 다른 개념

'아시아'라는 말은 이질적인 국가들로 이루어진 한 지역이기 때문에 기만적인 일관성을 지닌다. 근대 서구 열강들이 출현하기 전까지[1] 어떤 아시아 언어에도 '아시아'라는 단어는 없었다. 현재 50개국에 가까운 아시아의 주권 국가들 중에서 자신들이 단일한 '대륙'에 살고 있다거나 다른 모든 민족들과의 연대감이 필요한 지역에 살고 있다고 생각하는 민족은 하나도 없다. 아시아는 '동양'으로서 '서양'에 대등하게 위치한 적이 결코 없었다. 공통된 종교도 없었고, 서양 기독교처럼 여러 지류로 갈라진 종교조차 없었다. 불교, 힌두교, 이슬람교, 기독교 모두 아시아의 여러 지역에서 번창한다. 그리고 로마 제국에 대한 기억과 비교할 만한 공통 제국에 대한 기억도 존재하지 않는다. 북동아시아, 동아시아, 동남아시아, 남아시아, 중앙아시아 전역에 뚜렷하게 나타나는 인종적, 언어적, 종교적, 사회적, 문화적 차이는 근대사의 여러 전쟁에 의해 종종 비참할 정도로 더욱 깊어졌다.

아시아의 정치, 경제 지도는 그 지역의 복잡한 색상을 제대로 보여 준다. 아시아에는 일본, 한국, 싱가포르처럼 경제나 생활 수준이 유럽에 필적할 만한 산업적, 기술적으로 발전한 국가들이 포함되어 있다. 그리고 대륙만큼 큰 중국, 인도, 러시아가 있고, 주요 해로의 양쪽에 자리 잡은 수천 개의 섬으로 이루어진 필리핀과 인도네시아라는 두 군도 국가가 있다. 그리고 인구가 프랑스나 이탈리아 수준인 태국, 베트남, 미얀마 같은 아주 오래된 국가들도 있다. 또한 유럽인의 후손이 주로 살고 있는 거대한 호주와 목가적인 뉴질랜드도 있고, 핵무기 프로그램을 제외하고는 산업과 기술을 잃어버린 스탈린주의적 세습 독재 국가 북한도 있다. 이슬람교도가 대다수를 차지하는 인구 집단이 중앙아시아, 아프가니스탄, 파키스탄, 방글라데시, 말레이시아, 인도네시아에 퍼져 있고, 인도, 중국, 미얀마, 태국, 필리핀에도 이슬람 소수 집단이 다수 거주하고 있다.

19세기와 20세기 전반기까지의 세계 질서는 유럽의 세계 질서였다. 주요한 유럽 국가들 간의 대략적인 세력 균형을 유지하기 위해 구상된 세계 질서였다. 유럽 국가들은 유럽 대륙 밖에서 식민지를 건설하고 다양하게 각색한 문명화라는 사명하에 자신들의 행위를 정당화했다. 아시아 국가들의 부와 세력, 자신감이 커져 가고 있는 21세기의 관점에서 보면 식민주의가 그러한 힘을 얻거나 식민 제도가 국제 사회의 정상적인 메커니즘으로 취급될 것 같지는 않다. 물질적인 요인만으로는 식민주의를 설명할 수 없다. 사명감과 무형의 심리적인 추진력도 한몫했기 때문이다.

20세기 초부터 등장한 식민 열강들의 인쇄물과 논문들은 놀라울 정도의 오만함을 드러낸다. 자신들의 좌우명에 따르면 그들은 세계 질서를 만들 자격이 있다는 취지였다. 중국이나 인도에 대한 보고서는 전통적인 문화를 더 높은 수준의 문명으로 교육시켜야 한다는 유럽의 임무를 거들먹거리며 규정했다. 유럽의 관리자들은 비교적 적은 수의 참모들과 함께 아주 오래된 국가들의 국경선에 손을 댔다. 그들은 이것이 비정상적이고 환영받지 못하는 불법적인 사건의 전개일 수 있음을 염두에 두지 않았다.

15세기에 이른바 근대가 시작될 때, 영토적으로 분리되어 있고 싸우기 좋아하며 자신감 넘치는 서방 세계는 지구를 답사하다가 우연히 찾아낸 육지를 이용하고 착취하며 '문명화'하기 위해 닻을 올렸다. 서방 세계는 그 과정에서 마주친 민족들에게 서양의 역사적 경험이 형성한 종교, 과학, 상업, 통치, 외교에 관한 관점을 심어 주었다. 그것이 인간이 이룬 최후의 업적이라고 생각했기 때문이다.

서방 세계는 탐욕과 자문화 중심주의, 영광에 대한 욕망 같은 식민주의의 낯익은 특징들과 함께 세력을 확대했다. 그러나 서방 세계의 더욱 우수한 집단들이 회의론과 민주주의를 포함한 정치적, 외교적 관습을 권장하는 지적인 방법으로 전 세계를 앞장서서 교육시키려 한 것도 사실이다. 서방 세계는 식민화된 민족들이 장기간의 예속 기간을 지낸 뒤 결국 자결권을 요구하고 성취할 수 있도록 보장해 준 셈이었다. 팽창주의적 열강들, 그중에서도 특히 영국은 가장 잔인하게 약탈 행위를 벌이는 와중에서도 피정복 민족들이 어느 시점이 되면 공동의 글로벌 체계의 결과물에 참여하기 시작할 것이라는 비전을 제시했다. 결국 노예제라는 이기적인 관습을 포기한 서방 세계는 노예 소유를 허용하는 다른 어떤 문명도 이루지 못한 결과를 얻어 냈다. 즉 공통의 인간성과 개개인에 내재한 존엄성에 대한 확신을 바탕으로 전 세계적인 노예 폐지 운동을 일으켰다. 영국은 그 야비한 노예 거래를 용인한 자신들의 과거를 거부하면서 인간의 존엄성에 대한 새로운 규범을 시행하는 데 앞장섰다. 영국은 영국 제국 내에서 노예제를 폐지하고 공해상에서 노예를 매매하는 선박을 금지했다. 오만한 행동, 기술적인 역량, 이상주의적 인도주의, 혁명적 지적 흥분이 독특하게 결합된 모습이야말로 근대 세계를 구성한 요인들 중의 하나로 판명되었다.

일본을 제외하고 아시아는 식민주의에 참여하는 행위자가 아니라 식민주의가 시행한 국제 질서의 희생자였다. 태국은 독립을 유지했지만, 일본과는 달리 너무 힘이 약한 탓에 지역 질서 체계로서 세력 균형에 참여하지 못했다. 중국은 그 크기로 인해 중국 전체가 식민화되지는 않았지만 핵심적인 국정에 대한 통제권을 상실했다. 제2차 세계대전이 끝날 때까지 아시아 지역은 대부분 유럽 열강의 부속물로서, 필리핀은 미국의 부속물로서 정책을 이끌어 갔다. 베스트팔렌 스타일의 외교 환경은 두 세계대전에 의해 유럽 질서가 무너지면서 탈식민지화가 이루어진 이후에야 등장하기 시작했다.

주된 지역 질서로부터 해방되는 과정은 폭력적이고 유혈이 낭자했다. 중국 내전(1927~1949), 한국 전쟁(1950~1953), 중소 대립(1955~1980), 동남아시아 전역의 혁명 게릴라 반란, 베트남 전쟁(1961~1975), 네 차례의 인도 파키스탄 전쟁(1947, 1965, 1971, 1999), 중국 베트남 전쟁(1979), 집단 학살을 자행한 크메르 루주의 약탈(1975~1979) 등이 발생했다.

수십 년 동안 전쟁과 혁명의 소용돌이를 겪은 뒤 아시아는 극적으로 달라졌다. 홍콩, 한국, 싱가포르, 대만, 태국 등 1970년부터 두드러진 '아시아 호랑이들'의 성장세로 번영과 경제적 활력이 눈에 띄었다. 일본은 민주제도를 채택하여 서양 국가들의 경제에 필적하거나 때로는 능가하는 경제 성장을 이룩했다. 1979년 방향을 바꾼 중국은 덩샤오핑 체제하

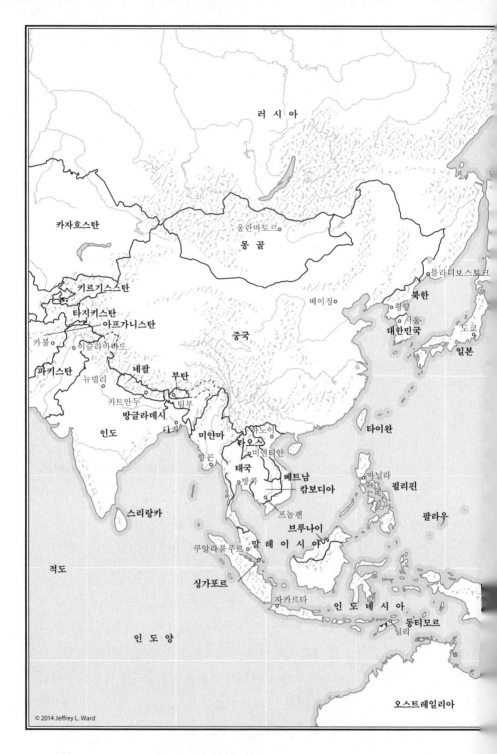

러 시 아

카자흐스탄

울란바토르°

몽 골

블라디보스토크

키르기스스탄

타지키스탄

아프가니스탄

카불°

°이슬라마바드

파키스탄

뉴델리

네팔

부탄

카트만두

팀부

방글라데시

인도

다카

미얀마

양곤

북한

°평양

°서울

대한민국

도쿄

일본

베이징°

중국

타이완

하노이

라오스

°비엔티안

태국

°방콕

베트남

캄보디아

마닐라°

필리핀

프놈펜

스리랑카

브루나이

팔라우

쿠알라룸푸르

말 레 이 시 아

적도

싱가포르

자카르타

인 도 네 시 아

동티모르

딜리

인 도 양

오스트레일리아

202

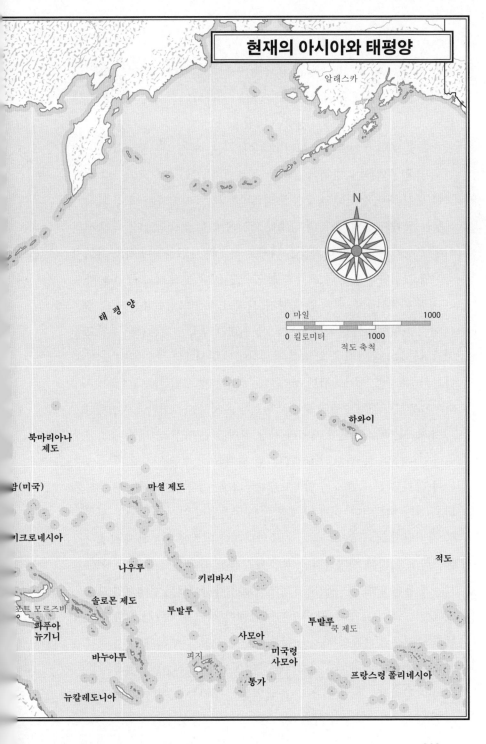

알래스카

N

태 평 양

0 마일   1000
0 킬로미터   1000
적도 축척

하와이

북마리아나
제도

괌(미국)

마셜 제도

미크로네시아

적도

나우루

키리바시

솔로몬 제도

투발루

포트 모르즈비

투발루

파푸아
뉴기니

쿡 제도

사모아

바누아투

피지

미국령
사모아

프랑스령 폴리네시아

통가

뉴칼레도니아

에서 이념을 따지지 않는 외교 정책과 경제 개혁 정책을 선언했다. 그러한 방침은 덩샤오핑 후임자들 치하에서도 계속되고 가속화되어 중국 본토와 세계에 지대한 변혁적 영향을 미쳤다.

이러한 변화가 전개됨에 따라 아시아에서는 베스트팔렌 원칙을 전제한 국익 위주의 외교 정책이 승리한 듯 보였다. 거의 모든 국가들이 호전적인 도전 세력에 의해 정당성을 위협받는 중동 지역과는 달리, 아시아에서는 국가가 국제 및 국내 정치의 기본 단위로 취급되었다. 식민 시대 이후에 생겨난 다양한 국가들은 대체로 서로의 주권을 인정하고 서로의 국정에 간섭하지 않겠다고 약속했다. 그들은 국제 조직의 규범을 따르고 지역 내에서 혹은 지역 간에 경제, 사회 조직을 수립했다.

이러한 맥락에서 중국의 고위 군사 관료인 중국 인민해방군 부참모장 치장궈는 2013년 1월 주요 정책 검토서에서 현시대의 주요 과제 중의 하나는 "1648년의 '베스트팔렌 조약'에서 확고하게 수립된 근대적 국제 관계의 기본 원칙"[2], 특히 주권과 평등의 원칙을 유지하는 것이라고 지적했다.

아시아는 베스트팔렌 체제의 가장 의미 있는 유산 중의 하나로 등장했다. 역사적으로 종종 서로 적대적인 관계였던, 오랜 역사를 지닌 민족들이 각자 주권 국가를 수립하고, 각 국가들은 지역별 그룹으로 조직화되고 있기 때문이다. 서방 세계의 많은 국가들이 아시아가 일부 원칙들을 지키면서 국익에 지나치게 치중한다거나 인권을 충분하게 보호하지 않는다고 이의를 제기하지만, 베스트팔렌식 국제 질서 모형의 행동 원리는 중동은 말할 것도 없고 유럽에서보다 아시아에서 현대적인 모습을 더 많이 드러내고 있다. 대다수가 최근에야 식민 통치에서 해방되며 획득한 주권은 절대적인 특징을 갖고 있는 것으로 간주된다. 국가 정책의 목표는 유럽이나 미국의 현대적인 개념에서처럼 국익을 초월하는 것이 아니라 정력적으로, 확신을 갖고 국익을 추구하는 것이다. 모든 정부는 자국 내 관행에 대한 외국의 비난이 지금 막 극복한 식민 보호의 징후로 일축한다. 따라서 미얀마에서 발생한 사건처럼 주변국들의 대내 정책이 지나치다고 인식된 경우에도 그들의 행위는 강제적인 간섭은 말할 것도 없고 공공연한 압력을 가할 사건이 아니라 조용한 외교적 조정이 필요한 사건으로 간주된다.

그와 동시에 아시아에는 암묵적인 위협의 요소가 상존한다. 중국은 명시적으로, 다른 모든 주요 국가들은 암묵적으로, 핵심적인 국익을 추구하기 위한 군사력의 선택을 용인한다. 군사 예산은 증가하고 있다. 남중국해와 동북아시아 수역에서처럼 국가 간의 경쟁 관계는 주로 19세기 유럽의 외교 수단에 의해 지휘되었다. 시간이 지나면서 군사력의 사용을 약하게 규제했지만 군사력이 배제되지는 않았다.

아시아의 전통적인 국제 체계를 구성한 원칙은 주권의 평등성이 아니라 위계질서였다. 힘은 지도상에 표시된 구체적인 국경선이 아니라 통치자와 통치자의 지배력을 인정하는 권위 구조에 대한 복종에 의해 드러났다. 제국들은 더 작은 정치 단위들의 지지를 얻으려고 애쓰면서 교역과 정치적 지배권을 퍼뜨렸다. 두 개 이상의 제국 질서가 교차하는 지점에 존재한 민족들에게는 종종 독립에 이르는 길이 하나 이상의 제국에 명목상 속국으로 등록하는 것이었다. (일부 지역에서는 오늘날에도 기억되어 실행되는 방법이다.)

중국의 모델에 근거하든 인도의 모델에 근거하든, 아시아의 전통적인 외교 체제에서[3] 군주제는 신성함의 표현으로 간주되거나 적어도 일종의 가부장적 권위의 표현으로 간주되었다. 명확한 찬사의 표현은 열등한 국가들이 우월한 국가에게 바쳐야 할 것으로 간주되었다. 이론적으로 이로 인해 지역 권력 관계의 본질에 모호함이 남을 여지는 없었고, 수직적 협력 관계가 연이어 형성되었다. 그러나 현실에서 이러한 원칙들은 놀라울 정도로 창의적이고 유동적으로 적용되었다. 동북아시아의 류큐 왕국은 한동안 일본과 중국 양국에 조공을 바쳤다. 버마 북쪽 구릉지대에 거주하던 부족들은 버마 왕실과 중국 황제에 동시에 충성을 맹세함으로써(그리고 대체로 둘 중 한 곳의 명령을 따르려고 노력하지 않음으로써) 사실상의 자치권을 확보했다. 네팔은 수백 년 동안 중국과 인도의 지배 왕조들 사이에서 능숙하게 균형 잡힌 외교 관계를 유지했다. 그들은 인도를 상대로 네팔의 독립을 보장받기 위해 중국에서는 조공으로 해석했지만 네팔에서는 공평한 교환의 증거로 기록한 서한과 선물을 제공하면서 중국과 특별한 관계를 유지했다. 19세기에 세력을 확장하던 서방 제국들에게 전략적 목표로 주목 받은 태국은 모든 해외 열강들과 동시에 좋은 관계를 맺는 정교한 전략으로 식민화를 막았다. 그들은 중국에는 조공 사절을 보내고 왕실에는 인도계 힌두교 사제들을 계속 고용하는 와중에서도 서로 경합하는 여러 서방 국가들의 고문들을 모두 왕실에 받아 주었다. (태국왕 본인이 신성한 인물로 간주되었다는 사실을 고려하면, 이 균형 전략이 요구한 지적 유연함과 감정적 자제는 더욱더 놀랍다.) 어떠한 지역 질서 개념이든 그것은 외교에 필요한 융통성을 지나치게 억제한다고 간주되었다.

이 미묘하고 다양한 유산을 배경으로 보면 아시아 지도 위에 그려진 베스트팔렌 주권 국가 체계는 지역 현실을 지나치게 단순화한 것이다. 그것은 지도자들이 자신에게 맡겨진 일을 할 때 다양한 열망을 품는다는 사실이나 아시아 외교의 특색을 나타내는 능란한 술책과 위계질서, 외교 의례에 대한 꼼꼼한 주의가 결합된 진정한 모습을 제대로 포착해 내지 못한다. 그것이 아시아 국제 사회의 기본적인 토대이기는 하지만, 아시아에서 국가는 그 어떤 지역보다도 훨씬 더 다양하고 직접적인 일단의 문화적 유산이 채워져 있다. 이는 아시아의 주요 국가인 일본, 인도의 경험에 의해 강조된다.

일본

아시아 역사상 모든 정치적, 문화적 독립체들 중에서 일본은 서양의 침입에 가장 먼저, 가장 단호하게 대응했다. 아시아 대륙 본토에서 가장 가까운 곳이 160킬로미터 정도 거리인 열도 국가 일본은 오랜 시간 동안 고립된 상태에서 자신들만의 전통과 독특한 문화를 발전시켰다. 인종과 언어가 거의 동일하고 일본 민족의 조상이 신임을 강조하는 공식 이념을 지닌 일본은 자신들의 독특한 정체성에 대한 확신을 종교에 가까운 일종의 의무로 바꾸어 놓았다. 독특함에 대한 이러한 의식은 일본이 자신들의 정책을 국가 전략상의 필요성이라는 개념에 적용할 때 매우 유연한 태도를 보여 줄 수 있었다. 1868년으로부터 한 세기도 안 되는 짧은 시기에 일본은 고립된 국가에서 근대적인 서양 국가들에게서 가장 많은 것을 차용한 국가로 변신했다.(군대는 독일로부터, 의회 제도와 해군은 영국으로부터) 제국을 건설하려고 대담하게 시도하다가 평화주의를 채택한 뒤, 다시 새로운 유형의 열강의 자세를 보여 주었을 뿐 아니라 봉건주의에서 탈피하여 서구식 권위주의를 채택했다가 다시 민주주의를 받아들이는 모습을 보여 주었다. 그 과정에서 일본은 세계 질서를 들락거렸다. (처음에는 서양의 세계 질서에, 그다음에는 아시아, 지금은 글로벌) 이 모든 상황을 겪는 내내 일본은 자국의 사명이 다른 사회의 제도나 기법에 적응한다고 해서 결코 희석되지 않는다고 확신했다. 일본의 사명은 성공적인 적응을 통해서만 강화될 터였다.

수백 년 동안 일본은 중국의 종교와 문화로부터 많은 것을 차용하면서 중국 세력권의 가장자리에 있었다. 그러나 중국 문화권에 속한 대다수 사회와는 달리 일본은 차용한 것을 일본의 방식에 맞게 변형시켰고, 결코 그것들을 중국에 대한 위계적인 의무와 합치지 않았다. 일본의 유연한 자세는 가끔 중국 조정에 놀람을 안겨 주었다. 다른 아시아 민족들은 중국의 외교 의례에 따라 중국 황제에게 복종함을 상징하는 조공 제도의 전제와 의례를 받아들이면서 자신들의 거래를 "조공"이라고 불렀다. 대신 중국 시장에 대한 접근권을 얻었다. 그들은 (적어도 중국 왕실과 교환할 때는) 유교식의 국제 질서 개념을 중국이 가부장인 가족적 위계질서로서 존중했다. 일본은 이러한 어휘를 이해할 정도로 지리적으로 가까웠고 대체로 중국의 세계 질서를 지역의 현실로 암묵적으로 받아들였다. 무역이나 문화 교류를 원할 때 일본 사절단은 기존 형식에 가깝도록 예의를 지켰다. 중국 관리들은 그것을 보고 일본이 공동의 위계질서의 일원이 되고 싶어 한다고 해석할 수 있었다. 그러나 일본은 통치자를 언급하는 데 사용하는 유일한 단어나 공식 서한을 전달하는 방식, 공식 문서에 달력 표시 일자를 기입하는 방식처럼 사소한 의례상의 결정에 함축된 지위 단계에 조심스럽게 적응하고 나서도[4], 중국 중심의 조공 제도에서 공식적인 역할을 맡기를 지속적으로 거부했다. 일본은 자신들이 동등하다고, 가끔은 우월하다고 주기적으로 주장하면서 위계적인 중국 세계 질서의 가장자리에서 맴돌았다.

일본 사회와 일본식 세계 질서의 정점에는[5] 일본 황제가 자리 잡고 있었다. 그는 중국 황제처럼 천자(天子)이자 인간과 신의 중개자로 생각되는 인물이었다. 중국 왕실에 보낸 일본의 외교 문서에 끈질기게 등장한 이 칭호는 중국 황제를 인간의 위계질서에서 유일한 정점에 둔 중국식 세계 질서 우주론에 대한 직접적인 도전이었다. 이러한 지위(유럽의 신성 로마 황제가 주장했을 법한 지위 이상의 중요성을 지닌) 외에 일본의 전통적인 정치철학은 일본 황제가 태양의 여신의 후손인 신이라는 또 다른 특징을 가정했다. 그들의 정치철학에 따르면 태양의 여신은 첫 번째 황제를 낳았고 그의 후계자들에게 영원한 통치권을 부여했다. 14세기의 「신권의 정통한 계승에 관한 기록(Records of the Legitimate Succession of the Divine Sovereigns)」에는 다음과 같이 기록되어 있다.

일본은 신성한 국가이다.[6] 일본의 기초를 처음 놓은 사람은 하늘의 조상이었고, 태양의 여신이 영원히 일본을 통치하도록 자손을 남겼다. 이는 우리 국가에만 해당하는 사실로, 외국에서는 이 비슷한 것조차 찾을 수 없다. 이 때문에 일본은 신성한 국가로 불린다.

일본은 섬이기 때문에 국제문제에 참여할지를 놓고 여유롭게 결정할 수 있었다. 수백 년 동안 일본은 내부 경쟁을 통해 군사적 전통을 육성하고 재량에 따라 외국 무역을 허가하면서 아시아 정세의 주변부에 남아 있었다. 16세기 말에 일본은 이웃 국가들이 처음에는 받아들일 수 없다고 일축한 야심을 돌연 드러내며 자국의 역할을 바꾸었다. 그 결과는 아시아의 심각한 군사적 충돌 중의 하나였다. 그 충돌이 지역에 남긴 유산은 지금도 생생한 기억과 논쟁의 주제로 남아 있고, 만약 그 교훈이 주목을 받았더라면 20세기의 한국 전쟁에서 미국의 행동이 달라졌을 수도 있다.

1590년에 경쟁자들을 모두 물리치고 일본을 통일하면서 1세기가 넘는 내란을 종식시킨 무사 도요토미 히데요시는[7] 원대한 비전을 선언했다. 그는 세계 최대 규모의 군대를 육성하여 한반도까지 행진시키고 중국을 정복한 뒤 세상을 제압할 것이라고 선언했다. 그는 "명나라까지 가서 그 나라 백성들이 우리의 관습과 예의범절을 채택하도록 하겠다."는 의도를 알리면서 조선 왕에게 도움을 요청하는 서한을 보냈다. 조선 왕이 이의를 제기하며 그런 일을 하지 말라고 경고하자("중국과 조선 왕국 간의 불가분의 관계와 다른 나라에 침입하는 것은 교양 있고 지적으로 뛰어난 사람들이라면 부끄럽게 생각할 행위라는" 유교 원칙을 지적하면서), 히데요시는 16만 병사와 700여 척의 배를 이끌고 공격을 개시했다. 이 대대적인 병력이 초기 방어력을 압도하면서 처음에는 한반도를 신속하게 진격해 올라갔다. 일본군의 전진은 조선의 이순신 장군이 확고한 해상 저항력을 조직하여 히데요시의 공급선을 괴롭히고 침략군이 해안선을 따라 전투를 벌이도록 유도하면서 주춤했다. 일본군이 목처럼 좁아진 한반도 북부 지역에 가까운 평양(현재 북한 수도)에 도달하자, 자신들의 조공 국가를 무너지게 놔둘 수 없었던 중국이 병력을 보내 개입했다. 총 4만 명에서 10만 명으로 추산된 중국 원정군은 압록강을 건너왔고 서울까지 일본군을 후퇴시켰다. 결론이 나지 않는 협상과 파괴적인 전투가 5년 동안 계속되다가[8] 히데요시가 죽으면서 침략군은 후퇴했고 이전의 상태로 돌아갔다. 역사는 결코 반복되지 않는다고 주장하는 사람들은 히데요시의 침략 계획에 대한 중국의 저항과 거의 400년 뒤인 한국 전쟁 때 미국에 맞선 중국의 공통점을 곰곰이 생각해 봐야 한다.

이 모험이 실패로 끝나자 일본은 진로를 바꿔 쇄국정책에 의존했다. 200년 넘게 지속된 쇄국정책하에서 일본은 어떠한 세계 질서에도 거의 참여하지 않았다. 외교적으로 대등한 관계에서 이루어진[9] 포괄적인 국가 간의 관계는 조선하고만 존재했다. 중국과 일본 양측의 자존심을 만족시켜 주는 조약은 체결되기 힘들었기 때문에 공식적인 중일 관계는 존재하지 않았다. 하지만 중국 상인들은 선별된 장소에서는 활동할 수 있었다.[10] 유럽 국가들과의 대외무역은 일부 지정된 해안 도시로 제한되었다. 1673년까지 네덜란드인을 제외한 모든 외국인들은 추방되었고, 네덜란드인들은 나가사키 항에서 조금 떨어진 인공섬을 벗어날 수 없었다. 1825년까지 서양 해양 열강들에 대한 의심은 일본 막부가 "무슨 수를 써서라도 모든 외국인을 내쫓으라는 칙령"[11]을 공포할 정도로 커졌다. 일본 해안에 다가오는 외국 선박은 필요하다면 무력을 써서라도 쫓아 버려야 한다는 선언이었다.

　그러나 이 모든 것은 또 다른 극적인 변화의 전주곡이었다. 그 극적인 변화 속에서 일본은 결국 세계 질서 속으로 뛰어들었고, 베스트팔렌 원칙을 기초로 한 근대적인 열강이 되었다. 1853년 버지니아 주 노포크에서 파견된 미 해군 함선 네 척이 도쿄 만에 진입하는 행위로 쇄국 포고령을 고의적으로 무시하는 사건이 발생하면서 결정적인 기폭제가 마련되었다. 미국의 함장 매튜 페리 제독은 일본 왕에게 보내는 밀러드 필모어 대통령의 서한을 갖고 있었는데, 페리 제독은 일본 수도에 있는 황제 대리인에게 직접 서한을 전달하겠다고 주장했다. (이는 2세기 동안 지켜진 일본의 법과 외교 의례를 어기는 행동이었다.) 중국만큼이나 외국 무역을 대단하게 생각하지 않던 일본이 미국 대통령 서한에 특별히 고무될 리가 없었다. (필모어 대통령이 자신의 "훌륭한 벗!"이라고 부른) 일본 왕에게 보내려던 서한에 따르면 미국 국민들은 "만약 일본 왕이[12] 그 오래된 법을 수정하여 양국 간의 자유 무역을 허락한다면 양측 모두에게 굉장한 이익이 될 것으로 생각했다." 그때까지만 해도 절대로 바꿀 수 없다고 설명된 기존의 쇄국 법률을 시험 삼아 흔들어 보려 한 필모어 대통령은 사실상의 최후통첩을 상당히 미국적인 실용적 제안서로 바꾸어 전달했다.

　만약 폐하께서 외국 무역을 금지하는 그 오래된 법을 폐지해도 안전하다는 데 만족하지 못한다면, 실험을 해 보기 위해 그 오래된 법을 5년에서 10년 정도 유예할 수도 있습니다. 바라던 만큼 이롭지 않은 것으로 판명나면, 그 법을 다시 회복시킬 수 있습니다. 미국은 종종 해외 국가와의 조약을 몇 년 정도로 제한한 다음, 희망에 따라 그 조약의 갱신 여부를 정합니다.

서한을 받은 일본 측 수신자들은 그것이 자신들의 정치적, 국제적 질서 개념에 대한 도전이라고 생각했다. 그러나 그들은 사회의 본질적인 특성을 유지하면서 수백 년 동안 인간의 노력이 덧없음을 경험하고 깨달은 한 사회의 조심스러운 평정심으로 미국의 도전에 대응했다. 페리의 아주 우수한 화력을 살펴본(일본의 대포와 화기는 2세기 동안 거의 발전하지 못했다. 반면 페리가 일본 해안선에서 시위했듯이, 페리의 함선들은 포탄을 발사할 수 있는 최첨단 총포를 갖추고 있었다.) 일본 지도자들은 '흑선(黑船)'에 대한 직접적인 저항은 헛된 일이라고 결론 내렸다. 그들은 충격을 흡수하고 독립을 유지하는 사회의 단결력에 의존했다. 그리하여 절묘하게 정중한 답장을 준비했다. 그들은 답장에서 미국이 추구하는 변화가 "우리 선조들의 법이 가장 적극적으로 금지하는 것이지만,[13] 우리가 그 오래된 법을 계속해서 고수하는 것은 시대 정신을 오해하는 것처럼 보인다."고 설명했다. 일본 대표자들은 "자신들이 현재 가장 시급한 일에 지배되고 있음"을 인정하면서 미국 선박이 머물 수 있는 새로운 항구를 건설하는 조항을 포함하여 미국의 요구를 대부분 충족시킬 준비가 되어 있다고 페리에게 약속했다.

　서양의 도전을 받은 일본은 1793년에 영국 사절이 중국에 나타났을 때(다음 장에서 다룰 것이다.) 중국이 내린 결론과는 반대되는 결론을 내렸다. 어마어마한 규모의 인구와 영토를 자랑하고 세련된 자국 문화가 결국에는 승리한다고 자신한 중국은 중국 특유의 가치를 기르면서 침입자를 냉담한 무관심으로 물리치는 전통적인 입장을 재확인했다. 외세의 지배를 몰아내려는 목적이기는 했지만, 일본은 구체적인 내용까지 꼼꼼하게 관심을 갖고 물질과 심리적 요인의 균형을 섬세하게 분석하면서 주권, 자유무역, 국제법, 기술, 군사력 같은 서양의 개념들에 기초한 국제 질서에 진입하기 시작했다. 1868년에 새로운 파벌이 "황제를 받들고 야만인들을 내쫓겠다고" 약속하면서 권력을 잡은 이후, 일본은 야만인들의 개념과 기술을 완벽하게 습득하고 베스트팔렌 세계 질서에 동등한 회원국으로 가입함으로써 그 약속을 지키겠다고 선언했다. 메이지 시대의 새로운 대관식에서 눈에 띄는 것은 귀족들이 서명한 5개조 서문이었다. 이 서문은 모든 사회 계층이 참여하도록 권장해야 한다는 조항 등을 포함하여 광범위한 개혁 프로그램을 약속했다. 또한 모든 지방에 심의회를 두고 정당한 법 절차를 확인하며, 모든 국민의 소망을 실현하겠다고 약속한다는 조항들도 규정되어 있었다. 5개조 서문은 국민적 합의에 의존했으며, 이는 일본 사회의 주요한 강점 중의 하나이자 가장 독특한 특징일 것이다.

1. 이 서약으로[14] 우리는 광범위하게 국가의 부를 축적하고 헌법과 법률의 틀을 수립하는 것을 목표로 세운다.
2. 심의회가 널리 설립되고 모든 문제가 열린 토론에 의해 결정될 것이다.
3. 모든 계층은 국가의 문제를 힘차게 관리해 나가는 데 힘을 합쳐야 한다.
4. 불만이 존재하지 않도록 문관과 무관은 물론 일반인들도 각자의 소명을 추구할 수 있어야 한다.
5. 과거의 악습은 중단되어야 하고 모든 것이 공정한 자연법에 근거해야 한다.
6. 황제 통치의 기초를 강화하기 위해 세계 전역에서 지식을 추구해야 한다.

이후 일본은 철도와 근대적 산업, 수출 지향적인 경제, 근대화된 군대를 체계적으로 건설하는 일에 착수하게 된다. 이 모든 변혁의 와중에서도 독특한 일본 문화와 사회는 일본의 정체성을 보존해 나갔다.

이 극적인 진로 수정의 결과는 수십 년 만에 일본을 세계적인 열강 대열에 올려놓았다. 1886년 중국 선원들과 나가사키 경찰 간에 다툼이 벌어지자, 독일이 만든 중국의 최신 전함은 분쟁 해결을 강요하기 위해 일본을 향해 출격했다. 이후 10년 동안 해군력을 집중적으로 키우고 훈련시킨 일본은 우위를 점할 수 있었다. 1894년에 조선에서의 상대적인 영향력을 놓고 중국과 충돌했을 때, 일본은 단호한 승리를 거두었다. 이때 체결된 평화 협정 조건에는 조선에 대한 중국의 종주권을 박탈하는 조항(이는 일본과 러시아 간의 새로운 다툼으로 대체되었다.)과 대만을 이양하는 조항이 포함되었다. 일본은 대만을 식민지로 통치했다.

일본은 서양 열강들이 중국에 처음으로 적용한 '치외법권' 모델을 곧바로 포기할 수밖에 없을 정도로 정력적으로 개혁을 추구했다. 치외법권이란 일본에 거주하는 서구 열강 국민들이 일본법이 아니라 자국 법에 따라 재판받을 수 있는 '권리'를 말한다. 대표적 서구 열강인 영국은 획기적인 무역협정에서 일본에 사는 영국 국민들이 일본의 사법권을 따르도록 했다. 1902년 영국과의 조약은 군사적 동맹으로 바뀌었는데, 아시아 국가와 서양 열강 간에 공식적으로 체결된 최초의 전략적 동맹이었다. 영국은 인도를 압박하는 러시아 세력과 균형을 맞추기 위해 동맹을 추진했다. 일본의 목표는 조선과 만주를 지배하려는 러시아의 야심을 꺾고 나중에 그 지역에서 구상을 수립할 때를 대비하여 자유롭게 전술을 펼칠 여지를 확보하려는 것이었다. 3년 뒤 일본은 러시아 제국과의 전쟁에서 승리를 거둠으로써 세계를 놀라게 했다. 근대에 서양 국가가 아시아 국가에게 패한 것은 처음이었다. 제1차 세계대전 때 일본은 협상국 편을 들어 중국과 남태평양의 독일 기지를 점령했다.

당대에 일본은 서양 국가가 아닌 국가로서는 처음으로 열강으로 등장했다. 그때까지 국제 질서를 형성하고 있던 국가들은 일본을 군사적으로나 경제적으로, 혹은 외교적으로 동등한 국가로 인정했다. 하지만 한 가지 중요한 차이가 있었다. 일본 입장에서 서양 국가들과의 동맹은 공동의 전략적 목적이 아니라 아시아에서 유럽 동맹국들을 내쫓으려는 목적을 기초로 했다.

제1차 세계대전에서 유럽이 온 힘을 소모하자, 일본 지도자들은 분쟁과 금융 위기, 미국의 고립주의에 휩싸인 세계가 아시아에 대한 패권을 잡아 세력을 확대하려는 일본 제국에 유리하다는 결론을 내렸다. 일본 제국은 1931년에 중국으로부터 만주를 분리시킨 뒤 그곳에 망명한 중국 황제가 다스리는 일본의 위성국가를 건설했다. 1937년 일본은 추가로 중국 영토를 지배하기 위해 선전포고를 했다. 처음에는 "아시아의 새로운 질서"[15], 나중에는 "대동아공영권"을 내건 일본은 자체적으로 베스트팔렌 영향권에 반대하는 진영을 조직하려고 했다. "서양 열강들 없이 일본이 이끄는 아시아 국가들로 이루어진 이 진영"은 "모든 민족이 세계에서 각자 자신에게 맞는 위치를 찾을 수 있도록" 계층적으로 배열될 것이었다. 이 새로운 질서에서 다른 아시아 국가들의 주권은 일본이 감독하는 형태로 생략될 것이었다.

기존의 국제 질서에 소속된 국가들은 제1차 세계대전 때문에 지치고 고조되는 유럽 위기에 지나치게 열중한 나머지 일본을 저지할 수 없었다. 유일하게 이 구상에 방해가 된 서양 국가는 100년이 채 되기 전에 강제로 일본의 문을 연 미국이었다. 역사에 마치 이야기가 포함된 것처럼 양국 간 전쟁의 첫 폭탄은 일본이 진주만에 기습 공격을 개시한 1941년에 미국 영토에 떨어졌다. 미국이 태평양에서 군사를 동원한 결과는 결국 두 개의 핵무기(지금까지 핵무기가 유일하게 군사적으로 사용된 경우였다.)를 사용하여 일본의 무조건적인 항복을 받아 내면서 절정에 이르렀다.

일본은 페리 제독에 대응했을 때와 비슷한 방법으로 자신들의 실패에 적응했다. 그들은 독특한 민족 문화를 기초로 한 불굴의 민족정신으로 복원력을 유지했다. 전후 일본의 지도자들(거의 모든 지도자들이 1930년대와 1940년대에 공직에 몸담았던 사람들이다.)은 항복을 미국의 우위에 대한 적응으로 묘사했다. 실제로 일본은 미국 점령군 권한을 이용하여 국민적 노력만으로 이룰 수 있는 수준보다 더 완벽하게 현대화하고 더욱 신속하게 회복할 수 있었다. 일본은 국가 정책 도구로서의 전쟁을 포기하고 입헌 민주주의의 원칙들을 확인했다. 그리고 원대한 전략에 참여하기보다는 경제적 부흥에 더욱 관심을 쏟으며 자제하는 가운데서도 미국의 동맹국으로서 국제적인 국가 체계에 다시 참여했다. 이 새로운 방향은 거의 70년 동안 아시아의 안정과 세계 평화 및 번영에 중요한 고정 장치였다.

일본이 전후에 취한 태도는 종종 새로운 평화주의로 설명되었다. 하지만 실제로 그것은 훨씬 더 복잡했다. 무엇보다도 일본의 태도는 일본이 미국의 우위를 인정하고 전략적 지형을 평가하며 일본의 생존과 장기적인 성공이 시급함을 의미했다. 전후 일본의 지배 계층은 군사적 행동을 엄격하게 금지한 미 점령군 헌법 초안이 자신들의 시급한 상황에서는 필요한 것이라고 인정했다. 그들은 자유 민주주의적 신조를 자신들의 것으로 인정했다. 다시 말하면 서양 국가들이 받아들인 원칙들과 비슷한 민주주의와 국제 사회의 원칙들을 지지했다.

그와 동시에 일본 지도자들은 비무장화된 일본의 독특한 역할을 일본의 장기적인 전략적 목적에 맞게 변경했다. 그들은 전후 질서의 평화주의적 측면들이 일본의 군사 행동을 금지하는 조항이라기보다는 경제 부흥과 같은 국가 전략의 다른 주요한 요소들에 집중해야 할 의무라고 생각했다. 일본은 상당수 미군이 계속 일본에 주둔하도록 요청했고, 방위 약속을 상호 안보 조약으로 강화하면서 잠재적인 적국들(태평양에서 존재감을 키우고 있는 소련을 포함하여)이 일본을 전략적 작전의 목표물로 생각하지 못하게 만들었다. 미일 관계의 기초를 공고히 한[16] 냉전 시대의 일본 지도자들은 독립적인 군사력을 키움으로써 국가 역량을 강화하는 일에 착수했다.

전후에 일본이 거친 발전 과정의 첫 단계는 냉전 시대의 경쟁에서 벗어나는 전략적 방향을 택함으로써 구조 개혁을 통해 경제 발전에 집중하는 것이었다. 일본은 자신들의 평화주의적 성향과 세계 공동체에 대한 약속을 들먹이면서 합법적으로 선진 민주주의 국가 진영에 자리 잡았지만, 그 시대의 이념적 투쟁에는 끼어들기를 거부했다. 이 섬세한 전략의 결과물은 1868년 메이지 혁명 이후의 경제 성장만이 필적할 수 있는 결연한 경제 성장이었다. 일본은 전쟁으로 파괴된 지 20년 만에 주요한 경제 대국으로 재건되었다. 20세기 마지막 10년 동안 일본 경제가 정체하기 시작했지만, 일본의 기적은 머지않아 미국의 우월한 경제적 지배를 위협하는 잠재적인 도전 세력으로 언급되었다.

이 놀라운 변화를 가능케 한 사회적 단결과 국민적 의무감은 문제가 발생할 때마다 등장했다. 일본 국민들은 2011년에 일본 북동부를 강타한 지진과 해일, 원전 위기 때도 서로 도와주고 단결하는 놀라운 모습을 보여 주면서 위기에 제대로 대처했다. 세계은행 추산에 따르면 그들이 겪은 자연재해는 세계 역사상 가장 피해가 큰 사건이었다. 재정상의 문제나 인구 통계학적 문제들은 내부적인 평가를 검토하고, 어떤 면에서는 그만큼 대담한 조치까지도 검토해야 하는 문제였다. 각각의 문제를 처리할 때마다 일본은 어떠한 변화에도 국가의 본질과 문화가 유지될 수 있다는 전통적인 자신감으로 국가의 문제 해결 능력을 끌어냈다.

일본 지도층은 결국 세력 균형의 극적인 변화를 새로운 외교 정책의 조정으로 전환할 것이다. 아베 신조 총리 정부 하에서 강력한 리더십이 부활하면서 일본은 자국에 대한 평가에 영향을 미칠 수 있는 활동 폭을 새로이 확보할 수 있게 되었다. 2013년 12월에 발표한 일본 정부 백서는 "일본의 안보 환경이 점점 더 심각해지기 때문에"[17] (중략) 일본이 국제 협력의 원칙에 맞춰 위협을 "저지"하고 필요하다면 "타파하는" 능력을 강화하는 것을 포함하여 "사전 대책을 강구하도록 노력하는 것이 절대적으로 필요하게 되었다."라고 결론 내렸다. 일본은 변화하는 아시아의 상황을 살펴보면서 헌법상 전쟁에 참여할 수 있고 적극적인 동맹정책을 추구할 수 있는 '정상, 곧 보통 국가'가 되고 싶다는 희망을 더 자주 드러내고 있다. 아시아 지역 질서에서는 '정상'의 정의가 문제가 될 것이다.

일본은 자국 역사상 지극히 중요한 다른 순간에서도 그랬듯이 국제 질서에서 맡게 될 자신들의 더욱더 폭넓은 역할을 재규정하는 방향으로 나아가고 있다. 이는 분명 그 지역은 물론 다른 지역에까지 광범위한 영향을 미칠 것이다. 새로운 역할을 찾고 있는 일본은 중국의 성장, 한국의 발전, 그들이 일본 안보에 미칠 영향을 고려하면서 물질적, 심리적 요인들의 균형을 다시 한 번 신중하고 냉정하고 겸손하게 평가할 것이다. 일본은 미국과의 동맹의 효용성 및 동맹의 기록, 그리고 광범위한 상호 이익을 충족시키는 데 그것이 얼마나 성공적이었는지 평가할 것이다. 또한 베트남, 이라크, 아프간 등지의 세 차례 군사 충돌에서 미국이 철수한 사례에 대해서도 검토할 것이다. 일본은 미국과의 동맹을 계속 중요시한다, 중국의 등장에 적응한다, 점점 더 민족주의적인 성향을 띠는 외교 정책에 의존한다, 이 세 가지 폭넓은 선택권의 관점에서 분석을 실시할 것이다. 이 세 가지 선택권 중에 어떤 것이 가장 유력할지, 그 셋을 모두 혼합한 경우를 선택할지는 미국의 공식적인 보장이 아니라 세계적인 세력 균형에 대한 일본의 계산과 기초적인 동향에 대한 일본의 인식에 좌우될 것이다. 일본이 아시아 지역이나 세계에서 전개되고 있는 새로운 세력 배치를 인지한다면, 전통적인 협력 관계가 아니라 현실에 대한 판단으로 안보의 기초를 삼을 것이다. 따라서 그 결과는 일본 지배층이 미국의 아시아 정책을 얼마나 믿을 수 있다고 평가하는지와 그들이 전체적인 세력 균형을 어떻게 평가하는가에 달려 있다. 미국 외교 정책의 장기적인 방향에 대해서는 일본의 분석만큼이나 의견이 다르다.

인도

일본은 서양의 침입이라는 자극이 역사적인 민족의 진로를 바꾸어 놓았다. 인도는 위대한 문명을 근대 국가로 바꾸어 놓았다. 인도는 오랜 세월 동안 세계 질서의 교차점에서 그 질서의 리듬을 만들고 다시 그 리듬에 의해 형성되면서 자신들의 특성을 키워 왔다. 인도는 정치적 경계선보다는 공유된 문화적 전통 범위에 의해 규정되어 왔다. 힌두교는 인도에서 가장 많은 수가 믿는 신앙이자 다른 여러 신앙의 원천이다. 그런데 이 전통을 널리 알린 것으로 여겨지는 신화적인 창시자는 없다. 역사는 전통적인 성가(聖歌)와 전설, 인더스강과 갠지스강, 북서쪽 고원과 고지대를 따라 발전한 문화 의식 등을 종합하여 인도의 발전 과정을 희미하고 불완전하게 추적해 왔다. 그러나 힌두교 전통 속의 특별한 형식들은 글로 표현된 문서보다 시대적으로 앞선 기본적인 원칙들을 다양하게 표현하고 있었다. 유럽에서였다면 서로 다른 종교로 정의되었을 법한 독특한 신들과 철학적 전통까지 모두 포함되어 있어서 그 자체로 다양하고 정의 내리기도 힘든 힌두교는 "모두를 아우르고 무한한 것을 반영하는 동시에 현실을 추구하는 인간의 변화무쌍한 긴 역사를"[18] 반영하면서 여러 우주 만물이 궁극적으로는 일치함을 입증한다고 알려졌다.

기원전 4세기에서 기원전 2세기까지, 그리고 4세기에서 7세기까지의 기간처럼 통일되었을 때의 인도는 거대한 문화적 영향의 흐름을 발생시켰다. 인도에서 버마, 실론, 중국, 인도네시아까지 전파된 불교와 힌두교 예술 및 국정 운영 기술은 태국과 인도차이나 반도를 비롯하여 그 너머까지에도 영향을 미쳤다. 종종 그랬듯이 분열되어 있을 때의 인도는 침략군과 무역업자, 영적 탐구자들의 미끼가 되었다.(가끔은 한 번에 여러 가지 역할을 수행하는 사람들도 있었다. 대표적인 사람들이 포르투갈인들로, 1498년에 기독교인과 향료를 찾아[19] 인도까지 왔다.) 인도는 그들의 약탈을 견뎌 냈고 결국 그들의 문화를 흡수하여 자신들의 문화와 혼합했다.

근대까지 중국은 자신들의 관습이나 문화 기반을 침략자들에게 아주 성공적으로 강요했다. 그 결과로 침략자들은 중국인들과 구분하기 힘들 정도가 되었다. 반대로 인도는 외국인들을 인도 종교나 문화로 전향시키는 게 아니라 그들의 야심을 최고의 평정심으로 대함으로써 외국인들을 초월했다. 인도는 한 번도 특별히 경외심을 느꼈다고 고백하지 않으면서도 외국인들의 업적과 다양한 원칙을 인도 사회의 구조 속으로 통합시켰다. 침입자들은 지독한 무관심에 맞서 자신들의 위대함을 스스로에게 재확인시키듯 자신들에게만 중요한 특별한 기념비를 세울 수도 있었다. 그러나 인도 민중들은 외세에 영향을 받지 않는 핵심 문화로 견뎌 냈다. 인도의 기초를 이루는 종교들은 구세주의 실현에 대한 예언적 비전에 영감을 받은 게 아니다. 그보다는 인간의 존재가 허무함을 증명해 준다. 인도의 종교들은 개인의 구원을 제공하는 게 아니라 빠져 나갈 수 없는 운명을 위로해 준다.

힌두교 우주론에서 세계 질서는 상상할 수도 없을 정도로 엄청난 규모의 불변의 주기, 즉 수백만 년의 주기에 의해 지배되었다. 왕국이 망하고 우주가 파괴되지만, 다시 만들어지고 새로운 왕국이 다시 등장할 것이었다. 침략자들이 올 때마다(기원전 6세기에는 페르시아, 기원전 4세기에는 알렉산더와 그의 그리스 박트리아인들, 8세기에는 아랍인, 11, 12세기에는 투르크와 아프간, 13, 14세기에는 몽골, 16세기에는 무굴, 그리고 곧이어 여러 유럽 국가들이 침략해 왔다.) 그들은 이 영원한 행렬에 맞게 변화했다. 그들의 노력이 혼란을 줄 수도 있었지만 무한의 관점에서 평가해 보면 무의미했다. 인간 경험의 진정한 특성은 이 덧없는 격변을 견뎌 내고 초월한 사람들만 알 수 있었다.

힌두교의 고전[20] 바가바드기타는 도덕과 권력 간의 관계로 이 기백 넘치는 시험을 표현했다. 마하바라타(고대 산스크리트 서사시. 때때로 그 영향력 면에서 성경이나 호메로스의 서사시에 비유된다.)에 수록되어 있는 바가바드기타는 전사이자 왕자인 아루주나와 그의 마부이자 신의 화신인 크리슈나 간의 대화 형식을 취하고 있다. 전투 전날 밤에 자신이 야기할 참상을 생각하며 "슬픔에 휩싸여 있던" 아루주나는 그 끔찍한 전쟁의 결과가 무엇으로 정당화될 수 있는지 궁금해한다. 이에 크리슈나는 잘못된 의문이라고 응수한다. 삶은 영원하고 순환하며 우주의 본질은 파괴할 수 없기 때문에 "지혜로운 사람들은 산 사람이나 죽은 사람 때문에 슬퍼하지 않는다. 여기 모여 있는 당신과 나, 왕들은 항상 존재했고, 앞으로도 항상 존재할 것이다." 미리 할당받은 의무를 다하는 동시에, "일시적인 것은 실체를 갖고 있지 않으며 실체는 영원에 존재하기" 때문에 겉으로 드러난 구원이 실체가 없음을 깨닫는다면 구원은 이루어질 것이다. 전사인 아루주나는 원하지 않는 전쟁을 건네받았다. 그는 침착하게 상황을 받아들이고 명예롭게 자신의 역할을 다해야 한다. 그리고 죽이고 승리하려고 노력하고 "슬퍼해서는 안 된다."

의무를 다하라는 크리슈나의 호소에 설득 당한 아루주나는 의심을 거두었다고 말했지만, 나머지 서사시에 자세하게 설명된 전쟁의 격변을 상상하면 처음에 꺼림칙해하던 아루주나의 마음을 쉽게 공감할 수 있다. 힌두교 사상을 대표하는 이 작품은 전쟁에 대해 조언하면서 전쟁을 피하는 것이 아니라 초월하는 것이 중요함을 구체적으로 알려 주었다. 이는 도덕을 거부한 것은 아니었다. 영원이 치유적인 관점을 제공했지만 특정 상황에서는 눈앞의 문제를 고려하는 게 우세했다. 일부 독자들은 용감하게 전투에 참여하라는 요청으로 이 경전을 칭찬했지만, 간디는 자신의 "정신적 사전"이라며 칭찬하곤 했다.

영원한 가치를 배경으로[21] 일체의 세속적 욕망에서 벗어날 것을 설파하는 종교와 달리 현실의 통치자들에겐 폭넓은 근거가 요구되었는데, 이는 실제적인 필요를 충족시키기 위한 것이었다. 이 학파의 선구적인 본보기는 기원전 4세기의 재상 카우틸랴로, 그는 북부 인도를 침입한 알렉산더 대제의 계승자들을 쫓아내고 사상 처음으로 인도 아대륙을 단일한 통치권하에 통일한 인도의 마우리아 왕조 창건에 도움을 준 인물로 알려진다.

카우틸랴는 베스트팔렌 평화 체계 이전의 유럽과 구조적으로 비슷한 인도에 대해 글을 썼다. 그는 영원히 서로 충돌할 가능성이 있는 여러 국가들의 집합체를 설명한다. 그의 분석은 마키아벨리의 분석과 마찬가지로 자신이 알게 된 세상에 대한 내용이다. 그것은 규범적이지 않은 실용적인 행동 지침을 제공해 준다. 그리고 그 분석의 도덕적 기초는 거의 2000년 후의 사람인 리슐리외와 동일하다. 즉 국가는 허술한 조직이며, 정치인에게는 윤리적인 구속 때문에 국가의 생존을 위태롭게 만들 도덕적 의무가 없다는 것이다.

전설에 의하면 카우틸랴는 자신의 시도를 완수하는 도중이었는지 이후인지는 모르지만 어떤 시점에 자신이 목격해 온 전략적인 대외 정책을 『아르타샤스트라(Arthashastra)』라는 종합적인 국정 운영 및 군사 전략서에 기록했다. 이 문헌은 이웃 국가들을 무력화하여 전복시키고 (적절한 상황이 조성되면) 정복하면서 국가를 설립하고 지켜 내는 방법에 대한 비전을 감정에 치우지지 않고 명확하게 설명하고 있다. 『아르타샤스트라』는 철학적 논쟁이 아니라 실용적인 국정 운영술의 세계를 포함하고 있다. 카우틸랴가 보기에 권력은 지배적인 현실이었다. 권력은 다차원적이고 그것을 구성하는 요인들은 상호 의존적이었다. 특정 상황에서의 모든 요소들은 서로 관계가 있고, 계산이 가능하며, 지도자의 전략적 목표에 맞춰 쉽게 조종할 수 있었다. 자신의 왕국을 강화하고 확장하려는 지혜로운 왕은 지리, 재무, 군사력, 외교, 간첩 행위, 법률, 농업, 문화 전통, 사기, 여론, 소문, 전설, 인간의 악덕과 약점을 하나의 단위로 형성해야 했다. 이는 현대의 오케스트라 지휘자가 자신이 맡은 악기들을 일관된 화음으로 만들어 주는 경우와 아주 흡사하다. 이는 마키아벨리와 클라우제비츠를 합쳐 놓은 것이었다.

『아르타샤스트라』는 유럽의 사상가들이 현장에서 입수한 사실들을 세력 균형 이론으로 바꾸어 놓기 수천 년 전에 "국가들의 사회"라 불리는, 더욱 정교할 수도 있는 유사한 체계를 설명했다. 카우틸랴의 분석에 따르면 인접한 정치 조직들은 잠재적인 적대 관계 속에서 존재했다. 세력이 아주 커진 국가의 통치자는 아무리 우호적인 공언을 하더라도 결국에는 이웃 왕국을 전복하는 것이 자신에게 이롭다는 것을 알게 될 것이었다. 이는 도덕성과는 무관한 자기 보호에 내재한 힘이었다. 카우틸랴는 2000년 뒤에 나타난 프리드리히 대제와 아주 비슷하게 경쟁의 무자비한 논리는 어떠한 일탈도 허용하지 않는다고 결론 내렸다. "정복자는 (언제나)[22] 자신의 힘을 키우고 더욱더 행복해지려고 노력할 것이다." 의무는 명확했다. "만약 (중략) 그 정복자가 우월하다면[23] 전투는 시작될 것이다. 우월하지 않다면 그렇지 않을 것이다."

유럽 이론가들은 세력 균형이 외교 정책의 목표라고 선언하면서 국가

간의 균형에 기초한 세계 질서를 구상했다. 『아르타샤스트라』에서 전략의 목적은 다른 모든 국가들을 정복하고 승리에 이르는 과정에 존재하는 그러한 균형 상태를 극복하는 것이었다. 그 점에서 카우틸랴는 마키아벨리보다는 나폴레옹이나 (중국을 통일한 황제) 진시황에 더 가까웠다.

카우틸랴가 생각하기에 국가는 영광보다는 자국의 이익을 추구해야 할 의무를 갖고 있었다. 지혜로운 통치자는 이웃 국가들의 이웃에서 자신의 동맹자를 찾을 것이었다. 목표는 그 정복자가 중심에 있는 동맹 체제였다. "정복자는 국가들로 이루어진 집단을 하나의 바퀴라고 생각할 것이다.[24] 바퀴 중심에 정복자 자신이 있고, 바퀴 테두리에 해당하는 동맹자들은 사이에 있는 영토에 의해 분리되어 있지만 바퀴살에 의해 정복자와 이어져 있는 형태였다. 적이 아무리 강하다고 해도 정복자와 그의 동맹자들 사이에서 압박을 받으면 약해진다." 그러나 어떠한 동맹도 영원하다고 생각할 수는 없다. 왕은 동맹 체제 안에서도 "자신의 힘을 키우는 작업에 착수하고"[25] 자기 국가의 입지를 강화하고 정복자의 국가를 상대로 이웃 국가들이 서로 손을 잡지 못하게 막아야 한다.

중국의 전략가 손자처럼 카우틸랴는 가장 멀리 돌아가는 길이 종종 가장 현명한 길이라고 생각했다. 이웃 국가들 간에, 혹은 잠재적인 동맹자들 간에 불화를 조성하는 것, 다시 말하면 "이웃 국가의 왕이 다른 국가와 싸우게 만들어[26] 그들이 서로 힘을 합치지 못하게 막은 뒤에 적국의 영토를 침략하기 시작하는" 방법이 현명하다는 얘기다. 전략적 활동은 끝이 없다. 그 전략이 승리하여 왕의 영토가 커지고 국경선이 다시 그어지면 국가들의 집단은 재조정되어야 할 것이다. 이때 새로운 힘 계산에 착수해야 하는데, 일부 동맹국들은 적이 되고 적이었던 국가들은 동맹국이 될 것이다.

우리 시대에는 은밀한 첩보 작전으로 묘사되는 활동이 『아르타샤스트라』에서는 중요한 수단으로 설명되었다. "그 집단에 속한 모든 국가들[27](즉 우방국과 적국 모두에서)"에서 활동하고 "성스러운 금욕주의자, 방랑하는 수도사, 마부, 방랑 시인, 마술사, 방랑자, 점쟁이" 등에게서 정보를 입수한 이 정보원들은 다른 국가들 간의 불화를 조성하고 적군을 전복하고 적절한 순간에 왕의 적들을 "무너뜨리기" 위해 소문을 퍼뜨릴 것이다.

카우틸랴는 무자비한 행동의 목적이 조화로운 보편 제국을 건설하고 다르마, 즉 신들이 그 원칙을 물려준 영원한 도덕적 질서를 유지하는 것이라고 분명하게 주장했다.[28] 그러나 도덕과 종교에 호소한 이유는 원칙 그 자체를 위해서가 아니라 실질적인 운영상의 목적을 위해서였다. 통합적인 질서 개념의 의무가 아니라 정복자의 전략과 전술로서 역할을 했다는 얘기다. 『아르타샤스트라』는 대부분의 상황에서 절제되고 인도주의적인 행동이 전략적으로 유용하다고 조언했다.[29] 백성을 학대하는 왕은 백성의 지지를 상실해서 반란이나 침략에 취약해질 것이었다. 정복당한 민족의 관습이나 도덕적 감수성을 불필요하게 침해하는 정복자는 저항을 촉진시키는 위험에 빠진다.

『아르타샤스트라』가 성공에 필요한 것들을 철저하고 냉정하게 기록했다는 사실로 인해 20세기의 저명한 정치 이론가 막스 베버는 다음과 같은 결론을 내렸다. "『아르타샤스트라』는 급진적 '마키아벨리주의'의 진정한 예[30]를 보여 주었다. (중략) 『아르타샤스트라』에 비하면 마키아벨리의 『군주론』은 무해하다." 카우틸랴는 마키아벨리와는 달리 더 좋은 시대의 미덕들에 대해 향수를 드러내지 않는다. 그가 인정하는 유일한 미덕의 기준은 승리로 향하는 과정에 대한 자신의 분석이 정확한지 여부였다. 그는 실제로 정책이 실행되는 방식을 설명했을까? 카우틸랴가 생각하는 균형 상태는 설사 그 상태가 발생한다고 해도, 이기적인 동기들의 상호 작용이 가져오는 일시적인 결과였다. 그것은 베스트팔렌 조약 이후 유럽의 개념에서처럼 대외 정책의 전략적인 목표가 아니었다. 『아르타샤스트라』는 국제 질서의 구축이 아니라 정복에 대한 안내서였다.

『아르타샤스트라』의 지시를 따랐든 아니든[31] 인도의 영토는 인도에서 존경받는 아소카 황제가 현재의 인도, 방글라데시, 파키스탄, 그리고 아프가니스탄과 이란의 일부까지 통치한 기원전 3세기에 최고 수준에 달했다. 이후 중국을 기원전 221년에 중국 제국을 설립한 진시황이 통일하던 무렵에 인도는 서로 경합하는 왕국들로 다시 나뉘었다. 수백 년 뒤 다시 통일된 인도는 이슬람 세력이 유럽과 아시아 제국에게 도전장을 던지기 시작한 7세기에 또다시 분열되었다.

비옥한 토지에 부유하고 지적인 도시, 화려한 기술적 업적까지 갖춘 인도는 거의 천 년 동안 정복과 개조의 대상이었다. 투르크인, 아프가니스탄인, 파르티아인, 몽골인 등 정복자와 모험가들은 세기마다 중앙아시아와 서남아시아에서 인도 평원으로 내려와 소규모 공국들의 군락을 만들어 냈다. 따라서 대륙 크기의 인도는 오늘날까지 지속되고 있는 종교적, 인종적, 전략적 감수성의 유대관계 속에서 '대중동과 융합'되었다.[32] 이 시간 동안 정복자들은 서로에게 너무 적대적이었기 때문에 어느 누구도 전 지역을 다스리게 놔 두거나 남쪽에 위치한 힌두 왕조의 세력을 무너뜨릴 수가 없었다. 이후 16세기에 이 침략자들 중에서도 가장 우수한 북서쪽의 무굴인들이 아대륙의 대부분을 단일한 통치권하에 통일하는 데 성공했다. 무굴 제국은 인도가 받은 다양한 영향을 구체적으로 보여 주었다. 종교는 이슬람, 인종은 투르크와 몽골족, 엘리트 문화는 페르시아계인 무굴 제국은 지역별 동질감에 의해 분열된 힌두교 다수 집단을 다스렸다.

언어, 문화, 교리가 뒤섞인 이 소용돌이 속에서 16세기에 또다시 외국의 모험가 세력이 등장했다는 사실은 처음에는 획기적인 사건으로 보이지 않았다. 부유한 무굴 제국과 무역을 확대하면서 이익을 얻기 시작한 영국, 프랑스, 네덜란드, 포르투갈의 사기업들은 우호적인 토후국들의 영토에 거점을 구축하기 위해 서로 경쟁했다. 처음에는 정해진 계획이 없었다고 해도(이로 인해 케임브리지 대학의 흠정강좌 근대사 교수는 "우리는 넋이 나간 채 세계 절반을 정복하여 식민화한 듯하다."[33]고 말했다.) 영국의 인도 내 영역은 최대로 늘어났다. 벵골 동부 지역에서 자체 상업의 근거지를 공고히 한 영국은 자신들이 유럽과 아시아의 경쟁자들에 둘러싸였음을 알게 되었다. 인도의 영국인들은 유럽과 아메리카 대륙에서 전쟁이 터질 때마다 경쟁국들의 식민지나 동맹국들과 충돌했다. 그리고 승리할 때마다 그들은 적들이 갖고 있던 인도의 자산을 획득했다. 엄밀히 말하면 영국이 아니라 동인도회사 소유인 영국 재산이 늘어남에 따라 영국은 북쪽에 모습을 드러낸 러시아, 호전적이고 분열된 버마, 그리고 점점 더 자치권을 확보해 가면서 추가적인 영토 합병을 (영국이 보기에는) 정당화하고 있는 야심찬 무굴 통치자들의 위협을 번갈아 가며 받고 있다고 생각했다.

결국 영국은 인도라는 단일 체제를 구상해 냈다. 이 체제의 통일성은 지금의 파키스탄, 인도, 방글라데시, 미얀마를 아우르는 대륙 규모 영토의 안보를 토대로 이루어질 것이었다. 인도의 국익과 비슷한 것이 규정되면서, 그것은 인도라는 국가는 없는데도 하나의 국가로 운영되는 지리적 단위에 속한 것으로 생각되었다. 그 정책에서 인도의 안보는 인도양에서 영국 해군이 확보하고 있는 우월한 지위에 기초하고 있었다. 또한 싱가포르와 아덴처럼 멀리 떨어져 있는 우호적인 정권들, 아니 적어도 위협적이지는 않은 정권들과 카이버 고개(파키스탄과 아프가니스탄을 잇는 주요 산길 — 옮긴이)와 히말라야에 위치한 우호적인 정권에도 기초하고 있었다. 북쪽에서 영국은 소규모의 영국군 파견대가 지원하는 스파이, 탐험가, 토착 대리인들의 복잡한 습격을 이용하여 차르가 통치하는 러시아의 진출을 막아 냈다. 러시아와 영국 간의 이러한 대립은 이후 히말라야 전략 지정학의 '그레이트 게임'으로 알려졌다. 또한 영국은 중국과 맞닿은 인도의 국경선도 북쪽 티베트 쪽으로 조금씩 이동시켰는데, 이 문제는 1962년에 인도와 중국 간의 전쟁에서 다시 등장했다. 인도가 독립한 이후 이와 비슷한 정책들이 인도의 대외 정책의 주요한 요소로 받아들여졌다. 이는 인도를 중심으로 하는 남아시아의 지역 질서를 의미하며, 주변 지역에 세력을 집중시키려는 위협적인 국가가 있다면 그 국가의 국내 체제가 어떠하든 그러한 시도에 반대한다는 의미이기도 하다.

1857년에 동인도회사 군대의 이슬람교, 힌두교 병사들이 폭동을 일으키자 런던은 영국의 직접 통치를 선언하며 폭동에 대응했다. 당시 영국은 이 조치가 다른 나라에 영국의 통치권을 수립하는 것이라고는 생각하지 않았다. 영국은 자신들을 중립적인 감독자이자 가지각색의 민족과 국가를 문명화하는 사회사업가라고 생각했다. 뒤늦게 1888년에 한 대표적인 영국 관리는 다음과 같이 선언할 수 있었다.

인도라는 나라는 과거에도 지금도 결코 존재하지 않는다.[34] 유럽적인 관념에서 볼 때 물리적으로, 정치적으로, 사회적으로, 혹은 종교적으로 통일된 인도라는 국가도 존재하지 않는다. (중략) 따라서 그러한 인도가 존재할 가능성은 유럽에서 다양한 나라들을 대신해 단일 국가가 출현할 때를 기대하는 것과 마찬가지다.

폭동 이후에 인도를 단일한 제국으로 다스리겠다고 결정한 영국은 그러한 인도를 탄생시키기 위해 온 힘을 다했다. 다양한 지역들이 철도와 공통 언어인 영어로 연결되었다. 고대 인도문명의 영광을 조사하고 정리했고, 인도의 엘리트들을 영국식 사고와 제도로 훈련시켰다. 그 과정에서 영국은 인도가 외국의 통치를 받는 단일한 독립체라는 의식을 다시 일깨웠고, 외세를 물리치려면 스스로 하나의 국가가 되어야 한다는 정서를 불어넣어 주었다. 따라서 영국이 인도에 미친 영향은 나폴레옹이 독일에 미친 영향과 비슷했는데, 이전에 독일의 여러 국가들은 국가가 아니라 하나의 지리적 독립체로만 간주되었다.

인도가 독립을 달성하고 세계에서 자신들이 해야 할 역할을 결정한 방식은 이러한 다양한 유산을 반영했다. 인도는 점령군들을 대하는 뛰어난 심리 기술과 문화적으로 영향을 받지 않는 능력을 결합함으로써 수세기에 걸쳐 살아남을 수 있었다. 마하트마 간디의 소극적 저항은 무엇보다도 그의 뛰어난 정신력 때문에 가능했지만, 자유라는 대의제 영국 사회의 핵심 가치에 호소했기 때문에 제국주의 세력에 맞서 싸우는 가장 효과적인 방법으로 판명되기도 했다. 200년 전의 미국인들처럼 인도인들도 영국 학교(인도의 차기 지도자들이 사회주의에 가까운 이념을 다수 흡수한 런던정경대학을 포함하여)에서 배운 식민 통치자들의 자유의 개념을 적용함으로써 자신들의 독립이 정당함을 입증했다.

근대 인도는 자신들의 독립을 한 국가가 아니라 보편적인 도덕 원칙의 승리라고 생각했다. 그리고 미국 건국의 아버지들처럼 인도의 초기 지도자들도 국익과 도덕적 청렴을 동일하게 생각했다. 그러나 인도의 지도자들은 민주주의나 인권 관행을 국제적으로 홍보하는 데는 거의 관심을 보이지 않으면서 자신들의 국내 제도를 전파하는 작업과 관련된 베스트팔렌 원칙에 따라 행동해 왔다.

신생 독립 국가의 총리가 된 자와할랄 네루는 인도 외교 정책의 기반은 국제적인 친선 관계 그 자체나 적절한 국내 제도의 양성이 아니라 인도의 국익이 될 거라고 주장했다. 인도가 독립을 성취한 직후인 1947년에 그는 한 연설에서 다음과 같이 설명했다.

어떤 정책을 세우든[35] 한 국가의 외교 문제를 처리하는 기술은 그 국가에게 가장 이로운 것을 찾아내는 데 있다. 우리는 국제 친선에 대해 이야기하고, 말한 대로 행동하려고 할 수도 있다. 그러나 궁극적으로 정부는 그 나라의 이익을 위해 기능해야 하고, 어떤 정부도 단기적으로나 장기적으로 그 국가에게 명백하게 불이익이 되는 것은 감히 하지 못한다.

카우틸랴(그리고 마키아벨리)도 그보다 더 훌륭하게 말할 수는 없었을 것이다.

네루를 비롯하여 그의 대단한 딸 인디라 간디 같은 이후의 총리들은 외교 정책을 한 단계 높여 인도의 뛰어난 도덕적 권위를 드러냄으로써 세계 균형 상태의 일부분으로서의 인도의 입지를 강화하는 작업에 착수했다. 인도는 거의 200년 전에 미국이 그랬던 것처럼 인도의 국익을 옹호하는 행위를 유례없이 개화된 작업이라고 묘사했다. 그리고 1966~1977년, 1980~1984년까지 두 차례 총리를 지낸 인디라 간디와 그녀의 아버지 네루는 갓 독립한 그들의 국가가 제2차 세계대전 이후의 국제 질서에서 주요한 일원으로 자리 잡도록 하는 데 성공했다.

비동맹주의의 내용은 세력 균형 체계에서 '균형을 잡는 국가'가 취하는 정책과는 달랐다. 인도는 균형을 잡는 국가처럼 힘이 약한 진영을 편들 준비가 되어 있지 않았다. 그리고 국제 체계에서 활동하는 데도 관심이 없었다. 양 진영 중 어떤 쪽에서도 인도에게 최우선시되는 원동력을 찾을 수 없었고, 국익에 영향을 미치지 않는 분쟁에는 관여하지 않음으로써 인도의 성공을 평가했다.

열강들이 확실히 자리 잡고 냉전이 계속되는 세계에 등장한 독립 국가 인도는 협상용 전술을 윤리적 원칙으로 격상시키며 행동의 자유를 교묘히 확보했다. 세력 균형 및 주요 열강들의 심리 상태에 대한 영리한 평가와 공정한 도덕주의를 적절히 조화시킨 네루는 인도가 세계적인 열강이 되어 주요 진영들 사이에서 교묘히 움직여 나가는 방침을 계획할 것이라고 선언했다. 1947년 그는 《뉴 리퍼블릭(New Republic)》에 보낸 메시지에서 다음과 같이 말했다.

> 우리는 열강들로 이루어진 집단이나 어떤 진영에도 연루되지 않을 계획이다.[36] 그래야만 우리가 인도의 대의명분뿐 아니라 세계 평화의 대의명분에도 기여할 수 있음을 깨달았기 때문이다. 때때로 이 정책으로 한 집단의 열렬한 지지자들은 우리가 다른 집단을 지지하고 있다고 상상할 수도 있다. 모든 국가는 외교 정책을 수립할 때 자국의 이익을 우선시한다. 다행히도 인도의 이익은 평화로운 외교 정책과 일치하며, 모든 혁신적인 국가들과의 협력과도 일치한다. 필연적으로 인도는 우리에게 우호적이고 협력적인 국가들과 가까워질 것이다.

달리 말하면 인도는 중립적이었고 권력 정치를 뛰어넘었다. 부분적으로는 세계 평화를 위한다는 원칙을 따랐지만, 그와 똑같이 국익을 근거로 삼았다. 1957년부터 1962년 사이에 소련이 베를린에 최후통첩을 내린 동안 미국의 두 행정부, 특히 존 F. 케네디 정부는 자유 상태를 유지하려는 고립된 베를린에 대한 인도의 지지를 얻으려 했다. 그러나 인도는 자신들에게 냉전 진영의 규범을 강요하려는 시도가 행동의 자유는 물론 협상 지위까지 빼앗을 수 있다는 입장을 취했다. 그들에게는 단기적으로 중립을 지키는 것이 장기적으로 도덕적인 영향력을 얻을 수 있는 방법이 될 터였다. 이에 대해 네루는 자신의 보좌관들에게 다음과 같이 말했다.

인도 대표단이 미국을 자극할까 두려워 소련 진영을 피했다면 터무니없고 현명치 못한 행동이 되었을 것이다.[37] 미국이나 다른 나라가 계속해서 비우호적인 태도를 보이면 불가피하게 다른 곳에서 친구를 찾을 거라고 그들에게 분명하고 확실하게 말해야 할 때가 올 수도 있다.

이 전략의 본질은 인도가 냉전 양 진영으로부터 지원을 끌어낼 수 있다는 데 있었다. 인도는 미국의 개발 원조와 기성 지식인들의 도덕적 지지를 얻으려고 애쓰면서도 소련 진영의 군사적 지원과 외교적 협력을 확보할 수 있었다. 이 전략은 냉전 시대의 미국을 자극하는 행위일지라도 신생 국가에게는 현명한 방침이었다. 당시로서는 군대도 막 생겨난 상태고 경제 또한 제대로 개발되지 않았던 인도는 높은 평가는 받지만 별로 중요하지 않은 동맹국이었을 것이다. 하지만 자유로운 행위자로서 인도는 훨씬 더 광범위한 영향력을 행사할 수 있었다.

그러한 역할을 수행하기 위해 인도는 생각이 비슷한 국가들로 이루어진 진영, 즉 비동맹국가들의 동맹 체제를 구축하기 시작했다. 네루는 1955년에 인도네시아 반둥에서 열린 아시아 아프리카 회의 대표자들에게 다음과 같이 말했다.

우리 아시아, 아프리카 국가들은[38] 친공산주의나 반공산주의가 되는 것 외에는 확실한 입장을 취할 수 없습니까? 세계에 종교를 비롯한 온갖 종류의 것을 안겨 준 사상계의 대표자들이 이런저런 종류의 집단에 꼬리표를 붙이고 자신들의 소망을 실행에 옮기면서 가끔은 아이디어를 주는 이런저런 집단 주위를 어슬렁거려야 하는 지경이 되었습니까? 이는 자존심이 있는 민족이나 국가에게는 가장 모멸적이고 굴욕적인 것입니다. 아시아와 아프리카의 훌륭한 국가들이 속박에서 벗어나 자유로운 상태가 된 뒤 결국 이런 식으로 굴욕을 당하고 비하된다는 것은 견딜 수 없는 일입니다.

인도가 스스로 냉전 시대의 권력 정치라고 설명하면서 거부한 궁극적인 이유는 문제가 되는 논쟁이 자국에 이익이 된다고 생각하지 않았기 때문이다. 인도는 유럽의 경계선을 따라 불붙은 논쟁을 위해 불과 수백 킬로미터 떨어진 소련을 자극할 마음이 없었다. 인도는 소련에게 파키스탄과 협력할 동기를 제공하고 싶지 않았다. 또한 인도는 중동의 논쟁 때문에 이슬람 세력의 적대감을 불러일으키는 위험을 무릅쓰려 하지도 않았다. 인도는 북한의 남한 침략이나 북베트남의 남베트남 전복에 대해서도 판단을 유보했다. 인도 지도자들은 개발 도상국 세계의 진보적인 흐름으로부터 고립되지 않으면서 소련이라는 초강대국이 인도에 적대감을 품는 상황을 무릅쓰지 않겠다고 결심했다.

그런데도 인도는 1962년에는 중국과, 파키스탄과는 네 차례(그중 1971년에 발발한 전쟁은 갓 체결된 소련과의 방위조약의 보호 속에 치러졌다. 전쟁이 끝나면서 인도의 주요 적국이 파키스탄과 방글라데시로 분리된 덕에 인도의 전반적인 전략적 입지가 크게 높아졌다.) 전쟁을 치렀다.

비동맹국가들의 수장 역할을 하려던 인도는 세계적으로나 지역적으로 물려받은 세계 질서와 양립할 수 있는 세계 질서 개념을 고수하고 있었다. 인도가 공식적으로 표현한 세계 질서는 베스트팔렌 체제였다. 이는 세력 균형에 대한 유럽의 역사적인 분석과 일치했다. 네루는 인도의 접근 방식을 "평화로운 공존의 다섯 가지 원칙"으로 규정했다. 이 원칙들은 인도식 철학적 개념인 판차 실라(공존의 다섯 가지 원칙)라고 불렸지만, 실제로는 주권 국가들로 이루어진 다극적 질서에 대한 베스트팔렌 모델을 더욱 고결하게 요약한 것에 불과했다.

(1) 서로의 영토 보전과 주권에 대한 상호 존중[39]

(2) 상호 불가침

(3) 서로의 국내 문제에 대한 상호 불간섭

(4) 동등과 상호 이익

(5) 평화로운 공존

인도가 옹호한 세계 질서의 추상적인 원칙들에는 지역 차원에서의 인도 안보를 위한 원칙이 동반되었다. 초기 미국 지도자들이 먼로주의로부터 신대륙에서 미국의 특수한 역할 개념을 수립한 것처럼 인도도 동인도제도와 아프리카의 뿔 사이의 인도양 지역에서 특별한 위치를 확립했다. 18, 19세기에 유럽을 상대로 영국이 했던 것처럼 인도도 이 거대한 지역에서 지배적인 세력이 등장하지 못하게 막으려고 애쓴다. 초기 미국 지도자들이 먼로주의에 관해 신대륙 국가들의 승인을 얻으려 하지 않았던 것처럼 인도 역시 인도에게 특수한 전략적 이익이 되는 그 지역에서 남아시아 질서에 대한 자체적인 정의를 기초로 정책을 실행한다. 그리고 냉전 시대의 태도에 대해서는 미국과 인도의 시각이 종종 충돌했지만, 소련 붕괴 이후에는 인도양과 그 주변 지역에 대한 시각이 대체로 비슷했다.

냉전이 끝나면서 인도는 상반하는 여러 가지 압력과 사회주의에 대한 심취에서 자유로워졌다. 인도는 1991년에 발생한 국제수지 위기를 계기로 IMF로부터 지원을 받고 경제 개혁에 뛰어들었다. 현재 인도 기업들은 세계 주요 산업의 일부를 이끌어 가고 있다. 이 새로운 방향은 인도의 외교 자세에서도 드러나는데, 전 세계적으로 특히 아프리카나 아시아와 새로이 협력 관계를 맺었고, 다자간 경제, 금융기관들에서 인도가 맡은 역할에 대해 전 세계의 관심이 높아진 상태이다. 인도의 경제 및 외교적 영향력이 점점 커지고 있는 사실 외에 해군과 핵무기 비축량 등 인도의 군사력도 크게 증대되었다. 그리고 수십 년 후에는 인도가 중국을 제치고 아시아 최대의 인구 국가가 될 것이다.

세계 질서 속에서 인도의 역할은 인도의 건국과 관련된 구조적인 요인들로 인해 복잡해진다. 그중 가장 복잡한 문제는 인도와 가장 가까운 주변국들, 특히 파키스탄, 방글라데시, 아프가니스탄, 중국과의 관계가 될 것이다. 그들과의 애매모호한 관계와 적대감은 천 년에 걸쳐서 그들이 경쟁하듯 아대륙을 침략하고 그곳으로 이주해 오고 영국이 인도 주변 지역을 약탈해 가고 제2차 세계대전 직후 영국의 식민 통치가 신속하게 끝나 버린 결과물을 반영한다. 그 뒤에 등장한 국가들 중에 인도 아대륙이 1947년에 분할되면서 그어진 국경선을 전적으로 받아들인 국가는 없었다. 다들 임시 국경선으로 생각한[40] 문제의 경계선은 그때 이후로 산발적인 공동체 간의 분쟁과 군사적 충돌, 테러 집단의 침투 원인이 되었다.

인도 대륙에서 이슬람교 집결지를 대충 더듬어 간 파키스탄과의 국경선은 인종적 경계선을 가로질렀다. 그로 인해 수천 킬로미터에 달하는 인도 영토가 영국령 인도였던 지역을 두 개의 비접경 지역으로 분리했고, 그곳에 이슬람교를 기반으로 한 국가가 탄생하면서 이후 수차례 발발한 전쟁의 단초를 제공했다. 아프가니스탄, 중국과의 국경선은 19세기 영국 식민 관리자들이 그은 경계선을 기초로 선언되었다. 나중에 아프가니스탄과 중국이 그 경계선을 부인하면서 오늘날까지도 갈등을 빚고 있다. 인도와 파키스탄 모두 핵무기와 지역에서의 군사적 태세에 크게 투자해 왔다. 파키스탄은 자신들이 직접 선동하지 않을 때는 아프가니스탄과 인도에서의 테러 활동을 포함하여 폭력적인 극단주의를 용인하기도 한다.

인도가 이슬람 세계에서 필수불가결한 부분을 형성하고 있기 때문에 인도와 더 큰 이슬람 세계[41]와의 관계는 특별히 문제를 복잡하게 만드는 요인이 될 것이다. 인도는 종종 동아시아 국가나 남아시아 국가로 분류되지만, 파키스탄보다도, 실제로는 인도네시아를 제외한 그 어떤 이슬람 국가보다도 중동 지역과 역사적으로 더 깊은 관계를 갖고 있고 이슬람교도 인구도 더 많다. 지금까지 인도는 부분적으로는 인도 내 소수 집단을 훌륭하게 대우하고 민주주의나 민족주의 같은 집단 간의 차이를 초월하는 공동의 원칙들을 국가 차원에서 육성한 덕분에 정치적 소란과 종파 간 폭력의 가혹한 흐름을 차단할 수 있었다. 그러나 이 결과는 운명처럼 미리 정해진 게 아니며, 그 결과를 유지하려면 일치된 노력이 필요할 것이다. 아랍권이 더욱더 급진화하거나 파키스탄의 내전이 격해지면 인도는 심각한 내부 압력을 받을 수도 있다.

오늘날의 인도는 중동에서 싱가포르로, 다시 북쪽의 아프가니스탄에 이르는 지구 절반에 해당하는 지역의 세력 균형을 기초로 지역 질서를 구축하려 한다는 점에서 이전의 영국령 인도와 여러 면에서 비슷한 외교 정책을 추구한다. 중국, 일본, 동남아시아와 인도의 관계는 19세기 유럽의 균형 상태와 비슷한 양식을 따른다. 중국과 마찬가지로 인도도 자국의 지역적 목표를 달성하기 위해 미국 같이 멀리 있는 "야만인들을" 이용하는 데 주저하지 않는다. 물론 인도와 중국 모두 자신들의 정책을 설명할 때 더욱 우아한 표현을 사용하기는 한다. 조지 W. 부시 정권 때, 전 세계적인 차원에서 인도와 미국이 전략적으로 제휴하는 문제를 종종 논의했다. 그러나 그 논의는 남아시아 지역에 국한된 채로 남았는데, 인도의 전통적인 비동맹주의가 전 세계적인 합의에 방해가 되었고, 어떤 국가도 중국과의 대립을 국가 정책의 영원한 원칙으로 채택하려 하지 않았기 때문이었다.

인도로 이어지는 전략적 루트를 보호하기 위해 세계적인 문제에 점점 더 깊이 관여하게 된 19세기의 영국처럼, 21세기에 접어든 이후 지금까지 인도 역시 자신들이 적대적이라고 생각하는 국가나 이념이 이 지역을 지배하는 상황을 막으려면 아시아와 이슬람 세계에서 점점 더 중요한 전략적 역할을 맡아야 할 의무감을 느끼고 있다. 이러한 방침을 추구하다 보니 인도는 영어권 국가들과 자연스럽게 유대관계를 맺었다. 하지만 인도는 아시아나 중동과의 관계와 인도의 경제 발전 계획을 유지하는 데 필요한 자원을 보유한 주요 독재 국가들에 대한 정책에서 행동의 자유를 유지함으로써 네루의 유산을 계속 받들려고 할 수도 있다. 이러한 우선순위로 인해 역사적 태도를 초월하는 그들만의 긴급한 책무가 형성될 것이다. 중동에서 미국의 위치가 다시 정해지고 나면, 그 지역의 여러 국가들은 자신들의 입장을 강화하고 일종의 지역 질서를 수립하기 위해 새로운 협력자를 찾을 것이다. 그리고 인도 자체의 전략적 분석은 아프가니스탄의 권력 공백이나 다른 열강이 아시아에서 패권을 잡는 시나리오를 허락하지 않을 것이다.

2014년 5월 선거에서 개혁과 경제 성장을 공약으로 내걸어 압도적인 승리를 거둔 힌두 민족주의 정권은 전통적인 외교 정책 목표를 더욱 힘차게 추구할 것으로 예상할 수 있다. 확고한 권한과 카리스마 넘치는 리더십을 갖춘 나렌드라 모디 정권은 자신들이 파키스탄과의 분쟁이나 중국과의 관계같이 오래된 문제들에 대해 새로운 방향을 세울 수 있다고 생각할지 모른다. 인도, 일본, 중국 모두 강력하고 전략 지향적인 정부들이 이끌고 있는 상황이라서 경쟁 관계가 격렬해지거나 대담한 해결 방안을 도출할 여지가 커질 것이다.

위에서 지적한 변화 중에서 어떤 경우가 발생하더라도 인도는 21세기 질서의 버팀대가 될 것이다. 지리적인 위치와 자원, 세련된 지도력의 전통에 근거할 때, 지역 질서의 교차점에 위치하는 인도는 그 지역과 질서 개념의 전략적, 이념적 발전 과정에 없어서는 안 될 국가이기 때문이다.

아시아의 지역 질서는 무엇인가?

전통적인 유럽 질서는 자기 충족적이었다. 영국은 20세기 초까지 고립된 위치와 우월한 해군력을 통해 균형을 유지할 수 있었다. 16세기에 오스만 제국을 끌어들인 프랑스나 20세기 초에 일본과 동맹을 맺은 영국처럼 가끔 유럽의 열강들이 일시적으로 자국의 입지 강화를 위해 외부 국가에 협력을 요청했지만, 중동이나 북아프리카에서 가끔 등장한 열강 외에 대다수의 비서방 열강들은 유럽에 거의 관심이 없었고 유럽에서 일어난 분쟁에 개입해 달라는 요청 또한 받지 않았다.

반대로 현대의 아시아 질서에는 외부 열강들이 없어서는 안 될 특징으로 포함되어 있다. 버락 오바마 미국 대통령이 후진타오 중국 주석과 2011년 1월에, 시진핑 주석과 2013년 6월에 공동으로 발표한 성명에서 명확히 그 역할을 확인한 아태평양 열강으로서의 미국과, 인구 중 75%가 유럽 지역에 거주하지만 지리적으로 아시아 열강에 속하고[42] 상하이협력기구 같은 아시아 모임에 참여하는 러시아가 바로 그들이다.

현대의 미국은 종종 세력 균형을 잡아 주는 국가로서의 역할을 요청받아 왔다. 1905년 포츠머스 조약에서 미국은 러일 전쟁의 중재 역할을 맡았다. 그리고 제2차 세계대전에서는 아시아 패권을 잡으려는 일본을 물리쳤다. 미국은 냉전 시대 동안 파키스탄에서 필리핀에 이르는 동맹 네트워크를 통해 소련의 세력과 균형을 맞추려고 애쓰면서 아시아 국가 같은 역할을 수행했다.

서서히 발전하는 아시아 체계는 앞선 내용에서 다루지 않은 다수의 국가들을 고려해야 할 것이다. 이슬람적 성향을 확인시켜 주면서 동남 아시아에 단단히 자리 잡고 있는 인도네시아는 점점 더 영향력이 커지는 역할을 수행하고 있고, 지금까지 중국, 미국, 이슬람 세계 사이에서 섬세하게 균형을 잡는 역할을 해 오고 있다. 일본, 러시아, 중국과 이웃한 한국은 전기 통신이나 조선 같은 전략 산업에서 선두를 달리면서 세계적으로 경쟁력 있는 경제를 바탕으로 활기찬 민주주의를 성취해 냈다. 중국을 포함하여 다수의 아시아 국가들은 북한의 정책이 안정을 해친다고 생각하지만, 북한의 붕괴 또한 더 큰 위험이라고 간주한다. 남한 측은 국내에서 점점 더 커지는 통일에 대한 압박에 대처해야 할 것이다.

아시아의 규모 자체가 크고 다양한데도 아시아 국가들은 갖가지 다양한 다자간 기구와 양자간 기구를 만들어 왔다. 유럽 연합, 나토, 유럽안보협력위원회와는 달리 이 기구들은 지역 질서의 공식적인 원칙들을 표출하는 것이 아니라 안보와 경제 문제를 안건별로 처리한다. 일부 주요 기구들에는 미국이 포함되어 있고, 경제 기구를 포함한 일부 기구들은 아시아 국가들로만 이루어져 있다. 그중에서 가장 많이 공이 들어간 의미 있는 기구는 동남아시아국가연합(ASEAN)이다. 핵심 원칙은 당면한 문제들과 가장 직접적으로 관련되어 있는 국가들을 환영하는 것이다.

그러나 이 모든 것이 아시아의 질서 체계에 해당하는가? 유럽의 균형 상태에서 주요 당사자들의 관심사는 일치하지는 않더라도 비슷했다. 세력 균형은 현실에서 형성될 수 있었다. 이는 패권이 존재하지 않을 때에는 불가피했다. 하지만 그와 동시에 세력 균형은 의사 결정과 완화된 정책을 촉진하는 정당성의 체계로서도 수립될 수 있었다. 그런데 아시아에는 그렇게 일치되는 부분이 존재하지 않는다. 이는 주요 국가들이 스스로 정한 시급한 문제들에서도 여실히 드러난다. 인도는 1962년에 발생한 국경 전쟁의 유산 때문에 중국을 대등한 경쟁자로서 가장 많이 걱정하는 반면, 중국은 자신들의 경쟁자를 일본과 미국이라고 생각한다. 인도는 중국보다 파키스탄에 더 많은 병력 자원을 투입했다. 인도 정부는 파키스탄이 대등한 경쟁국이 아닌데도 전략적으로 파키스탄에 집착해 왔다.

아시아 기구들에서 무정형의 특성이 나타나는 이유는 부분적으로 동아시아와 남아시아가 역사 내내 지리적 요인으로 인해 명확하게 분리되어 있었기 때문이다. 문화적, 철학적, 종교적 영향은 지리적인 경계선을 초월해 왔고, 힌두교와 유교식 통치 개념은 동남아시아 전체에 공존하고 있었다. 그러나 20세기까지 동아시아와 남아시아의 위대한 제국들은 산과 정글로 형성된 장벽을 뚫고 들어갈 수가 없었기 때문에 군사적으로 서로 영향을 주고받을 수 없었다. 몽골족과 그들의 계승자들은 히말라야 산길을 통해서가 아니라 중앙아시아로부터 인도 아대륙에 진출했고, 인도 남부 지역까지 도달하는 데 실패했다. 아시아의 여러 지역들은 지정학적으로, 역사적으로 별개의 진로를 추구했다.

이 시기 동안에 수립된 지역 질서들 중에는 베스트팔렌 체제의 전제를 기초로 한 질서는 하나도 없었다. 유럽의 질서가 서로의 법적 평등성을 인정하는, 영토로 규정된 '주권 국가들'의 균형을 포용한 반면, 아시아의 전통적인 정치적 열강들은 더욱 애매한 기준을 근거로 활동했다. 근대기까지 줄곧 몽골 제국과 러시아, 이슬람의 영향을 받은 '내륙 아시아' 세계는 중국 제국의 조공 체계와 공존했다. 중국 제국의 조공 체계는 동남아시아 왕국들에도 영향을 미쳤다. 그들은 군주에게 일종의 신성이 존재한다고 상정한 인도의 힌두교 원칙들에 깊은 영향을 받은 국정 외교술을 펼치면서도 보편성을 주장하는 중국의 입장을 받아들였다.

이제 이 유산들이 합쳐지고 있지만, 그들의 여정이 갖는 의미나 21세기 질서를 위한 그 여정의 교훈에 대해 각국은 의견을 달리한다. 현재의 상황에서는 본질적으로 두 가지 세력 균형이 등장한다. 하나는 남아시아에서, 다른 하나는 동아시아에서 등장하고 있는데, 어떤 세력 균형도 유럽의 세력 균형에 없어서는 안 될 특징을 갖고 있지 않다. 그 특징은 힘이 더 약한 쪽으로 힘을 옮겨 줌으로써 균형을 잡아 줄 수 있는 국가를 말한다. (아프가니스탄에서 철수한 이후의) 미국은 현재 남아시아 내의 균형을 기본적으로 군사 문제로 취급하기를 자제해 왔다. 그러나 미국은 힘의 공백이 생기지 않도록 지역 질서를 다시 수립하기 위해 외교적으로 적극성을 보여야 할 것이다. 만약 힘의 공백이 생기면 주변의 모든 국가들이 충돌하는 상황을 피하기 힘들 것이다.

6

아시아의 질서를 향해: 충돌이냐 협력 관계냐?

아시아 국가들의 가장 흔한 특징은 자신들이 '신생' 국가나 '탈식민' 국가를 대표한다고 생각하는 점이다. 그들은 모두 강력한 민족 정체성을 주장함으로써 식민 통치의 유산을 극복하려고 노력했다. 그들은 과거 수백 년 동안 서양 세계가 극도로 잔혹한 침략을 감행한 이후 세계 질서가 다시 균형을 잡았다는 확신을 공유하지만, 각자의 역사적 여정에서 아주 다른 교훈을 이끌어 냈다. 고위직 관리들이 핵심적인 이익을 환기시키려고 애쓸 때, 그 가운데 다수는 다른 문화적 전통을 바라보면서 다른 황금시대를 이상화한다.

18, 19세기 유럽 체계에서 균형 유지와 그에 따른 현상 유지는 긍정적인 덕목으로 간주되었다. 아시아의 거의 모든 국가는 각자의 활력에 의해 앞으로 나아간다. 자신들이 '성장하고' 있다고 확신하는 아시아 각국은 세계가 아직 자신이 마땅히 맡아야 할 최대한의 역할을 인정하지 않

았다는 신념으로 움직인다. 어떠한 국가도 다른 국가의 주권과 존엄에 이의를 제기하지 않고 모두가 '상호 이익' 외교에 전념하겠다고 확언하지만, 국가의 위상을 세우려는 그 많은 계획들이 동시에 추구되기 때문에 그 지역 질서에는 어느 정도의 불안정성이 형성되기 마련이다. 현대적 기술이 발전하면서 아시아의 주요 열강들은 19세기의 가장 강력한 유럽 국가가 보유했던 무기보다 훨씬 더 파괴적인 무기로 무장했고, 이로 인해 판단 착오의 위험이 가중된다.

따라서 아시아의 조직화는 세계 질서에 본질적인 문제가 될 수 있다. 하나의 체계로서의 세력 균형보다는 국익을 중시하고 그것을 추구하는 주요 국가들의 성향으로 인해 이미 발달한 질서의 메커니즘이 형성되었다. 그들은 기존의 여러 이해관계가 상호 작용할 수 있는 평화로운 토대를 제공하면서 태평양 너머와 협력 관계를 수립할 수 있는지 시험받을 것이다.

아시아의 국제 질서와 중국

중국은 아시아의 모든 세계 질서 개념들 중에서 가장 오래도록 지속되고, 가장 명확하게 규정되며, 베스트팔렌 이념과 가장 거리가 먼 개념을 운용했다. 또한 중국은 고대 문명에서 출발하여 전형적인 제국과 공산주의 혁명을 거친 뒤 현대에 열강의 지위에 오른 가장 복잡한 여정을 겪었다. 그리고 그 과정은 인류에 심오한 영향을 미칠 것이다.

기원전 221년에 단일한 정치 체제로 통일된 때부터 20세기 초까지 중국이 세계 질서의 중심에 있다는 생각이 중국 엘리트층에 뿌리 깊이 자리 잡고 있었기 때문에 중국어에는 그런 중국의 위치를 의미하는 단어가 없었다. 학자들이 과거로 거슬러 올라가 "중국 중심의"[1] 조공 제도를 규정했을 뿐이다. 이 전통적인 개념에서 중국은 어떤 의미로는 스스로를 세계에서 유일하게 주권을 가진 정부라고 생각했던 것 같다. 중국 황제는 우주 차원의 인물이자 인간과 신 사이에서 중핵을 이루는 인물로 취급되었다. 중국 황제의 권한 범위는 '중국'이라는 주권 국가, 즉 그의 직접적인 통치 대상인 영토가 아니라 '하늘 아래 모든 것'이었다. 그리고 그 사이에서 중국은 중앙의 문명화된 '중화(中華)'를 형성하면서 나머지 인간들을 격려하고 고양했다.

이 시각에서 세계 질서는 서로 경합하는 주권 국가들의 균형 상태가 아니라 일반적인 위계질서를 의미했다. 모든 알려진 사회는 부분적으로 중국 문화와 얼마나 가까운가에 따라 중국과 일종의 조공 관계를 맺는 존재로 간주되었다. 어떤 사회도 중국과 동등한 위치에 도달할 수 없었다. 다른 군주들은 대등한 주권자가 아니라 개화되려고 노력하면서 통치 기술을 배우는 성실한 문하생이었다. 외교는 여러 주권국들의 이해관계를 조정하는 과정이 아니라 외국 사회가 세계적인 위계질서에서 할당받은 위치를 확인할 기회를 얻는, 신중하게 구상된 일련의 의식이었다. 이 시각에 따르면 고대 중국에서 현대적 의미의 '외교 정책'을 담당한 곳은 조공 관계의 미묘한 차이를 결정한 예부(禮部)와 유목 민족과의 관계를 처리한 이번원(理藩院)이었다. 중국 외무부는[2] 19세기 중반이 돼서야 설치되었는데, 서방의 불법 침입자들을 처리하는 데 필요해서였다. 그때도 중국 관리들은 자신들의 임무를 베스트팔렌식 외교술로 간주할 수 있는 것이 아니라 이방인을 다루는 전통적인 방법이라고 생각했다. 그 새로운 부처에는 총리아문이라는 강력한 명칭이 부여되었다. 이는 중국이 국가 간 외교에는 전혀 관여하지 않는다는 의미였다.

조공 제도의 목적은 경제적 이익을 얻거나 외국 사회를 군사적으로 지배하는 것이 아니라 복종을 촉진하는 것이었다. 최종 거리가 8000킬로미터가 넘는, 중국의 가장 두드러진 건축 업적인 만리장성 건설은 진시황이 시작했는데, 그는 모든 경쟁자들을 군사적으로 물리치면서 전국시대를 끝내고 중국을 통일했다. 만리장성은 군사적 승리뿐 아니라 약점에 대한 의식과 결부된 엄청난 힘을 의미하는 중국의 본질적인 한계까지도 증명하는 장대한 증거였다. 천 년 동안 중국은 무력으로 상대를 제압하기보다는 구슬리고 유혹하려고 했다. 따라서 한나라(기원전 206년부터 220년)의 한 장관은 전통적인 분석에 따르면 중국의 군사력이 더 우수한데도 중국의 북서 국경 지대에 나타난 기마민족인 흉노족을 관리하기 위해 '다섯 가지 미끼'를 제안하고 다음과 같이 설명했다.

그들의 눈을 망가뜨리기 위해 정교한 의복과 마차를 줘라.[3] 그들의 입을 망가뜨리기 위해 좋은 음식을 줘라. 그들의 귀를 망가뜨리기 위해 음악과 여자를 안겨라. 그들의 속을 망가뜨리기 위해 우뚝 솟은 건물과 곡창, 노예를 제공하라. 그리고 항복하러 온 사람들의 마음을 망가뜨리기 위해 황제는 축하연회를 베풀고 직접 포도주와 음식을 차려 줌으로써 그들에게 호의를 보여 줘야 한다. 이것이 이른바 다섯 가지 미끼이다.

중국 외교 의례의 특징인 중국식 절 고두는 황제의 우월한 권위를 인정하는 의미로 무릎을 꿇고 이마를 땅에 대는 절이다. 이는 확실히 굴욕적이기 때문에 근대 서양 국가들과의 관계에 장애물로 드러났다. 그러나 고두는 자발적인 행동을 상징했다. 그것은 정복당했다기보다는 경외심을 느낀 민족이 복종을 표시하는 전형적인 행동이었다. 그러한 경우에 중국이 받은 조공은 가치 면에서 황제의 답례 선물보다 떨어졌다.

가끔 반항적인 야만인들에게 '교훈'을 가르치고 복종을 이끌어 내려고 군사적인 습격을 가하기도 했지만, 전통적으로 중국은 자신들의 업적과 처신을 통해 심리적인 지배를 꾀했다. 이 전략적 목표들과 무장 충돌에 대한 심리적인 접근법은 다른 이웃 국가들과 비교한 핵심 이익을 확인하는 방식뿐 아니라 1962년 인도와의 전쟁, 1979년 베트남과의 전쟁 같은 최근의 사건에서도 명확히 드러났다.

그러나 중국은 서양에서 사용하는 의미로서의 선교 국가는 아니었다. 중국은 개종이 아니라 존중을 유도하려 했다. 그 미묘한 경계선을 결코 넘을 수는 없었다. 중국의 사명은 중국의 성과였고, 외국 사회들은 그것을 인정하고 알아볼 것으로 기대되었다. 다른 나라가 중국의 친구, 심지어 오랜 친구가 되는 것은 가능했지만, 중국의 동료로 대우받을 수는 없었다. 아이러니컬하게도 이러한 지위와 비슷한 지위를 얻은 유일한 외국인들은 정복자들이었다. 역사적으로 문화 제국주의가 보여 준 가장 놀라운 위업 중 하나를 소개하면, 중국을 정복한 두 민족, 즉 13세기의 몽골족과 17세기의 만주족이 중국 문화의 핵심적인 요소들을 받아들임으로써 문화적으로 우월하다는 많은 수의 고집 센 민족을 쉽게 다스릴 수 있었다는 사실이다. 정복자들은 패배당한 중국 사회에 크게 동화되었는데, 그들 본국의 상당 부분이 전통적인 중국 영토로 취급될 정도까지 동화되었다. 중국은 자신들의 정치 체제를 퍼뜨리려고 노력하지 않았다. 중국은 다른 국가들이 자신들에게 다가오는 모습을 지켜보았다. 그런 의미에서 중국은 정복이 아니라 흡수를 통해 세력을 확대해 나갔다.

근대로 접어들면서 서양의 대리인들은 문화적인 우월 의식을 갖고 중국을 유럽의 세계 체계에 끌어들이는 일에 착수했다. 당시 유럽의 세계 체계는 국제 질서의 기본적인 구조가 되어 가고 있었다. 그들은 대사 교환과 자유무역을 통해 세계와 유대 관계를 형성하고 경제를 근대화하며, 기독교 개종을 위해 사회를 개방함으로써 중국 민족을 정신적으로 고양하라고 중국에 압박을 가했다.

중국은 서방 세계가 계몽과 참여의 과정이라고 생각한 것을 모욕으로 간주했다. 처음에 중국은 살짝 피하려 하다가 나중에는 전면적으로 저항하려 했다. 18세기 말에 영국의 첫 특사인 조지 매카트니가 산업혁명 초기의 몇 가지 제품과 함께 자유무역과 양국의 상주 대사관 설치를 제안한 조지 3세의 서한을 갖고 중국에 도착했을 때, 그를 광저우에서 베이징까지 데려간 중국 배에는 "영국 대사가 중국 황제에게 조공을 가져왔다고" 적은 깃발이 걸려 있었다. 조지 매카트니는 영국 왕에게 보내는 서한과 함께 내쫓겼는데, 서한에는 "유럽이 당신 나라 외에도 여러 나라들로 이루어져 있기" 때문에 베이징에 어떠한 대사도 상주하도록 허락할 수 없다는 설명이 적혀 있었다. "만약 모든 국가가 우리 왕실에 대리인을 보내겠다고 요구한다면, 우리는 어떻게 동의할 수 있겠는가? 그런 일은 실현 불가능하다." 중국 황제는 엄격한 통제 속에 이미 제한된 수량으로 이루어지고 있는 수준을 넘어선 무역은 필요하지 않다고 생각했다. 영국은 중국이 원하는 상품을 갖고 있지 않았기 때문이었다.

넓은 세상을 움직이는[4] 나는 완벽한 통치권을 유지하고 국가의 의무를 다하는 한 가지 목표만을 계획하고 있다. 내가 당신이 보낸 조공물을 받으라고 명령했다면, 이는 순전히 그 멀리서 조공을 보낸 당신의 마음을 생각했기 때문이다. (중략) 당신의 대사가 직접 볼 수 있듯이, 우리는 모든 것을 갖고 있다.

나폴레옹이 패한 뒤 영국 상업이 빠른 속도로 확장할 때 영국은 다시 한 번 접근을 시도했다. 영국은 비슷한 제안서와 함께 두 번째 특사를 파견했다. 나폴레옹 전쟁 중에 영국이 보여 준 해군력은 외교 관계가 바람직한가에 대한 중국의 평가를 바꾸어 놓는 데 아무런 영향도 미치지 못했다. 특사로 파견된 윌리엄 애머스트가 예복이 준비되지 않았다고 핑계를 대며 고두 의식에 참석하기를 거부하자 그의 대표단은 쫓겨나고 말았다. 그리고 외교 관계를 추진하려던 추후의 시도도 명확하게 좌절되었다. 중국 황제는 영국의 섭정왕자[5](나중에 조지 4세가 됨 — 옮긴이)에게 "하늘 아래 모든 것을 지배하는 대군주" 중국은 매번 올바른 외교 의례를 통해 야만족의 특사를 안내하느라 괴로움을 겪을 수는 없다는 내용의 전갈을 보냈다. 중국 황실의 기록은 다음과 같이 제대로 인정하고 있었다. "바다 건너 멀리 있는 그대의 왕국은 충성을 바치고 문명을 동경한다." 그러나 (19세기 서양 선교 간행물이 칙령을 번역한 내용에 따르면)

지금부터는 이 먼 길에 더 이상 특사를 보낼 필요가 없다.[6] 여행하느라 힘만 헛되이 낭비하는 결과만 생길 뿐이기 때문이다. 만약 그대들이 순종적으로 봉사하겠다는 마음을 보여 줄 수 있다면, 일정 기간 동안 왕실에 특사를 보내지 않아도 된다. 그것이 문명을 향하는 진정한 방법이다. 그대들이 영원히 복종할 수 있기 때문에 우리는 지금 이 칙령을 발표한다.

오늘날의 기준으로 보면 이러한 경고가 주제넘게 보이고 유럽에서 가장 발달한 해군력과 경제력, 산업 능력을 갖고 있다고 자부하는, 유럽의 균형을 지킨 국가에게는 대단히 모욕적이지만, 중국 황제는 세상에서 자신이 차지한 위치에 대한 생각과 일치하는 방식으로 스스로를 표현했다. 그의 위치는 수천 년 동안 지배적이었고 주변의 많은 민족들은 적어도 그의 위치를 인정하고 있었다.

부끄럽게도 서양 열강들은 서양 발전의 모든 결실 중에서도 하필이면

아편을 무제한으로 수입할 수 있는 권리를 주장하면서 가장 명백하게 해로운 제품을 자유롭게 거래하는 문제를 일으켜 위기 상황을 만들었다. 청 왕조 말에 중국은 군사 기술을 소홀히 했는데, 부분적으로는 아주 오랫동안 도전을 받지 않았기 때문이기도 하지만 대개는 중국의 유교식 사회구조에서 군인의 지위가 낮았기 때문이다. 그러한 세태는 "좋은 철은 못에 사용되지 않는다. 훌륭한 사람도 군인이 되지 않는다."는 속담에서도 잘 드러난다. 청 왕조는 1893년에 서양 세력의 공격을 받으면서도 이화원의 화려한 대리석 배를 수리하는 데 군사 자금을 써 버리기도 했다.

1842년 일시적으로 군사적 압박에 제압당한 중국은 서양의 요구를 인정하는 조약에 서명했다. 그러나 중국은 자신들이 유일하다는 의식을 버리지 않았고, 끈질기게 지연 작전을 펼쳤다. 1856～1858년 전쟁(광저우에서 영국 국적의 선박을 부적절하게 압수했다는 사실을 문제 삼아 싸운)에서 승리를 거둔 영국은 오래전부터 요구한 대로 베이징에 상주 대표 주둔을 보장하는 조약을 요구했다. 이듬해에 승리에 도취한 대표단과 함께 도착한 영국 특사는 수도로 이어지는 주요 뱃길이 쇠사슬과 못으로 막혀 있다는 사실을 알게 되었다. 그가 영국 해군 파견단에게 장애물을 치우라고 명령하자 중국군이 사격을 개시했다. 이 충돌로 519명의 영국군이 사망하고 이후 전투에서 456명이 부상당했다. 이때 영국은 엘긴 경이 지휘하는 군대를 파견하여 베이징을 습격하고 청 왕실이 도망칠 때 이화원에 불을 질렀다. 청 왕조는 이 잔인한 개입을 계기로 외교 사절들이 머물 수 있는 '공사관 지역'을 어쩔 수 없이 인정하게 되었다. 중국은 마지못하고 분개한 마음으로 주권 국가들로 이루어진 베스트팔렌 체제 내에서의 상호 외교 개념을 인정했다.

이러한 갈등의 중심에는 더 큰 문제가 있었다. 중국은 그 자체로 하나의 완전한 세계 질서였는가 아니면 다른 국가들처럼 더 넓은 국제 체계에 속한 국가였는가? 중국은 전통적인 전제를 고수했다. 중국 황제는 '이방인' 열강들에게 두 번이나 군사적으로 패하고 외국군의 힘을 빌려 대규모 국내 봉기(태평천국의 난)를 겨우 진압한 후인 1863년에도 에이브 러햄 링컨에게 보낸 서한에서 중국이 반드시 자비로운 호의를 보여 주 겠다고 말했다. "우주를 통치하라는 하늘의 명을 경건하게 받들어[7] 그 중심에 있는 중국이나 주변국들이나 조금도 차별을 두지 않고 한 가족의 구성 원으로 간주하겠다."

1872년에 저명한 스코틀랜드 중국학자 제임스 레그는 그 시대의 특 징인 서양식 세계 질서 개념의 자명한 우월성에 대한 자신감을 내비치 면서 그 문제를 날카롭게 설명했다.

지난 40년 동안[8] 세계의 더욱 발전한 국가들에 대한 중국의 입장은 완전 히 달라졌다. 중국은 동등한 조건으로 그들과 조약을 맺게 되었다. 그러나 나는 중국의 대신들과 국민이 아직도 이 실상을 직시하지 못했다고 생각한 다. 중국이 이 세상의 많은 독립 국가들 중의 하나일 뿐이고 중국 황제가 통 치하는 "그 하늘 아래"는 하늘 아래 모든 것이 아니라 지도에서 짚어 낼 수 있고 지구상에서 규정될 수 있는 일부분일 뿐이라는 사실을 깨달으려면 제 대로 된 진상을 알아야 한다.

기술과 무역이 서로 상반되는 체계를 더욱더 가깝게 접촉하게 만드는 상황에서는 어떤 세계 질서 규범이 지배할 것인가?

유럽의 베스트팔렌 체제는 30년 전쟁이 끝나면서 사실상의 독립 국 가로 자리 잡은 다수의 국가들로부터 생겨난 파생물이었다. 아시아는 그러한 독특한 민족적, 국제적 장치 없이 근대를 시작했다. 아시아에는 소왕국들로 둘러싼 문명의 중심지들이 여럿 존재했고, 그 중심지들 간의 상호 작용을 위해 섬세하고도 유동적인 메커니즘이 존재했다.

중국의 평야는 아주 비옥했고, 중국 문화는 흔치 않을 정도의 복원력을 갖고 있었고, 정치적인 통찰력 또한 뛰어났다. 그 덕에 중국은 2000년이라는 시간의 대부분 동안 통일 상태를 유지할 수 있었고, 전통적인 기준으로 보면 군사적으로 힘이 약해진 시기에도 상당한 정치적, 경제적, 문화적 영향력을 행사할 수 있었다. 중국의 경쟁 우위는 다른 모든 주변국들이 원하는 제품을 생산해 내는 부유한 경제에서 찾을 수 있었다. 이러한 요인들에 의해 형성된 중국의 세계 질서 개념은 동등한 다수의 국가들을 기초로 한 유럽의 경험과는 크게 달랐다.

중국이 선진 서양 세계 및 일본과 만난 이 극적인 사건은 팽창주의 국가들로 조직된 열강들이 처음에는 근대 국가의 장식을 굴욕이라고 생각한 문명에 지대한 영향을 미친 사건이었다. 21세기에 중국이 탁월한 위치로 '부상'한 사건은 새로운 일이 아니라 역사적 패턴을 복구한 일이다. 특이한 것은 중국이 고대 문명의 후계자인 동시에 베스트팔렌식 모델의 최신예 열강으로 돌아왔다는 사실이다. 중국은 '천하'의 유산과 기술관료적 근대화, 그리고 그 둘을 합치려는 대단히 소란스러웠던 20세기의 국가적 노력을 하나로 만들고 있다.

중국과 세계 질서

1911년 청 왕조가 멸망했다. 1912년 쑨원이 중국 공화국의 토대를 닦았지만, 힘없는 중앙정부로 인해 군벌주의 시대가 시작되었다. 장제스가 수립한 더 강력한 중앙정부는 중국이 베스트팔렌식 세계 질서와 세계 경제체계 속에서 한 자리를 차지할 수 있도록 노력했다. 현대성과 전통성을 동시에 추구한 중국은 그 역시 격변에 휩싸인 국제 체계에 맞게 변화하려고 시도했다. 하지만 그때 반세기 앞서서 근대화를 추진하기 시작한 일본이 아시아의 패권을 잡기 위해 시동을 걸기 시작했다. 1931년에 만주를 차지한 일본은 1937년에 중국 중부와 동부 지역에 침략을 감행했다. 국민당 정부가 입지를 강화하지 못하면서 공산당 반란 세력은 숨 돌릴 여유를 얻을 수 있었다. 중국은 1945년에 제2차 세계대전이 끝났을 때 승리한 연합군 측에 속해 있었지만[9] 모든 관계와 유산을 시험대에 올린 내전과 혁명의 소란으로 갈가리 찢기고 말았다.

1949년 10월 1일에 승리를 거둔 공산당 당수 마오쩌둥은 "중국 인민이 분연히 일어났다."고 말하면서 중화인민공화국의 수립을 선언했다. 마오는 "끊임없는 혁명"이라는 신조를 통해 스스로를 정화하고 강화하는 중국으로서 이 슬로건을 다듬었고, 기존의 국내외 질서 개념을 해체하는 작업에 착수했다. 제도화된 모든 것을 공격했는데, 서양식 민주주의, 공산주의 세계를 이끄는 소련, 중국의 과거가 남긴 유산 등이 공격 대상이 되었다. 중국을 외세의 침입 앞에 속수무책으로 만든 수동적 태도를 초래했다는 이유로 미술, 기념물, 명절, 전통, 어휘, 의복 등이 다양한 형식의 금지명령 대상이 되었다. 고대 중국 철학을 그대로 흉내 낸 듯한 "대화합"이라는 마오식 질서 개념에서 새로운 중국은 화합을 강조하는 전통적인 유교 문화가 무너지면서 생겨날 것이었다. 그는 혁명의 물결이 칠 때마다 다음 번 물결의 선도자 역할을 할 것이라고 선언했다. 그의 주장에 따르면 혁명가들은 현실에 안주하고 나태해지지 않도록 혁명의 과정을 항상 가속화해야 했다. 마오는 "불균형은 일반적이고 객관적인 원칙이다."라고 말했다.

끝없는 주기는[10] 불균형에서 균형으로, 다시 불균형으로 발달해 간다. 그러나 모든 주기는 우리를 더 높은 단계의 발전 상태로 데려간다. 균형은 일시적이고 상대적인 데 비해 불균형은 정상적이고 절대적이다.

결국 이 격변은 일종의 전통적인 중국식 결말인 중국식 공산주의를 탄생시키도록 계획되어 있었다. 다시 말하면 '천하'를 다시 뒤흔드는 중국 특유의 혁명적인 도덕적 권위와 함께, 중국의 업적으로 영향력을 발휘하는 독특한 행동방식으로 자신들을 구분 짓는 중국 고유의 공산주의를 말한다.

마오는 국내 문제를 처리할 때도 중국 고유의 특성을 믿었다. 마오는 세계가 국력을 평가하는 방식에 의하면 중국의 힘이 객관적으로 약했는데도 심리적, 이념적 우월성을 통해 중국이 중심적인 역할을 할 수 있다고 주장했다. 그리고 그것이 우수한 물리력을 강조하는 세상을 회유하기보다는 무시할 때 증명될 것이라고 주장했다. 1957년 모스크바에서 열린 세계 공산당회의에서 마오는 핵전쟁이 일어나면 인구가 훨씬 더 많고 문화가 더욱 강인한 중국이 최종 승자가 될 것이라고 예측함으로써 동료 참가자들을 충격에 빠뜨렸다. 그는 수억 명의 사상자가 발생하더라도 중국은 혁명의 과정에서 벗어나지 않을 것이라고도 말했다. 이 모든 발언이 대단한 핵무기 보유국들의 기를 죽이기 위한 허세였을지 모르지만, 마오는 세계로 하여금 자신이 핵전쟁을 냉정하게 바라보고 있다고 믿게 만들고 싶어 했다. 필자가 베이징을 몰래 방문한 1971년 7월에 저우언라이는 마오 주석이 중국 황제들의 통치 범위를 냉소적으로 비꼬면서 건넨 "천하가 혼란스러우니 상황이 더할 나위 없이 좋다."라는 말로 마오의 세계 질서 개념을 요약했다. 여러 해에 걸친 투쟁으로 단단해진 인민공화국은 결국 혼란스러운 세상을 빠져나와 중국에서만이 아니라 '천하'의 모든 곳에서도 승리자로 등장하고 공산당의 세계 질서는 황실의 전통적인 시각과 합쳐질 것이었다.

마오는 중국 최초로 강력한 왕조(기원전 221~207년)를 설립한 진시황처럼 중국의 약점이자 굴욕이라고 비난한 고대 문화를 없애려는 동시에 중국을 통일하려고 애썼다. 그는 그 어떤 황제만큼이나 먼 거리에서 통치했고(황제들이 대규모 집회를 소집하지는 않았을 테지만), 레닌이나 스탈린의 방식과 자신의 방식을 결합시켰다. 마오의 통치 과정은 혁명가의 딜레마를 구체적으로 보여 주었다. 혁명가가 일으키려는 변화가 광범위할수록 이념적, 정치적 반대자들은 말할 것도 없고 타성에 젖은 익숙한 사람들도 저항하기 마련이다. 혁명적 예언자는 자신의 계획에 박차를 가하고 그 계획을 실행할 수단을 다변화함으로써 자신의 죽을 운명을 거부하고 싶어 한다. 마오는 1958년에 맹렬한 속도로 산업화를 추진하기 위해 재앙에 가까운 대약진 운동을 시작했고, 1966년에는 지배 집단의 제도화를 막기 위해 그들을 숙청하는 문화혁명에 착수했다. 10년에 걸친 이 이념 운동으로 한 세대에 해당하는 학식 있는 젊은이들이 시골로 추방되었다. 마오의 목표를 달성하는 과정에서 수천만 명이 목숨을 잃었다. 대부분 사랑이나 증오 없이 제거되었고 그전까지는 역사적 과정으로 간주되던 것을 한 번의 일생으로 단축시키는 데 동원되었다.

혁명가들은 그들의 업적을 당연시하고 그 업적을 위해 치른 희생이 불가피했다고 간주할 때 성공한 것이다. 현재의 중국 지도자들 중 일부는 문화혁명 동안 아주 많이 고생을 겪었지만, 그 고생이 또 다른 대변혁의 시기를 이끌어 가야 하는 엄청난 임무를 위해 스스로를 단련시킬 수 있는 힘과 자기 발전의 기회를 주었다고 설명한다. 그리고 중국 대중, 특히 너무 젊어서 그 고생을 직접 겪지 않은 사람들은 마오가 기본적으로 중국의 위엄을 위해 중국을 통일한 지도자라는 설명을 받아들이는 듯하다. 세계에 대한 마오쩌둥주의자들의 조롱 섞인 도전과 마오의 격변을 겪으며 얻은 차분한 의지 중에 어떤 유산이 승리하는가가 중국과 21세기 세계 질서와의 관계를 밝히는 데 크게 도움을 줄 것이다.

문화혁명 초기 단계에 중국은 자체 선택에 의해 전 세계에 대사를 네 명만 두고 핵무기를 보유한 초강대국인 미국과 소련 모두와 대립했다. 1960년대 말에 마오는 문화혁명이 수천 년에 걸쳐 검증된 중국 민족의 인내력마저 바닥나게 만들었음은 물론 중국의 고립이 그가 이념적 엄격함과 저항으로 극복하려던 외세의 간섭을 도리어 끌어들일 수도 있음을 인정했다. 1969년 소련이 중국을 공격할 태세를 갖추자 마오는 모든 각료들을 지방으로 흩어지게 하고 베이징에 저우언라이만 남겨 두었다. 마오는 과연 그답게 예상치 못한 방향 전환으로 이 위기에 대응했다. 그는 군대를 동원하여 자신의 돌격대인 홍위병을 폐지함으로써 문화혁명의 가장 무법적인 측면을 종식시켰다. 시골로 보내진 홍위병들은 그전까지 자신들이 희생시킨 사람들과 함께 강제 노동에 동원되었다. 마오는 그때까지 비방을 일삼던 적국 미국에 접근함으로써 소련의 계획을 좌절시키려 했다.

마오는 미국과의 수교가 중국의 고립을 종식시키고, 주저하고 있는 국가들에게 중화인민공화국을 인정할 타당한 이유를 제공할 거라고 계산했다. (흥미롭게도 내가 첫 중국 방문을 계획하고 있을 때 작성된 CIA 분석에 따르면[11] 중국과 소련의 갈등이 대단해서 미중 관계 회복이 가능할 수 있지만, 마오의 이념적 열정 때문에 그가 살아 있는 동안에는 관계 회복이 어려울 것이라고 봤다.)

혁명은 아무리 전면적이라고 해도 굳건해져야 하고 결국 열광의 순간으로부터 오랫동안 지속될 수 있는 것으로 전환해야 한다. 그 역사적인 역할은 바로 덩샤오핑의 몫이었다. 그는 마오가 두 번이나 숙청한 사람이었지만, 1976년에 마오가 세상을 뜬 지 2년 만에 실질적인 통치자로 부상했다. 덩샤오핑은 경제 개혁과 사회 개방에 신속히 착수했다. 그는 본인이 "중국 특색의 사회주의"라고 정의 내린 것을 추구하기 위해 중국 민족에게 잠재되어 있던 에너지를 일깨웠다. 한 세대가 다 지나가기도 전에 중국은 세계에서 두 번째로 큰 경제 국가가 되었다. 반드시 확신에 의한 것은 아니지만, 중국은 이 극적인 변화에 박차를 가하기 위해 국제기구에 가입하고 기존의 세계 질서 규칙들을 받아들였다.

중국이 베스트팔렌 체제에 참여하긴 했지만 그 과정에는 모순이 내포되어 있었다. 중국을 국제적인 국가 체계에 편입시킨 역사에서 비롯된 모순이었다. 중국은 처음에 자국의 역사적 이미지와는 어울리지 않는 방식으로 기존의 국제 질서와 관계를 맺었다는 사실을 잊지 않았다. 실제로 그 국제 질서는 베스트팔렌 체제의 공언된 원칙이나 다름없었다. 국제 체계의 게임 규칙과 책임을 준수해야 한다는 권고에 고위 지도자들을 포함한 많은 중국인들의 본능적인 반응은 중국이 그 체계의 규칙을 만드는 데 참여하지 않았다는 생각에 크게 영향을 받았다. 그들은 처음에는 자신들과 전혀 관계가 없던 규칙들을 지키라고 요구받았다. 그리고 신중하게 그렇게 하는 데 동의했다. 그러나 그들은 그 이상의 국제 규칙 제정에서 중심적 역할을 할 수 있고, 심지어는 지배적인 일부 규칙을 수정할 수 있는 방향으로 국제 질서가 발전하리라고 기대한다. 그리고 조만간 이러한 기대에 근거하여 행동할 것이다.

이러한 일이 일어나기를 기다리는 동안 베이징은 점점 더 적극적으로 세계 무대에서 활동해 왔다. 중국이 세계 최대 경제 국가로 발전할 수도 있는 상황이라 모든 국제회의는 중국의 의견과 지원을 얻으려 했다. 중국은 19세기와 20세기에 국위를 높일 수 있는 기회를 여러 번 잡았다. 올림픽을 주최했고 주석들이 유엔에서 연설을 했다. 그리고 전 세계 대표적인 국가들의 정부 수반들과 상호 방문도 성사되었다. 어떤 기준으로 봐도 중국은 가장 영향력이 컸던 그 시절만큼의 위상을 다시 찾았다. 이제 문제는 중국이 특히 미국과의 관계에서 현재의 세계 질서를 추구하는 문제를 어떻게 이해할 것인가이다.

　미국과 중국은 세계 질서에서 없어서는 안 될 두 기둥이다. 놀랍게도 두 나라 모두 역사적으로 자신들이 현재 안착한 국제 체계에 대해 양면적인 태도를 보여 주었다. 체계 설계의 여러 속성에 대해 판단을 유보할 때도 그 체계에 대한 의무를 인정하는 모습을 보여 준 것이다. 중국은 21세기 질서가 요구하고 있는 식의 핵심 국가 역할을 해본 적이 없다. 미국 역시 자국과는 명백히 다른 국내 질서를 채택하고 땅덩어리나 영향력, 경제력 면에서 미국에 필적할 만한 국가와 지속적으로 상호작용을 해본 경험이 없다.

　양측의 문화적, 정치적 배경은 중요한 부분에서 현저히 다르다. 정책에 대한 미국의 접근 방식은 실리를 중요하게 여기지만, 중국의 접근 방식은 개념을 중요시한다. 미국은 한 번도 자신들에게 위협이 되는 강력한 국가를 이웃으로 둔 적이 없었다. 반대로 중국은 국경선 주변에 강력한 상대가 없었던 적이 없다. 미국은 모든 문제에는 해결책이 있다고 생각한다. 하지만 중국인들은 모든 해결책은 새로운 문제의 입장권이라고 생각한다. 미국인들은 당장의 상황에 맞는 결과를 추구하지만, 중국인들은 발전적인 변화에 집중한다. 미국인들은 실질적으로 '얻을 수 있는' 항목들로 의사 일정을 세우지만, 중국인들은 일반 원칙을 찾아낸 뒤 그 원칙들이 어떤 결과로 이어질지 분석한다. 중국식 사고는 부분적으로 공산주의에 의해 형성되지만, 전통적인 중국식 사고방식 또한 중요하다. 하지만 이 두 사고방식 모두 미국인들에게는 쉽게 이해할 수 있을 만큼 익숙하지 않다.

　각국의 역사를 보면 중국과 미국 모두 최근에서야 주권 국가들로 이루어진 국제 체계에 전적으로 참여했다. 중국은 그 체계가 유일하고 현 세계의 현실을 대체로 포함하고 있다고 믿어 왔다. 미국 또한 그 체계가 유일하다고, 즉 '예외적'이라고 생각하지만, 국가 이익을 추구하는 현실 국가를 초월하는 이유들을 위해 그 체계의 가치를 지원할 도덕적 의무가 있다고 생각한다. 문화도, 전제도 다른 이 두 거대한 사회는 둘 다 대내적으로 근본적인 조정 과정을 거치고 있다. 이것이 경쟁 관계로 바뀔지, 아니면 새로운 형태의 협력 관계로 바뀔지에 따라 21세기 세계 질서에 대한 중요한 전망이 형성될 것이다.

현재 중국은 혁명 이후의 5세대 지도자들이 통치하고 있다. 이전의 지도자들은 모두 중국의 요구에 대한 각 세대의 특별한 비전을 추출해 냈다. 마오쩌둥은 자신이 승리를 거둔 첫 단계에 수립한 제도라도 중국의 관료주의적 성향으로 인해 정체되지 않도록 기성 제도를 뿌리 뽑기로 결심했다. 덩샤오핑은 중국이 국제 문제에 참여하지 않으면 먼 옛날부터 해온 역할을 유지할 수 없음을 알고 있었다. 덩샤오핑은 다른 국가들을 안심시키기 위해 자랑하지도 않고 선두에 나서려 하지도 않았다. 그 대신 사회와 경제 모두를 현대화함으로써 중국의 영향력을 확대하는 데 집중했다. 톈안먼 광장 위기 중에 임명된 장쩌민은 그 기반 위에서 1989년부터 위기의 여파를 극복해 나갔다. 그는 대외적으로는 개인적인 외교 능력을 발휘하고 대내적으로는 공산당 기반을 확대했다. 그는 중화인민공화국을 국제적인 국가 체계 및 교역 체계의 정식 회원국으로 만들었다. 덩샤오핑이 발탁한 후진타오는 커지는 중국의 힘에 대한 우려를 능숙하게 가라앉혔고, 이후 시진핑은 새로운 유형의 강대국 관계 개념을 명확히 밝혀 그 토대를 다졌다.

시진핑은 덩샤오핑 시대만큼의 대대적인 개혁 프로그램에 착수함으로써 이러한 유산을 확대하려고 애써 왔다. 시진핑은 민주주의는 피하면서도 개인별, 가족별 관계로 이루어진 기존의 유형이 아니라 법적 절차가 그 결과를 정하는 더욱더 투명한 체계를 계획했다. 그리고 유동성과 약간의 불확실성을 유발할 게 분명하지만 비전과 용기를 결합한 방식으로 국영기업이나 지방 관료의 전횡, 대규모 부패와 같은 기존 제도와 관행을 문제시하겠다고 선언했다.

중국 지도부의 구성 상태는 중국이 세계 문제에 참여하고 심지어는 영향을 미치기까지의 발전 과정을 그대로 보여 준다. 1982년에 중국 공산당 중앙정치국위원 중에 대학을 나온 위원은 한 명도 없었다. 그런데 이 글을 쓰는 지금 거의 대부분이 대학에서 교육을 받았고 상당수는 상위 학위까지 취득했다. 중국의 학사 과정은 과거 중국의 관리 제도(또는 공산주의의 자체적인 지적 번식을 강요한 공산당의 교과 과정)의 유산이 아니라 서양식 교과 과정에 기초한다. 이는 이웃한 바깥 세상에 대한 인식이 매우 편협하던 중국의 과거와 철저히 분리되었음을 의미한다. 현재의 중국 지도자들은 중국 역사에 영향은 받지만 사로잡혀 있지는 않다.

더 장기적인 관점

기성 권력과 신흥 권력 간의 잠재적인 갈등은 새로운 게 아니다. 신흥 권력은 이전까지 기성 권력의 배타적인 영역으로 간주되던 일부 영역을 불가피하게 침범한다. 마찬가지로 신흥 권력은 경쟁자가 너무 늦기 전에 자신들의 성장세를 진압하려 할 수 있다고 의심한다. 하버드 대학에서 발표한 한 연구서에 따르면[12] 역사적으로 신흥 권력과 기성 권력이 서로 영향을 주고받은 15건의 사례 중에 10건이 전쟁으로 끝이 났다.

따라서 양측의 중요한 전략적 사고자들이 두 사회의 충돌이 불가피함을 예측하는 데 역사적 경험과 행동 유형을 들먹인다고 해서 놀랄 일은 아니다. 중국 측에서 보면 미국의 여러 행동들은 중국의 발흥을 방해하기 위한 계획으로 해석된다. 그리고 미국이 인권을 옹호하는 모습은 중국의 국내 정치 체계를 약화시키려는 계획으로 보인다. 일부 주요 인사들은 미국의 이른바 아시아로의 회귀 정책[13](피봇 정책)이 중국을 영원히 2인 자에 묶어 두려는 최후의 대결의 전조라고 설명한다. 이 책을 쓰고 있는 지금 미국이 군사적으로 중요한 재배치 작업을 하지 않았기 때문에 더욱더 주목할 만한 태도이다.

미국 측에서 보면 성장하는 중국이 미국의 우월한 입지를 약화시키고 결과적으로 미국의 안보까지도 체계적으로 흔들 수 있다는 두려움이 있다. 영향력 있는 집단들은 냉전 시대의 소련에 비추어 볼 때 중국이 주변 지역에서 경제적, 군사적 지배력은 물론 궁극적으로는 패권까지 차지하려는 의지가 확고해 보인다고 생각한다.

양측의 의심은 상대의 군사적 책략과 방어 프로그램에 의해 강해지고 있다. 그러한 책략과 방어 프로그램은 한 국가가 국익 보호를 위해 당연히 취할 수 있는 '정상적인' 조치로 이해할 수 있는데도 양측은 최악의 시나리오의 관점에서 이해한다. 양측 모두 일방적인 군사 배치와 행동이 군비경쟁으로 확대되지 않도록 주의할 책임이 있다.

미국과 중국은 제1차 세계대전 이전 10년의 역사를 이해해야 한다. 당시 서로를 의심하는 잠재적인 대립 분위기가 고조되면서 파국으로 발전해 버렸다. 유럽의 지도자들은 전술과 전략을 구분하지 못하는 무능력과 각자의 군사 계획에 발이 묶이고 말았다.

미·중 관계의 긴장 상태에는 다른 두 가지 문제가 기여하고 있다. 중국은 국제 질서가 자유민주주의의 확산으로 촉진된다는 주장은 물론, 국제 사회에 자유민주주의를 초래하고 국가 간의 행동으로 인권에 대한 국제 사회의 인식을 고취해야 한다는 주장까지도 거부한다. 미국은 전략적 우선 사항과 관련하여 인권에 대한 태도를 조정할 수도 있다. 그러나 미국 역사와 미국 국민들의 신념에 비추어 볼 때 미국은 결코 이 원칙들을 모두 포기할 수는 없을 것이다. 이 문제에 대한 중국 측 주요 엘리트층의 의견은 덩샤오핑에 의해 정확히 밝혀졌다.

사실 국가의 주권은[14] 인권보다 훨씬 더 중요하다. 그러나 선진 7개국(혹은 8개국)은 제3세계의 약하고 가난한 국가들의 주권을 자주 침해한다. 그들은 강하고 부유한 국가들의 이익을 보호하기 위해서만 인권과 자유, 민주주의에 대해 이야기한다. 부유하고 강한 국가들은 약한 국가들을 괴롭히기 위해 자신들이 가진 힘을 이용하고 패권을 추구하고 무력 외교를 행사한다.

이 견해들을 공식적으로 절충할 수는 없다. 따라서 서로 다른 의견이 충돌하여 확대되지 않게 만드는 것이 양측 지도자들의 주요 의무에 속한다.

더욱 시급한 문제는 북한과 관련 있다. 19세기에 비스마르크가 전한 다음과 같은 격언이 이 문제에 확실하게 해당한다. "우리는 강자의 망설임 때문에 강자가 약해지고, 약자의 대담함 때문에 약자가 강해지는 놀라운 시대에 살고 있다." 북한은 전혀 인정받지 못하는 원칙에 의해 통치되고 있다. 스스로 주장하는 공산주의 원칙도 그들의 통치 원칙이 되지 못한다. 북한의 주요 업적은 몇 개의 핵폭탄을 만든 것이다. 미국과 전쟁을 벌일 군사적인 능력도 없다. 그러나 이 무기가 존재한다는 사실은 그 무기가 지닌 군사적 효용성을 크게 능가하는 정치적 영향력을 갖고 있다. 북한의 핵무기로 인해 일본과 남한은 핵능력을 보유하려는 동기를 가진다. 그리고 핵무기 보유로 대담해진 평양이 자신의 능력과 어울리지 않는 모험을 감행한다면, 한반도에 또 한 차례 전쟁이 발발할 위험이 높아진다.

중국의 입장에서 북한은 복잡한 유산을 구체적으로 보여 준다. 많은 중국인들의 눈에 한국 전쟁은 '치욕의 세기'를 끝내고 세계 무대에서 '우뚝 서려는' 중국의 결단을 상징하는 사건으로 보인다. 하지만 그와 동시에 중국이 그 원인을 통제하지 못하는데도 의도치 않게 심각한 장기적 영향을 미칠 수 있는 전쟁에는 연루되지 말라는 경고로도 보인다. 이 때문에 중국과 미국 모두 유엔 안보리에서 북한이 핵 프로그램을 축소하는 것이 아니라 포기해야 한다고 요구했다.

북한 정권 입장에서 보면 핵무기를 포기하면 정치적으로 붕괴되는 결과가 발생할 수 있다. 그러나 미국과 중국이 유엔 결의안에서 공개적으로 요구한 것은 바로 포기이다. 이 두 국가는 자신들이 분명하게 밝힌 목적이 실현되는 만약의 경우에 대비해 정책을 조율해야 할 것이다. 북한에 관한 한 양측의 목표와 관심사를 통합할 수 있을까? 중국과 미국은 모든 당사자들을 더욱 안전하고 자유롭게 만들어 주는, 핵무기 없는 통일된 한국을 위해 협력적인 전략을 도출해 낼 수 있을까? 그러한 결과는 그토록 자주 언급되지만 아주 더딘 속도로 등장하고 있는 '신형 대국관계(新型 大國關係)'를 향한 대단한 진전이다.

중국의 새로운 지도자들은 중국 국민이 방대한 의사 일정에 어떤 반응을 보일지 알 수 없음을 깨닫게 될 것이다. 그들은 미지의 해역으로 나아가고 있다. 그들은 대외적인 모험을 원할 수는 없지만, 자신들이 핵심 이익으로 규정한 부분을 침해당하면 전임자들보다 더 강력하게 저항할 것이다. 왜냐하면 개혁과 불가분의 관계에 있는 제반 조치들을 국익에 대한 한층 강화된 강조를 통해 설명해야 할 필요성을 느끼기 때문이다. 미국과 중국이 포함된 국제 질서에는 세력 균형이 수반될 수밖에 없지만,

전통적인 균형 관리는 규범에 대한 합의로 완화되고 협력의 원칙으로 강화되어야 한다.

중국과 미국 지도자들은 양국 모두 건설적인 성과를 내는 데 관심이 있음을 공식적으로 인정했다. 미국의 두 대통령(버락 오바마와 조지 W. 부시)은 각자의 상대가 된 중국 최고 지도자들(시진핑과 후진타오)과 태평양 지역에서 전략적인 동반자 관계를 구축하기로 합의했다. 그것이야말로 그 지역에 내재한 군사적 위협을 축소하면서 세력 균형을 유지하는 방법이다. 지금까지는 공표된 의도에 맞는 구체적인 조치가 함께 이루어지지 않았다.

선언만으로는 동반자 관계를 성취할 수 없다. 어떠한 협정도 미국에게 특정한 국제적 지위를 보장해 줄 수 없다. 만약 미국이 운명 때문이 아니라 선택의 문제로 쇠퇴하는 열강으로 인식되면, 중국을 비롯한 여러 국가들은 혼돈과 격변의 막간이 끝난, 제2차 세계대전 이후의 대부분 기간 동안 미국이 행사한 세계 지도국으로서의 지위를 이어받을 것이다.

다수의 중국인들은 미국이 전성기가 지난 초강대국이라고 생각할 수 있다. 그러나 중국 지도부는 미국이 가까운 장래에도 중요한 리더로서 능력을 유지할 것으로 확실하게 인정한다. 건설적인 세계 질서 구축 과정의 요체는 물질적으로나 심리적으로 우월했던 미국이 냉전 직후에 담당한 세계 지도자의 역할은 미국이든 중국이든 단일한 국가가 홀로 채울 수 없다는 것이다.

동아시아에서 미국은 균형을 잡아 주는 국가가 아니라 균형을 지키려면 없어서는 안 되는 부분이다. 앞서의 내용에서 우리는 참여자 수가 적고[15] 충성의 전환이 결정적인 요인이 될 수 있을 경우에는 균형이 불안정해질 수 있음을 알았다. 동아시아 균형에 대한 군사적인 접근법은 제1차 세계대전을 일으킨 동맹 관계보다 훨씬 더 확고한 동맹 관계로 이어질 가능성이 높다.

동아시아에서는 중국, 한국, 일본, 미국 사이에 세력 균형에 가까운 무언가가 존재한다. 여기에 러시아와 베트남은 주변 참여국으로 존재한다. 그러나 그 균형 상태는 주요 참여국인 미국이 동아시아의 지리적 중심지로부터 멀리 떨어져 있는 무게 중심이라는 점에서 역사 속에서의 세력 균형과는 다르다. 그리고 무엇보다도 군사력 면에서 경쟁 상대로 생각하는 두 국가의 지도자들이 정치적, 경제적 문제에 관해 동반자 관계를 맺기로 선언했기 때문에 과거의 세력 균형과 다르다. 따라서 미국이 일본의 동맹국이자 중국의 동반자로서 선언되는 결과가 발생한다. 이 상황은 비스마르크가 오스트리아와 동맹을 맺고, 오스트리아는 다시 러시아와의 조약으로 균형을 맞춘 상황과 비교할 수 있다. 역설적이게도 유럽의 균형 상태가 유연함을 유지할 수 있었던 것은 바로 그 양면성 때문이었다. 그리고 투명성을 위해 그 양면성을 포기하면서 일련의 대립 관계가 증대하기 시작했고, 결국 제1차 세계대전으로 이어졌다.

문호개방정책과 시어도어 루스벨트의 러일 전쟁 중재 이후 100년이 넘는 동안 아시아에서 패권 국가의 등장을 막는 게 미국의 고정된 정책이었다. 그리고 현재의 상황에서는 적이 될 수 있는 세력을 국경선에서 가능한 멀리 두는 것이 중국의 불가피한 정책이다. 이 두 국가는 그 공간에서 움직인다. 그들이 목적을 추구하면서 발휘하는 자제심과 정치와 외교 분야로만 경쟁을 제한할 수 있는 능력에 따라 평화 유지 여부가 달려 있다.

냉전 시대의 경계선은 군사력이 정했다. 현대의 경계선은 기본적으로 군사 배치로 정해서는 안 된다. 군사적 요소가 균형 상태를 규정하는 유일한 요소로, 심지어 주요한 요소로도 간주되어서는 안 된다. 역설적이게도 특히 아시아에서 동반자 관계라는 개념은 현대적인 세력 균형의 요소가 되어야 한다. 이는 대단히 중요한 원칙으로서 실행되면 중요한 만큼 전례가 없는 접근법이다. 세력 균형 전략과 동반자 관계의 외교술을 결합하면 대립 양상을 모두 없애 버리지는 못해도 그것들이 미치는 충격을 완화시킬 수 있다. 무엇보다도 그 방식은 중국과 미국 지도자들에게 건설적인 협력에 대한 경험을 제공하고 두 국가에게 더욱 평화로운 미래를 구축하는 방식을 알려줄 수 있다.

질서를 유지하려면 자제력, 힘, 정당성이 늘 미묘하게 균형을 이루어야 한다. 아시아의 질서는 세력 균형과 동반자 개념을 결합시켜야 한다. 균형을 순전히 군사적으로 정의하면 대립 관계가 점점 더 변해 갈 것이다. 동반자 관계를 순전히 심리적으로 접근하면 패권에 대한 두려움이 커질 것이다. 지혜로운 정치가라면 그 균형점을 찾으려고 노력해야 한다. 그 균형을 벗어나면 재앙이 유혹하기 때문이다.

"모든 인간을 위한 행동":
미국과 미국의 질서 개념

현대의 세계 질서를 형성하는 데 미국만큼 결정적인 역할을 한 국가는 없었다. 또한 그 작업에 참여하면서 그렇게 양면적인 모습을 보여 준 국가도 없었다. 자신들의 방침이 인류의 운명을 형성한다는 확신에 찬 미국은 역사 내내 세계 질서에서 자기모순적인 역할을 해 왔다. 미국은 제국이 되겠다는 구상은 포기하면서도 명백한 운명이라는 미명하에 대륙을 건너 세력을 확대해 나갔다. 그리고 국익 때문이 아니라고 말하면서도 중요한 사건들에 결정적인 영향력을 행사했다. 또한 무력 외교를 행사할 의도가 없다면서도 초강대국이 되었다. 미국의 외교 정책은 자신들의 국내 원칙이 명백하게 보편적이고 그 원칙들을 적용하면 항상 유익하다는 확신을 반영해 왔다. 다시 말하면 미국은 자신들이 해외에서 하는 활동이 전통적인 의미의 외교 정책이 아니라 다른 모든 민족이 복제하고 싶어 할 가치를 퍼뜨리는 사업이라고 확신했다.

이 원칙에는 놀라울 정도로 독창적이고 매력적인 비전이 내재되어 있었다. 구세계는 신세계가 부와 힘을 끌어 모을 수 있는 정복을 위한 무대라고 생각했지만, 아메리카 대륙의 신생 국가는 신념과 표현, 행동의 자유를 자국의 경험 및 특징의 핵심이라고 단언했다.

유럽의 질서 체계는 정치적 활동에서 도덕적 절대 원리를 조심스럽게 제거한 상태 위에 세워졌다. 이는 어떤 신념이나 도덕 체계를 유럽의 다양한 민족에게 강제하려던 시도가 너무나도 비참하게 끝났기 때문일 수도 있다. 미국의 개종 정신에는 기성 제도와 위계질서에 대한 뿌리 깊은 불신이 채워져 있었다. 따라서 영국의 철학자이자 국회의원인 에드먼드 버크는 식민지 이주자들이 유럽에서 제약받던 다양한 국교 반대 종파들('신교의 개신교')과 함께 "영국의 사상과 일치하는 자유"[1]를 수출했다는 사실을 동료들에게 일깨우곤 했다. 바다를 건너며 서로 섞인 이 세력들은 독특한 국가 모습을 탄생시켰다. "미국 국민들의 자유에 대한 사랑은 전체를 눈에 띄게 만드는 주된 특징이다."

1831년에 미국을 다녀온 뒤, 미국 국민의 정신과 태도를 다룬 책들 중에서 지금도 가장 통찰력 있다고 손꼽히는 책을 쓴 프랑스 귀족 알렉시스 토크빌은 자신이 '미국의 출발점'이라 생각한 미국의 특징을 추적해 나갔다. 그는 뉴잉글랜드 지역에서[2] "지금도 미국식 자유의 원동력이자 활력소인 독립성의 탄생과 성장을 본다."고 지적했다. 또한 청교도주의가 "단순한 종교 교리가 아니라 여러 가지 점에서 가장 절대적인 민주정체와 공화정체의 이론을 공유하고 있다."고도 했다. 그러면서 그는 다음과 같이 결론 내렸다. "이것이야말로 완벽히 다른 두 요소의 산물이며, 다른 곳에서는 그 두 요소들이 서로 다툼을 벌이는 경우가 흔했지만 미국에서는 어쩐일인지 서로 통합되어 놀라운 결합체를 형성하는 게 가능했다. 그 두 요소란 종교의 정신과 자유의 정신을 말한다."

개방적 문화와 민주적 원칙들 덕분에 미국은 수백만 명에게 훌륭한 모범 국가이자 피난처가 되었다. 그와 동시에 미국식 원칙이 보편적이라는 확신으로 인해 국제 체계에 도전적 요소를 도입했다. 이는 미국식 원칙을 실행하지 않는 정부는 완벽하게 정당하지 않음을 의미하기 때문이다. 미국인들의 사고에 워낙 깊이 배어 있어서 공식적 정책으로 이따금 제시될 뿐인 이 신조는, 세계의 상당 지역이 불만족스러운 임시 협정 아래 살고 있어서 언젠가는 구원받게 될 것임을 의미한다. 그동안 세계 최강 열강인 영국과 이들 원칙의 관계는 드러나지는 않지만 어느 정도 적대적 요소로 작용할 것이 분명하다.

이러한 긴장은 미국 역사의 초창기부터 내재해 있었다. 토머스 제퍼슨은 미국이 지금 막 탄생 중인 열강일 뿐만 아니라 "자유를 위한 제국"이라고 생각했다. 다시 말하면 선한 정부 통치의 원칙을 옹호하면서 모든 인간을 위해 행동하는 확장 중인 세력이었다. 제퍼슨은 대통령으로 재임 중에 다음과 같은 글을 썼다.

> 우리는 우리 사회에 국한되지 않은 의무에 따라 행동하고 있다고 생각한다.[3] 우리는 모든 인간을 위해 행동하고 있다고 생각할 수밖에 없다. 다른 사람들에게는 거부되었지만 우리는 마음껏 누릴 수 있는 상황으로 인해 어떤 사회가 사회의 일원들에게 과감히 맡길 수 있는 자유와 자치가 어느 정도인지 증명할 임무가 우리에게 부여되었다.

미국의 확대와 성공은 그렇게 규정된 탓에 인류의 이익과 일치했다. 1803년에 기민하게 루이지애나를 구입하면서 새로운 국가의 크기를 두 배로 늘린 제퍼슨은 은퇴를 앞두고 먼로 대통령에게 "솔직하게 자기 생각을 털어놨다."[4] "나는 우리 합중국에 포함시킬 수 있는 가장 흥미로운 지역으로 쿠바를 줄곧 눈여겨봐 왔습니다." 그리고 제퍼슨은 제임스 메디슨에게도 다음과 같이 말했다. "그때 우리 합중국에 북쪽(캐나다)을 포함시키기만 하면 됩니다.[5] (중략) 그리고 우리는 미합중국이 탄생한 이래로 한 번도 생각해 보지 못한, 자유를 위한 제국을 세워야 합니다. 그리고 나는 광범위한 제국과 자치를 위한 우리의 헌법만큼 훌륭하게 계산된 헌법은 없다고 믿습니다." 제퍼슨과 그의 동료들은 자신들이 상상한 제국이 유럽의 제국과는 다르다고 생각했다. 그들은 유럽의 제국들이 다른 민족을 정복하고 억압한 결과 위에 세워졌다고 생각했다. 제퍼슨이 상상한 제국은 본질적으로 북아메리카 제국이었으며 자유의 연장선으로 간주되었다. (그리고 실제로 이 계획의 모순된 부분이나 미 건국자들의 개인적인 삶에 대해 뭐라고 말하든, 미국의 세력이 확대되고 번창한 것처럼 민주주의 또한 번창했다. 그리고 민주주의를 향한 열망도 세계 전체에 확산되고 뿌리를 내렸다.)

그렇게 야망이 원대했는데도 미국의 외교 정책은 유리한 지리적 조건과 방대한 자원 때문에 선택적인 활동이라는 인식이 조성되었다. 두 대양 뒤에 안전하게 자리 잡고 있는 미국은 외교 정책을 영원한 사업이라기보다는 일련의 산발적인 과제로 취급할 수 있었다. 이 구상에서 외교와 힘은 서로 활동 무대가 달랐고, 각자의 자율적인 원칙을 따르고 있었다. 전 세계에 영향을 미쳐야 한다는 원칙은 국익과 세력 균형을 기초로 외교 정책을 수행할 수밖에 없는, 미국보다 불행한 국가들에 대한 양면적인 태도와 병행되었다.

미국이 19세기에 강대국의 지위를 차지한 이후에도 이러한 습성은 지속되었다. 두 차례의 세계대전과 냉전을 거치면서 미국은 3세대 동안 세 번이나 결정적인 행동을 취하며 적대적인 위험에 맞서 세계 질서를 떠받쳤다. 매번 미국은 베스트팔렌 국가 체계 때문에 전쟁이 발생했다고 탓하고 완전히 새로운 세계를 건설하겠다는 희망을 선언하면서도 그 체계와 세력 균형을 지켜 주었다. 이 기간 중에 신대륙 밖에서 미국 전략의 암묵적인 목표는 미국의 전략적 역할이 필수적이지 않게끔 세계를 변화시키는 것이었다.

미국이라는 존재가 유럽인들의 의식에 침입하는 순간부터 세상의 일반 상식은 재검토될 수밖에 없었다. 즉 미국 정착은 근본적으로 세계 질서를 다시 만들겠다고 약속하는 사람들에게 새로운 전망을 열어 주었다. 초기 이주자들에게[6] 아메리카 대륙은 그 통일성에 균열이 생기고 있는 서양 문명의 최전선이자, 도덕적 질서의 수립 가능성을 극적으로 보여 줄 새로운 무대였다. 그들은 유럽이 중심이라는 사실을 더 이상 믿지 않아서가 아니라 유럽이 그 소명을 이루지 못했다고 생각했기 때문에 유럽을 떠났다. 베스트팔렌 체제 속의 유럽은 종교 분쟁과 피비린내 나는 전쟁을 겪으며 단일한 신적 통치 기구 하에 통일된 대륙이라는 유럽의 이상을 결코 달성할 수 없다는 가슴 아픈 결론에 이르렀다. 미국은 먼 곳에서 그 이상을 실현할 수 있는 장소를 제공해 주었다. 유럽은 균형을 통해 안전을 확보하는 데 만족한 반면, 미국인(스스로에 대해 생각하기 시작하면서)들은 구원을 가능케 하는 일치와 통치의 꿈을 품었다. 초기 청교도들은 자신들이 떠난 유럽을 바꾸는 방법으로 신대륙에서 자신들의 덕행을 입증하겠다고 말했다. 종교 박해를 피해 동앵글리아를 떠난 청교도 변호사 존 윈스롭은 1630년에 뉴잉글랜드로 향하던 아르벨라 호 선상에서 하느님이 "모든 사람들을 위한" 본보기로 미국을 예정하셨다고 설교했다.

우리는 우리 열 명이 천 명의 적을 물리칠 수 있을 때 이스라엘의 하느님이 우리 사이에 있음을 알게 될 것이다.[7] 하느님이 우리에게 찬송과 영광을 주실 때, 사람들은 이후의 식민지에 대해 말하면서 "신이시여, 이것을 뉴잉글랜드의 식민지처럼 만들어 주소서."라고 말하게 되리라. 왜냐하면 우리는 언덕 위의 도시가 될 거라고 생각해야 하기 때문이다. 모든 이의 눈이 우리에게 향해 있다.

어떤 식으로든 인류와 인류의 목적이 미국에서 드러나 실현된다는 것을 의심한 사람은 단 한 명도 없었다.

세계 무대에서의 미국

독립을 단언하고 나선 미국은 스스로를 새로운 유형의 세력으로 규정했다. 독립선언문은 미국의 원칙을 제시하면서 "인류의 소신"을 그 지지자로 간주했다. 1787년에 출간된 「연방주의자 논고(The Federalist Papers)」의 첫 번째 논문에서 알렉산더 해밀턴은 이 새로운 공화국을 "여러 가지 점에서 세계에서 가장 흥미로운 제국"[8]이라고 설명했다. 이 제국의 성패는 어디서든 자치가 실행될 수 있는지 여부를 증명해 줄 것이었다. 그는 이 주장을 새로운 해석이 아니라 "자주 언급되는" 상식의 문제로 다루었다. 이는 당시 미국이 메인 주에서 조지아 주에 이르는 동쪽 해안선만으로 이루어져 있었다는 사실을 고려하면 더욱더 주목할 만한 주장이다.

이러한 원칙들을 내세운 건국자들도 사실은 유럽의 세력 균형을 이해하고 그것을 신생 국가에 유리하도록 조종한 섬세한 사람들이었다. 미국은 영국으로부터 독립하기 위해 전쟁을 벌일 때에는 프랑스와 동맹을 맺었지만, 프랑스가 혁명을 시작하면서 미국과는 직접적 이해관계가 없는 유럽 해방 운동에 착수하자 동맹을 폐기했다. 프랑스 혁명 와중인 1796년에 임기가 끝난 워싱턴 대통령은 고별 연설에서 미국이 "어떠한 외세와도 영원한 동맹 관계에 가까이 가지 않는 대신 특별한 위급 상황에서는 일시적인 동맹 관계에 안전하게 의지해야 한다."고 조언했다. 그는 도덕적 선언문을 발표한 게 아니라 미국의 상대적 이점을 활용하는 방법에 대해 조심스러운 생각을 제시했다. 대양 뒤에서 안전하게 발전하고 있던 미국은 세력 균형을 놓고 벌이는 대륙의 논쟁에 스스로 뛰어들 필요가 없었고 그럴 만한 자원도 없었다. 미국은 국제 질서 개념을 보호하기 위해서가 아니라 단지 엄격하게 규정된 국익을 위해 동맹에 가입했다. 유럽의 균형이 유지되는 한 미국은 기동의 자유를 유지하면서 본토에서 세력을 강화하는 전략으로 더 큰 이득을 얻었다. 150년 뒤에 옛 식민 국가들(예를 들면 인도)은 독립 이후 이 행동 지침을 많이 따랐다.

이 전략은 1812년에 마지막으로 영국과 단기전을 치른 이후 한 세기 동안 우세했고, 그 덕분에 미국은 다른 어떤 나라도 상상할 수 없는 업적을 달성할 수 있었다. 미국은 대외적인 사건을 가능한 멀리한다는 소극적인 목적에 집중하는 외교 정책을 펴면서 순전히 대내적인 힘을 축적하여 세계적인 열강이자 대륙적인 범위의 국가가 되었다.

얼마 지나지 않아 미국은 이 격언을 아메리카 대륙의 모든 지역에 확대하기 시작했다. 1823년에 미국은 최고의 해군력을 자랑하는 영국과 암묵적인 합의 덕분에 신대륙 전체에 해외 식민지 건설을 금지한다는 내용의 먼로주의를 발표할 수 있었다. 미국이 그토록 전면적인 선언문을 실행에 옮길 만큼 힘을 갖추기까지는 수십 년이 더 지나야 했다. 미국에서 먼로주의는 유럽의 세력 균형 개념이 신대륙에서 작동하지 못하게 막는 독립 전쟁의 연장선으로 해석되었다. 사실 어떠한 라틴아메리카 국가도 염두에 둔 것은 아니었다. (그 당시에 라틴아메리카에 국가가 거의 존재하지 않았기 때문이다.) 국가의 최전선이 아메리카 대륙 전역으로 뻗어나가자 미국의 확장은 일종의 자연법의 작동으로 인식되었다. 미국이 다른 곳에서는 제국주의로 정의되는 작업을 실행에 옮길 때 미국인들은 그 작업에 다른 이름을 부여했다. 그들은 "해마다 성장하는 우리 국민의 자유로운 발전을 위해 신이 나눠 준 이 대륙으로 뻗어 나가는 우리의 명백한 운명을⁹ 달성하는 작업"이라 불렀다. 프랑스로부터 루이지애나를 사들이는 과정에서 엄청난 규모의 영토를 취득한 행위는 상업적 계약으로 간주되었고, 멕시코는 이 명백한 운명으로 생긴 불가피한 결과로 간주되었다. 미국은 19세기 말이 돼서야, 정확히는 1898년의 미국스페인 전쟁에서 또 다른 주요 열강과 해외에서 총력전을 벌였다.

19세기 내내 미국은 운 좋게도 자국의 문제들을 차근차근 처리할 수 있었다. 그리고 빈번히 확실한 해결책에 도달할 수 있었다. 처음에는 태평양으로 세력을 확장하면서 북부와 남부의 국경선을 유리하게 정할 수 있었고, 그 뒤에는 남북전쟁에서 북군의 정당성을 입증했다. 그리고 스페인 제국을 상대로 힘을 보여 주면서 그 제국의 소유물 다수를 물려받았다. 각각의 문제는 별개의 활동 단계로 발생했고, 이 모든 단계를 거친 미국인들은 번영을 이루고 민주주의를 다듬는 과업으로 돌아갈 수 있었다. 미국의 경험은 평화가 인류의 자연 조건이며 다른 국가들의 비이성적인 행동이나 악감정에 의해서만 방해받는다는 가정을 지지했다. 미국인들이 보기에 동맹 관계를 바꾸고 평화와 전쟁 사이에서 융통성 있는 술책을 벌이는 유럽식의 국정 운영 기술은 상식에서 벗어난 것처럼 보였다. 이 관점에서 보면 외교 정책과 국제 질서로 이루어진 구세계의 전체 시스템은 귀족적 의식과 비밀스러운 술책을 선호하는 악의적인 문화적 성향이나 독재자가 부린 변덕의 결과물이었다. 미국은 식민지 이익을 부인하고 유럽이 구상한 국제 체계와 신중하게 거리를 둔 채 상호 이익과 공정한 거래를 기초로 하여 다른 국가들과의 관계를 도모하면서 이러한 관행을 포기하려 했다.

1821년에 존 퀸시 애덤스는 더욱 복잡하고 기만적인 방법을 추구하려는 다른 국가들의 결정에 대해 분노에 가까운 목소리로 이러한 정서를 압축해서 설명했다.

국제 사회의 일원이 된 이후로[10] 결실을 맺지 못하는 경우가 자주 있었지만 미국은 진실한 친선과 동등한 자유, 관대한 상호주의에 대해 늘 설명해 왔다. 미국은 주의를 기울이지 않고 우리를 업신여기는 사람들을 자주 상대하면서도 한결같이 동등한 자유와 정의, 권리에 대해 이야기해 왔다. 미국은 거의 반세기 동안 한 번의 예외도 없이 자국의 독립을 주장하고 유지하면서 다른 국가들의 독립을 존중해 왔다. 미국이 고수하는 원칙들 때문에 충돌이 생겼을 때도 미국은 마지막 순간까지 다른 국가의 관심사에 간섭하기를 삼가 왔다.

애덤스의 주장에 따르면 미국은 "지배가 아니라 자유를" 추구했기 때문에 유럽 세계의 모든 다툼에 관여하지 말아야 했다. 미국은 멀리서 도덕적 공감을 제공함으로써 자유와 인간의 존엄성을 추구하면서 유례가 없을 정도로 합리적이고 공평무사한 입장을 견지할 것이었다. 미국의 원칙이 보편성을 띤다는 주장은 신대륙(즉 미국) 밖에서는 그 원칙의 정당성을 입증하지 않겠다는 의사와 결합되었다.

(미국은) 파괴할 괴물을 찾으러 외국에 가지 않는다.[11] 미국은 모든 이의 자유와 독립을 바란다. 미국은 자신들만의 자유와 독립을 보호하고 지킨다.

신대륙에서는 어떤 제약도 존재하지 않았다. 일찍이 1792년에 매사

추세츠의 성직자이자 지리학자인 제디디아 모스는 국제적으로 존재감을 인정받은 게 10년도 안 되고 헌법도 제정된 지 4년밖에 안 된 미국이라는 국가가 역사의 정점을 찍었다고 주장했다. 그는 이 신생 국가가 서쪽으로 확대되고 아메리카 대륙 전체에 자유의 원칙을 퍼뜨리면서 인간 문명 최고의 업적이 될 거라고 예측했다.

그뿐만 아니라 제국이 동쪽에서 서쪽으로 이동하고 있다는 사실은 잘 알려져 있다.[12][13] 아마도 그 제국이 이룰 가장 명백한 최후의 위업은 미국이 될 것이다. (중략) 우리는 미 제국이 미시시피 서쪽의 수많은 사람들을 포함하게 될, 멀지 않은 그때를 기대할 수밖에 없다.

미국은 줄곧 그러한 시도가 전통적인 의미의 영토 확장이 아니라 신이 명한 자유 원칙의 보급이라고 열렬히 주장했다. 1839년 공인된 미국 탐험대가 멀리 신대륙과 남태평양까지 탐사하자,《미국 잡지와 민주 평론(United States Magazine and Democratic Review)》은 미국이 이전에 존재했던 모든 국가들로부터 동떨어져 있으면서 그들보다 우수한 "미래의 위대한 국가"라고 주장했다.

미국 국민들이 여러 나라 출신이고[14] 독립선언서가 인간이 평등하다는 위대한 원칙에 전적으로 기초했다는 이러한 사실들은 우리가 다른 어떤 국가와도 단절된 위치임을 증명해 줄 뿐 아니라 실제로 그 국가들의 과거 역사와도 관련이 없고 고대와 그때의 영광, 범죄와도 관련이 없음을 증명해 준다. 반대로 우리 국가의 탄생은 새로운 역사의 시작이었다.

그 기사의 필자는 미국의 성공이 미래의 민주 시대를 예고하면서 다른 모든 형태의 정부를 힐책하는 역할을 하리라고 자신 있게 예측했다. 다른 모든 국가들보다 위대한, 신의 인정을 받은 자유롭고 위대한 아메리카 합중국이 신대륙 전체에 미국의 원칙을 퍼뜨릴 것이었다. 이 강대국이야말로 과거의 그 어떤 인간의 시도보다도 범위나 도덕적 목적에서 더 위대해질 운명이었다.

> 우리는 인간의 진보를 대표할 민족이다. 그러니 누가, 무엇이 우리의 행진을 제한할 수 있겠는가? 신이 우리와 함께 있기 때문에 어떤 세속적인 힘도 그렇게 할 수 없다.

따라서 미국은 단순한 국가가 아니라 신의 계획을 가동하는 엔진이자 세계 질서의 전형이었다.

서부 영토를 확장해 나가던 미국은 1845년에 영국과는 오리건 조약 때문에, 멕시코와는 텍사스 공화국(멕시코로부터 분리 독립하여 미합중국에 가입하겠다는 의사를 표명했다.) 때문에 분쟁에 휘말렸다. 이에《미국 잡지와 민주 평론》은 텍사스 합병이 자유의 반대자에 대한 방어적인 조치라고 결론 내렸다. 이 글의 필자는 "캘리포니아가 다음번에 멕시코에서 분리 독립할 것"이고 뒤이어 미국이 캐나다를 향해 북쪽으로 돌진해 나갈 것이라고 판단했다. 그리고 결국 미국이라는 대륙 세력은 순전히 미국의 대항력 있는 무게로 대유럽의 세력 균형을 대수롭지 않은 것으로 만들 것이라고도 판단했다. 실제로《민주 평론》의 필자는 100년 뒤인 1945년에는 미국이 적이 된 통일 유럽보다도 우세해질 것으로 예견했다.

> 프랑스와 영국뿐 아니라 유럽 전체의 모든 총검과 대포를 상대편을 향해 던진다 해도,[15] 빠른 속도로 서두르는 하느님의 해인 1945년에 유럽은 퍼덕이는 성

조기 아래 모일 운명인 2억 5000만, 아니 3억 명과 미국의 수백만 국민들로 이루어진 그 단순하고도 견고한 추를 어떻게 상대할 수 있겠는가?

그의 예측은 사실이었다. (캐나다 국경선이 평화롭게 정해졌고, 1945년에 영국이 적이 된 유럽의 일원이 아니라 동맹국이었다는 사실을 제외하고는) 과장되고 예언적이지만 구세계의 냉혹한 원칙을 초월하고 상쇄하는 미국의 비전은 다른 곳에서는 종종 무시되거나 경악을 유발했지만 한 국가에게는 영감을 불어넣고 역사의 과정을 다시 만들어 주었다.

절박해진 남북 진영이 신대륙 고립 원칙을 어기고 프랑스와 영국을 끌어들이면서 남북전쟁이 반세기 동안 유럽에서는 볼 수 없던 총력전으로 확대되자,[16] 미국인들은 자신들의 충돌을 초월적인 도덕적 의미를 지닌 유일한 사건으로 해석했다. 그 충돌이 "지구의 마지막 최고의 희망을" 지키기 위한 최종 시도라는 관점을 반영하듯, 미국은 세계 최대 규모이자 가공할 만한 군대를 육성하여 총력전을 벌이는 데 이용한 뒤 종전 1년 반 만에 모두 해산해 버렸다.[17] 100만 명이 넘던 군사력은 6만 5000명 정도로 줄었다. 1890년 미 육군은 불가리아 다음인 세계 14위를 차지했고,[18] 미 해군은 산업 능력이 미국의 13분의 1 수준인 이탈리아보다도 규모가 작았다. 그로버 클리블랜드 대통령은 뒤늦게 1885년 대통령 취임식에서 미국의 외교 정책이 공정한 중립성을 지킬 뿐 아니라 계몽되지 않은 더 오래된 국가들이 추구하던 이기적인 정책과는 완전히 다르다고 설명했다. 그는 다음과 같이 말했다.

우리는 우리 공화국의 역사와 전통, 번영이 칭찬하는 그 외교 정책에서 벗어나지 않을 것이다.[19] 우리의 외교 정책은 우리의 위치가 뒷받침해 주고 정의에 대한 우리의 소문난 사랑과 힘이 보호하는 독립의 정책이다. 또한 우리의 이해관계에 적합한 평화의 정책이며, 다른 대륙에 대한 야심과 해외의 다툼에 관여하기를 거부하고 그들의 침입 또한 거부하는 중립의 정책이다.

10년 뒤 미국의 세계 역할이 확대되면서 어조는 점점 더 집요해지고 힘에 대한 검토 또한 불가피해졌다. 1895년 베네수엘라와 영국령 기아나 간에 국경 분쟁이 발생하자, 리처드 올니 국무부 장관은 당시에도 세계 최고의 열강으로 간주되던 영국에게 신대륙의 군사력 불평등에 대해 경고했다. "오늘날 미국은 실질적으로[20] 이 대륙에서 최고의 국가이고 미국의 명령은 법이다." "막대한 자원과 고립된 위치" 덕분에 미국은 "어떤 열강과 맞서도 이길 수 있고 상황을 지배할 수 있었다."

이제 미국은 주요 열강이 되었다. 더 이상 세계 문제의 주변부에 머무는 신생 공화국이 아니었다. 미국의 정책은 더 이상 중립으로 제한될 수 없었다. 미국은 오래전에 신인한 보편적인 도덕적 타당성을 더욱 광범위한 지정학적 역할로 전환해야 할 의무감을 느꼈다. 같은 해 늦게 스페인 제국이 지배하던 쿠바 식민지 민중들이 반란을 일으키자, 미국 가까이서 반제국주의 반란이 진압되는 모습을 보기 싫은 마음이 생겼다. 여기에 부분적으로 해외 제국의 크기로 유럽 국가의 중요성을 판단하던 시기에 이제는 미국이 열강으로서 행동할 능력과 의지가 있음을 보여줄 때가 왔다는 신념이 더해졌다. 1898년에 아바나 항에 정박 중이던 미국 전함 USS 메인 호가 원인 모를 상황 속에 폭발하자 군사 개입에 대한 대중의 요구가 높아졌고, 결국 매킨리 대통령은 스페인에 선전포고를 했다. 이는 미국이 해외에서 다른 주요 열강과 군사적으로 충돌한 첫 전쟁이었다.

당시 런던 주재 미국 대사 존 헤이가 뉴욕시에서 급부상하던 정치 개혁가 시어도어 루스벨트에게 보낸 편지에서 설명했듯이 이 "눈부신 작은 전쟁" 이후 세계 질서가 얼마나 달라질지 상상할 수 있는 미국인은 거의 없었다. 군사적 충돌이 시작된 지 불과 3개월 반 만에 미국은 카리브 해에서 스페인 제국을 내쫓고 쿠바를 점령했다. 그리고 푸에르토리코, 하와이, 괌, 필리핀까지 합병했다. 매킨리 대통령은 이 계획을 정당화하기 위해 기존의 설명을 고수했다. 그는 이목을 의식하지 않으면서 두 대양의 열강으로 미국을 부각시킨 그 전쟁을 유례가 없는 이타적인 임무라고 설명했다. 그는 1900년 재선거 포스터에 선명하게 새긴 발언에서 다음과 같이 설명했다. "미국 국기는 더 많은 영토를 얻기 위해서가 아니라 인류를 위해 외국 영토에 꽂힌 것이다."

미국은 미국스페인 전쟁을 계기로 자신들이 그토록 오랫동안 경멸해 온 국가 간 경쟁과 강대국 정치에 뛰어들게 되었다. 미국의 영향력은 카리브 해에서 동남아시아 바다까지 여러 대륙에 뻗쳤다. 미국은 그 규모와 위치, 자원 덕분에 가장 중요한 세계적 국가가 될 터였다. 미국의 행동은 면밀한 조사와 시험 대상이 될 것이고, 때로는 미국의 이해관계가 침투한 지역과 항로를 놓고 이미 경쟁 중이던 더욱 전통적인 열강들의 저항을 받게 될 것이었다.

시어도어 루스벨트: 세계 열강으로서의 미국

미국의 세계 역할이 갖는 영향을 체계적으로 다룬 최초의 대통령은 시어도어 루스벨트였다. 놀랍도록 빠른 속도로 정치적 입신에 성공하여 부통령 자리까지 오른 그는 1901년에 매킨리 대통령이 암살당하면서 대통령직을 이어받았다. 루스벨트는 강력한 추진력과 대단한 야망을 품었을 뿐 아니라 고등교육을 받아 훌륭한 글로 많은 독자층을 확보하고 있었다. 동시에 세련된 카우보이 분위기를 풍기면서도 뛰어난 세계주의자이며 동시대인들의 예상을 훌쩍 뛰어넘는 섬세함까지 갖춘 루스벨트는 미국이 가장 강력한 열강이 될 가능성이 있다고 생각했다. 이는 우연이지만 정치적, 지리적, 문화적으로 중요한 세계 역할을 물려받은 결과였다. 그는 미국에게는 전례가 없던, 지정학적 고려 사항을 기초로 한 외교 정책 개념을 추구했다. 그 개념에 따르면 20세기로 접어들면서 미국은 19세기에 영국이 유럽에서 수행하던 세계적 역할을 맡을 것이었다. 즉 균형을 보장하고 유라시아 앞바다를 맴돌며 전략적 지역을 지배하려고 위협하는 열강의 반대 방향으로 저울을 기울임으로써 평화를 유지하는 것이었다. 그는 1905년 취임 연설에서 다음과 같이 선언했다.

우리 미국 국민은[21] 새로운 대륙에 국가의 토대를 놓을 수 있도록 허락받았습니다. (중략) 우리가 많은 것을 받았기 때문에 우리에게 많은 것을 기대하는 것은 당연합니다. 우리에게는 다른 국가와 우리 스스로에 대한 의무가 있습니다. 그리고 그중 어떤 의무도 회피할 수 없습니다. 우리는 지구상의 다른 국가들보다 훌륭하다는 사실로 인해 위대한 국가가 되었습니다. 따라서 우리는 그러한 책임을 가진 국민에 어울리는 행동을 해야 합니다.

잠시 유럽에서 교육 받은 덕에 유럽 역사에 대해서도 잘 아는(20대의 젊은 나이에도 1812년 전쟁에서의 해군력 비중을 완벽하게 다룬 글을 썼다.) 루스벨트는 '구세계'의 유명한 엘리트들과도 잘 아는 사이였고, 세력 균형을 포함한 전통적인 전략 원칙에도 조예가 깊었다. 루스벨트는 미국의 특수한 성격을 평가한 동료들과도 생각을 같이했다. 그러나 그는 미국이 자신들의 소명을 다하려면 원칙뿐 아니라 힘이 사태의 진전을 지배하는 세계에 뛰어들어야 한다고 확신했다.

루스벨트가 보기에 국제 체계는 부단히 변화하고 있었다. 야망, 이기심, 전쟁은 미국인들이 쉽게 바로잡을 수 있는 전통적인 통치자들의 어리석은 오해 때문에 생기는 게 아니었다. 그것들은 국제 문제에 대한 미국의 단호한 개입이 필요한, 인간의 타고난 조건이었다. 국제 사회는 유능한 경찰력이 존재하지 않는 국경 지역의 정착지와 비슷했다.

정직한 사람은 폭력이 존재하는 거친 신생 집단에서[22] 자기 자신을 보호해야 한다. 그가 안전을 확보하는 다른 방법을 고안해 내지 않은 상태에서 집단 내 위험한 사람들은 계속 무기를 갖고 있는데도 그에게 무기를 포기하라고 설득하는 것은 어리석은 동시에 사악하다.

하필이면 노벨상 시상식에서 전해진 이 홉스식 분석은 중립과 융화적인 목적이 평화를 증진하는 데 적합하다는 입장으로부터 미국이 탈피했음을 명확히 알렸다. 루스벨트는 자국의 이익을 보호하기 위해 행동할 수 없거나 그럴 의향이 없는 국가는 다른 국가들이 자신을 존중해 줄 것으로 기대할 수 없다고 생각했다.

아니나 다를까 루스벨트는 외교 정책에 대한 미국식 사고를 지배한 경건함을 견디지 못했다. 그는 새로이 확대되고 있는 국제법은 힘이 뒷받침하지 않으면 효과적일 수 없으며 국제적인 화젯거리로 대두되고 있던 군비축소는 착각이라고 결론 내렸다.

아직은 잘못된 행위를 효과적으로 저지할 수 있는 국제 권력이 수립될 것 같지 않다.[23] 이러한 상황에서 자유롭고 위대한 국가가 자신들의 권리와 예외적이지만 다른 국가의 권리까지도 옹호할 능력을 스스로 포기하는 짓은 어리석을 뿐 아니라 나쁘기까지 하다. 자유롭고 계몽된 민족들이 모든 독재 정권과 야만인들은 무장한 채로 놔두고 자신들은 일부러 무력한 상태가 되는 것만큼 사악함을 조장하는 것은 없다.

루스벨트는 자유주의 사회가 국제 관계에서 발생하는 분쟁과 적대 관계의 위험한 요소를 과소평가하는 경향이 있다고 생각했다. 루스벨트는 다윈의 적자생존 개념을 암시하면서 영국의 외교관인 세실 스프링 라이스에게 다음과 같은 편지를 보냈다.

> 가장 인도주의적이고 국내 발전에 가장 관심이 많은 국가들이 이기적인 문명을 보유한 국가들에 비해 힘이 약해지는 경향이 나타난다는 사실은 우울합니다.[24]
> (중략)
> 나는 문명이 발전하면 필연적으로, 그리고 당연히 투쟁심이 약화된다고 생각함으로써 발전된 문명이 덜 발전된 유형의 문명에 파괴되는 결과를 초래하는 사이비 인도주의를 혐오하고 경멸합니다.

미국이 전략적 이익을 부인하면 더욱더 공격적인 열강들이 세계를 침략하고 결국에는 미국이 누릴 번영의 토대를 약화시킨다는 의미일 뿐이었다. 따라서 "미국은 대규모 해군력을 이용할 의지를 보여 주어야 할 뿐 아니라 단순히 순양함만으로 구성된 해군이 아니라 강력한 전함까지도 완벽한 비율로 포함시킴으로써 다른 어떠한 국가의 해군에도 맞설 수 있는 대규모 해군이 필요하다."[25]

루스벨트가 생각한 외교 정책은 미국의 국익에 유리하게 사건을 유도하면서 전 세계적으로 신중하고 결연하게 세력 균형을 유지하도록 미국의 정책을 변경하는 기술이었다. 그는 미국이 경제적으로 활력이 넘치고 주변에 위협적인 경쟁국이 없는 유일한 국가이며, 독특하게도 대서양 열강이자 태평양 열강이기 때문에 "동서양 대양의 운명을 결정하는 데 발언권을 가질 수 있을 정도로 유리한 입장을 확보할 수 있다."고[26] 생각했다. 미국이 외부 열강으로부터 신대륙을 지키고 다른 모든 전략적 지역에서 세력 균형을 유지하기 위해 개입한다면, 전 세계적인 균형을 지켜 주고 이를 통해 국제 평화까지도 지켜 주는 결정적인 국가가 될 것이었다.

이는 그때까지만 해도 자국의 고립이 자국의 본질을 규정하는 특징이고 자국 해군은 기본적으로 연안을 지키는 도구라고 생각하던 국가로서는 놀랍도록 야심찬 비전이었다.[27] 그러나 루스벨트는 놀라운 외교 정책을 펼침으로써 적어도 일시적으로는 미국의 국제 역할을 다시 규정하는 데 성공했다. 루스벨트는 아메리카 대륙에 대한 외세의 간섭을 반대하는 먼로주의를 뛰어넘었다. 그는 베네수엘라에 침입하려는 독일을 저지하기 위해 전쟁을 치르겠다고 직접적으로 위협하면서 미국이 신대륙에 대한 해외의 식민지 계획을 물리칠 뿐 아니라 실제로 그 계획을 선점하겠다고 약속했다. 그는 미국이 다른 신대륙 국가들의 국내 문제에 예방적인 차원에서 간섭하여 "부정한 행동이나 무능한"[28] 명백한 사건을 처리할 권리가 있다는 취지로 "루스벨트 추론"을 선언했다. 루스벨트는 그 원칙을 다음과 같이 설명했다.

이 국가는 이웃 국가들이 안정되고 평화롭고 번창하는 모습을 볼 수 있기만을 바란다.[29] 국민들이 훌륭하게 처신하는 국가는 우리의 다정한 우호 관계에 의지할 수 있다. 사회 정치 문제를 효율적이고 품위 있게 스스로 처리하는 법을 알고 있음을 보여 주고 질서를 지키고 자신들의 의무를 다하는 국가는 미국의 간섭을 걱정할 필요가 전혀 없다. 문명화된 사회의 의무가 전반적으로 느슨해지는 결과를 초래하는 상습적인 부정행위나 무능은 다른 나라에서와 마찬가지로 미국에서도 다른 문명 국가의 간섭을 필요로 할 것이다.

그리고 신대륙에서 미국이 먼로주의를 고수한다면, 미국은 마지못해서라도 그러한 부정행위나 무능한 명백한 사례에 대해 국제적인 경찰력을 행사하는 수밖에 없다.

애초의 먼로주의처럼 라틴아메리카 국가들에게는 아무런 의견도 묻지 않았다. 이 추론은 또한 신대륙에 대한 미국의 안보 우산에 해당했다. 이후로 어떠한 외부 열강도 아메리카 대륙에서의 불만을 시정하기 위해 무력을 행사할 수 없을 터였다. 외부 열강은 질서 유지의 임무를 자임한 미국을 통해서만 움직여야 했다.

새로이 생긴 파나마 운하는 이 야심찬 개념을 뒷받침해 주고 있었다.[30] 미 해군은 파나마 운하 덕분에 남아메리카 남쪽 끝에 있는 혼 곶까지 돌아가지 않고도 대서양과 태평양 사이를 이동할 수 있었다. 미국은 지역 반란을 이용하여 콜롬비아로부터 파나마를 빼앗은 뒤 파나마 운하지대라는 미국의 장기 조차지로 운영된 지역에 미국 자본과 공학 기술을 투입했다. 1904년에 공사를 시작하여 공식적으로 1914년에 개통된 이 운하는 미국에게 그 지역에서 발생하는 어떠한 군사적 충돌에서도 결정적인 우위를 제공하는 동시에 활발한 무역을 가능하게 해 주었다. (또한 미국의 허가를 받는 경우를 제외하고 외국 해군이 비슷한 경로를 이용할 수 없게 만들었다.) 신대륙의 안보는 미국의 국익에 대한 강력한 주장을 기반으로 미국이 맡을 세계 역할의 중핵이 될 예정이었다.

영국의 해군력이 계속 우위를 지키는 한 영국은 유럽의 균형을 처리할 것이었다. 1904~1905년의 러일 전쟁 동안 루스벨트는 자신의 외교 구상을 아시아의 균형에, 그리고 필요하다면 전 세계에도 어떻게 적용할지 보여 주었다. 루스벨트에게는 러시아 황제의 독재 정치가 갖고 있는 결함(이 결함들에 대해 그가 착각하고 있는 것은 아니었지만)이 아니라 태평양에서의 세력 균형이 문제였다. 루스벨트의 표현에 따르면, "동양에서 일관되게 우리 미국에게 적대적인 모습을 보여 주고 문자 그대로 가늠할 수 없을 정도로 거짓된 정책을 추구하는"[31] 러시아가 아무런 저지도 받지 않고 동양의 만주와 한국으로 진출한 상황이 미국의 이익에 해로웠기 때문에 처음에는 일본의 군사적 승리를 반겼다. 그는 세계 전역을 돌아다니던 러시아 함대가 쓰시마 해전에서 참패하여 완전히 무너지는 모습을 보고 일본이 "우리의 게임을 했다."고 설명했다. 그러나 일본의 승리 규모가 아시아에서 러시아의 입지를 완전히 압도할 조짐을 보이자 루스벨트는 다시 생각했다. 일본의 근대화에 감탄했지만, 그는 아마도 일본의 근대화 때문에 팽창주의적 일본 제국을 동남아시아에서 미국의 입지를 위협할 존재로 간주하기 시작했을 것이며, 일본이 언젠가는 하와이 제도를 요구할지 모른다고[32] 결론 내렸다.

루스벨트는 본질적으로는 러시아 지지자였지만 아시아 열강으로서의 미국의 역할을 강조하면서 먼 아시아의 분쟁을 중재하는 일에 나섰다. 1905년에 체결된 포츠머스 조약은 루스벨트의 세력 균형 외교술을 제대로 보여 주는 전형적인 예였다. 조약은 일본의 팽창을 제한하고 러시아의 붕괴를 방지하는 동시에, 그의 설명대로 "러시아와 일본이 서로에게 완화적인 조치를 취할 수 있도록 직접 대면하게 만드는"[33] 결과를 달성했다. 루스벨트는 러일 중재를 이유로 미국인으로서는 최초로 노벨 평화상을 수상했다.

루스벨트는 이러한 성과가 정체된 평화 상태를 예고하는 게 아니라 아시아 태평양 지역의 균형을 관리하는 미국의 역할이 시작된 것으로 생각했다. '일본의 위협적인 전쟁 지지파'에 대해 정보를 입수한 루스벨트는 단호하면서도 아주 치밀하게 일본을 주시하기 시작했다. 그는 평화로운 임무를 알리기 위해 흰색으로 칠한 전함 16척으로 '대백색함대'

를 구성하여 전 세계에 파견했다. 이 함대는 친선을 목적으로 외국의 여러 항구를 방문하고 미국이 이제는 어떤 지역에든 압도적인 해군력을 배치할 수 있음을 일깨워 주는 역할을 하면서 전 세계를 순양했다.[34] 그가 아들에게 보낸 편지에서 드러나듯이 무력시위는 일본의 호전 세력을 향해 경고를 던짐으로써 힘을 통해 평화를 달성하기 위한 것이었다. "나는 일본과 전쟁을 벌일 것으로 생각하지는 않는다.[35] 하지만 전쟁이 벌어질 가능성이 충분하기 때문에 일본이 성공을 기대하지 못하도록 해군을 증강함으로써 전쟁에 대비하는 것이 대단히 현명하다고 믿는다."

미국은 일본에게 막대한 해군력을 보여 주는 동시에 최대한 정중하게 그들을 다루려 했다. 루스벨트는 함대를 이끄는 제독에게 자신이 저지하려는 그 국가의 정서를 절대로 건드리지 말라고 주의를 줬다.

내가 불필요하다고 생각하는 점에 대해 그대가 명심해 주기 바랍니다.[36] 즉 일본에 머무는 동안에는 우리 병사들 중 어느 누구도 문제가 되는 일을 하지 않게 해 주시오. 도쿄를 비롯하여 일본의 어느 지역에서든 사병에게 휴가를 줄 경우에는 그대가 완전히 믿을 수 있는 사병만을 선택하도록 주의하십시오. 우리 측이 무례하다거나 오만하다는 의심이 생겨서는 안 됩니다. (중략) 전함을 잃는 경우를 제외하고, 우리가 이러한 특별한 상황에서 누군가를 모욕하기보다는 우리가 모욕당하는 편이 훨씬 낫습니다.

루스벨트가 좋아하는 속담처럼 미국은 "말은 부드럽게, 징계는 엄하게" 하려 했다.

대서양에서는 주로 독일의 세력 증대와 야심, 특히 대대적인 해군 증강 계획이 루스벨트를 불안하게 만들었다. 만약 영국의 제해권이 뒤집힌다면 유럽의 균형을 유지하던 영국의 능력 또한 흔들릴 것이었다. 그는 독일이 주변 국가들의 대항력을 점점 더 압도하게 될 거라고 예상했다. 제1차 세계대전이 발발했을 때 정계에서 물러나 있던 루스벨트는 미국이 군사 지출을 늘리고 신대륙에 위험이 퍼지지 않도록 영국, 프랑스, 러시아로 이루어진 삼국협상 편에서 일찍이 참전해야 한다고 주장했다. 그는 1914년에 미국계 독일인인 동조자에게 다음과 같은 편지를 보냈다.

> 독일이 영국 함대를 박살내고 영국 제국을 무너뜨리면서 이 전쟁에서 승리한다면, 당신은 1, 2년 안에 독일이 남아메리카에서 지배적인 위치를 차지하겠다고 주장할 것으로 생각하지 않습니까?[37] (중략) 나는 그럴 것으로 믿습니다. 실제로 나는 그렇게 알고 있습니다. 왜냐하면 나와 스스럼없이 속 얘기를 나눈 독일인들이 냉소에 가까운 솔직함으로 이 의견을 인정했기 때문입니다.

루스벨트는 세계 질서의 궁극적인 본질이 주요 열강들의 경쟁적인 야망을 통해서 결정된다고 믿었다. 인도적인 가치는 자신들의 이익을 추구하고 위협의 진실성을 유지하는 자유주의 국가들이 지정학적으로 성공을 거두는 경우에 최고로 유지될 터였다. 그 가치들이 적대적인 국제 경쟁에서 승리를 거둔다면, 문명은 이로운 결과를 내면서 확산되고 강화될 것이었다.[38]

루스벨트는 국제적인 친선을 추상적으로 간청하는 데 대해 회의적인 시각을 갖고 있었다. 그는 미국이 단호한 반대 세력을 상대로 원칙을 실행할 수 없는 처지라면 그런 원칙을 당당하게 선언하는 것이 아무런 도움이 되지 않을뿐더러 실질적인 피해를 입히는 경우도 흔하다고 주장했다. "우리의 말은 우리의 행동에 의해 판단되어야 한다."[39]는 얘기였다. 기업가인 앤드루 카네기가 루스벨트에게 미국이 더욱 적극적으로 군비축소와 국제 인권 운동에 전념해야 한다고 주장하자 그는 카우틸랴라면 지지했을 법한 몇 가지 원칙을 들먹이며 다음과 같이 답했다.

우리는 위대한 자유로운 국민이 스스로 무능해지면서 독재자와 야만인들을 무장한 채로 놔 두는 행동은 불행을 안겨 줄 수 있음을 늘 기억해야 합니다.[40] 국제 경찰 같은 시스템이 있다면 그렇게 해도 안전할 것입니다. 그러나 지금은 그러한 시스템이 없습니다. (중략) 나는 성공할 수 없는데도 허세를 부리지는 않을 겁니다. 내가 한 말에 입증이 필요한데도 고함을 치고 겁을 준 다음 조치를 취하지 못하는 경우는 없을 것입니다.

루스벨트의 제자가 그의 뒤를 이었다면, 아니 그가 1912년 선거에서 이겼더라면, 그는 미국에 베스트팔렌식 세계 질서 체계를 도입했거나 그 변형된 체계를 도입했을 것이다. 이렇게 사건이 전개되었다면 미국은 러일 조약의 경우와 비슷하게 유럽의 세력 균형과 양립되는 방향으로 제1차 세계대전을 더욱 일찍 종료시키려고 애썼을 게 분명하다. 유럽의 세력 균형은 독일을 패전국으로 남기면서도 미국의 억제력을 고맙게 생각하도록 만들면서 미래의 모험을 저지하기에 충분한 세력으로 독일을 둘러쌌을 것이다. 제1차 세계대전으로 인한 유혈 사태가 허무주의적인 차원을 띠기 전에 그러한 결과가 나왔더라면, 역사의 방향이 달라지고 유럽 문화와 정치적 자신감이 무너지는 결과는 막을 수 있었을 것이다.

결국 루스벨트는 존경받는 정치인이자 환경 보호론자로서 세상을 떠났지만 외교 정책에 관한 학과를 설립하지는 못했다. 대통령 후임자들이나 일반인 중에 그의 뒤를 이을 만한 대단한 제자는 없었다. 그리고 그는 1912년 선거에서 승리하지 못했는데, 그의 대선 출마로 보수 진영 표가 당시 대통령이던 윌리엄 하워드 태프트와 루스벨트 지지자로 나뉘었기 때문이었다.

루스벨트가 세 번째로 대선 후보로 나서서 자신의 유산을 지키려고 한 시도는 불가피하게도 그럴 가능성을 없애 버렸을 것이다. 전통이 중요한 이유는 각 사회에 과거가 없는 것처럼, 그리고 사회가 모든 행동 방침을 이용할 수 있는 것처럼 역사를 통과하려는 사회에게는 전통이 부여되지 않기 때문이다. 사회는 한정된 차이 내에서만 과거의 궤도에서 벗어날 수 있다. 위대한 정치가들은 그 차이의 바깥 경계선에서 행동한다. 만약 그들이 그 경계선에 미치지 못하면 사회는 정체한다. 반대로 그 경계선을 넘어서면 그들은 번영을 구가할 능력을 상실한다. 시어도어 루스벨트는 자기 사회가 지닌 역량의 맨 가장자리에서 활동하고 있었다. 그런 그가 없어지자 미국의 외교 정책은 언덕 위의 빛나는 도시라는 비전으로 되돌아갔다. 다시 지정학적 균형에 참여하지 않고 그러한 균형 상태를 크게 지배하지 못하는 상태로 돌아간 것이다. 그렇지만 미국은 역설적이게도 루스벨트가 생전에 계획했던 리더의 역할을 수행해 냈다. 미국은 그가 비웃던 원칙들을 위해, 그리고 그가 경멸한 대통령의 지휘하에 그 역할을 수행해 냈다.

우드로 윌슨: 세계의 양심으로서의 미국

일반 투표에서 불과 42%를 득표했고 학계에서 정계로 옮겨 간 지 2년밖에 되지 않았는데도 1912년 대선에서 승리한 우드로 윌슨은 미국이 자국을 위해 주장해 오던 비전을 전 세계에 적용할 수 있는 운영 프로그램으로 바꾸어 놓았다. 세계는 미국의 힘과 그의 비전에 가끔 영감을 받기도 하고 종종 당황하면서도 늘 주의를 기울일 수밖에 없었다.

유럽의 국가 체계가 무너지는 과정의 시발점이 된 제1차 세계대전에 뛰어들었을 때, 미국은 루스벨트의 지정학적 비전을 기초로 삼은 게 아니라 300년 전의 종교 전쟁 이후로 유럽에서는 볼 수 없던 도덕적 보편성의 기치 아래 참전했다. 미국 대통령이 선언한 이 새로운 보편성은 북대서양 국가들에서만, 그리고 윌슨이 예고한 형태로는 미국에서만 존재하던 통치 체계를 보급시키려고 했다. 미국의 역사적인 도덕적 사명감에 심취한 윌슨은 미국이 유럽의 세력 균형을 회복하기 위해서가 아니라 "민주주의를 위해 세계를 안전한 곳으로 만들고자" 전쟁에 개입했다고 선언했다. 달리 말하면 미국은 미국식 본보기를 반영하는 양립 가능한 국내 제도를 기초로 세계 질서를 수립하기 위해 참전했다. 이 개념은 유럽의 전통에 역행했지만 유럽 지도자들은 미국의 참전을 대가로 그것을 받아들였다.

윌슨은 평화에 대한 자신의 비전을 설명하면서 미국의 새로운 동맹국들이 애초에 세력 균형을 유지하기 위해 참전했는데도 불구하고 그 세력 균형을 비난했다. 그는 기존의 외교 수단("비밀 외교"로 비난받은)이 분쟁을 일으킨 주요 원인이라며 거부했다. 그 대신 그는 일련의 통찰력 넘치는 연설에서 미국의 전통적인 가정과 그 가정을 전 세계에 확실하게 실행하겠다는 주장을 기초로 새로운 국제 평화 개념을 제시했다. 이 개념은 이후 약간 달라지지만 줄곧 미국의 세계 질서 계획으로 자리 잡았다.

윌슨은 이전의 여러 미국 지도자들과 마찬가지로 미국이 신의 섭리로 다른 종류의 국가가 되었다고 주장했다. 윌슨은 1916년 웨스트포인트 졸업생들에게 "그것은 마치⁴¹ 신의 섭리로 인해 자유와 인권을 사랑하는 평화로운 민족이 찾아와 이타적인 연방을 수립하기를 기다리며 한 대륙이 사용되지 않은 채 남아 있었던 것 같다."고 말했다.

아마도 윌슨에 앞서 대통령을 지낸 거의 모든 이들은 그러한 믿음에 찬성했을 것이다. 윌슨이 달랐던 점은 그 믿음에 근거한 국제 질서를 한 번의 일생에서, 심지어는 하나의 행정부 안에서 달성할 수 있다고 주장했다는 사실이다. 존 퀸시 애덤스는 미국이 자치와 국제적인 페어 플레이에 특별히 몰입하는 모습을 칭찬했지만, 이러한 미덕을 신대륙 밖의 성향이 다른 열강들에게 강요할 생각은 하지 말라고 미국인들에게 경고했다. 윌슨은 높은 위험을 감수하고 있었고 더욱 시급한 목적을 정했다. 그는 의회에서 제1차 세계대전이 "인간의 자유를 위한 마지막 전쟁이 될"[42] 것이라고 말했다.

대통령 선서를 할 때만 해도 윌슨은 미국이 사심 없는 중재자 역할을 하면서 전쟁을 미연에 방지하기 위한 국제 중재 제도를 추진하여 국제 문제에서 중립을 지켜야 한다고 생각했다. 우드로 윌슨은 1913년 대통령직에 오르자마자 윌리엄 제닝스 브라이언 국무부 장관에게 국제 중재 조약을 타결시킬 수 있는 권한을 부여하면서 "새로운 외교 정책"을 선보였다. 브라이언의 노력으로 1913년과 1914년에 그러한 중재 조약이 30여 개가 탄생했다. 일반적으로 그 조약들은 달리 해결할 수 없는 모든 분쟁은 조사를 위해 객관적인 위원회에 제출해야 한다고 규정했다. 그리고 당사자들에게 권고안을 제시할 때까지는 무력에 의지할 수 없었다. 외교적 해결이 민족주의적 열정에 승리를 거둘 수 있는 '냉각' 기간이[43] 설정된 것이었다. 하지만 그러한 조약이 구체적인 문제에 적용된 적이 있다는 기록은 없다. 1914년 7월에 유럽을 비롯한 세계의 여러 국가들은 전쟁 중이었다.

1917년 윌슨이 전쟁의 한 쪽 당사자인 독일의 심각한 폭력 행위로 인해 미국이 반대편 교전국들과 "연합하여"(윌슨은 '동맹'을 고려하지 않았다.) 참전할 수밖에 없다고 선언했을 때, 그는 미국의 목적이 이기적인 것이 아니라 보편적인 것이라고 주장했다.

우리는 이기적인 목적을 갖고 있지 않다.[44] 우리는 정복도, 지배도 원하지 않는다. 우리는 배상금을 얻을 생각도 없고, 우리가 자유롭게 바칠 희생에 대한 물질적인 보상도 받을 생각이 없다. 우리는 인류가 가진 권리를 옹호할 뿐이다.

윌슨의 원대한 전략은 전 세계 모든 민족이 미국과 같은 가치에 따라 움직인다는 전제를 갖고 있었다.

이것들은 미국의 원칙이자[45] 미국의 정책이다, 우리는 다른 것을 위해 싸울 수 없다. 그리고 그것들은 모든 근대 국가와 계몽된 집단, 세계 곳곳의 앞을 내다볼 수 있는 사람들의 원칙이자 정책이기도 하다.

충돌을 일으킨 원인은 서로 다른 국익이나 열망에 내재한 모순이 아니라 독재 정권의 계획이었다. 모든 사실을 공개적으로 이용할 수 있게 해 주고 대중에게 선택권을 제공한다면 일반인들은 평화를 선택할 것이었다. 계몽주의 철학자 칸트(앞에서 설명한)와 현대의 오픈 인터넷 지지자들도 이 관점을 갖고 있다. 1917년 4월, 윌슨은 독일에 대한 선전포고를 의회에 요청하면서 다음과 같이 말했다.

민주 국가는[46] 이웃 국가에 첩자를 잔뜩 보낸다든지, 음모를 꾸며 공격을 가하고 정복 기회를 잡을 수 있는 위험한 상황을 조성하려고 하지 않습니다. 그러한 음모는 아무도 질문할 권리가 없는 곳에서 비밀리에 진행되는 경우에만 성공할 수 있습니다. 세대에서 세대로 이어지는 교활한 기만이나 공격 계획은 은밀한 궁정 내부나 굳게 입을 다무는 소수의 특권계급 내부에서만 실행에 옮겨지고도 공개되지 않을 수 있습니다. 다행히도 그러한 음모는 여론이 국가의 모든 일에 관한 정보를 모두 공개하라고 명령하고 요구하는 곳에서는 불가능합니다.

따라서 세력 균형의 절차상의 측면, 즉 경합 중인 당사자들의 도덕성에 중립적인 입장을 취하는 방식은 위험할 뿐 아니라 비도덕적이었다. 민주주의는 가장 훌륭한 통치 방식인 동시에 영원한 평화를 보장해 주는 유일한 방식이기도 했다. 윌슨이 이후의 연설에서 설명한 대로 미국은 그렇기 때문에 단순히 독일의 전쟁 목표를 좌절시키기 위해서만이 아니라 독일의 정부 체제를 바꾸기 위해 전쟁에 개입했다. 그 목표는 기본적으로 전략적이지는 않았는데, 전략이 통치에 대한 표현이었기 때문이다.

독일 국민에게 일어날 수 있는 최악의 상황은 이렇다.[47] 만약 그들이 전쟁이 끝난 뒤에도 세계 평화를 어지럽히는 데 관심이 있는 야심과 음모를 꾸미는 지배자들, 다시 말하면 세계의 다른 민족들이 믿을 수 없는 사람들 밑에서 계속 살아야 한다면, 차후에 세계 평화를 보장해야 할 국가들의 동반자로 그들을 인정할 수는 없을 것이다.

독일이 휴전에 관해 논의할 준비가 되었다고 선언했을 때, 윌슨은 이러한 시각에 맞게 독일 황제가 물러날 때까지는 협상하지 않겠다고 말했다. 국제 평화를 유지하려면, "비밀리에 독자적으로, 그리고 단 한 번의 선택으로 세계 평화를 어지럽힐 수 있는 모든 독재 권력을 파괴하거나[48] 지금 당장은 파괴하지 못하더라도 적어도 사실상 아무것도 할 수 없는 상태로 만들어야" 했다. 규칙에 기초한 평화로운 국제 질서는 성취 가능했다. 하지만 "그 질서 안에서 독재 정부가 신의를 지키거나 국제 질서의 규약을 준수할 것으로 믿을 수 없기 때문에[49] 평화를 유지하기 위해서는 우선 독재 정권에게 현대 세계에서 권력이나 주도적인 위치를 요구해 봤자 아무 소용이 없음을 보여 줘야" 했다.[50]

월슨은 민족 자결 원칙이 실행되면 민주주의가 자동적으로 확산될 거라고 생각했다. 빈 회의 이후로 전쟁은 영토 조정을 통해 세력 균형의 회복을 합의하면 끝이 났다. 월슨의 세계 질서 개념은 대신 "민족 자결"을 요구했다. 다시 말하면 단일한 인종과 언어로 규정되는 각 민족에게 국가를 부여하는 것이었다. 그는 각 민족이 자치를 통해서만 국제 화합에 대한 근원적인 의지를 표현할 수 있다고 판단했다. 그리고 각 민족이 독립과 국가 통일을 이루고 나면 더 이상 공격적이거나 이기적인 정책을 실행할 동기를 갖지 않을 거라고 주장했다. 민족 자결 원칙을 따르는 정치가들은 "빈 회의에 미리 계산되어 있던 것처럼 이기적이고 타협적인 규약을 감히 시도하지" 못할 것이다.[51] 빈 회의에서 열강의 엘리트 대표들은 대중의 열망보다는 균형을 편들면서 비밀리에 각국의 국경선을 다시 그은 바 있다. 따라서 세계는 다음과 같이 될 터였다.

세계는 한때 각국 대표들을 지배하던 국익 기준을 거부하고 "그게 옳은가? 그게 공정한가? 그게 인류에게 이익이 되는가?"라는 질문만 던질 수 있는 새로운 질서 체계에 양보하라고 요구하는 시대에 진입할 것이다.[52]

여론이 월슨이 혹평한 전통적인 정치가들보다 "인류 전체의 이익"에 더 적절히 대응한다는 월슨의 전제를 뒷받침해 주는 증거는 부족했다. 1914년에 전쟁에 뛰어든 유럽 국가들은 영향력이 각기 다른 대표 기관을 두고 있었다. (독일 의회는 보통선거로 선출했다.) 각국의 대표 기관들은 다들 형식적인 반대도 거의 없이 열렬히 전쟁을 환영했다. 전쟁이 끝난 뒤,

민주주의 국가인 프랑스와 영국의 대중은 승자와 패자 간의 최종적인 화해를 통하지 않으면 결코 안정된 유럽 질서가 발생하지 않았다는 역사적 경험은 무시한 채 징벌적 평화를 요구했다. 자제심은 빈 회의에서 협상을 담당한 귀족들의 속성이었다. 그들은 공동의 가치와 경험을 공유했기 때문이었다. 다수의 압력단체들 사이에서 균형을 잡는 국내 정책으로 단련된 지도자들은 분명 인류의 이익이라는 추상적인 원칙보다는 그 순간의 분위기나 국가적 위엄의 명령에 더 많이 익숙해 있었다.

각 민족에게 국가를 부여하여 전쟁을 뛰어넘는다는 개념은 일반 개념으로서는 감탄할 만하지만, 현실에서는 비슷한 어려움에 직면했다. 아이러니컬하게도 윌슨이 끈질기게 요구한 대로 언어에 기초한 민족 자결 원칙에 따라 유럽 지도를 다시 그리자, 독일의 지정학적 장래가 밝아졌다. 전쟁 전에 독일은 어떠한 영토 확장도 저지하려는 3개의 주요 열강들에게(프랑스, 러시아, 오형 제국) 둘러싸여 있었다. 이제 독일은 민족 자결 원칙에 따라 수립된 다수의 소국(小國)들을 마주했다. 여기서 민족 자결 원칙은 부분적으로만 적용되었는데, 동유럽과 발칸 지역의 민족들이 서로 뒤죽박죽 섞여 있는 탓에 신생 국가마다 다른 민족이 포함되었기 때문이다. 그 결과로 그들의 전략적 약점은 이념적 취약성과 뒤섞였다. 불만이 많아진 주요한 유럽 강대국 동쪽에는 더 이상 큰 덩어리가 없었다. 그 존재는 빈 회의에서 당시 침략국인 프랑스를 저지하는 데 반드시 필요하다고 여겨진 바 있었다. 그러나 영국 수상 로이드 조지가 비탄에 잠겨 평가했듯이 "수많은 소국들 중 다수는[53] 과거에 한 번도 스스로 안정된 정부를 수립한 적이 없는 국민으로 구성되어 있으며, 그 국가들 모두가 모국과의 재통일을 요구하는 다수의 독일인들을 포함하고 있었다."

윌슨의 비전을 실행에 옮기는 과정은 평화로운 분쟁 해결을 고려하는 새로운 국제기구와 관행을 수립할 때 촉진될 수 있었다. 국제 연맹은 과거 강대국들 간의 협력을 대체할 것이었다. 연맹 회원국들은 서로 경쟁하는 이해관계의 균형에 관한 전통적인 개념을 부인하면서 "세력 균형이 아니라 힘의 공동체를[54] 운영할 예정이었다. 다시 말하면 조직적인 경쟁 관계가 아니라 조직적인 공동의 평화를 추구할 것이었다." 정치인들이 경직된 동맹 체제들 간의 대립으로 인해 발생한 전쟁 뒤에 더 나은 대안을 찾으려 하는 것은 이해할 만했다. 그러나 윌슨이 말하던 "힘의 공동체"는 경직성을 예측 불가능성으로 대체했을 뿐이다.

윌슨이 힘의 공동체로 계획했던 것은 나중에 '집단 안보'로 알려지게 된 새로운 개념이었다. 전통적인 국제 정책에서는 이해관계가 일치하거나 비슷한 두려움을 갖고 있는 국가들이 평화를 보장하는 데 특별한 역할을 자임하고 동맹을 형성할 수 있었다. 일례로 나폴레옹 패배 이후에 그런 일이 벌어졌다. 그러한 협정은 명시되었든 암묵적이든 늘 특정한 전략적 위협을 처리할 목적으로 맺어졌다. 예를 들어 빈 회의 이후 보복을 노리던 프랑스가 그러했다. 반대로 국제 연맹은 원인이, 표적이, 발표된 정당한 이유가 무엇이든 간에 군사적 공격에 보편적으로 반대한다는 도덕적 원칙 위에 창설되었다. 국제 연맹은 구체적인 문제가 아니라 규범의 위반을 목표로 삼았다. 규범의 정의가 해석에 따라 각기 달라지는 것으로 입증되었기 때문에 그런 의미에서 집단안보 작동은 예측 불가능하다.

국제 연맹 구상에서 모든 국가들은[55] 분쟁을 평화적으로 해결하기로 맹세하고 공정한 행위에 대한 공유된 규칙들을 중립적으로 적용해야 했다. 만약 회원국들 간에 권리나 의무에 대해 생각이 다르면 객관적인 관계자들로 이루어진 중재위원단에 요구서를 제출해야 했다. 어떤 국가가 이 원칙을 어기고 자신들의 요구를 강요하기 위해 무력을 사용한다면, 그 국가는 침략자로 분류될 터였다. 그때 연맹 회원국들은 합심하여 평화를 깨는 그 교전국에 맞서야 했다. 연맹 내에서는 동맹이나 '개별적인 이익', '비밀 협정', '핵심층 음모' 같은 것은 절대로 허용되지 않았다. 이런 것들이 규칙의 중립적인 적용을 방해할 것이기 때문이었다. 국제 질서는 "공개적으로 도출된 평화에 관한 개방된 규약들"[56] 위에 다시 수립될 것이었다.

월슨이 국제 연맹의 핵심 요소인 집단 안보와 동맹을 구분 지었다는 사실은 그 후 줄곧 뒤따른 딜레마의 주요 문제가 되었다. 동맹은 특정 사실이나 기대에 대한 합의로서 체결된다. 그리고 미리 규정된 만일의 사태에서 정확한 방식으로 행동할 공식적인 의무를 안겨 주고, 합의된 방식으로 성취 가능한 전략적 의무 또한 발생시킨다. 동맹은 이익을 공유하고 있다는 의식으로부터 생겨난다. 따라서 그 이익이 비슷할수록 동맹의 응집력은 높아질 것이다. 대조적으로 집단 안보는 일종의 법적 구조물로서 특정사태를 다루기 위해 도입된 것이 아니다. 집단 안보는 평화로운 국제 질서 규칙을 위반했을 때 일종의 공동행위를 행하는 것 외에는 특별한 의무를 규정하지 않는다. 실제로 행위는 사건별로 협상해야 한다.

동맹은 미리 확인된 공동의 이해관계를 인식할 때 체결되는 데 반해 집단 안보는 국제 연맹의 모든 인정받은 국가와 관련 참가국들에서 장소를 불문하고 발생하는 공격 행위에 반대한다는 입장을 밝힌다. 위반이 발생할 경우, 집단 안보 체제는 사후에 다양한 국가별 이익에서 공동의 목적을 추출해야 한다. 그러나 그 상황에서 각국이 똑같이 평화 위반 사례를 확인하고 그에 대해 공동으로 행동할 준비가 될 것이라는 생각은 역사의 경험에 의해 거짓임이 드러난다. 월슨의 시대부터 지금까지 국제 연맹에서든, 그 계승 기구인 유엔에서든 개념적인 의미의 집단 안보로 구분될 수 있는 군사 행동은 한국 전쟁과 제1차 이라크 전쟁뿐이었다. 그리고 두 경우 모두 필요하다면 일방적으로 행동할 거라고 미국이 분명히 밝혔기 때문에 군사 행동이 이루어졌다.(실제로 두 경우 모두에서 미국은 유엔의 공식적인 결정이 내려지기 전에 군사 배치를 시작했다.) 유엔의 결정은 미국의 결정을 촉발했다기보다[57] 비준했다. 미국을 지지하겠다는 약속은 도덕적 합의의 표현이라기보다는 이미 진행 중이던 미국의 조치에 영향력을 행사하는 수단에 가까웠다.

세력 균형 체제는 제1차 세계대전이 발발하면서 무너졌다. 그 체제가 낳은 동맹 관계들이 유연성이 없었고 지엽적인 문제에까지 무차별하게 적용되면서 모든 갈등을 악화시켰기 때문이다. 집단 안보 체제는 제2차 세계대전으로 향하는 초기 단계에 직면하자 정반대의 결점을 드러냈다. 국제 연맹은 체코슬로바키아 분할이나 이탈리아의 아비시니아 공격, 독일의 로카르노 조약 무시, 일본의 중국 침략에 직면했을 때 아무런 힘도 쓰지 못했다. 공격에 대한 국제 연맹의 정의가 지나치게 모호한데다가 마지못해 공동 조치를 취하려는 태도가 심각했기 때문에 국제 연맹은 평화를 위협하는 파렴치한 행동에 아무런 효력을 발휘하지 못하는 것으로 드러났다. 집단 안보는 국제 평화와 안보를 가장 심각하게 위협하는 거듭된 상황에서 줄곧 쓸모없는 것으로 드러났다. (일례로 1973년 중동 전쟁 중에는 상임 이사국들의 결탁으로 인해 미국과 소련이 정전협정을 협상하고 나서야 유엔 안보리가 소집되었다.)

그럼에도 불구하고 윌슨의 유산은 미국 지도자들에게 집단 안보와 동맹을 하나로 보는 미국식 사고방식을 형성했다. 제2차 세계대전 이후에 정부 대변인들은 조심스러워하는 의회를 상대로 새로운 대서양 동맹을 설명하면서 나토 동맹이 집단 안보 원칙을 완전하게 실행하는 방법임을 강조했다. 그들은 상원 외교 관계위원회에 과거의 동맹 관계와 나토 조약의 차이를 밝힌 조사서를 제출하면서[58] 나토가 영토 방위와는 관계없다고 주장했다.(미국의 유럽 동맹국들에게는 분명 뉴스였을 것이다.) 그 조사서는 다음과 같이 결론 내렸다. "북대서양 조약은 어느 누구를 겨냥하고 있는 게 아니다. 이 조약은 침략 행위만을 겨냥한다. 변화하는 '세력 균형'에 영향을 미치려는 게 아니라 '원칙의 균형'을 강화하려 한다." (우리는 의회를 상대로 집단 안보 원칙의 약점을 숨겨 가며 그 원칙의 실행 수단으로서 계획된 조약을 설명할 때 딘 애치슨 국무부 장관의 눈이 얼마나 반짝였을지 상상할 수 있다. 그는 역사를 제대로 간파한 명민한 사람이었다.)

정계에서 물러난 시어도어 루스벨트는 제1차 세계대전이 시작했을 때 유럽에서 터진 전쟁과 거리를 두려는 윌슨의 시도를 개탄했다. 그러다가 전쟁이 끝났을 때, 그는 국제 연맹에 찬성하는 주장에 이의를 제기했다. 1918년 11월 휴전이 선언된 뒤 루스벨트는 다음과 같이 적었다.

우리가 국제 연맹에 너무 많은 것을 기대하지 않는다면, 나는 그런 연맹에 찬성한다.[59] (중략) 나는 늑대와 양이 서로 무기를 버리기로 합의한 뒤 선의를 약속한 양이 감시견을 쫓아보내자마자 곧바로 늑대에 잡아먹혔다고 적으면서 이솝도 조롱거리로 제시한 그 역할을 맡을 생각이 없다.

윌슨주의는 결코 다수의 가맹국들이 상세한 규칙을 준수하여 세계 평화를 지켰는지의 여부로 시험받지 않았다. 본질적인 문제는 어떤 국가가 이 규칙들을 위반했을 때, 더욱 도발적으로 말하면 그들의 정신에 위배되는 목적에 이 규칙들을 조종한 경우에 어떻게 하느냐였다. 만약 국제 질서가 여론이라는 배심원 앞에서 작동하는 법적 체계라면, 동아프리카의 이탈리아 식민지와 독립한 아비시니아 제국 간의 국경분쟁처럼 민주적 대중이 개입을 보장하지 못할 정도로 너무 애매모호해 보이는 문제 때문에 침략국이 충돌을 선택한다면[60] 어떻게 될까? 양측이 무력에 반대하는 금지 조항을 어겼다는 이유로 국제 사회가 양측에 무기 수송을 중단한다면, 이는 종종 더 강한 쪽이 승리하는 결과를 가져올 것이다. 독일, 일본, 이탈리아가 국제 연맹에서 탈퇴하고 1922년에는 워싱턴해군 조약, 1928년에는 켈로그브리앙 조약에서 차례로 탈퇴한 경우나 현대에 들어서는 핵 확산 국가들이 핵 확산 금지 조약(Non-proliferation Treaty, NPT)에 반대한 경우처럼, 어떤 국가가 평화로운 국제 질서 기구에서 '합법적'으로 탈퇴한 다음 더 이상 그 체계에 구속받지 않을 거라고 선언한다면, 이러한 반항을 처벌하도록 현상 유지 열강들에게 무력 사용 권한을 부여해야 하는가? 아니면 이탈 세력을 구슬려서 기존의 체제로 돌아오게 해야 하는가? 그것도 아니면 단순히 그러한 도전을 무시해야 하는가? 그리고 그 유화 정책이 반항으로 얻는 대가를 제공하지 않는다면 어떻게 되겠는가? 무엇보다도 1938년 나치 독일로의 합병을 위해 오스트리아와 체코 공화국 내의 독일어 사용 공동체가 합법적으로 비준한 '민족자결권'이나 1932년 일본의 책략에 의해 중국 북동부 지역에서 분리해 만든 만주국의 꾸며 낸 민족자결권처럼 그들이 군사적, 정치적 균형에 대한 다른 원칙들을 위반했기 때문에 반대해야 하는 '합법적인' 결과가 존재했는가? 그 규칙과 원칙들은 그 자체가 국제 질서였는가? 아니면 실제로는 더욱 섬세한 관리가 필요하지만, 섬세한 관리 능력이 있다고 알려진 지정학적 구조물 위에 놓인 발판이었는가?

'구(舊) 외교'는 경합 세력들의 균형 상태 속에서 경쟁 국가들 간의 이해관계와 적대적인 국가들의 열정을 상쇄시키려고 노력했다. 그러한 정신 속에서 구 외교는 나폴레옹이 패한 뒤 프랑스의 확장 충동을 억제하기 위해 프랑스 주위를 큰 덩어리로 확실하게 둘러싸면서도 프랑스에 빈 회의 참석을 요청함으로써 프랑스를 유럽 질서 안으로 되돌려놓았다. 전략적 원칙이 아니라 도덕적 원칙에 의거하여 국제 문제를 재편하겠다고 약속한 신 외교에서는 그러한 계산을 허용할 수 없었다.

이로 인해 1919년의 정치인들은 위태로운 입장에 처했다. 독일은 평화회의에 초대받지 못했고, 회의 결과로 체결된 조약에서 제1차 세계대전의 유일한 침략국으로 분류되었다. 그리하여 독일은 전쟁의 재정적, 도덕적 부담을 모두 떠안았다. 그러나 독일 동쪽으로 눈을 돌리면, 베르사유에 있던 정치인들은 동일한 영토에서 자결권을 요구하는 다수의 민족들을 중재하느라 애를 먹었다. 이로 인해 잠재적인 강대국인 독일과 러시아 사이에 인종적으로 분열된 약소국가들이 다수 자리 잡게 되었다. 아무튼 민족이 너무 많았기 때문에 모두를 위한 독립을 현실화하거나 확실히 할 수가 없었다. 그들은 갈팡질팡하면서도 소수 집단의 권리가 무엇인지 밑그림을 그리려고 시도했다. 독일처럼 베르사유 회의에 참석하지 못한 신생 국가 소련은 북부 러시아에서 실패로 돌아간 연합군 측의 개입으로 파괴되지는 않았지만 적의를 품었고, 이후 고립되었다. 그리고 이러한 결점들에 종지부를 찍듯 미국 상원은 미국의 국제 연맹 가입을 거부했고, 윌슨은 크게 실망했다.

윌슨이 대통령직에서 물러난 이후, 그가 실패한 이유는 국제 관계에 대한 그의 계획이 결함이 있어서가 아니라 고립주의를 지향한 의회(윌슨도 국제 연맹에 대한 비준 거부를 막기 위해 의회와 타협하려 하지 않았다.)나 전국 순회 연설을 하며 국제 연맹을 지지하던 윌슨을 쓰러뜨린 뇌졸중 같은 우발적인 상황 탓이라고들 이야기했다.

이러한 사건들이 인간적으로 비극적이긴 하지만 미국이 윌슨주의에 충분하게 전념하지 않았기 때문에 윌슨의 구상이 실패한 것은 아니다. 윌슨의 후임자들은 본질적으로 윌슨주의에 해당하는 다른 보완적인 수단을 통해 그의 통찰력 있는 계획을 실행하려고 애썼다. 1920년대와 1930년대에 미국과 미국의 민주적 협력 국가들은 군축과 평화로운 중재를 위한 외교에 전념했다. 1921~1922년의 워싱턴 해군회의에서 미국은 미국, 영국, 프랑스, 이탈리아, 일본 함대의 국가별 비율을 제한하기 위해 30척의 군함을 폐기하겠다고 제안함으로써 군비 확장 경쟁을 미연에 방지하려고 시도했다. 1928년에 캘빈 쿨리지 대통령의 국무부 장관 프랭크 켈로그는 켈로그브리앙 조약을 제창했다. 이 조약은 "국가 정책수단"[61]으로서의 전쟁을 완전히 금지하자고 주장했다. 세계 독립 국가들 대다수와 제1차 세계대전의 모든 교전국, 모든 주축국들까지 포함된 조인국들은 "본질이, 원인이 어떻든 자신들 사이에 일어날 수 있는 모든 분쟁이나 충돌을" 평화롭게 중재하겠다고 약속했다. 하지만 이 계획에서 어떠한 중요한 요소도 존속하지 않았다.

그럼에도 그 이력이 외교 정책 교과서보다는 셰익스피어의 비극에 나올 법한 윌슨은 미국인들의 심금을 울렸다. 윌슨은 지정학적으로 가장 영악하거나 외교적으로 능숙한 20세기의 외교 정책가는 결코 아니었지만, 현대에 실시되는 여론조사에서 '가장 위대한' 대통령으로 꾸준히 손꼽힌다. 실제로 외교 정책을 실행하면서 시어도어 루스벨트의 교훈을 구체적으로 보여 준 리처드 닉슨조차도 자기 자신을 윌슨식 국제주의의 신봉자라고 생각했다. 닉슨이 백악관 각의실에 윌슨 대통령의 초상화를 걸어 놓은 것은 그의 지적 승리를 보여 주는 표시였다.

우드로 윌슨의 궁극적인 위대함은 이러한 문제점에도 불구하고 계속 살아남은 비전 뒤에 미국의 예외주의의 전통을 얼마나 불러 모았는지에 의해 평가받아야 한다. 그는 미국이 갈망할 수밖에 없다고 판단한 비전을 제시한 예언자로서 존경받아 왔다. 미국은 제2차 세계대전, 냉전, 현대에 들어서는 이슬람 세계의 격변 등 위기나 갈등으로 시험받을 때마다 민주주의와 공개 외교, 공통의 규칙 및 기준 구축을 통해 어떻게든 평화를 지킨다는 우드로 윌슨의 세계 질서 개념으로 돌아갔다.

이 비전의 천재성은 중재와 인권, 협력적인 문제 해결 분야에서 훌륭한 외교 정책을 펼치는 데 미국의 이상주의를 이용하고, 미국이 힘을 행사하는 과정에 더욱 평화롭고 개선된 세계에 대한 희망을 불어넣는 능력이었다. 지난 100년 동안 미국이 전 세계에 참여형 통치 방식을 보급하고 국제 문제에 참여하면서 놀라운 확신과 낙관주의를 불어넣은 것은 이 비전의 영향력 덕분이었다. 윌슨주의의 비극은 그것이 20세기의 결정적 강대국 미국에게 역사 의식이나 지정학적 감각에 기초하지 않은 고상한 외교 정책을 물려주었다는 점이다.

프랭클린 루스벨트와 새로운 세계 질서

윌슨의 원칙은 침투력이 대단했다. 그리고 스스로에 대한 미국의 인식과도 크게 관련되어 있었다. 그 때문에 20년 뒤에 세계 질서라는 문제가 다시 등장했을 때, 두 대전 사이에 실패했다는 사실에도 불구하고 그의 원칙들은 개선장군처럼 되돌아왔다. 미국은 또 한 번 세계 전쟁을 치르면서 본질적으로 윌슨의 원칙에 기초한 새로운 세계 질서를 구축하는 작업에 다시 착수했다.

미, 영 지도자로서는 처음으로 1941년 8월, 뉴펀들랜드에 정박 중이던 프린스오브웨일즈 호에서 만난 프랭클린 델라노 루스벨트(시어도어 루스벨트의 사촌이자 세 번 임기를 지낸 역사적인 대통령)와 윈스턴 처칠은 8개조의 '공동 원칙'으로 이루어진 대서양헌장을 통해 공동의 비전을 설명했다. 영국 수상을 지낸 정치인이었다면 그 모든 조항에 불편했을 테지만, 윌슨이었다면 8개조 전부를 지지했을 것이다. 대서양헌장에는 다음과 같은 조항들이 포함되어 있었다. "모든 민족이 자신들이 살아갈 정부 형태를 선택할 권리가 있다.", "관계 주민의 의사에 어긋나는 영토 획득은 인정하지 않는다.", "공포와 결핍으로부터의 해방", "궁극적인 무력 사용 포기에 앞서 국제적인 군축 계획을 실시한다.", "더욱 광범위하고 영구적인 안전 보장 체계를 확립한다." 등이다. 윈스턴 처칠이 패배를 피하려면 영국의 유일한 희망이자 최고의 희망인 미국의 협력을 얻는 것이 필수적이라고 생각하지 않았다면, 이 모든 조항들, 특히 탈식민지화에 관한 조항을[62] 제안하지도, 인정하지도 않았을 것이다.

루스벨트는 윌슨을 뛰어넘어 국제 평화의 토대에 대한 자신의 생각을 상세히 설명했다. 학자 출신인 윌슨은 본질적으로 철학적 원칙 위에 국제 질서를 구축하는 작업에 의존한 반면, 속임수가 난무하는 미국 정치계에서 살아남은 루스벨트는 사람 관리에 크게 의존했다.

따라서 루스벨트는 새로운 국제 질서가 개인적인 신뢰를 토대로 세워진다는 확신을 표현했다.

평화를 사랑하는 우리 국가들이 성취해야 하는 세계 질서는[63] 본질적으로 우호적인 인간관계와 친선 관계, 관용, 논쟁의 여지가 없는 진정성, 호의, 정직에 의해 결정되어야 한다.

루스벨트는 1945년 네 번째 취임 연설에서도 이 주제를 다시 끄집어냈다.

우리는 에머슨이 이야기한 "친구를 얻는 유일한 방법은 친구가 되는 것이다."라는 단순한 진리를 배웠습니다.[64] 의심이나 불신을 품거나 두려워하며 평화에 다가간다면 영속적인 평화를 얻을 수 없습니다.

전쟁 중에 스탈린을 마주한 루스벨트는 이 확신을 실행에 옮겼다. 소런이 협정을 어기고 서방 세계에 적개심을 품고 있다는 증거를 맞닥뜨린 루스벨트는 전 모스크바 주재 미국 대사인 윌리엄 C. 블리트를 다음과 같이 안심시켰다고 전해진다.

빌, 자네가 제시한 사실들을 반박하려는 게 아니네.[65] 그 사실들은 정확하니까. 자네의 추론의 타당성에도 반박할 생각이 없네. 나는 그저 스탈린이 그런 사람은 아니라는 예감이 드네. (중략) 내가 그에게 할 수 있는 모든 것을 주고 그 대가로 그에게 아무것도 요구하지 않는다면, 다시 말해 노블레스 오블리주를 보여 준다면, 그 사람은 어느 곳도 합병하려 하지 않고 민주주의와 평화의 세계를 위해 일할 거라고 생각하네.

두 지도자가 1943년에 처음으로 테헤란에서 정상회담을 위해 만났을 때[66] 루스벨트는 자신이 말한 대로 행동했다. 루스벨트가 테헤란에 도착하자, 스탈린은 소련 정보부가 루스벨트의 안전을 위협하는 나치의 음모를 알아냈다며 소련의 요새화된 안가에서 지내라고 제안했다. 미국 대사관이 안전하지 않고 회담 장소에서도 너무 멀다는 이유였다. 루스벨트는 소련의 제안을 받아들였다. 그는 앵글로색슨 지도자들이 서로 힘을 합쳐 스탈린을 괴롭히고 있다는 인상을 주지 않으려고 근처에 있는 영국 대사관을 거절했다. 루스벨트는 스탈린과의 연석회의에서 여봐란 듯이 처칠을 놀리면서 영국의 전시지도자와는 의견이 다르다는 인상을 주려고 노력했다.

시급한 문제는 평화의 개념을 정의하는 것이었다. 세계 열강들의 관계는 어떤 원칙에 의해 전개될 것인가? 국제 질서를 구상하고 확보하는 데 미국은 어떤 부분을 기여해야 하는가? 소련을 회유할 것인가? 아니면 대립할 것인가? 그리고 이러한 작업들이 성공적으로 이루어진다면 어떤 모습의 세계가 탄생할 것인가? 평화는 문서인가 과정인가?

1945년의 지정학적 과제는 어떠한 미국 대통령도 마주한 적이 없을 정도로 복잡한 문제였다. 소련은 전쟁으로 황폐해진 상태에서도 전후 국제 질서를 구축하는 데 두 가지 장애물을 안겨 주었다. 소련의 규모와 정복 범위는 유럽의 세력 균형을 뒤집어 놓았다. 그리고 소련의 이념적 공격은 모든 서양 제도의 정당성에 이의를 제기했다. 다시 말하면 공산주의는 기존의 모든 제도를 부당한 착취 방식이라고 부인했다. 그리고 지배 계급을 타도하고 카를 마르크스가 "세계의 노동자"라고 부른 계급에 권력을 되돌려 줄 세계 혁명을 요구했다.

1920년대에 유럽에서 1차로 발발한 대다수의 공산주의 반란이 성유를 바른 무산계급의 지지 부족으로 시들해지거나 진압되자, 냉혹하고 무자비한 이오시프 스탈린은 '일국 사회주의'를 공고히 하는 원칙을 선포했다. 그는 10년에 걸친 숙청을 통해 초창기 혁명 지도자들을 모두 제거하고 주로 징집을 통해 확보한 노동력을 이용하여 러시아의 산업 역량을 높이는 데 주력했다. 그는 서쪽의 나치의 침공을 피하기 위해 1939년 히틀러와 불가침 조약을 맺어 북유럽과 동유럽을 소련과 독일의 세력권으로 나누었다. 1941년 6월 히틀러가 러시아를 침입하자, 스탈린은 러시아에 이념적으로 감금되어 있던 러시아 민족주의를 부활시키며 '대조국(大祖國)전쟁'을 선언했다. 시의 적절하게 러시아의 제국주의적 정서를 불러일으켜 공산주의 이념에 다시 불어넣은 것이다. 스탈린은 공산당 지배하에서는 처음으로, 러시아를 탄생시키고 수백 년에 걸친 전제 정치와 대외 침략, 약탈 행위 속에서도 러시아를 지켜 온 러시아 정신을 일깨웠다.

승전 이후 세계는 나폴레옹 전쟁이 끝났을 때와 비슷한 러시아 문제에 직면했다. 다른 게 있다면 이번에는 더욱더 심각하다는 점뿐이었다.

적어도 2000만 명이 희생되고 그 거대한 영토의 서쪽 3분의 1이 황폐해지는 상처를 입은 대국은 눈앞에 생긴 그 공백 상태에 어떻게 반응할 것인가? 스탈린이 교묘하게 그런 착각을 만들어 낸 결과지만, 여하튼 그가 공산주의 이론가들을 선동하기보다는 잠재우고 있다는 전시의 착각이 없었다면, 그의 선언들에 주의하기만 해도 그 답을 알 수 있었을 것이다.

스탈린의 세계 전략은 복잡했다. 그는 자본주의 체제는 필연적으로 전쟁을 야기한다고 확신했다. 따라서 제2차 세계대전이 끝난 것은 기껏해야 휴전일 수밖에 없었다. 그는 히틀러가 자본주의 체제에서 벗어난 일탈자가 아니라 그 체제를 대표하는 특이한 인물이라고 생각했다. 히틀러가 패배한 이후에도 자본주의 국가들은 그 국가 지도자들이 뭐라고 말하고 무슨 생각을 하든 관계없이 여전히 소련의 적대국이었다. 그는 1920년대의 영국, 프랑스 지도자들을 업신여기며 다음과 같이 말한 적이 있었다.

> 그들은 평화주의에 대해 이야기한다.[67] 그들은 유럽 국가들 간의 평화에 대해 이야기한다. 브리앙과 체임벌린이 서로를 부둥켜안고 있다. (중략) 이 모든 것이 허튼 짓이다. 우리는 유럽 역사를 통해 새로운 전쟁이 일어나 새로운 세력 배열을 구상하는 조약이 체결될 때마다 이 조약이 평화 조약으로 불렸음을 알고 있다. (중략) (비록) 그 조약들이 다가올 전쟁의 새로운 요소를 나타낼 목적으로 체결되었는데도 말이다.

스탈린의 세계관에서는 개인적인 관계가 아니라 객관적인 요인들이 결정을 내렸다. 따라서 전시 동맹국들 간의 친선은 '주관적인' 것이며 승리라는 새로운 상황에 의해 대체되었다. 소련 전략의 목표는 불가피한 최종 결말을 위해 최대한 안전을 확보하는 것이었다. 이는 비밀 작전과 공산당을 통해 러시아의 안보 경계선을 가능한 멀리 서쪽으로 밀어붙인다는 의미였다.

전쟁이 계속되는 동안 서양 지도자들은 이런 유형의 평가를 인정하지 않으려 했다. 처칠은 미국과 계속 보조를 맞춰야 했기 때문이고, 루스벨트는 공정하고 지속적인 평화를 확보하려는 '마스터 플랜'을 지지하고 있었기 때문에 세력 균형도, 제국의 부활도 묵인할 수 없었다. 사실 루스벨트가 계획한 평화는 과거 유럽의 국제 질서와는 반대되는 것이었다. 그의 계획에는 평화로운 분쟁 해결을 위한 원칙과 미국, 소련, 영국, 중국 등 이른바 '4명의 경찰관'인 주요 열강들의 유사한 노력이 필요했다. 특히 미국과 소련은 평화 위반 사례를 견제하는 데 앞장설 것으로 기대되었다.

당시에는 루스벨트의 러시아어 통역으로 일하는 외무부 직원이었고 나중에 냉전 시대에는 미국 정책 관계 설계자로 활약한 찰스 볼렌은 "제대로 대해 줬을 때 올바르고 예의바르게 대응하는 사람은 '착한 사람'이라는 루스벨트의 미국식 확신"을 다음과 같이 비난했다.

> 그(루스벨트)는 스탈린이[68] 세상을 자신과 똑같은 관점에서 바라본다고 생각했다. 그리고 스탈린의 적개심과 불신은 (중략) 소련이 혁명 이후 여러 해 동안 다른 국가들 때문에 고생한 사실을 소홀히 취급했기 때문에 생겼다고 생각했다. 그는 스탈린의 적의가 심오한 이념적 확신에 근거한다는 사실을 깨닫지 못했다.

또 다른 시각은 동시대인들이 필요하다고 생각하지 않는 전쟁에 본질적으로 중립적인 입장을 취하는 미국 국민들을 가차 없이 조종하면서 아주 치밀한 모습을 보여 준 루스벨트는 스탈린같이 교활한 지도자조차 속일 수 없는 사람이었다고 주장한다.[69] 이 해석에 따르면 루스벨트는 좋은 때를 기다리면서 스탈린이 히틀러와 따로 협상하지 못하게 소련 지도자의 비위를 맞추고 있었다. 그는 소련의 세계 질서 개념이 미국과는 정반대임을 알고 있는 게 분명했다. 혹시 그게 아니었대도 그는 곧 알게 될 것이었다. 민주주의와 민족 자결에 대한 호소는 미국 대중을 결집시키는 데 도움이 되겠지만, 결국 모스크바는 받아들이지 못하는 것으로 드러난 게 분명했다. 이 시각에 따르면 독일이 무조건적 항복을 선언하고 소련의 비타협적인 태도가 드러난 이후에도 루스벨트가 살아 있었다면, 그는 자신이 히틀러에 반대할 때 보여 준 것과 똑같은 결단력으로 민주주의 국가들을 결집시켰을 것이다.

위대한 지도자들은 종종 엄청난 양면성을 보여 준다. 존 F. 케네디 대통령이 암살당했을 때, 그는 미국의 베트남 개입을 확대할 생각이었을까, 아니면 물러나려고 했을까? 일반적으로 루스벨트의 비판가들은 그를 순진하다고 비난하지 않았다. 아마도 루스벨트가 그의 국민들처럼 국제 질서의 두 가지 측면에 대해 애매한 입장을 가졌다는 게 해답이 될 것이다. 그는 정당성, 즉 개인 간의 신뢰와 국제법에 대한 존중, 인도주의적 목적, 친선에 기초한 평화를 희망했다. 그러나 힘에 근거한 방식을 끈질기게 취하는 소련 앞에서는 마키아벨리식 방식으로 돌아가고 싶었을 것이다. 실제로 그는 그런 방식으로 리더의 자리에 올랐고 그가 살던 시대의 중요한 인물로 부상했다. 그가 어떻게 절충했을지의 문제는 소련 처리 계획을 완성하지 못하고 4선 대통령으로 취임한 지 4개월 만에 세상을 떠나는 바람에 흐지부지되었다. 루스벨트에 의해 의사 결정 과정에 늘 배제되던 해리 S. 트루먼이 갑작스럽게 그 역할을 맡게 되었다.

8

미국: 양면적인 초강대국

전후 12명의 대통령은 모두[1] 세계에서 미국의 각별한 역할을 열정적으로 주창했다. 각 대통령은 미국이 분쟁 해결과 모든 국가의 평등을 이타적으로 추구하는 작업에 착수했음을 자명하게 생각했다. 그 과정에서 궁극적인 성공 기준은 세계 평화와 전 세계적인 화합이었다.

양당 출신의 모든 대통령들은 미국의 원칙을 세계에 적용할 수 있다고 선언해 왔다. 그 선언들 중에서도 (결코 독특하지는 않았지만) 가장 유창하게 선언한 경우는 1961년 1월 20일의 존 F. 케네디 대통령 취임 연설일 것이다. 케네디는 자신의 국가를 향해 "자유를 지키고 키워 나가기 위해 어떠한 대가도 치르고, 어떠한 짐도 지고, 어떠한 두려움에도 맞서고, 우방을 지지하고, 적에게 대항하라고" 요구했다. 그는 위협을 구분하지 않았고, 미국의 개입에서 최우선 사항이 무엇인지도 정하지 않았다. 그는 특별히 전통적인 세력 균형의 변동과 같은 타산은 거부했는데, 그가 요구한 것이 "새로운 시도"이기 때문이었다. 그는 "세력 균형이 아니라 법의 신세계"를 요구했다. 그것은 "인류 공동의 적을 상대로 한 전 세계적인 위엄 있는 동맹"이 될 것이었다. 다른 나라에서는 수사학적 수식으로 간주되었을 법한 연설이 미국의 담론에서는 전 세계적인 조치를 위한 특별한 청사진으로 제시되었다. 케네디 대통령이 암살된 지 한 달 뒤에 유엔 총회장에 선 린든 존슨도 세계 문제에 대한 무조건적인 전념을 확인해 주었다.

평화를 추구하고 전쟁을 증오하고 굶주림과 질병, 불행에 맞서 선한 싸움을 할 의향이 있는 사람이나 국가는[2] 미국이 그들 옆에서 그들이 내딛는 모든 발걸음을 함께할 의향이 있음을 알게 될 것이다.

미국이 세계 질서를 책임져야 하고 미국의 힘이 필수 불가결하다는 의식은 자유와 민주주의에 대한 미국 국민들의 헌신을 기초로 지도자들의 도덕적 보편주의가 형성됐다는 합의에 의해 강화되었고, 냉전 시대와 그 이후의 놀라운 성과로 이어졌다. 미국은 유럽의 황폐해진 경제 재건에 도움을 주고 대서양 동맹을 창설하고 안보와 경제 협력으로 이루어진 전 세계적인 네트워크를 형성했다. 미국은 중국에 대한 고립 정책을 버리고 협력 정책으로 옮겨 갔다. 그리고 생산성과 번영에 불을 지핀 개방된 세계 무역 체계를 구상하고 그 시대의 거의 모든 기술혁명의 최첨단에 서 있었다. (지난 세기에도 그랬던 것처럼) 미국은 우방국에서든 적대국에서든 똑같이 참여 통치 방식을 지지했다. 주도적인 위치에서 새로운 인도주의적 원칙들을 명확히 밝혔을 뿐 아니라, 1945년 이후에는 다섯 차례의 전쟁을 비롯한 몇 가지 사건들을 통해 세계의 머나먼 모퉁이에서도 그 원칙들을 이행하기 위해 미국인들의 희생을 감수했다. 그렇게 다양한 문제를 떠맡을 만한 이상주의와 자원을 갖추거나 그토록 많은 과제를 성공적으로 끝낼 능력을 갖춘 국가는 없었을 것이다. 미국의 이상주의와 예외주의는 새로운 국제 질서를[3] 구축하는 원동력이었다.

수십 년 동안 미국의 전통적인 신념과 역사적 경험은 미국이 처한 세계와 놀라울 정도로 일치했다. 전후 질서 구축에 나선 지도자 세대가 보기에 중요한 두 경험은 1930년대의 불황과 1940년대의 침략 행위에 대한 승리를 극복해 주었다. 그리고 두 임무 모두 확실한 해결책에 도움을 주었다. 경제 분야에서는 성장률 회복과 새로운 사회복지 프로그램의 개시에 도움을 주었고, 전쟁에서는 적의 무조건적인 항복을 얻는 데 도움을 주었다.

전쟁이 끝났을 때 기본적으로 아무런 피해도 입지 않은 유일한 강대국이었던 미국은 세계 GNP의 60% 정도를 생산해 냈다. 따라서 미국의 지도적 위치는 미국의 국내 경험을 바탕으로 한 실질적인 발전으로 규정될 수 있었다. 윌슨의 집단 안보 개념은 동맹으로, 경제 회복과 민주 개혁 프로그램은 통치 방식으로 구체화되어 나타났다. 미국의 냉전 작업은 미국의 세계 질서 개념을 공유한 국가들을 방어해 주는 작업으로 시작되었다. 적이 된 소련은 국제 사회에서 이탈했지만 결국 돌아올 것으로 간주되었다.

그 비전을 향해 가는 과정에서 미국은 다른 역사적 세계 질서관들과 맞닥뜨리기 시작했다. 식민주의가 끝나자 역사와 문화가 다른 새로운 국가들이 무대 위에 등장했다. 공산주의의 본성은 점점 더 복잡해졌고 그들의 영향력은 점점 더 모호해졌다. 미국식 국내외 질서 개념을 거부하는 정부와 군사 정책은 끈질긴 도전을 개시했다. 미국의 능력이 아무리 어마어마해도 그 한계는 분명했다. 무엇이 더 중요한지를 정해야 했다.

미국이 이러한 현실에 맞닥뜨리자 그전까지는 제시되지 않던 새로운 문제가 제기되었다. 즉 미국의 외교 정책은 시작과 끝이 있는, 최종적으로 승리가 가능한 이야기인가? 아니면 늘 되풀이되어 등장하는 문제들을 처리하고 완화시키는 과정인가? 미국의 외교 정책은 목적지가 있는가? 아니면 결코 완성될 수 없는 과정인가?

이 질문들에 대한 답을 찾는 과정에서 미국은 자신들이 세계에서 맡은 역할의 본질을 놓고 고통스러운 논쟁과 분열을 겪었다. 그 질문들은 미국의 역사적 이상주의의 이면과도 같았다. 미국은 자국의 역할이라는 문제를 도덕적 완벽성에 대한 시험으로 규정함으로써 가끔은 심각할 정도로 스스로의 부족함을 자책했다. 평화롭고 민주적이고 규칙에 기초한, 윌슨이 예언한 세계가 정점에 이르기를 기대하던 미국은 외교 정책이 그때그때의 임시적 목표를 위한 영원한 노력이 될 수 있다는 가능성에 종종 불편함을 느꼈다. 거의 모든 대통령이 다른 나라들은 그저 자국의 이익만을 갖고 있지만 미국은 보편적인 원칙을 갖고 있다고 주장하는 가운데 미국은 지나치게 세력을 확대한 뒤 환멸을 느끼고 후퇴하는 극단적인 상황을 무릅썼다.

제2차 세계대전이 끝난 이후로 미국은 자신들의 세계 질서를 추구하면서 확장적 목표를 위해 다섯 차례 전쟁을 시작했다. 처음에는 거의 모든 대중의 지지를 받던 그 목표들은 국론 분열의 원인이 되면서 폭력 사태 직전까지 가기도 했다. 이 전쟁들 중 세 번의 전쟁에서 초당적 합의는 사실상 무조건 일방적 철수를 받아들이는 입장으로 돌변했다. 미국은 두 세대에 걸쳐 세 번씩이나 중도에 전쟁을 포기했다. 전쟁이 부적절하게 변형되었다거나 판단이 잘못되었다는 이유였다. 구체적으로 보면 베트남에서는 의회 결정에 따라, 이라크와 아프가니스탄에서는 대통령의 선택에 의해 전쟁에서 물러났다.

냉전에서의 승리에는 선천적인 양면성이 수반되었다. 미국은 역사적으로 비슷한 사례를 찾기 힘들 정도로 자신들이 들이는 노력의 도덕적 가치에 대해 반성해 왔다. 미국의 목표들은 실현되지 않았거나 목표 달성과 양립할 수 있는 전략을 추구하지 않았다. 비판가들은 이러한 차질이 미국 지도자들이 도덕적으로나 지적으로 부족했기 때문이라고 탓할 것이다. 역사가들은 사회 전체에 퍼져 있던 힘과 외교, 현실주의와 이상주의, 힘과 정당성에 대한 양면적 태도를 해결하지 못한 탓에 차질이 생겼다고 결론 내릴 것이다.

냉전의 시작

해리 S. 트루먼의 경력을 살펴보면 그가 냉전 시대 내내 지속될 국제 질서 체계 구축 작업을 주재하고 결정할 뿐만 아니라 대통령이 될 인물임을 암시할 만한 것도 없었다. 그러나 이 전형적인 미국의 '보통 사람'은 큰 영향력을 미친 미국 대통령으로 등장할 예정이었다.

그는 어떤 대통령보다도 힘든 임무를 떠맡았다. 전쟁은 1648년의 베스트팔렌 협정이나 1815년의 빈 회의에서처럼 국제 질서를 다시 규정하려는 열강들의 시도 없이 끝나 버렸다. 따라서 트루먼이 맨 처음 처리해야 할 일은 현실적으로 구상된 국제 조직, 즉 유엔에 대한 루스벨트의 비전을 구체화하는 것이다. 1945년 샌프란시스코에서 조인된 유엔 헌장은 두 가지 국제 의사 결정 방식을 통합했다. 총회에는 어떤 국가든 회원으로 참가할 수 있고 각 국가의 평등성, 즉 '1국 1 투표권'을 원칙으로 삼았다. 이와 동시에 유엔은 전 세계의 협력을 통해 집단 안보를 실행하고, 안전보장이사회는 5개 강대국(미국, 영국, 프랑스, 소련, 중국)을 "거부권을 가진 상임이사국"으로 지정했다. (영국, 프랑스, 중국은 당시의 역량을 반영한 만큼 과거의 엄청난 업적을 존중하는 의미에서도 포함되었다.) 안전보장이사회는 돌아가면서 추가로 이사국을 맡는 9개국과 함께 "국제 평화와 안보를 유지하는" 특별한 임무를 부여받았다.

유엔은 상임이사국들이 공통의 세계 질서 개념을 갖고 있는 경우에만 지정된 목적을 성취할 수 있었다. 그들이 의견을 달리하는 문제들에 관한 한 이 세계 조직은 각자의 차이를 누그러뜨리기보다는 그대로 둘 일이었다. 트루먼, 윈스턴 처칠, 스탈린은 1945년 7~8월에 열린 포츠담 회담에서 독일 점령 지구를 정했다. (처칠은 선거에서 패하는 바람에 전시에 부총리를 지낸 클레멘트 애틀리로 중도에 바뀌었다.) 전시 중에 열린 마지막 동맹국 정상회담인 이 회담의 결과로 베를린은 4개 승전국들의 공동 관리를 받게 되었는데, 서방 국가들의 점령 지구는 소련이 점령한 독일 지역을 통해서 접근할 수 있었다. 이는 결국 전시 동맹국들이 맺은 마지막 의미 있는 협정으로 드러난다.

합의안을 실행하기 위한 협상이 진행되자, 서방 동맹국들과 소련 간의 교착 상태는 점점 더 심각해졌다. 소련은 스탈린이 1945년에 정한 원칙에 따라 동유럽에 새로운 국제적, 사회적, 정치적 체제를 설립하겠다고 주장했다. "어떤 지역을 누가 점령하든, 그 지역에 자신만의 사회 체제를 시행한다.[4] 모든 사람들은 자신의 군대가 세력을 뻗치는 범위까지는 자신의 체제를 강요한다. 달리 될 수는 없다." '객관적 요인들'을 위해 베스트팔렌 원칙을 포기한 스탈린은 동유럽 전체에 모스크바의 마르크스 레닌 체제를 더디지만 가차 없이 적용했다.

전시 중의 동맹국들끼리 처음으로 군사적으로 대립한 사건은 과거의 적인 독일의 수도 베를린 진입로 때문에 발생했다. 1948년 스탈린은 서방 동맹국들이 점령 지역 세 곳을 하나로 합친 데 맞서 베를린으로 이어지는 진입로를 차단했다. 봉쇄가 끝날 때까지 베를린은 주로 미국의 공수조치로 버텼다.

스탈린이 '객관적 요인'들을 어떻게 분석했는지는 1989년에 내가 소련의 외무부 장관을 지낸 안드레이 그로미코와 나눈 대화를 통해 알 수 있다. 안드레이 그로미코는 28년 동안 외무부 장관을 지내다가 새로이 취임한 미하일 고르바초프에 의해 명목상의 대통령직으로 쫓겨난 인물이다. 따라서 그는 러시아 역사에 대해 쭉 지켜본 사실에 대해 이야기할 시간이 많았고 신중하게 지켜야 할 미래도 없었다. 나는 소련이 전쟁 중에 겪은 그 엄청난 사상자와 약탈의 관점에서 볼 때 미국이 베를린 봉쇄에 군사적으로 대응했다면 소련은 어떻게 했을지 물어보았다. 그로미코는 부하들이 이런 취지로 던진 비슷한 질문에 답한 적이 있다고 했다. 스탈린은 미국이 그렇게 지엽적인 문제에 핵무기를 사용하리라고는 생각하지 않았다고 한다. 만약 서방 세계 동맹국들이 베를린 진입로를 따라 지상군 정찰에 착수한다면, 소련군은 스탈린에게 대응 조치를 묻지 말고 바로 저항하라고 명령받았다. 스탈린은 미군이 전선 전체를 따라 군대를 동원하는 경우에는 "내게 오라."고 말했다. 달리 말하면 스탈린은 국지전은 충분히 치를 수 있다고 생각했지만 미국과의 전면전은 무릅쓰려 하지 않았다.

그때부터 두 강대국 진영은 잠재된 위기의 원인은 해결하지 않고 서로를 쳐다보고만 있으려 했다. 나치 세력에서 해방된 유럽은 새로운 패권 열강의 속국이 될 위험에 처해 있었다. 제도도 취약하고 내부적인 분열뿐 아니라 종종 인종적 분열까지 극심한 신생 독립 국가들에게 자치를 부여한다 해도 결국에는 서방 세계에 적대적이고 국내외적으로 다원주의에 반하는 정책에 직면할 가능성이 있었다.

이 중대한 시점에서 트루먼은 미국 역사와 국제 질서 발전의 토대를 이룬 전략적 선택을 내렸다. 그는 새로운 국제 질서의 영구적인 형성에 전념함으로써 '유아독존'의 역사적 유혹에 종지부를 찍었다. 그는 매우 중요한 계획들을 연속적으로 추진했다. 1947년의 그리스 터키 원조 프로그램은 지중해의 중추적인 국가들을 지탱해 오던 영국의 보조금을 대체했다. 실제로 영국은 더 이상 보조금을 제공할 능력이 없었다. 그리고 1948년의 마셜 플랜은 제때에 유럽 경기를 되살릴 수 있는 복구 계획을 제시했다. 1949년 트루먼 정부의 딘 애치슨 국무부 장관은 미국이 지원하는 새로운 국제 질서의 머릿돌로서 나토 창설을 기념하는 의식을 주관했다.

나토는 유럽 안보를 확립하는 출발점이었다. 세계 질서는 더 이상 달라지는 동맹 관계에서 추출된 유럽의 전통적인 세력 균형을 특징으로 삼지 않았다. 대신 어떤 균형 상태가 지배하든 두 핵무기 초강대국 간에 존재하는 균형 상태로 축소되었다. 한쪽이 사라지거나 관심을 갖지 않는다면 그 균형 상태는 사라지고 경쟁자가 지배하게 될 것이었다. 첫 번째 경우는 1990년에 소련이 무너지면서 발생했고, 두 번째 경우는 냉전 기간 동안 미국이 유럽 방위에 흥미를 잃을지 모른다는 미국 동맹국들의 끝없는 두려움에서 비롯되었다. 나토에 가입한 국가들은 군사력을 일부 제공했지만, 지역 방위 수단이라기보다는 미국의 핵우산 밑으로 들어갈 수 있는 입장권의 성격이 강했다. 트루먼 시대의 미국은 전통적인 동맹의 형태로 일방적인 약속을 제시했다.

그 체계가 제자리를 잡자 미국 외교 정책의 궁극적인 목적을 놓고 다시 논쟁이 불거졌다. 새로운 동맹의 목표는 도덕적인가, 전략적인가? 공존이 목표인가, 적의 붕괴가 목표인가? 미국은 적을 전향시키려 하는가, 아니면 점진적 변화를 추구하는가? 전향에는 적이 전면적인 행동이나 제스처를 통해 과거와 단절하게 만드는 것이 필요하다. 발전에는 불완전한 단계에서도 궁극적인 외교 정책 목표를 추구하고 이 과정이 진행 중인 동안에는 적을 현실로서 대할 의지와 점진적인 과정이 필요하다.

미국은 어떤 길을 선택할까? 미국은 그 문제에 관한 한 역사적으로 늘 보여 주던 양면성을 여실히 보여 주면서 두 가지 길 모두를 선택했다.

냉전 질서의 전략들

냉전 시대 미국의 가장 포괄적인 전략 구상은 당시에는 무명이던 국무부 해외 근무자 조지 케넌이 제안했다. 그는 모스크바 주재 미국 대사관 정치 담당 과장로 일하고 있었는데, 미국의 세계 역할에 대한 미국 내 논쟁을 그 정도까지 뜨겁게 달군 국무부 근무자는 없었다. 워싱턴이 스탈린의 호의에 대한 믿음에 근거하여 마냥 행복해하고 있을 때, 케넌은 대립 관계가 다가오고 있음을 예측했다. 그는 1945년에 동료에게 보낸 사적인 편지에서 전쟁이 끝나면 동맹국인 소련이 적으로 돌아서리라는 사실을 직시해야 한다고 주장했다.

따라서 그리스와 터키를 포함한 서유럽 지역에서의 활기차고 독립적인 정치 활동의 보존을 요구하는 대서양 해양 세력의 이해관계와 늘 불안한 유라시아 대륙 세력의 이해관계 간에 근본적 충돌이 유럽에서 발생할 것인데,[5] 유라시아 대륙 세력은 늘 서쪽으로 세력 확장을 추구해야하기 때문이다. 대륙 세력의 입장에서 보았을 때, 대서양 외에는 안전하게 팽창을 멈출 수 있는 장소를 발견하지 못한다.

케넌은 명백하게 전략적인 대응을 제안했다. "당장 우리가 가진 카드를 모두 손에 모아 쥐고 제대로 가치를 얻을 수 있게 카드놀이를 시작하자."라고 제안했다. 케넌은 동유럽이 모스크바의 지배를 받을 거라고 결론지었다. 동유럽은 워싱턴보다는 러시아의 힘의 중심에 더 가까이 위치했고, 애석하게도 소련군이 동유럽에 먼저 도달했기 때문이었다. 따라서 미국은 독일을 관통하는 경계선을 따라 미국의 보호를 받고 있는 서유럽 권역을 강화하고 그 영역에 충분한 힘과 응집력을 부여하여 지정학적 균형을 유지해야 했다.

케넌의 동료이자 상관인 찰스 칩 볼렌은 "민주주의에서는 그런 유형의 외교 정책을[6] 수립할 수 없으며 전체주의 국가만이 그러한 정책을 수립하여 실행할 수 있다."는 윌슨주의를 근거로 이 선견지명 있는 예측을 거부했다. 워싱턴은 세력 균형을 사실로서는 받아들일 수 있었지만, 정책으로 채택할 수는 없었다.

1946년 2월 워싱턴은 모스크바 주재 미국 대사관에게 스탈린의 교조주의적 연설이 평화로운 국제 질서를 약속한 소련의 태도가 달라졌음을 알리는 출발점인지 문의했다. 당시 대리대사였던 케넌은 다수의 국무부 해외 근무자들이 꿈꾸는 기회, 즉 대사의 승인 없이[7] 고위급 관계자에게 자신의 의견을 직접 전달할 수 있는 기회를 잡을 수 있었다. 케넌은 자신의 의견을 다섯 파트로 나눠 행간 여백 없이 19장에 걸쳐 작성한 전보문을 미국 본토에 보냈다. 롱 텔레그램이라 불리는 이 보고서의 핵심은 소련의 의도에 대한 미국의 모든 논쟁을 재검토해야 한다는 의견이었다. 소련 지도자들은 동서 관계를 세계 질서에 대한 대립적인 개념 간의 경쟁으로 생각했다. 그들은 "러시아의 전통적이고 본능적인 불안 의식"을 수용하여 전 세계를 휩쓰는 혁명적 교리에 접목했다. 크렘린 측은 스탈린이 "세계의 두 중심"이라 부른 자본주의와 공산주의 간의 우위 다툼에 대한 소련식 원칙의 관점에서 모든 국제 문제를 해석하려 했다. 이 두 중심의 전 세계적인 경쟁은 불가피하고 승자가 단 한 사람으로 정해질 때 끝날 수 있었다. 소련 지도자들은 그 싸움이 불가피하기 때문에 그렇다고 생각했다.

다음 해에 국무부 정책기획국 국장으로 옮겨 간 케넌은《포린 어페어스(Foreign Affairs)》에 'X'라는 익명으로 낸 논문으로 유명해졌다. 이 논문에서 그는 장문의 전문에서와 똑같은 주장을 펼쳤다. 즉 서방 세계에 대한 소련의 압력은 실재하고 필연적이지만, "끊임없이 달라지는 일련의 지리적, 정치적 요지에서 방심하지 않고 노련하게 반격을 가한다면 봉쇄할 수 있다."[8]고 주장했다.

시어도어 루스벨트였다면 아무런 고심 없이 이 분석을 지지했을 것이다. 그런데 케넌은 이 충돌이 어떻게 끝날지에 대한 자신의 생각을 약술하는 과정에서 윌슨의 영역으로 되돌아갔다. 그는 모스크바가 외부 세계와 쓸데없이 대립하다가 어느 시점이 되면 공산당 기구 밖의 일반 대중에게 손을 뻗어 추가적인 지지를 얻으려는 지도자를 내세울 것이라고 예측했다. 물론 소련의 일반 대중은 독립된 정치 의식을 기를 수 있는 기회가 한 번도 없었기 때문에 미숙하고 경험이 없었다. 그러나 "정치 기구로서의 당의 단결과 유효성이[9] 그렇게 한 번 흔들리고 나면, 소련은 하룻밤 사이에 가장 강력한 국가에서 가장 약하고 비참한 국가로 바뀔 수도 있다." 본질적으로는 옳았던 이 예측은 결국에는 민주 원칙이 승리하고 정당성이 힘을 이긴다고 믿었다는 점에서 윌슨주의를 반영했다.

국무부 장관을 지낸 (나를 포함한) 다수의 후임자들에게 모범이 되었을 뿐 아니라 큰 영향력을 끼친 딘 애치슨은 이 믿음을 실천에 옮겼다. 1949년부터 1953년까지 그는 스스로 "힘의 상황"이라 부른 것을 나토를 통해 조성하는 데 집중했다. 동서 진영의 외교술은 자동적으로 세력 균형을 반영할 터였다. 아이젠하워 정부의 존 포스터 덜레스 국무부 장관은 동남아시아(1954년)에서는 동남아시아조약기구(SEATO), 중동 지역(1955년)에서는 바그다드 조약을 통해 동맹 체계를 확대했다. 실제로 봉쇄는 두 대륙에 걸쳐 소련의 주변 지역 전체에 군사 동맹을 구축하는 행위와 동일시되었다. 세계 질서는 서로 맞지 않는 두 초강대국의 대립으로 이루어졌고, 두 초강대국은 각자 자기 영역 안에서 국제 질서를 수립했다.

두 국무장관들 모두 힘과 외교를 연속적인 단계라고 생각했다. 미국이 먼저 자국의 힘을 공고히 하고 확실하게 보여 주면, 소련은 어쩔 수 없이 도전을 중단하고 비공산주의 세계와 합리적인 화해에 도달할 것이라고 생각했다. 그러나 외교가 군사력의 순위에 기초한다면 대서양 관계가 형성되는 단계에 외교를 중단해야 할 이유는 무엇이었을까? 그리고 자유세계의 힘은 상대편에 어떻게 전달될 수 있었을까? 실제로 소련이 전쟁으로 입은 엄청난 피해와 미국의 핵 독점은 냉전 초기에 실질적인 세력 균형이 서방 측에 유례없이 유리했음을 확인시켜주었다. 따라서 힘의 상황을 구축할 필요는 없었다. 왜냐면 그것은 이미 존재하고 있었기 때문이다.

윈스턴 처칠은 1948년 10월 연설에서 서방 세계의 협상 지위가 그 어느 때보다도 막강하다고 주장하면서 이 사실을 인정했다. 따라서 협상을 연기할 게 아니라 밀어붙여야 했다.

사람들은 다음과 같은 질문을 던진다.[10] 그들이 원자폭탄을 다량으로 손에 넣으면 무슨 일이 일어날까? 우리는 지금 일어나는 일로 무슨 일이 일어날지 판단할 수 있다. 수목이 우거진 숲에서 이런 일을 한다면, 가뭄 중에는 무엇을 할까? (중략) 제정신인 사람 중에 우리 앞에 무한한 시간이 있다고 믿을 수 있는 사람은 없다. 우리는 상황을 무르익게 만들어 최종적으로 정리해야 한다. (중략) 러시아 공산주의자들까지 핵무기를 보유하기 전에 서방 국가들이 핵무기를 갖고 정당한 요구를 명확히 밝힌다면, 유혈 사태 없이 지속적인 합의에 도달할 가능성이 커질 것이다.

의심할 바 없이 트루먼과 애치슨은 위험이 너무 크다고 생각했다. 그들은 연합국 측의 단결이 흔들릴 수도 있다는 두려움에 원대한 협상에 반대했다. 무엇보다도 처칠이 외교적으로라도 마지막 결전을 벌이자고 주장했을 때 그가 수상이 아니라 야당 지도자였다는 점이 문제였다. 당시 수상이던 클레멘트 애틀리와 외무부 장관인 어네스트 베빈은 전쟁 위협을 들먹이는 계획에 반대했을 게 확실했다.

이런 상황에서 미국은 소련의 팽창주의를 봉쇄하는 전 세계적인 노력을 통솔하는 국가로 나섰다. 하지만 이 노력은 기본적으로 지정학적인 작업이 아니라 도덕적인 작업이었다. 양쪽 진영 모두 타당한 이해관계가 존재했지만, 그 이해관계를 설명하는 방식이 전략적 우선 사항을 명시하려는 시도를 애매하게 만드는 경향이 있었다. 트루먼의 국가 안보 정책을 기밀문서로 정리한 NSC-68은 강경파인 폴 니체가 주로 작성했는데, 이 NSC-68조차도 국익의 개념은 피하고 양측의 갈등을 서정시에 가까운 전통적인 도덕적 범주로 분류했다. 이 갈등은 "(놀라운 다양성과 진심 어린 관용, 자유사회의 합법성을 수반하는) 법치 정부하의 자유"[11] 세력과 "크렘린의 무자비한 소수 독재 정치 하에 노예가 된" 세력 간의 갈등이었다. 미국은 자신들만의 관점에 따라 러시아 세력을 제한하려는 지정학적 경쟁이 아니라 자유세계를 위한 도덕적 십자군으로서 냉전 투쟁에 가담하는 중이었다.

그러한 차원에서 미국의 정책은 인류 전체의 이익을 증진시키기 위한 사심 없는 노력으로 제시되었다. 능숙하게 위기를 관리해 나가고 미국의 힘을 강력하게 옹호한 존 포스터 덜레스마저도 미국의 외교 정책을 설명하면서 과거의 그 어떤 국가의 방식과도 전혀 다른 원칙에 따라 움직이는 일종의 세계적인 자원 봉사라고 설명했다. 그는 "많은 사람들이 이해하기는 어렵겠지만,[12] 정말로 미국은 단기적인 편의가 아닌 다른 고려 사항 때문에 행동한다."라고 말했다. 이 관점에 따르면 미국의 영향력은 지정학적 균형을 회복하는 게 아니라 그것을 초월할 것이었다. "아주 오랫동안 국가들이 자신의 시급한 이익을 증진시키고 경쟁국을 해치기 위해서만 행동하는 게 관례였기 때문에 국가가 원칙에 따라 행동하게 될 새로운 시대가 올 수 있다는 생각은 쉽게 받아들여지지 않았다."

미국은 '원칙'과 '운명'을 갖고 있지만 다른 국가들은 '이기적인 이익'만을 갖고 있다는 암시는 미국의 역사만큼이나 오래됐다. 여기서 새로워진 것은 미국이 방관자가 아니라 지도자의 역할을 맡게 된 전 세계적인 지정학적 경쟁이 기본적으로 도덕적 근거에 의해 정당화되고 미국의 국익은 부인되었다는 점이다. 전 세계를 책임지라는 이 소명은 소련의 팽창에 대항하여 현상을 유지하면서 피폐화된 전후 세계를 회복하려는 미국의 헌신을 뒷받침했다. 그러나 공산권 주변 지역에서 '본격적인 무력 전쟁'을 치러야 할 때가 왔을 때, 미국은 그리 확실하지 않은 지도자임이 드러났다.

한국 전쟁

한국 전쟁은 결론 없이 끝났다. 그러나 이 전쟁이 야기한 논쟁은 10년 뒤 어떤 문제가 한국을 괴롭힐지 미리 알려 주었다.

1945년 일본의 식민지였던 한국은 승리를 거둔 연합국 측에 의해 해방되었다. 소련이 한반도 북쪽을, 미국이 한반도 남쪽을 점령했다. 양측은 점령 지역 철수를 앞두고 각각 1948년과 1949년에 자기들 식의 정부를 세웠다. 1950년 6월 북한은 남한을 침략했다. 트루먼 정부는 이 침략이 제2차 세계대전 전의 독일과 일본 침략을 모델로 삼은 중소 침략의 전형적인 사례라고 간주했다. 트루먼은 앞서 몇 년 동안 미국 군사력이 급격하게 축소됐는데도 불구하고 주로 일본에 주둔 중이던 미군을 이용하여 침략에 맞서겠다는 용기 있는 결정을 내렸다.

최근 연구 결과에 따르면 공산주의 측의 동기는 복잡했다. 북한 지도자 김일성이 1950년 4월에 스탈린에게 남침 승인을 요청하자 스탈린은 그를 독려했다. 스탈린은 2년 전 티토의 배신을 통해 1세대 공산주의 지도자들이 러시아의 국익에 없어서는 안 되는 소련의 위성국가 체계에 잘 적응하지 못한다는 사실을 깨달았다. 스탈린은 중화인민공화국이 선언된 지 3개월도 지나지 않은 1949년 말에 마오가 모스크바를 방문했을 때부터 위압적인 특징을 지닌 마오라는 사람이 이끄는 중국의 기분 나쁜 잠재력을 불안해했다. 남한 침략은 중국의 주의를 자국 국경선에 대한 위기 상황으로 돌리고 미국의 관심 또한 유럽에서 아시아로 돌리면서 미국의 일부 자원을 소모시킬 수 있을 듯했다. 소련의 지지로 침략이 성공한다면, 소련은 평양의 통일 사업으로 한국에서 지배적인 위치를 차지할 수 있었다. 그리고 이 국가들이 역사적으로 서로에 대해 품고 있는 의심을 생각해 보면 아시아에서 중국에 대한 일종의 평형추가 생길 수도 있었다. 마오는 김일성이 아주 과장된 표현으로 자신에게 전달했을 게 분명한 스탈린의 주도적 계획을 정반대의 이유로 따랐다. 그는 소련에 의해 고립되는 상황을 두려워했다. 한국을 차지하려는 소련의 관심은 여러 세기를 통해 이미 입증되었고 스탈린이 중소 동맹에 대한 대가로 요구한 이념적 종속에서도 여실히 드러났다.

일찍이 한 탁월한 중국 인사는 결국 한국 전쟁을 계기로 미국이 대만에 전념하게 되면서 중국의 통일이 100년이나 연기되었기 때문에 한국 전쟁을 승인하는 과정에서 마오가 스탈린에게 주도권을 내준 것은 마오의 유일한 전략적 실수였다고 내게 말한 적이 있다. 그럼에도 불구하고 한국 전쟁의 기원은 미국을 상대로 한 중국과 소련의 음모라기보다는 공산주의 국제 질서 내부에서 우위를 차지하기 위한 삼자 간의 작전이 었다. 여기서 김일성은 남침 계획에 대한 지지를 얻기 위해 호가를 높였고, 그의 정복 계획은 모든 주요 관계자들에게 놀라움을 안기는 결과를 가져왔다.

공산주의 세계의 복잡한 전략적 고려 사항들은 미국 측과 일치하지 않았다. 실제로 미국은 공격을 물리치면서 원칙을 위해 싸웠다. 그리고 그 원칙을 실행하는 방법은 유엔을 통하는 것이었다. 유엔 주재 소련 대사가 유엔에서 중국 공산당을 제외시킨 데 대해 계속 항의하느라 안전보장이사회의 중요한 투표에 참석하지 않았기 때문에 미국은 유엔의 승인을 얻을 수 있었다. "공격을 물리친다."는 표현이 무슨 뜻인지는 명확하지 않았다. 그것은 완벽한 승리를 의미했을까? 그보다 덜 완벽하다면 그것은 무엇이었을까? 한마디로 그 전쟁은 어떻게 끝나야만 했을까?

공교롭게도 경험은 이론을 앞질렀다. 더글러스 맥아더 장군이 1950년 9월에 감행한 기습적인 인천 상륙 작전은 남한에 북한군을 가두는 결과를 야기하면서 북한군에 상당한 패배를 안겼다. 승리를 거둔 미군은[13] 38선을 따라 정해진 과거의 경계선을 넘어 북한으로 진격하여 통일을 달성해야 할까? 만약 그렇게 한다면 미국은 집단 안보 원칙에 대한 문자 그대로의 해석을 넘어서는 것이었다. 공격을 물리친다는 법적 개념은 이미 달성되었기 때문이다. 그러나 지정학적 관점에서 보면 어떤 교훈을 얻을 수 있었을까? 만약 침략국이 이전 상태로 돌아가는 것 외에 다른 어떤 결과도 필요 없다면, 어딘가 다른 곳에서 침략이 재발할 수 있지 않았을까?

여러 가지 대안이 제시되었다. 중국 국경선에서 240킬로미터 정도 떨어져 있는, 한반도의 가장 좁은 부분인 평양에서 원산을 잇는 선까지만 진격하는 방안 등이었다. 이 방안을 추진했다면 중국 국경선에는 가까이 가지 않으면서 북한의 전쟁 수행 능력을 대부분 파괴하고 북한 인구의 90%를 통일된 한국에 흡수했을 것이다.

이제는 미국 입안자들이 어디서 진격을 멈출까라는 주제를 꺼내기 훨씬 전에 중국이 개입을 준비하고 있었다는 사실을 다들 알고 있다. 일찍이 1950년 7월에 중국은 한국과의 국경선에 25만 명의 군대를 집결시켰다. 8월에 중국의 최고 입안자들은 우수한 미국군이 전쟁터에 전부 배치되고 나면 계속 진격 중인 동맹국 북한은 무너지게 될 거라는 전제하에 움직이고 있었다. (실제로 그들은 맥아더의 기습적인 인천 상륙을 정확히 예측했다.) 8월 4일 마오는 부산 주변에 전선이 형성되어 있는 와중에도 중국 공산당 정치국에 다음과 같이 말했다. "미국 제국주의자들이 승리를 거두면[14] 성공에 도취되어 분별력을 상실한 그들이 우리를 위협할 수도 있다. 우리는 조선을 도와야 한다. 그들을 지원해야 한다. 지원은 의용군의 형태로 우리가 선택하는 시기에 이루어질 수 있지만 일단 준비를 시작해야 한다." 그러나 그는 저우언라이에게는 만약 미국이 평양에서 원산을 잇는 선을 따라 남아 있다면 중국군은 곧바로 공격할 필요가 없으며 강화 훈련을 위해 멈춰야 한다고 말했다. 그렇게 잠시 멈춘 동안이나 그 이후에 어떤 일이 일어났을지는 추측만 가능할 뿐이다.

그러나 미군은 멈추지 않았다. 워싱턴은 맥아더의 38선 이북 진격을 승인했고 중국 국경선을 제외하고는 그의 진격에 제한을 두지 않았다.

마오 입장에서 미국이 중국 국경선까지 이동하는 것은 한국에 대한 지분 그 이상의 것과 관련되었다. 한국 전쟁이 발발하자 트루먼은 중국 내전의 양쪽 당사자들을 보호하는 것이 아시아 평화에 대한 미국의 공약을 이행하는 것이라는 주장을 들어 대만해협에 제7함대를 파견했다. 이러한 조치는 마오가 중화인민공화국을 선언한 지 9개월도 되지 않은 시기에 이루어졌다. 만약 미군이 중국 국경선을 따라 주둔하고 대만과 본토 사이에 미군 함대가 버티고 있는 상황으로 한국 전쟁이 끝났다면, 북한의 남침을 승인한 행위는 전략적 재앙으로 전락했을 것이다.

세계 질서에 대한 서로 다른 두 개념이 마주치자, 미국은 베스트팔렌 원칙과 국제법적 원칙을 따르면서 현 상태를 지키려고 애썼다. 현 상태를 보장하는 것만큼 마오의 혁명 임무에 대한 인식에 역행하는 것은 없었다. 마오는 중국 역사를 통해 한반도가 중국으로의 침략 루트로 여러 차례 이용된 사실을 알고 있었다. 그의 혁명 경험은 내전이 교착 상태가 아니라 승리 아니면 패배로 끝난다는 명제에 근거했다. 그는 미국이 중국과 한국의 경계선인 압록강을 따라 안전하게 자리 잡고 나면 다음 단계로 베트남에 진출함으로써 중국을 고립화하는 과정을 마무리 지을 거라고 확신했다. (이때는 미국이 인도차이나 지역에 실제로 개입하기 4년 전이었다.) 저우언라이는 1950년 8월 26일 중앙군사위원회 회의에서 "한반도는 실제로 세계에서 벌어지는 여러 투쟁의 중심지이다.[15] (중략) 한반도를 정복한 미국은 분명 베트남을 비롯한 다른 식민지 국가들로 관심을 돌릴 것이다. 따라서 한반도 문제는 적어도 동아시아의 상황을 해결하는 열쇠와도 같다."는 설명으로 자신의 분석 내용을 밝히면서 중국의 전략적 사고에서 한반도가 맡은 중대한 역할을 입증했다.

이러한 생각들 때문에 마오는[16] 1593년에 중국 지도자들이 도요토미 히데요시가 이끈 일본 침략군에 맞서 추진한 전략을 반복했다. 실제로 초강대국과 싸우는 일은 쉽지 않은 과제였다. 적어도 두 명의 중국군 육군 원수가 미군과 상대할 부대에 명령을 내리기를 거부했다. 마오는 강력히 공격을 주장했고, 결국 중국의 기습 공격은 미군을 압록강에서 몰아냈다.

그러나 중국이 개입한 뒤에 그 전쟁의 목적은 무엇이 되었을까? 그리고 그 목적은 어떤 전략에 의해 실행될 수 있었을까? 이러한 의문은 이후 미국이 벌이는 전쟁에서 더욱 쓰라린 갈등이 빚어질 것을 예시하는 격렬한 논쟁을 야기했다. (베트남 전쟁을 반대한 사람들과는 대조적으로 한국 전쟁을 비판한 사람들은 트루먼 행정부가 충분한 군사력을 이용하지 않았다고 비난했다. 그들은 철수가 아니라 승리를 시도했다.)

공공의 논쟁은 현장 사령관 더글러스 맥아더와 합동참모본부의 지지를 받는 트루먼 정부 간에 벌어졌다. 맥아더는 과거 미국의 모든 군사 개입의 기초였던 전통적인 사실을 주장했다. 즉 전쟁의 목적은 중국에 대한 공습을 포함하여 필요한 방법을 모두 동원하여 승리를 성취하는 것이라는 주장이었다. 교착 상태는 전략적 차질이었고, 공산주의 세력의 공격은 그 공격이 발생하고 있는 아시아에서 물리쳐야 했다. 미국의 군사력은 멀리 떨어져 있는 지역에서 발생할 수 있는 만일의 사태를 위해 아낄 것이 아니라 필요한 만큼 모두 사용해야 했다. 여기서 멀리 떨어진 지역이란 서유럽을 의미했다.

트루먼 정부는 두 가지 방식으로 대응했다. 우선 트루먼 대통령은 1951년 4월 11일에 군부에 대한 문민 지배를 입증하기 위해 맥아더를 해임했다. 정부 정책을 부인하는 발언을 했다는 이유였다. 본질적으로 트루먼은 봉쇄 개념을 강조했다. 미국을 위협하는 주요 국가는 유럽 지배를 전략적 목표로 삼은 소련이었기 때문이다. 따라서 독일을 상대로 한 전쟁에서 전투를 지휘한 바 있는 오마 브래들리 합동참모본부 의장의 표현에 따르면 한국 전쟁에서 군사적으로 끝장을 볼 때까지 싸우고 중국으로까지 전쟁을 확대하는 것은 "잘못된 곳에서, 잘못된 시기에, 잘못된 적과 싸우는 잘못된 전쟁"[17]이었다.

500년 전에 그랬던 것처럼 몇 달 뒤인 1951년 6월부터 전쟁이 시작된 38선 근처에서 전선이 고착화되기 시작했다. 그 시점에 중국은 협상을 제안했고, 미국은 그 제안을 받아들였다. 2년 뒤에 체결된 협정은 몇 차

레 격렬하지만 단기적인 충돌로 중단되기는 했어도 이 책을 쓰는 지금까지 60년이 넘는 세월 동안 지속되고 있다.

이 전쟁의 기원과 마찬가지로 협상에서도 전략에 접근하는 두 가지 다른 방식이 대립했다. 트루먼 정부는 힘과 정당성의 관계에 대한 미국식 견해를 여실히 보여 주었다. 이 견해에 따르면 전쟁과 평화는 정책의 각기 다른 단계였다. 즉 협상이 시작되면 무력 사용은 중단되고, 외교가 주도권을 차지한다는 시각이었다. 각 활동은 각자의 원칙에 따라 작동되는 것으로 생각되었다. 무력은 협상을 이끌어내는 데 필요하지만 협상이 시작되면 한쪽으로 물러서야 했다. 그리고 협상 결과는 친선 분위기에 의해 좌우되는데, 군사적 압력은 좋은 분위기를 해칠 수도 있었다. 그런 의도로 회담이 진행되는 동안에는 방어적인 조치만을 취하고 대규모 공격은 시작하지 말라는 명령이 미군에 내려졌다.

중국의 시각은 정반대였다. 전쟁과 평화는 동일한 동전의 양면이었다. 협상은 전쟁터의 연장선이었다. 고대 중국의 전략가 손자가 쓴 『손자병법』에 따르면 가장 중요한 싸움은 심리전이다. 즉 상대의 계산에 영향을 미치고 성공에 대한 자신감을 떨어뜨리는 것이다. 적의 단계적 축소는 자신의 군사적 이점을 압박하여 이용할 수 있는 약점의 징후였다. 공산주의 측은 교착 상태를 이용하여 결론이 나지 않는 전쟁에 대한 미국 대중의 불편한 심기를 키웠다. 실제로 협상 중에 미국은 공격에 치중하던 단계만큼 많은 사상자가 발생하면서 고통을 겪었다.

결국 양측은 각자의 목적을 달성했다. 미국은 봉쇄정책을 유지하면서 동맹국의 영토를 지켜 주었다. 이 동맹국은 이후 아시아의 핵심 국가로 발전했다. 그리고 중국은 자국 국경선에 다가오는 세력을 방어하겠다는 결의를 지켜 냈고, 자신들은 아무런 선택도 할 수 없는 상황에서 만들어진 국제 원칙을 경멸하고 있음을 보여 주었다. 이 전쟁은 무승부로 끝났다. 하지만 한국 전쟁의 결과는 전략을 외교에, 그리고 힘을 정당성에 결부 지으며 자신들의 가장 중요한 목표를 규정하는 미국의 능력이 크게 부족할 수 있음을 여실히 드러냈다. 마침내 한국은 20세기에 한 획을 그었다. 그것은 미국이 승리가 목적이 아니라고 분명히 밝힌 첫 번째 전쟁이었고, 그 점에서 다가올 사태의 전조가 되었다.

나중에 밝혀진 것처럼 최대 실패자는 소련이었다. 소련은 애초의 침략 결정을 격려하고 동맹국들에게 대규모로 보급품을 제공함으로써 전쟁의 결말을 지탱해 주었다. 그러나 소련은 동맹국들의 신뢰를 잃었다. 중소 분열의 씨앗은 한국 전쟁에서 뿌려졌는데, 소련이 지원에 대한 대가 지불을 요구하면서 전투 지원 제공을 거부했기 때문이었다. 또한 이 전쟁으로 미국이 신속하고도 방대한 규모로 재무장에 돌입하면서 서유럽이 불균형 상태로 되돌아가는 상황이 발생했다. 이는 미국의 봉쇄정책이 요구한 힘의 상황에 도달할 수 있는 엄청난 발전이었다.

양측은 좌절을 맛보았다. 일부 중국 역사가들의 주장에 따르면 중국은 불확실한 동맹국을 지지하려다 본토에 대만을 통합시키는 기회를 잃고 말았다. 그리고 미국은 제2차 세계대전 이후로 미국을 따라다닌 무적의 기운과 방향 감각을 잃어버렸다. 아시아의 다른 혁명가들은 전쟁을 지지하고자 하는 미국 국민의 의지를 꺾을 수 있는, 결론 없는 전쟁에 미국을 끌어들였을 때 무슨 일이 일어나는지 교훈을 얻었다. 미국은 전략과 국제 질서에 대한 생각에서 격차가 있음을 깨달았고, 이는 베트남의 정글에서도 미국을 괴롭힐 예정이었다.

베트남 전쟁과 국민적 합의의 실패

한국 전쟁으로 고초를 겪는 와중에도 하나로 합쳐진 윌슨의 원칙과 루스벨트의 전략지정학은 15년간의 냉전 정책을 뒷받침해 주는 놀라운 힘을 탄생시켰다. 초기에 미국 내에서 발생한 논쟁에도 불구하고 그 둘의 결합은 1948~1949년에 베를린 봉쇄에 나선 소련의 최후통첩을 저지하기 위해 공수를 주도하고, 1950년부터는 한국 전쟁을 치르며, 1962년에는 쿠바에 중거리 핵탄도미사일을 배치하려는 소련의 시도를 좌절시키는 성과를 이루어냈다. 이러한 성과에 이어 1963년에는 소련과 대기권에서의 핵실험 금지 조약을 체결했다. 이는 초강대국들이 논의를 통해 인류 말살 능력을 제한해야 할 필요성을 상징한 조약이었다. 봉쇄 정책은 본질적으로 양당 체제인 의회의 지지를 받았다. 정책 입안과 지적 집단 간의 관계는 동일한 장기 목표에 근거한다고 추정되는 전문적인 관계였다.

그러나 존 F. 케네디 대통령이 암살된 시점과 거의 같은 시기부터 국민적 합의가 무너지기 시작했다. 부분적인 이유는 미국이 이상주의적 전통을 실현해야 한다고 요구한 젊은 대통령이 암살당한 사건의 충격이었다. 암살자가 소련에 잠시 머문 적이 있는 공산주의자이기는 했지만, 이 사건으로 인해 미국의 많은 젊은이들 사이에서는 미국의 계획이 도덕적으로 정당한지에 대한 의문이 제기되었다.

냉전은 전 세계에 민주주의와 자유를 지원해야 한다는 결정으로 시작되었고, 케네디 취임식에서 그 결정은 강화되었다. 그러나 일정한 시간이 지나면서 봉쇄전략을 뒷받침해 주던 군사 정책들은 대중의 인식에 좋지 않은 영향을 미치기 시작했다. 무기의 파괴력과 사용 목적 간의 간격은 메울 수 없는 것으로 드러났다. 군사적 핵기술의 제한적 사용을 주장하는 모든 이론들이 실행 불가능한 것으로 드러났다. 미국의 지배적인 전략은 견딜 수 없다고 판단될 만큼 민간인 사상자를 발생시키는 능력을 기초로 했다. 공격 개시 후 며칠 만에 양측의 수천만 명이 연루될 게 분명했다. 이 계산은 국가 지도자들의 자신감과 지도자의 지도력에 대한 대중의 믿음에 제한을 가했다.

이외에 봉쇄정책이 아시아의 주변부까지 확대 적용됨에 따라 미국은 유럽과는 정반대의 상황에 직면하게 되었다. 마셜 플랜과 나토는 정부 통치라는 정치적 전통이 약화되기는 했어도 유럽에 남아 있었기에 성공할 수 있었다. 그러나 대다수 후진국에서는 정치적 토대가 미약하거나 새로이 설립되었고, 경제 원조는 안정으로 이어진 경우만큼 빈번히 부패로 이어졌다.

이러한 딜레마들은 베트남 전쟁에서 곪아 터질 위기에 봉착했다. 1951년에 트루먼은 남베트남에 민간인 고문을 파견하여 게릴라전에 맞섰다. 아이젠하워는 1954년에 군사 고문을 따로 보냈다. 케네디는 1962년에 전투 부대가 지원 목적으로 베트남에 주둔하도록 허락했고, 1965년에는 존슨이 원정군을 배치하면서 결국 50만 명이 넘는 대군이 파견되었다. 케네디 정부는 참전을 향해 한 발자국 더 가까이 갔고, 존슨 정부는 북베트남의 남베트남 공격이 세계를 지배하려는 중국과 소련의 대공세의 선봉에 서는 것이며, 동남아시아 전체가 공산주의자들의 손에 떨어지지 않도록 미군이 저항해야 한다고 확신했기 때문에 그 전쟁을 자신들의 전쟁으로 만들었다.

미국은 아시아를 방어하는 과정에서 서유럽에서 했던 것과 같은 정책의 적용을 제안했다. 한 나라가 공산화되면 다른 나라들까지 공산화된다는 아이젠하워 대통령의 '도미노 이론'에 따라 미국은 침략자를 저지하기 위한 봉쇄정책(나토를 모델로 삼아)과 경제 및 정치적 재건 계획(마셜 플랜에서처럼)을 적용했다. 이와 동시에 미국은 '확전'을 피하기 위해 캄보디아와 라오스의 피난처를 공격 목표로 삼지 않았는데, 하노이 군은 추적을 피하기 위해 피난처로 안전하게 철수한 뒤에 다시 공격을 개시하여 수천 명의 사상자를 안겼다.

미국의 어떤 행정부도 남베트남의 독립을 유지하고 남베트남 전복을 위해 하노이에 무장 배치된 군사력을 파괴하며, 충분한 군사력으로 북베트남을 폭격하여 하노이에 대한 정복 의지를 꺾고 그들을 협상 테이블로 끌어내는 것 외에는 전쟁을 끝낼 계획을 제시하지 않았다. 이는 존슨 행정부의 중반기 정도가 돼서야 주목하거나 논란을 일으킬 만한 계획으로 간주되었다. 1968년의 구정 대공세는 전통적인 군사적 관점에서는 북베트남의 대패였지만 서방 언론에서는 놀라운 승리이자 미국의 실패를 입증하는 증거로 간주되었다. 그때 이후 시위 물결과 언론 비판이 절정에 이르면서 결국 정부 관리들도 공감하게 되었다.

싱가포르 건국의 아버지이자 그의 시대에 가장 현명한 아시아 지도자라고 할 수 있는 리콴유는 미국의 개입이 동남아시아의 독립을 지키는 데 필수적이었다는 확고한 신념을 강경하게 밝혔다. 그리고 이 책을 쓰고 있는 지금까지도 그 신념을 유지하고 있다. 베트남에서 거둔 공산주의 세력의 승리가 그 지역에 미친 영향을 분석한 내용은 대체로 정확했다. 그러나 미국이 베트남 문제에 본격적으로 참여했을 무렵 중소 협조 체계는 더 이상 존재하지 않았고, 1960년대 내내 감지할 수 있을 만큼의 위기 상황에 처해 있었다. 대약진 운동과 문화혁명으로 고통받은 중국은 점점 더 소련을 위험하고 위협적인 적으로 간주했다.

유럽이 채택한 봉쇄 원칙들은 아시아에서는 적용하기가 훨씬 더 힘든 것으로 드러났다. 유럽은 전쟁으로 인한 경제 위기가 국내의 전통적인 정치제도를 약화시킬 조짐을 보였을 때 불안정해졌다. 1세기에 걸쳐 식민지로 지낸 동남아시아에서는 이러한 제도들이 아직 형성되지 않았다. 특히 남베트남의 경우에는 역사상 한 번도 국가로 존재한 적이 없었다.

미국은 군사적인 노력과 함께 정치적 구상을 통해 그 간격을 메우려고 시도했다. 미국은 북베트남의 분열 세력에 대항하여 재래식 전쟁을 치르고 베트콩 게릴라와는 정글 전쟁을 치르는 동시에 수백 년 동안 자치나 민주주의를 모르고 지낸 지역에서 정치공학에 전력했다.

연속적으로 쿠데타(처음 쿠데타는 군사 통치가 더욱 자유주의적인 제도를 수립할 거라는 기대 속에 1963년 11월에 미국 대사관이 부추기고 백악관의 승인 하에 발생했다.)가 발생한 끝에 구엔 반 티우 장군이 남베트남 대통령으로 등장했다. 냉전이 시작하면서 어떤 정부가 공산주의를 지향하지 않는다는 사실은 소련의 구상으로부터 그 국가를 지켜 줄 가치가 있다는 증거로 너무 광범위하게 인식된 듯했다. 서로를 비난하는 분위기가 형성되면서 남베트남이 완벽하게 기능하는 민주주의 국가로 탄생할 수 없다는(피비린내 나는 내전 중에) 사실은 더 신랄한 비난을 야기했다. 처음에는 대다수가 지지하고 자유와 인권의 보편적인 원칙들을 지적하는 대통령이 현재의 차원으로 끌어올린 전쟁이 이제는 미국 고유의 도덕적 둔감을 보여 주는 증거로 매도되었다. 부도덕과 기만에 대한 비난[18]이 마음껏 이용되었다. '야만적'이라는 단어는 인기 있는 형용사였다. 미군의 개입은 미국식 생활 방식의 심오한 결점을 드러내는 '광기'의 일종으로 설명되었다. 무자비한 민간인 대학살에 대한 비난은 일상화되었다.

베트남 전쟁에 대한 미국 내 논쟁은 미국 역사에서 가장 많은 상처를 남긴 논쟁 중의 하나로 드러났다. 인도차이나 상황에 미국을 개입시킨 정부 관료들은 다들 지력이 뛰어나고 성실한 개인들이었다. 그런데 그런 그들이 갑자기 범죄에 가까운 어리석은 짓을 저지르고 고의적으로 대중을 기만한 사람들로 비난받게 되었다. 실현 가능성과 전략에 대한

합리적인 논쟁으로 시작했던 것이 거리 시위와 독설, 폭력으로 변하고
말았다.

미국 전략, 특히 전쟁이 전개되는 단계에서 미국의 전략이 비대칭 갈
등의 현실에는 어울리지 않는다고 지적한 점에서 비판가들은 옳았다.
하노이가 기꺼이 협상할 마음이 있는지 시험하기 위해 폭격 작전과 '일
시적인 중지'를 번갈아 한 전술은 교착 상태를 야기하는 경향이 있었다.
그 전술은 비난과 저항을 초래할 정도의 힘을 행사했지만 적이 확실하
게 진지한 협상을 준비하게 만들기에는 부족했다. 베트남의 딜레마들은
냉전을 지탱해 온 단계적 확대 전략에 관한 학문적 이론의 결과물이었
다. 그 이론들은 핵무기를 보유한 초강대국들 간의 교착 상태에서 보면
개념적으로 논리적이지만, 게릴라 전략을 추구하는 적군과 싸워야 하는
비대칭 갈등에는 적용하기가 쉽지 않았다. 경제 개혁과 정치 발전의 관계
에 대한 기대는 아시아에서는 실현되기 힘든 것으로 드러났다. 그러나 이
러한 주제는 진지한 토론에나 어울리는 것이었지, 비방이나 반전 운동 주
변에서 벌어진 대학과 정부 건물에 대한 공격에 적합한 것은 아니었다.

고결한 염원의 실패는 자신감을 산산조각 냈다. 지배층은 자신감이
없어지면 허둥거리기 마련이다. 학생들의 격한 분노가 지금까지 미국의
대외정책을 이끌어온 지도자들을 괴롭혔다. 이들 기성세대의 불안이 성
숙한 젊은이들에게 흔히 있을 법한 불만을 제도화된 분노와 국민적 트라
우마로 바꾸어 놓았다. 전체주의의 진격에 맞서 자유를 지킨다는 전통적
인 관점에서 전쟁을 설명해 온 존슨 대통령은 격해지는 대중 시위로 인
해 재임 마지막 해에 주로 군사 기지에만 모습을 나타낼 수밖에 없었다.

1969년 존슨의 임기가 끝나고 몇 달 뒤에 전쟁을 계획한 다수의 핵심
적인 인물들은 자신의 입장을 공개적으로 포기하면서 군사 작전을 끝내
고 철수할 것을 요구했다. 이 주제들은 기존 정부가 포로를 반환받는 대

신 미국이 일방적으로 철수함으로써 "전쟁을 끝내자."는 계획으로 의견이 모아질 때까지 다듬어졌다.

리처드 닉슨은 미군 50만 명이 존슨 행정부가 정한 일정표에 따라 미국 국경선에서 멀리 떨어진 베트남에서 전투 중일 때 대통령직에 올랐다. 계획에 따르면 미군 수는 점점 더 늘어날 예정이었다. 닉슨은 처음부터 전쟁을 끝내는 일에 전념했다. 그러나 그는 미국이 전 세계적으로 전후 국제 질서를 유지해야 한다는 점을 고려하면서 전쟁을 끝내는 것도 자신의 임무라고 생각했다. 닉슨은 소련군이 체코슬로바키아를 점령한 지 5개월 뒤에 대통령직에 취임했다. 당시 소련은 미국의 억제력을 위협할 정도로, 일부의 주장에 따르면 능가할 정도의 속도로 대륙간 미사일을 만들고 있었고, 중국은 단호하고도 반항적으로 강경한 입장을 유지하고 있었다. 미국이 세계의 한 지역에서 안보 공약을 저버리면 다른 지역에서 도전에 직면할 수밖에 없었다. 미국이 20년 동안 맡아 온 동맹국과 전 세계 질서 체계 수호에 대한 신뢰를 유지하는 일은 닉슨의 계획에서 없어서는 안 될 부분으로 남아 있었다.

닉슨은 1년에 15만 명씩 철수했고 1971년에 지상전 참여를 중단했다. 그는 한 가지 바꿀 수 없는 조건하에 협상을 허락했다. 구체적으로 설명하면 그는 미국의 동맹국인 남베트남 정부를 연립정부로 대체한 뒤 평화 협상을 시작하자는 하노이 측의 요구는 절대로 받아들일 생각이 없었다. 실제로 그 연립정부는 하노이 측이 내세운 인물들로 구성되어 있었기 때문이다. 미국은 4년 동안 그 요구를 거부했다. 그러다가 마침내 1972년에 북베트남 공격이 실패로 돌아가자 하노이는 여러 해 동안 일관되게 거부해 오던 정치적 타협과 휴전에 동의했다.

미국 내 논쟁은 마치 인도차이나 사람들이 고통받은 게 미국 때문인 양 전쟁으로 인해 그 지역 사람들이 입은 충격을 종식시키려는 광범위한 소망에 집중되었다. 그러나 전투를 계속하려던 측은 하노이였다. 하노이 측이 평화에 전념하겠다는 미국의 주장을 납득하지 못해서가 아니라 희생을 감수하려는 미국의 의지를 고갈시킬 수 있다고 확신했기 때문이다. 심리전을 펼친 하노이 측은 통치 계획을 위해 협상을 모색하려는 미국을 가차 없이 이용했다. 나중에 밝혀진 바에 따르면 그런 계획으로 절충안을 찾을 수는 없었다.

닉슨 대통령이 지시하고 그의 국가안보보좌관이었던 필자가 지지한 군사조치는 외교적 유연성을 추구하는 정책과 함께 1973년의 합의를 탄생시켰다. 닉슨 정부는 남베트남 정부가 자력으로 일상적인 협정 위반 사건을 극복할 수 있고, 전면적인 공격에 대해서는 미국이 공군력과 해군력으로 도와주며, 미국의 경제 원조를 받은 남베트남 정부가 제대로 기능하는 사회를 건설하고 더욱 투명한 제도로 발전해 나갈 것이라고(실제로 남한에서는 그런 일이 벌어졌다.) 확신했다.

이 과정이 가속화될 수 있었는지, 그리고 미국의 신뢰성을 다르게 정의할 수 있었는지는 뜨거운 논쟁의 주제로 남을 것이다. 주요 장애물은 미국이 하노이 측의 사고방식을 이해하는 게 어렵다는 점이었다. 존슨 정부는 미국 군사력의 영향을 과대평가했다. 그리고 닉슨 정부는 일반적 통념과는 반대로 협상 기회를 과대평가했다. 일평생 승리를 위해 싸운, 전투로 단련된 하노이 지도부에게 타협은 패배나 다름없었다. 그들은 다원주의 사회를 상상할 수도 없었다.

이 논쟁의 해답은 이 책에서 다룰 수 없다. 그것은 모든 관련자들에게 고통스러운 과정이었다. 닉슨은 완벽한 철수에 성공했고, 남베트남에게 자신들의 운명을 만들어 나갈 좋은 기회를 주었다는 확신 속에 합의를 이끌어 냈다. 그러나 10년간의 논쟁을 거치고 워터게이트 위기의 여파로 팽팽한 긴장감이 감도는 분위기 속에서 미국 의회는 1973년에 대베트남 원조를 급격히 줄였다. 그리고 결국 1975년에 모든 원조를 끊었다. 북베트남은 거의 모든 병력을 국경선 너머로 집결시켜 남베트남을 정복했다. 국제 사회는 침묵을 지켰고, 미국 의회는 미국의 군사적 개입을 금지했다. 라오스, 캄보디아 정부도 곧이어 공산주의 내란에 무너졌다. 캄보디아의 크메르 루주는 상상할 수도 없을 만큼 잔인한 심판을 가했다.

리처드 닉슨과 국제 질서

암살과 민간인 소요 사태, 결론 없는 전쟁 등으로 파괴적인 1960년대가 끝나갈 즈음인 1969년에 리처드 닉슨은 미국의 정체에 화합을, 미국의 외교 정책에 일관성을 복원하는 임무를 물려받았다. 머리가 무척 좋았지만 그토록 경험 많은 공인에게서는 생각하기 힘들 정도의 불안감에 시달리던 닉슨은 국내 평화를 복원하는 데 이상적인 지도자는 아니었다. 그러나 닉슨이 1969년 1월 20일에 대통령직에 오르기 전까지 평화로운 시위의 바깥 경계선에는 대중 시위와 위협, 시민 불복종의 전술들이 제대로 자리 잡고 있었다는 사실 또한 기억해야 한다.

그런데도 닉슨은 미국 외교 정책의 본질을 다시 정의하는 과제를 제대로 준비하고 있었다. 그는 캘리포니아 상원의원으로, 드와이트 D. 아이젠하워 정부의 부통령으로, 영원한 대통령 후보로 아주 많은 곳을 다녔다. 닉슨은 외국 지도자들과 개인적으로 대면하지 않았기 때문에 불편함을 느끼게 만들거나 그의 탁월함이 드러나는 실질적인 대화는 나누지 않았다. 혼자 있기 좋아하는 성격 탓에 그는 보통의 정치 지망생들보다 자유로운 시간을 더 많이 누릴 수 있었다. 그 때문에 그는 다독가였다. 이러한 요인들이 복잡하게 작용한 결과로 그는 시어도어 루스벨트 이후로 외교 정책 부문에서 가장 훌륭하게 준비된 대통령이 될 수 있었다.

시어도어 루스벨트 이후로 세계적인 개념으로서의 국제 질서를 그렇게 체계적이고 개념적인 방식으로 다룬 대통령은 없었다. 닉슨은 1971년 《타임》편집자들과의 대담 중에 그러한 개념을 명확히 밝혔다. 그의 비전에서는 정치력, 경제력을 갖춘 5개의 주요 중심 국가가 서로 비공식적인 약속을 기초로 활동하면서 조심스럽게 각자의 이익을 추구할 것이며, 서로 맞물려 있는 그들의 야심과 억제력은 균형 상태를 가져올 것이었다.

> 우리는 세계 역사상 유일하게 장기간에 걸쳐 평화의 시대를 누린 때가 세력 균형이 이루어졌던 때임을 기억해야 한다.[19] 한 국가가 잠재적인 경쟁 국가에 비해 한없이 더 강력해지면 전쟁의 위험이 발생한다. 그러므로 나는 미국의 힘이 강한 세상을 신뢰한다. 미국이 강하고 건전하고, 유럽, 소련, 중국, 일본이 서로 맞붙지 않고 서로 균등한 균형을 이룬다면 세계는 더욱 안전해지고 더욱 살기 좋은 곳이 될 것이라고 생각한다.

이 설명에서 두드러지는 부분은 협력하는 강대국들 중 두 국가가 실제로 적이었다는 사실이다. 소련은 미국과 냉전 중이었고, 중국은 20년이 지난 뒤에야 가까스로 외교 접촉을 재개한 국가였다. 당시 중국에는 미국 대사관이 없었고 공식적인 외교 관계도 수립되지 않은 상태였다. 시어도어 루스벨트는 미국이 세계 균형의 수호자로 역할하는 세계 질서 개념을 명확히 밝힌 바 있었다. 닉슨은 거기서 더 나아가 미국이 늘 변화하는 유동적인 균형에서 없어서는 안 될 부분이 돼야 한다고 주장했다. 그는 미국이 균형을 유지하는 국가가 아니라 균형의 구성 요소여야 한다고 주장했다.

이 인용구에서 그는 균형을 이루는 국가들이 서로 싸우려는 의도를 거부했는데, 이는 그의 전술적인 능력을 보여 주는 부분이기도 하다. 잠재적인 적대국에게 경고를 가하는 교묘한 방법은 그 국가가 갖고 있다고 알고 있고, 부인한다고 해서 달라지지 않을 능력을 부인하는 것이다. 닉슨은 중미 관계에 극적인 개선을 이루고 현직 미국 대통령으로서는 최초로 중국을 방문하러 워싱턴을 떠나기 직전에 이런 말을 했다. 공산주의 세계의 유력자들끼리 친한 정도보다 미국이 그들 각자와 더 가까운 상태에서 소련과 중국을 견줘 보는 것이야말로 진화하는 전략의 복안이었다. 1971년 2월 닉슨의 연례 외교 정책 보고서에는 중국을 중화인민공화국으로 언급했다. 미국의 공식 문서가 중국을 그 정도로 인정하고 미국이 국익을 기초로 "베이징과 대화 관계를 수립할 준비가 되어 있다."[20]라고 밝힌 것은 처음이었다.

닉슨은 1971년 7월에 내가 극비로 방중길에 오른 중에 중국의 국내 정책과 관련하여 자신의 생각을 밝혔다. 캔자스시티에서의 연설 중에 닉슨은 "중국이 대내적으로 겪고 있는 고역", 즉 문화혁명에 대해 다음과 같이 주장했다.

문화혁명은 중국이 언제나 그럴 거라는 만족감을 안겨 줘서는 안 된다.[21] 우리가 중국 사람을 보고, 그리고 내가 전 세계에 흩어져 있는 중국 사람들을 본 바에 따르면, 그들은 창의적이고, 생산적이고, 세계에서 가장 능력 있는 민족에 속하기 때문이다. 그리고 8억 명의 중국인들은 필연적으로 엄청난 경제 국가가 될 것이다.

오늘날에는 진부하게 들리지만,[22] 그 당시에 이러한 표현은 혁명적이었다. 닉슨이 즉석에서 그런 말을 했고 나는 워싱턴과 연락이 닿지 않는 상태였기 때문에, 내가 20여 년 만에 베이징과 처음 대화를 시작할 때 그

말을 꺼낸 사람은 저우언라이였다. 철저한 반공산주의자였던 닉슨은 운 좋게도 그의 중국 쪽 상대자들과 마찬가지로 지정학적 균형의 필요성이 이념적 순수의 요구에 우선한다고 결론지었다.

1972년 대선 캠페인에서 닉슨의 상대자였던 조지 맥거번은 "미국이 여, 돌아오라!"며 꾸짖었다. 닉슨은 미국이 국제적 책임을 게을리한다면 본토에서도 실패할 게 분명하다고 응수했다. 그는 "우리가 해외에서 우리 의 책임을 다하는 경우에만 위대한 국가로 남을 것이고, 우리가 위대한 국가로 남는 경우에만 본토에서 우리의 과제를 완수할 수 있을 것"[23]이라고 선언했다. 이와 동시에 닉슨은 "미국이 다른 국가들을 위한 최선의 결과가 무엇인지 알 고 있다는 직감"[24]을 누그러뜨리려 노력했다. 이러한 직감은 "미국의 처방 에 의지하려는 그들의 충동을 일으킬 수밖에 없기 때문이었다."

이를 위해 닉슨은 세계 정세에 대한 연례 보고서를 작성하는 관례를 확립했다. 모든 대통령 문서와 마찬가지로 이 보고서 역시 백악관 직원 들이 작성했는데, 구체적으로 말하면 나의 지시에 따라 국가안보회의 직원들이 작성했다. 그러나 문서의 전반적인 전략적 논조는 닉슨이 정 했고, 완성 중인 보고서는 그의 검토를 거쳤다. 이 보고서는 외교 정책을 다루는 정부 기관들에게 지침서로 이용되었고, 더욱 중요하게는 다른 국가들에게 미국의 전략 방향을 알려 주었다.

닉슨은 미국이 다른 국가들의 선의에 전적으로, 아니 대체적으로라도 운명을 맡길 수는 없음을 강조할 정도로 현실주의자였다. 1970년의 그의 보고서가 강조했듯이 평화에는 새로운 형태의 동반자 관계를 추구하고 협상하려는 의지가 필요했다. 그러나 이것만으로는 충분하지 않았다. "지 속적인 평화의 두 번째 요소는[25] 미국의 힘이어야 한다. 이제껏 알게 되었듯 이 평화는 호의만으로는 얻을 수 없다." 그는 미국의 힘과 함께 세계적으 로 행동하려는 입증된 의지를 지속적으로 보여 줌으로써 평화를 방해할 것이 아니라 강화해야 한다고 판단했다. 이는 1907~1909년에 전 세계를 일주한 대백색함대의 그림자를 불러일으켰다. 미국은 다른 국가들이 기본적으로 주위 국가들의 호의에 근거하여 외교 정책을 세움으로써 자신들의 운명을 저당 잡힐 거라고 기대할 수도 없었다. 기본 원칙은 모든 핵심 국가들이 그 질서를 정당하다고 생각한다는 의미에서 힘과 정당성을 결부 짓는 국제 질서를 수립하는 것이었다.

적이든 우방이든 모든 국가들은[26] 그 국제 체계를 유지하는 데 이해관계를 가져야 한다. 모든 국가는 자신들의 원칙이 존중받고 각자의 국익이 보장되고 있다고 느껴야 한다. (중략) 국제 환경이 모든 국가의 필수적인 관심사를 충족시킨다면, 그들은 그 국제 체계를 유지하기 위해 노력할 것이다.

닉슨이 생각하는 국제 질서에서 없어서는 안 될 중국에 대한 문호 개방을 자극한 것은 바로 그러한 국제 질서에 대한 비전이었다. 어떤 면에서 중국에 대한 문호 개방은 앞선 10년 동안의 국내 갈등을 초월하려는 시도이기도 했다. 닉슨은 이전 10년 동안 대내외적인 대변동과 결론 없는 전쟁으로 흔들린 국가의 대통령이 되었다. 따라서 미국의 역사와 가치관에 걸맞은 비전으로 미국을 끌어올리기 위해서는 미국에 평화와 국제적 친선의 비전을 전달하는 것이 중요했다. 세계 질서에 대한 미국의 개념을 다시 정의하는 작업 또한 중요했다. 중국과의 개선된 관계는 소련을 점차 고립시키거나 소련으로 하여금 미국과 더 나은 관계를 모색하게 만들 수 있었다. 미국이 공산 세계의 초강대국들끼리 친한 정도보다 중국이나 소련과 따로 더 친한 관계를 유지하려고 노력하는 한 20년 동안 미국의 외교 정책을 괴롭혀 온, 세계 패권을 위한 중소 협력에 대한 공포는 없어질 것이었다. (얼마 지나지 않아 소련은 표면적인 공산주의 진영 내부에서뿐 아니라 유럽과 아시아 양측에서 적을 상대해야 하는 이 해결할 수 없는 딜레마를 더 이상 견딜 수 없음을 깨달았다. 이 딜레마는 대체적으로 소련이 자초했다고 할 수 있었다.)

미국의 이상주의를 현실화하고 실용주의를 장기화하려던 닉슨의 시도는 양쪽의 공격을 받았는데, 이는 힘과 원칙 사이에서 양면성을 보여 온 미국의 모습을 그대로 보여 주는 결과였다. 이상주의자들은 닉슨이 지정학적 원칙에 따라 외교 정책을 실행한다고 비난했다. 그리고 보수주의자들은 소련과의 긴장 완화가 서양 문명에 대한 공산 세계의 도전에 기권한 것이나 다름없다며 그를 문제 삼았다. 양측의 비판 모두 닉슨이 소련 주변 지역을 따라 완강한 방어력을 수립하는 작업에 착수하고, 미국 대통령으로서는 처음으로 소련의 지배력에 상징적인 도전을 가하면서 유럽(유고슬라비아, 폴란드, 루마니아)을 방문하여 소련과 여러 번의 위기를 잘 넘기도록 도왔다는 사실은 간과했다. 실제로 소련과의 두 차례 위기 중에(1970년 10월, 1973년 10월) 그는 미군이 경계 태세를 취하도록 대범하게 조치했다.

닉슨은 세계 질서를 수립하는 지정학적 임무에서 비범한 능력을 보여 주었다. 그는 전략의 여러 요소들을 끈기 있게 연결 지었고, 놀라운 용기로 위기를 견뎌 내면서 외교 정책의 장기적인 목표를 집요하게 추구했다. 그가 자주 반복해서 적용한 원칙 중의 하나는 "어떤 일을 완전히 끝내든 어중간하게 끝내든 똑같은 대가를 치러야 한다."였다. 결과적으로 1972년에서 1973년까지의 18개월 동안 그는 베트남 전쟁에 종지부를 찍었고, 중국에 문호를 개방했으며, 북베트남의 공격에 맞서 군사적인 노력을 강화하는 와중에서도 소련과 정상회담을 가졌다. 그뿐만 아니라 소련의 동맹국이던 이집트를 미국과 긴밀히 협력하는 국가로 바꾸어놓았고, 중동에서 두 차례 분리 협정을 체결시켰다. 이 두 차례의 분리 협정은 이스라엘과 이집트 간에, 그리고 이스라엘과 시리아 간에 체결되었다. (이스라엘과 시리아 간의 분리 협정은 이 글을 쓰는 지금까지 잔인한 내전 중에도 지속되고 있다.) 또한 그는 유럽안보회의(European Security Conference)를 시작했는데, 이 회의는 장기적으로 동유럽에 대한 소련의 지배력을 크게 약화시키는 결과를 안겨 주었다.

그런데 전술적 성과를 고무적인 비전을 운용 가능한 균형 상태에 연결 짓는 영구적인 세계 질서 개념으로 바꿀 수도 있었던 바로 그 시점에 비극이 발생했다. 베트남 전쟁은 모든 관계국들의 에너지를 고갈시켰다. 그리고 어리석게도 본인들이 자초한 워터게이트 사건을 닉슨의 오랜 비판가들이 가차 없이 이용하면서 행정 권한을 무력하게 만들었다. 정상적인 시기였다면 닉슨의 다양한 정책들은 미국의 새로운 장기 전략으로 통합되었을 것이다. 닉슨은 희망과 현실이 결합된 약속된 땅을 어렴풋하게 보았다. 그 땅에서는 냉전을 끝내고 대서양 동맹을 다시 정의하며, 중국과 진정한 동반자 관계를 수립하고, 중동 평화로 다가가는 중대한 전진을 이루며, 러시아를 국제 질서로 다시 통합하기 시작했을 것이다. 그러나 그에게는 자신의 지정학적 비전과 그 기회를 하나로 합칠 시간이 없었다. 그 여정을 시작하는 일은 다른 사람들에게 맡겨졌다.

부활의 시작

괴로웠던 1960년대를 보내고 대통령의 몰락을 지켜본 미국은 무엇보다 응집력을 회복해야 했다. 이 전례 없는 임무를 맡게 된 사람이 제럴드 포드였다는 점에서 미국은 운이 좋았다. 원치도 않던 지위를 떠맡은 포드는 대통령 정치학이라는 복잡한 격변 속에 한 번도 연루된 적이 없었다. 바로 그런 이유 때문에 포커스 그룹이나 대민 관계에 대한 강박관념에서 자유로웠던 포드는 자신이 자라 온 나라에서 친선과 믿음의 가치를 실행할 수 있었다. 하원 국방, 정보 소위원회에서 오래도록 활동한 덕에 그는 외교 정책상의 어려움을 개괄적으로 파악할 수 있었다.

역사적으로 포드는 미국의 분열을 극복하는 임무를 맡았다. 그는 외교 정책을 통해 힘과 원칙을 결부 지으려 노력했고 대체적으로 성공했다. 포드 행정부는 이스라엘과 이집트 간에 처음으로 합의가 이루어지는 과정을 지켜보았다. 이 합의의 조항들은 대체로 정치적인 문제와 관련 있었다. 이집트는 2차 시나이 분리 협정을 계기로 평화 협정 체결로 이어지는 변경할 수 없는 길을 가게 되었다. 포드는 적극적인 외교 정책으로 남부 아프리카에서 다수파의 통치가 이루어질 수 있게 만들었는데, 그렇게 명확하게 입장을 밝힌 미국 대통령은 그가 처음이었다. 또한 그는 국내의 강력한 반대에도 불구하고 유럽안보회의가 체결되는 과정을 지휘했다. 유럽안보회의의 여러 조항들 중에는 유럽 안보의 원칙들 중의 하나로 인권을 중시하는 조항도 포함되었다. 폴란드의 레흐 바웬사나 체코슬로바키아의 바츨라프 하벨 같은 영웅적인 인물들은 이러한 조항들을 이용하여 각자 나라에 민주주의를 안겨 주고 공산주의의 몰락을 일으켰다.

나는 포드 대통령의 장례식에서 다음과 같은 문장으로 추도사를 시작했다.

오래된 전통에 따르면 신은 인류가 여러 가지 죄를 저질렀는데도 인류를 지켜 줍니다. 시대를 막론하고 공정한 사람 10명이 존재하는데, 그들이 자신의 역할을 알지 못한 채로 인류를 구해 내기 때문입니다. 제럴드 포드는 그런 사람이었습니다.

지미 카터는 미국에 여전히 무적의 기운이 감도는 가운데 인도차이나 반도에서의 미국의 패배가 상상조차 할 수 없는 난제로 해석되기 시작한 때에 대통령이 되었다. 그때까지 중동 지역 질서의 기둥이던 이란은 이슬람 혁명 세력에 의해 장악되었다. 이들은 중동의 지배적인 세력 균형을 뒤집으면서 사실상 미국을 향해 정치적, 이념적 전쟁을 선포했다. 400일 넘게 이란 주재 미국 대사관 직원들을 인질로 억류한 사건이야말로 이 전쟁을 상징하는 사건이었다. 그리고 거의 같은 시기에 소련은 아프가니스탄을 침략하여 점령할 수 있다고 느꼈다.

이 모든 혼란 속에서 카터는 용기를 내어 중동의 평화 협상을 백악관으로 옮겨 와 결국 조인식을 거행했다. 이스라엘과 이집트 간에 평화 조약이 체결되었다는 것은 역사적인 사건이었다. 비록 소련의 영향력이 사라지면서 그 조약이 체결될 수 있었고 협상 과정은 이전 행정부들이 시작했지만, 카터 행정부하에서 체결된 그 조약은 집요하고 단호한 외교술이 정점에 이르렀음을 의미했다. 카터는 새로운 방향에 대한 양당 간의 합의를 다지면서 중국과 전면적인 외교 관계를 수립함으로써 중국에 대한 개방 정책을 공고히 했다. 그리고 소련의 정권 탈취에 저항하는 세력을 지지함으로써 소련의 아프가니스탄 침공에 강력히 대응했다. 임기가 끝나갈 무렵, 카터는 힘과 정당성 사이에서 적절히 균형을 찾아야 하는 새로운 전략적 과제 앞에서 망설이면서도 미국의 이미지에 없어서는 안 될 인간의 존엄성에 대한 가치를 재확인하며 힘든 시기를 보냈다.

로널드 레이건과 냉전의 종식

로널드 레이건만큼 자기 시대에 잘 어울리고 적응한 대통령은 거의 없었다. 10년 전이었다면 그는 너무 과격해서 현실적으로 보일 수 없었을 것이다. 그리고 10년 후였다면 그의 확신은 지나치게 일차원적인 것처럼 보였을 것이다. 그러나 경제가 침체하고 장로 정치를 펼치는 수뇌부가 문자 그대로 연속적으로 사라지는 소련을 마주하게 된 레이건은 환멸의 시대에서 벗어나기를 원하는 미국 여론을 등에 업고 가끔은 불협화음을 내는 듯하는 미국의 잠재된 장점들인 이상주의와 복원력, 창의력, 경제적 활력을 결합해 냈다.

소련의 잠재적 약점을 감지하고 미국 체제가 우월하다는 데 자신만만했던 레이건(그는 국내 비평가들이 인정하는 것보다 미국 정치철학에 대해 심도 있게 알고 있었다.)은 이전 10년 동안 미국의 양면성을 야기한 힘과 정당성의 두 요소를 뒤섞었다. 그는 소련에 군비 및 기술 경쟁을 제의했는데, 미국 의회가 오래도록 저지한 이 계획에 근거하면 소련은 그 경쟁에서 이길 수 없었다. 전략방위구상으로 알려진 이 계획은 미사일 공격을 막는 방어막을 구축하는 것으로 레이건이 처음 제안했을 때 의회와 언론의 비웃음을 샀다. 오늘날 이 전략방위구상은 소련 지도부에게 미국과의 군비 경쟁이 소용없음을 납득시킨 것으로 널리 인정받는다.

이와 동시에 레이건은 일종의 윌슨식 도덕주의를 선언함으로써 심리적 모멘텀을 만들어 냈다. 아마도 가장 적절한 예는 그의 1989년 대통령 고별사일 것이다. 이 고별사에서 그는 미국에 대한 자신의 비전을 언덕 위의 빛나는 도시로 설명했다.

정치인으로 살아온 내내 나는 빛나는 도시에 대해 이야기해 왔다.[27] 하지만 내가 그 얘기를 할 때 내가 본 것을 제대로 전달했는지는 잘 모르겠다. 하지만 내 마음속에서 그 도시는 대양보다도 더 강한 바위 위에 세워져 있고, 강한 바람에 노출되어 있지만 신의 축복을 받고, 서로 조화롭고 평화롭게 살고 있는 모든 부류의 사람들로 붐비는 높고 자랑스러운 도시였다. 이 도시에는 교역과 창의성이 넘쳐나는 자유로운 항구들이 있고, 만약 성곽이 있어야 한다면 그 성곽에는 문이 있고, 그곳에 들어가고자 하는 의지와 마음이 있다면 그 문은 누구에게든 열려 있었다. 내가 봤고 지금도 보고 있는 도시는 바로 그런 모습이었다.

언덕 위의 빛나는 도시로서의 미국은 레이건을 위한 비유가 아니었다. 그에게 그 도시는 실제로 존재했다. 그 도시가 존재하기를 그가 원했기 때문이다.

이는 로널드 레이건과 리처드 닉슨의 중요한 차이였는데, 두 사람의 실제 정책은 상당히 비슷했지만 결코 똑같지는 않았다. 닉슨은 외교 정책을 계속 다루어야 할 리듬, 즉 끝이 없는 노력이라고 생각했다. 그는 외교 정책의 복잡함과 모순을 엄격한 선생님이 낸 학교 숙제처럼 다루었다. 그는 미국이 오래도록 재미없는 활동을 한 뒤에, 아마도 자신이 대통령직을 떠난 뒤에야 세상을 지배할 것으로 기대했다. 반대로 레이건은 1977년에 한 측근에게 자신의 냉전 전략을 그다운 낙천적인 표현으로 짧게 설명했다. "우리는 이기고, 그들은 진다." 닉슨식의 정책 입안은 냉전 시대의 외교술에 유동성을 회복하는 데 중요했다. 반면 레이건식 정책 입안은 냉전을 끝내는 외교술에 없어서는 안 됐다.

어떻게 보면 소련을 악의 제국이라 부른 1983년의 연설을 포함하여 레이건의 수사학이 동서 외교의 종말을 초래했을지도 모른다. 하지만 더 깊이 살펴보면 그의 과장된 표현은 소련의 노화하는 수뇌부가 승계 문제에 직면해서 군비경쟁의 무익함을 깨닫게 된 변화의 시기를 상징했다. 겉보기에는 단순한 표현 뒤에 복잡함을 숨긴 레이건은 닉슨이 늘 분명히 밝히고자 했을 비전을 초월하는, 소련과의 화해에 대한 비전 또한 제시했다.

　레이건은 공산 세계의 비타협적인 태도가 적의보다는 무지에, 적대감보다는 오해에 근거한다고 확신했다. 자국의 이익을 계산하다 보면 미국과 소련이 화해할 수밖에 없다고 생각한 닉슨과는 달리 레이건은 소련이 미국의 원칙이 더 우수함을 깨달으면서 갈등이 사라지게 될 거라고 믿었다. 1984년에 레이건은 소련 공산당 인사인 콘스탄틴 체르넨코가 당 서기장으로 임명되자 자신의 일기장에 다음과 같이 속내를 털어놓았다. "그와 우리 문제를 일대일로 이야기하면서 소련이 우리 국가군에 들어오면 그들에게 물질적인 이익이 생길 거라고 그를 납득시킬 수 있는지 알아봤으면 좋겠다."[28]

　1년 뒤에 미하일 고르바초프가 체르넨코의 자리를 이어받았을 때 레이건의 낙관론은 더 커졌다. 그는 새로운 소련 지도자를 데리고 미국 노동자들이 사는 동네를 안내하고 싶다는 바람을 주위 사람들에게 이야기했다. 한 전기 작가의 설명에 따르면, 레이건은 "헬리콥터에서 내리면[29] 고르바초프에게 직접 주민들의 집 문을 두드리고 '우리 체제에 대해 어떻게 생각하는지' 물어보라고 요청하는 상상을 했다. 노동자들은 고르바초프에게 미국에서 사는 게 얼마나 좋은지 말해 줄 것이었다." 그는 이 모든 경험이 소련으로 하여금 민주주의를 향한 전 세계적인 움직임에 동참하게 만들고 그 결과 평화가 탄생할 거라고 생각했다. "통치받는 국민들의 동의에 의존하는 정부는[30] 이웃 국가들과 전쟁을 벌이지 않기" 때문이다. 그리고 이는 윌슨이 생각하는 국제 질서의 핵심 원칙이었다.

　핵무기 통제에 이러한 비전을 적용한 레이건은 1986년에 고르바초프와 레이캬비크에서 정상회담을 진행했다. 그는 이 자리에서 미사일 방어 체계를 계속 유지하고 증강시키는 대신 모든 핵무기 운반 장치는 제거하자고 제안했다. 그 결과로 레이건이 자주 공표한 목표들, 즉 핵전쟁을 위한 공격 능력을 버리고 미사일 방어 시스템으로 협정 위반자를 억제함으로써 핵전쟁 가능성을 제거하려는 목표를 성취할 수 있을 것이다. 그 구상은 고르바초프가 상상할 수 있는 범위를 넘어섰다. 바로 그 때문에 그는 미사일 방어 시스템 실험을 '연구실'로 제한하자는 제안에 대해 사소한 단서라도 얻기 위해 필사적으로 협상에 임했다. (핵 운반 시스템을 제거하자는 제안은 어쨌든 실제로 이행할 수 없는 일이었다. 마거릿 대처 영국 수상과 프랑수아 미테랑 프랑스 대통령이 심하게 반대했을 것이기 때문이다. 이들은 핵무기가 없으면 유럽을 방어할 수 없다고 확신했고 그들이 가진 독립적인 억제력은 최종 보험 증서라고 생각했다.) 몇 해 뒤 나는 아나톨리 도브리닌 소련 대사에게 소련이 실험 문제에 대해 협상안을 제시하지 않은 이유를 물었다. 그는 "레이건이 협상을 중단할 거라고 전혀 생각하지 않았기 때문"이라고 답했다.

고르바초프는 소련 개혁 구상으로 레이건의 비전에 응수하려 했다. 그러나 1980년대 들어 소련 지도자들이 수십 년의 통치 기간 동안 지치지도 않고 들먹이던 "힘의 균형"이 그들에게 등을 돌렸다. 40년 동안 사방으로 시도한 제국주의적 팽창은 실행 불가능한 경제 모델을 기초로 해서는 지탱할 수 없었다. 미국은 분열과 동요 속에서도 힘의 상황의 본질적인 요소들을 그대로 지켜 왔다. 미국은 두 세대에 걸쳐 모든 주요 산업 중심지는 물론 대부분의 개발 도상국들과 비공식적인 반소련 연합체를 구축해 왔다. 고르바초프는 소련이 더 이상 자신들의 지배적인 노선을 추진할 수 없음을 깨달았지만, 소련 체제의 취약성은 과소평가했다. 그가 부르짖은 개혁, 즉 글라스노스트(glasnost, 개방)와 페레스트로이카(perestroika, 재편)는 진정한 개혁을 추진하기에는 너무 지리멸렬하고, 전체주의적 지도력을 유지하기에는 너무 사기가 떨어진 세력을 양산했다. 이는 케넌이 50년 전에 예측한 결과와 아주 흡사했다.

민주주의에 대한 레이건의 이상주의적 헌신만으로는 그러한 결과가 발생하지 않았을 것이다. 강력한 방위 및 경제 정책, 소련의 약점에 대한 빈틈없는 분석, 흔치 않게 유리했던 대외적 상황 모두가 그의 정책이 성공하는 데 일조했다. 그러나 때로는 역사를 부인하는 수준까지 도달한 레이건의 이상주의가 없었다면, 민주주의의 미래에 대한 전 세계적인 지지 속에서 소련의 도전은 끝날 수 없었을 것이다.

40년 전부터 줄곧 평화로운 세계 질서의 주요한 방해물은 소련이라는 생각이 지배적이었다. 그리고 먼 미래의 일로 상상되던 공산주의의 몰락이 발생하면 당연히 안정과 친선의 시대가 찾아온다고 생각했다. 하지만 얼마 지나지 않아 역사는 대체로 더 긴 주기로 움직인다는 사실이 명백해졌다. 새로운 국제 질서를 구축하기 전에 미국은 냉전의 잔해를 처리해야 했다.

이 과제는 미국의 우월한 지위를 절제와 지혜로 다스린 조지 H. W. 부시에게 맡겨졌다. 코네티컷에서 귀족처럼 자랐지만 미국에서도 아주 소박하고 기업가 정신이 투철한 지역인 텍사스에서 성공을 도모한 그는 정부 곳곳에서 폭넓은 경험을 쌓은 인물이었다. 그런 배경을 지닌 부시는 미국의 가치를 어떻게 적용하는지, 미국의 거대한 힘이 어느 정도까지 미치는지 시험하는 놀라운 위기들을 노련하게 처리해 나갔다. 대통령 자리에 오른 지 몇 달 만에 발생한 중국의 톈안먼 사태는 미국의 기본적인 가치뿐 아니라 세계 균형에서 미중 관계의 중요성을 시험했다. 베이징 미국연락사무소(공식적인 관계가 수립되기 전에) 대표를 지낸 부시는 궁극적인 협력 가능성은 유지하면서 미국의 원칙을 지키는 방식으로 이 사태를 처리해 나갔다. 그는 그때까지 전쟁의 원인이 될 수 있다고 간주되던 독일 통일을 노련한 외교술로 이루어 냈다. 공산주의 제국의 붕괴에 대한 소련의 당혹감을 부시 대통령이 이용하지 않겠다고 결심한 덕에 용이해진 외교술이었다. 그런 정신에서 부시는 1989년에 베를린 장벽이 무너졌을 때, 소련 정책의 실패를 입증하는 이 사건을 축하하러 베를린에 방문하라는 모든 제의를 거절했다.

부시가 냉전을 노련하게 종식시키자, 미국의 활동을 지탱해 온 동시에 다음 단계의 과제들을 규정해 줄 국내 갈등이 약화되었다. 냉전이 시들해지면서 미국 내 여론은 공산 세계의 전향이라는 주요 과제를 달성했다는 쪽으로 형성되었다. 민주주의 국가들이 아직도 독재 정권의 지배를 받고 있는 국가들이 민주화되는 마지막 단계를 도와주는 한 평화로운 세계 질서가 전개될 것이고 최후의 윌슨식 비전은 성취될 것이라는 생각이었다. 자유로운 정치, 경제 제도가 확산되고 결국에는 더욱더 광범위한 화합 속에서 시대에 뒤진 적대감은 사라질 터였다.

부시는 그런 정신에 입각하여 유엔을 통해 다국적군을 구축하여 1차 걸프전에서 쿠웨이트를 침략한 이라크를 물리쳤다. 이는 한국 전쟁 이후로 강대국들이 참여한 최초의 합동작전이었다. 부시는 유엔 결의안이 인가한 허용치에 도달했을 때 군사 작전을 중단했다.(유엔 주재 대사였던 그는 인천에서 승리를 거둔 뒤 한반도의 분단선을 넘기로 결정한 맥아더 장군의 교훈을 적용하려 한 듯하다.)

1991년에 사담 후세인의 쿠웨이트 침공을 미국의 주도로 물리친 결과는 세계적인 지지를 얻어 냈다. 이러한 의견 일치는 잠시 동안만은 규칙에 근거한 국제 질서를 바라는 미국의 영원한 희망을 정당화하는 듯했다. 1990년 11월 프라하에서 부시는 법이 통치하는 "자유 연방"[31]을 언급했다. 이는 "자유로운 이상에 전념하는, 통일된 도덕적 집단"이 될 것이었다. 이 연방에는 누구든 가입할 수 있고 언젠가 전 세계가 가입할 것이었다. 자유 연방의 "점점 증대되는 엄청난 힘"[32]이 "이제껏 알려진 그 어떤 세계 질서보다 훨씬 더 안정되고 확고한 새로운 세계 질서를 모든 국가들에게 안겨 줄" 것이기 때문이었다. 미국과 동맹국들은 "견제를 넘어 적극적인 참여의 정책으로[33] 옮겨 가게 될" 것이었다.

부시의 임기는 1992년 선거 패배로 중단되었다. 어떻게 보면 부시는 외교 정책을 수행하는 대통령으로서 출마한 반면, 그의 상대자인 빌 클린턴은 미국의 국내 문제에 집중하겠다고 약속하면서 전쟁에 지친 국민들에게 호소했기 때문이었다. 그런데도 새로이 선출된 대통령 역시 부시와 비슷한 정도로 외교 정책에 대한 소명을 신속하게 재확인했다. 1993년 유엔 총회 연설에서 클린턴은 자신의 외교 정책 개념을 봉쇄가 아니라 "확장"[34]이라고 밝혔는데, 이는 그 시대의 자신감을 그대로 보여 준 예이다. 그는 "우리의 최우선 목표는 시장 제도를 기반으로 한 민주주의 국가들로 이루어진 국제 사회를 확대하고 강화하는 것이어야 한다." 고 선언했다. 이 관점에서는 정치적, 경제적 자유 원칙이 "폴란드에서 에리트레아, 과테말라에서 남한"까지 모두 같기 때문에 그 원칙들을 보급하는 데 군사력이 필요하지 않았다. 클린턴은 피할 수 없는 역사적 진화를 가능케 하는 계획을 설명하면서, 미국의 정책은 "서로 협력하고 평화롭게 살아가는 번창하는 민주주의 국가들로 이루어진 세계"[35]를 갈망한다고 약속했다.

워런 크리스토퍼 국무부 장관이 중국 체제 내의 변화를 조건으로 경제적 유대관계를 맺음으로써 중화인민공화국에 확장 이론을 적용하려 하자, 중국은 딱 잘라 거절했다. 중국 지도자들은 미국과의 관계는 (미국의 제안대로) 정치 자유화를 향한 중국의 진전이 아니라 전략 지정학을 토대로만 처리될 수 있다고 주장했다. 집권 3년차가 되자 세계 질서에 대한 클린턴 행정부의 접근법은 그리 강렬하지 않은 상태로 되돌아갔다.

그러는 사이에 확장 개념은 훨씬 더 호전적인 상대를 만났다. 이슬람 성전 운동은 자신들의 메시지를 퍼뜨리려고 애쓰면서 서양, 특히 미국의 가치와 제도를 주요한 장애물로 공격했다. 클린턴의 유엔 총회 연설이 있기 몇 달 전에 미국인 1명이 포함된 극단주의 단체가 뉴욕시의 세계무역센터를 폭파했다. 첫 번째 계획이 저지되었다면 두 번째 공격 대상은 유엔 사무국 건물이었을 것이다. 이 이슬람 성전 운동이 보기에 베스트팔렌 체제의 국가 및 국제법 개념은 코란에 명확히 규정된 규칙을 근거로 하지 않았기 때문에 혐오스러운 존재였다. 민주주의 역시 이슬람법과는 별개로 법률을 제정할 수 있기 때문에 비슷하게 불쾌한 개념이었다. 지하드 세력의 관점에서 보면 미국은 세계적인 임무를 실행하려는 이슬람교도를 억압하는 국가였다. 그 위협은 2001년 9월 11일, 뉴욕과 워싱턴에 대한 공격으로 시작되었다. 적어도 중동에서는 냉전의 종결이 민주적 합의를 기대할 수 있는 시대가 아니라 이념적, 군사적 대립의 새로운 시대를 열었다.

아프가니스탄과 이라크 전쟁

'베트남의 교훈'을 고통스럽게 논의한 지 30년 만에 똑같이 치열한 딜레마가 아프가니스탄과 이라크 전쟁에서 고스란히 재현되었다. 두 전쟁 모두 국제 질서가 무너진 데서 그 기원을 찾을 수 있으며 미국에게 이 두 전쟁은 모두 철군으로 끝났다.

아프가니스탄

1998년에 전 세계 미국인과 유대인을 무차별적으로 살해하라는 파트와를 발표한 알카에다는 아프가니스탄에서 은신하고 있었다. 아프가니스탄 집권 정부인 탈레반은 알카에다의 지도부와 전투원들을 추방하기를 거부했다. 미국은 미국 영토를 공격한 알카에다에 대응하지 않을 수 없었고 전 세계적으로도 널리 이해받았다.

이와 거의 동시에 새로운 문제가 제기되었다. 주요한 적이 특정 영토를 방어하지 않고 기존의 정당성의 원칙도 거부하는 비국가단체일 경우에 국제 질서를 어떻게 수립해야 하는지에 대한 의문이었다.

아프간 전쟁은 대내외적으로 의견이 일치된 분위기에서 시작했다. 규칙에 기초한 국제 질서의 작동 가능성은 나토가 역사상 처음으로 "유럽이나 북미의 나토 동맹국에 대한 무장 공격은 나토 회원국 전체에 대한 공격으로 간주해야 한다."는 북대서양조약 제5조를 적용했을 때 정당성을 입증받는 듯했다. 9.11 공격 이후 9일이 지난 뒤 조지 W. 부시 대통령은 당시 알카에다에 은신처를 제공하고 있던 탈레반 정부에게 최후통첩을 보냈다. "당신 나라에 숨어 있는 알카에다 지도자 모두를 미국 정부에 넘겨라. (중략) 테러 집단 훈련소에 접근할 수 있게만 해 주면 우리는 그들이 더 이상 활동하지 못하게 확실히 처리할 수 있다." 탈레반이 미국의 요구에 따르지 않자, 미국과 동맹국들은 전쟁을 시작했다. 부시는 10월 7일에 이 전쟁의 목적을 제한적인 말투로 다음과 같이 설명했다. "신중하게 목표 대상을 고른 이번 작전은[36] 아프가니스탄이 테러 활동의 근거지로 이용되지 못하게 만들고 탈레반 정권의 군사력에 타격을 주기 위한 공격이다."

'제국들의 무덤'이던 아프간 역사의 초기 경고는 근거가 없는 것으로 보였다. 미군, 영국군, 아프간 연합군 주도로 신속한 공격이 펼쳐지면서 탈레반은 권좌에서 물러났다. 2001년 12월, 독일 본에서 열린 국제회의에서는 하미드 카르자이를 정부 수반으로 하는 아프간 임시정부가 선언되었고, 전후 아프간의 국가제도를 계획하고 비준할 로야 지르가(전통 부족회의) 소집 절차가 마련되었다. 따라서 연합군의 전쟁 목표는 달성된 듯 보였다.

이 협상 참가자들은 "남녀 차별 없고 여러 민족을 아우르고 국민 전부를 대표하는 광범위한 정부를 수립한다는"[37] 원대한 비전을 낙관적으로 주장했다. 2003년 유엔 안보리 결의안은 나토 국제안보지원군의 임무 확대를 승인했다.

국제안보지원군은 아프간 과도정부와 계승자들을 도와[38] 카불 외곽 지역 안보를 유지함으로써 유엔 직원들뿐 아니라 아프간 당국까지도 안전한 환경에서 활동할 수 있도록 해 주어야 한다.

미군과 연합군 작전의 주요 전제는 아프간 전역을 장악하는 민주적이고 다원적이며 투명한 아프간 정부와 국가 차원에서 안보를 책임질 수 있는 아프간 국민군을 통해 "아프가니스탄을 재건"하는 것이었다. 놀라울 정도로 이상주의적인 이 노력은 제2차 세계대전 이후 독일과 일본에 민주 국가를 세운 작업과 비슷하다고 간주되었다.

아프가니스탄 역사상 어떠한 기관도[39] 그렇게 광범위한 노력을 기울인 전례를 제공하지 못했다. 전통적으로 아프가니스탄은 관례적인 의미의 국가라기보다는 지리적인 지역 표시에 가까웠다. 이 지역은 단일 권력이 일관되게 관리한 적이 한 번도 없었다. 역사가 기록한 대부분의 기간 동안 아프간 부족과 종파들은 침략에 맞서거나 이웃 부족을 약탈하기 위해 잠시 힘을 합쳤을 뿐 늘 서로 다퉈 왔다. 카불의 엘리트 집단은 주기적으로 의회제도를 실험해 왔지만, 수도 밖에서는 예전부터 전해 오는 부족 간의 사교 예법이 지배적이었다. 아프가니스탄 통일은 뜻하지

356

않게 외국인들 때문에 이루어졌는데, 부족과 종파들이 침략자에 맞서 힘을 합친 경우였다.

따라서 미군과 나토군이 21세기 초에 겪은 일은 1897년 젊은 윈스턴 처칠이 우연히 맞닥뜨린 장면과 근본적으로 다르지 않았다.

파탄족(파슈툰족)은 자기 보호 본능이 일시적인 휴전을 명하는 수확기를 제외하고[40] 늘 사적인 전쟁이나 공적인 전쟁을 치른다. 모든 남자는 전사이자 정치가이고 신학자이다. 큰 집은 모두 봉건 요새이다. (중략) 모든 마을에는 방어 시설이 있다. 모든 가족은 피의 복수를 익힌다. 그리고 모든 집단이 반목 속에 지낸다. 수많은 부족과 부족들 간의 연합 행위는 서로 보복해야 하는 근거를 갖고 있다. 그들은 어떤 것도 잊지 않으며, 갚지 않고 남은 빚도 거의 없다.

이러한 맥락에서 보면 아프가니스탄에 연정을 구성하겠다는 선언과 유엔이 목표로 삼은, 안전한 환경에서 활동하는 투명하고 민주적인 아프간 중앙정부는 아프간 역사를 근본적으로 다시 창조하는 행위에 해당했다. 이 계획으로 인해 하미드 카르자이의 파슈툰 포팔자이라는 부족이 사실상 다른 모든 부족들 위로 격상하는 결과가 발생했고, 파슈툰족은 무력(자신들의 무력이나 국제 연합군의 무력)이나 대외 원조 전리품 배급을 통해 혹은 두 가지 방식을 모두 이용하여 아프가니스탄 전역에 자리를 잡아야 했다. 불가피하게도 그러한 제도를 시행하는 데 필요한 활동들로 인해 오랜 특권이 붕괴됐고, 외부 세력이 이해하거나 통제하기 힘든 방식으로 복잡다단한 부족 연맹체가 개편되었다.

2008년에 치러진 미국 선거는 양면성으로 복잡성을 악화시켰다. 버락 오바마는 선거 운동 중에 자신이 끝내려는 '멍청한' 이라크 전쟁으로 소모된 힘을 아프간의 '필요한' 전쟁에 되돌리겠다고 주장했다. 하지만 대통령직에 오른 뒤에 그는 평화기에서처럼 국내의 시급한 사안에 집중하기로 결심했다. 그 결과로 제2차 세계대전 이후에 미국의 군사 작전에 동반되던 양면성이 다시 나타났다. 오바마 대통령은 동일한 대국민 연설에서 아프간에 '집중'하기 위해 3만 명의 병력을 추가로 파견하는 동시에 18개월이라는 공식적인 시한을 두고 아프간에서 철군을 시작하겠다고 발표했다. 그 시한의 목적은 카르자이 정부에게 미군을 대체할 현대적인 중앙 정부와 군대를 수립하는 노력에 박차를 가하는 동기를 제공하는 것이라고 주장했다. 그러나 본질적으로 탈레반 같은 게릴라 전략의 목적은 미군 방어 병력보다 오래 버티는 것이다. 카불 지도부에 대한 지원 중단 시한이 정해졌다는 선언은 탈레반을 포함한 파벌들로 하여금 책략을 도모하게 만들었다.

이 시기 동안 아프간이 이뤄 낸 발전은 어렵게 얻어 낸 의미 있는 결과였다. 아프간 주민들은 엄청난 용기를 내어 선거 제도를 채택했다. 탈레반이 민주 체제에 참여하는 사람들을 죽이겠다고 계속 위협하고 있기 때문이다. 미국 또한 오사마 빈 라덴의 소재를 찾아내어 제거하겠다는 목적에 성공하면서 미국이 전 세계에 미치는 영향력과 극악무도한 행위에 복수하겠다는 결단력을 알리는 강력한 메시지를 보낼 수 있었다.

그럼에도 불구하고 이 지역에 대한 전망은 여전히 어두워 보인다. 미군 철수(이 책을 쓰고 있는 지금 철수가 임박했다.) 이후 아프간 정부의 권한은 아프간 전역에 균등하게 미치는 게 아니라 카불과 그 주변 지역에만 미칠 것으로 보인다. 카불과 주변 지역을 제외한 지역에서는 봉건적인 반(半)자치 지역들로 이루어진 동맹체가 인종을 기반으로 지배할 것으로 보이는데, 서로 경합하는 외국 열강들에 크게 영향을 받을 것이다. 독립된 아프가니스탄이 지역의 정치 질서와 양립할 수 있는가 하는 문제는 처음 그 문제가 시작했던 곳으로 되돌아갈 것이다.

아프간 주변국들은 아프간에서 지하드와는 관련이 없는 성과를 일관되게 내면 적어도 미국만큼 이익을 얻고, 장기적으로는 훨씬 더 큰 이익을 얻을 것이다. 아프간이 전쟁 이전처럼 지하드를 추구하는 비국가 조직의 근거지나 지하드 정책에 전념하는 국가로 돌아가면, 모든 아프간 주변국들은 자국 국경선 안에서 혼란을 겪게 될 것이다. 무엇보다도 파키스탄은 국내 체제 전체가 흔들릴 수 있고, 이슬람 세력이 부분적으로 자리 잡은 러시아의 남서부, 이슬람 세력이 상당한 중국의 신장, 심지어는 시아파의 이란도 수니파 원리주의로 인해 혼란을 겪을 수 있다. 전략적 관점에서 보면 테러 행위를 흔쾌히 받아들이는 아프간에 의해 주변국 모두가 미국보다 더 큰 위협을 받는다. (아마도 이란은 제외될 수 있을 듯하다. 이란은 시리아, 레바논, 이라크에서처럼 자국 국경선 너머에서 혼란스러운 상황이 조성되면 경합하는 파벌들을 조종할 수 있다고 계산할 수 있다.)

뜻밖의 반전은 전쟁으로 피폐해진 아프가니스탄이 서로 다른 안보상의 이해관계와 역사적 관점으로부터 하나의 지역 질서를 추출해 낼 수 있는지를 알아보는 시험 사례가 되고 있다는 사실이다. 아프가니스탄의 안보 문제를 다루는 지속 가능한 국제적 행동 계획이 없다면, 각각의 주요 주변국들은 오래된 인종 및 종파별 계보를 거슬러 반대파를 지지할 것이다. 그로 인해 발생할 수 있는 결과는 사실상의 분할이 될 수 있다. 파키스탄은 파슈툰족의 남부를 지배하고, 인도, 러시아, 중국은 인종적으로 뒤섞여 있는 북부를 선호할 것이다. 힘의 공백 상태를 피하기 위해서는 외교적 노력을 통해 지역 질서를 규정하여 아프가니스탄이 지하드 세력의 중심지로 재등장할 가능성을 처리해야 한다. 19세기에 주요 강대국들은 벨기에의 중립성[41]을 보장했다. 이 보장은 결국 100년 넘게 지속되었다. 적절한 재정립으로 이와 비슷한 일이 일어날 수 있을까? 그러한 구상이나 비슷한 구상을 기피한다면, 아프가니스탄은 영원히 계속되는 전쟁으로 세계를 다시 끌고 들어갈 수 있다.

이라크

9.11 공격 직후, 조지 W. 부시 대통령은 지하드 극단주의자들에게 역습을 가하고 민주적 변혁에 대한 약속을 기정의 국제 질서에 불어넣음으로써 그 질서를 강화하는 세계 전략을 명확히 밝혔다. 백악관의 2002년 「국가안보전략」에 따르면, "20세기의 대투쟁은 국가의 성공을 위한 지속 가능한 유일한 모델이 자유, 민주주의, 자유 기업 제도임을 입증해 주었다."

「국가안보전략」 보고서는 "현재 세계가 전례 없는 극악무도한 테러행위에 충격을 받았고, 테러리스트들의 폭력 행위와 그로 인한 혼란의 위험 때문에 강대국들이 모두 같은 편에 모여 있음"[42]을 강조했다. 자유로운 제도와 협력적인 강대국 관계가 장려되면서 "7세기에 민족 국가가 등장한 이후로 강대국들이 계속해서 전쟁을 준비하는 대신 평화적으로 경쟁을 벌이는 세상을 구축할 수 있는 최고의 기회가" 생겼다. 자유의 일정이라 불릴 이 계획의 주요 특징은 이라크를 중동에서 가장 압제적인 국가에서 다당제 민주주의 국가로 바꾸어 놓는 것이었다. 이는 지역 전체의 민주적 변혁에 활기를 불어넣을 것이었다. "이라크 민주주의는 성공할 것이다.[43] 그리고 그 성공은 다마스쿠스에서 테헤란까지 자유가 모든 국가의 미래가 될 수 있다는 소식을 전달할 것이다."

나중에 주장된 바에 따르면 자유의 일정은 한 사람의 대통령과 그의 수행단이 독단적으로 만들어 낸 것이 아니었다. 그 일정의 기본적인 전제는 철저히 미국적인 주제를 완성하는 것이었다. 처음 그 정책을 발표한 2002년의 「국가안보전략」 문서는 1950년에 냉전 시대의 미국의 임무를 규정한 NSC(국가안보회의) 68의 주장을 반복하여 말했을 뿐이다. 다만한 가지 결정적인 차이가 있었는데, 1950년 문서는 자유세계 방어에서미국의 가치를 찾은 반면, 2002년 문서는 자유의 보편적인 원칙들을 위해 전 세계 독재 정권을 종식시켜야 한다고 주장했다.

1991년에 채택된 유엔 안보리 결의안 687[44]은 이라크에게 비축 중인 모든 대량살상무기를 없애고 다시는 개발하지 말라고 요구했다. 그때 이후로 채택된 10건의 안보리 결의안은 이라크가 중대한 위반 행위를 저질렀다고 주장했다.

이라크에서의 군사 활동에서 나타나는, 전통적으로 미국적인 특징은이러한 강제 조치를 자유와 민주주의 확산을 위한 계획의 일환으로 제시한 결정이었다. 미국은 자신들만의 가치관과 세계 질서 개념이 보편적임을 재차 확인함으로써 고조되고 있는 급진적 이슬람 보편주의에 대응했다.

기본 전제는 대중의 전폭적인 지지를 받으며 시작했고, 특히 사담 후세인 제거 문제로까지 확대되었다. 1998년 미국 의회는 양당의 압도적인 지지 속에 이라크해방법을 통과시키면서(하원은 360대 38, 상원은 만장일치로) "사담 후세인 정권을 이라크에서 끌어내리고 그 정권을 대체할 민주 정권 수립 노력을 지지하는 것이 미국의 정책이 되어야 한다."라고 선언했다. 10월 31일에 법안 서명이 끝나고 같은 날 상원에서도 통과되자, 클린턴 대통령은 양당의 합의를 다음과 같이 설명했다.

미국은 이라크가 자유를 사랑하고 법을 지키는 일원으로서 국가군에 다시 합류하기를 바란다.[45] 이는 우리에게도 이익이고 그 지역에 있는 우리 동맹국들에게도 이익이 된다. (중략) 미국은 일반 국민들이 지지하는 정부를 탄생시킬 수 있는 이라크 내 반대 세력에 지원을 제공하고 있다.

이라크에는 사담 후세인이 압제적으로 다스리고 있는 바트당을 제외하고는 정당이 허용되지 않아서 공식적으로 야당이 존재하지 않았다. 따라서 클린턴 대통령의 표현은 미국이 이라크 독재자를 타도하기 위해 은밀한 계획을 세운다는 의미였다.

이라크에 군사 개입을 감행한 뒤, 부시는 2003년 11월에 민주주의를 위한 국가기금 창설 20주년 기념 연설에서 더욱더 광범위한 영향에 대해 상세히 설명했다. 부시는 그 지역에서 자유를 희생시키고 안정을 추구하려 한 과거의 미국 정책들을 비판했다.

60년 동안 중동 지역에 자유가 없다는 사실을 용납해 온 서방 국가들의 태도는 우리의 안전에 아무런 도움도 되지 않았다. 장기적으로 자유를 희생시키고 안정을 얻을 수는 없기 때문이다.

21세기의 달라진 상황에서 전통적인 정책 접근법은 받아들이기 힘든 위험을 제기했다. 따라서 중동에서 미국 정부는 안정 정책에서 "자유의 확산 정책"[46]으로 옮겨 가고 있었다. 유럽과 아시아에서 얻은 미국의 경험은 "자유의 확산이 평화로 이어진다는 사실"을 입증해 주었다.

나는 이라크에서 정권 교체 작업에 착수하겠다는 결정을 지지했다. 하지만 대중 토론이나 정부 토론회에서 밝혔듯이 그 결정을 국가 건설에 확대하고 그것에 그토록 보편적인 범위를 부여하는 데는 의심을 품었다. 하지만 내 의구심을 기록하기 전에 나는 불안한 시대에 용기와 위엄과 확신으로 미국을 이끌어 간 조지 W. 부시 대통령을 여전히 존경하고 개인적으로 좋아한다는 사실을 밝히고 싶다. 그의 목적과 헌신이 때로는 미국의 정치적 주기 내에서 달성할 수 없는 것으로 드러났더라도 그것은 그의 조국에 영예를 안겨 주었다. 부시가 대통령직에서 물러난 지금도 그 결정을 추구하고 있고 댈러스에 있는 대통령 도서관의 핵심 주제로 그 결정을 삼았다는 점은 자유의 일정에 그가 얼마나 헌신했는지를 보여 준다.

전체주의 체제에서 차별받는 소수 집단의 일원으로 어린 시절을 보낸 뒤 미국으로 이민 온 나는 미국의 가치가 지닌 해방적 일면을 경험했다. 마셜 플랜이나 경제 원조 계획에서처럼 모범 사례와 민간 지원으로 미국의 가치를 확산시키는 작업은 미국의 전통에서 명예롭고 중요한 부분이다. 그러나 아무런 역사적 연고가 없는 지역에서 군사적 점령을 통해 그 가치를 달성하려 하고 정치적으로 유의미한 기간 내에 근본적인 변화를 기대하는 것은 미국 국민이 지지하고 이라크 사회가 수용할 수 있는 수준을 넘어선 것으로 드러났다. 이라크 활동의 지지자와 비판자 다수가 똑같이 그러한 근본적인 변화를 기준으로 정했지만 말이다.

이라크의 종족 분열과 바그다드 중심부를 경계로 나뉘어 있는 수니파와 시아파의 오래된 갈등을 감안하면, 미국 내에서 분열을 초래하는 논쟁이 벌어지는 와중에 전투 상황에서도 그러한 역사적 유산을 뒤집으려 한 시도는 미국이 이라크에서 아무리 노력해도 헛수고라는 느낌을 불어넣었다. 주변국 정권들의 단호한 반대는 어려움을 가중시켰다. 그것은 늘 성공할 수 없는 끝없는 노력이 되었다.

사담 후세인의 무자비한 정부 대신 다원주의적 민주주의를 실행하는 일은 그 독재자를 끌어내리는 일보다 훨씬 더 어려운 것으로 드러났다. 후세인의 수십 년에 걸친 탄압으로 오래전부터 권리를 빼앗기고 비정해진 시아파는 민주주의가 자신들의 수적 우위를 미리 승인해 준 것과 다름없다고 생각했다. 반면 수니파는 민주주의가 자신들을 탄압하는 외세의 음모라고 생각했다. 이를 근거로 대부분의 수니파는 전후의 헌정 질서를 규정하는 데 중요했던 2004년 선거를 거부했다. 바그다드 정부의 흉악한 맹습을 기억하는 북쪽의 쿠르드족은 독자적인 군사력을 향상시키면서 국고에 의존하지 않는 수익을 확보하기 위해 유전 통제권을 확보하려 했다. 그들은 국가 독립과는 미세하게 다른 관점에서 자치권을 정의했다.

혁명과 외국군의 점령으로 이미 뜨거워진 열정은 2003년 이후 외부 세력에 의해 가차 없이 불타올라 이용되었다. 이란은 신생 정부의 독립을 전복하려는 시아파 집단을 지원했고, 시리아는 자국 영토를 통해 무기와 지하드 전사들이 이동하도록 도움을 주었다. (결국 시리아 자체의 응집력에 파괴적인 영향을 입혔다.) 그리고 알카에다는 시아파를 상대로 체계적인 대량학살 작전을 시작했다. 각 집단은 영향력과 영토, 석유 매장량을 선점하기 위한 제로섬 싸움으로 전후 질서를 생각하게 되었다.

이런 분위기에서 2007년 1월에 부시는 폭력 사태 진압을 위해 추가 병력을 배치하기로 용감한 결정을 내렸지만, 246명의 하원 의원들은 구속력 없는 반대 결의안에 찬성표를 던지며 맞대응했다. 절차상의 이유로 상원에서는 실패했지만, 56명의 상원의원이 증파안에 반대했다. 곧바로 상원 다수당 대표는 "이 전쟁은 가망이 없다. 증파는[47] 어떤 것도 완수해내지 못할" 것이라고 선언했다. 같은 달에 상하원은 1년 안에 미군 철수를 시작할 것을 명령한 법안을 통과시켰지만, 부시 대통령은 거부권을 행사했다.

알려진 바에 따르면 부시는 2007년 실무회의를 마치면서 다음과 같이 물었다고 한다. "우리가 거기서 이기지 못하면,[48] 우리는 왜 거기 있는가?" 그 발언은 한 국가의 비극뿐 아니라 부시 대통령의 단호한 성격까지 구체적으로 보여 주었다. 이 국가는 국민들이 50년 넘게 자유 수호를 위해 세계의 외딴 곳까지 자식들을 보낼 준비를 해 왔지만, 그 국가의 정치 체제는 바로 그 통합된 끈질긴 목적 앞에 힘을 모을 능력이 없었다. 결국 부시가 대담하게 명령을 내리고 데이비드 퍼트레이어스 장군이 훌륭하게 실행한 증파 계획은 기분 나쁜 실패로부터 훌륭한 결과를 힘들게 얻어 내는 데 성공했지만, 미국의 분위기는 이 시점부터 달라졌다. 버락 오바마는 부분적으로 이라크전 반대를 발판 삼아 민주당 후보로 지명될 수 있었다. 오바마는 대통령 자리에 오른 뒤에도 계속해서 전임 대통령을 공개적으로 비판했고, 전략보다는 철수를 더 많이 강조하면서 '철수 전략'에 착수했다.

이 책을 쓰고 있는 지금 이라크는 중동 지역의 종파 간 다툼에서 주요 전투지로서 기능하고 있다. 이라크 정부는 이란 쪽으로 기울어져 있고, 이라크 내 수니파 집단은 정부에 군사적으로 저항하고 있다. 또한 일부 시아파, 수니파 세력은 시리아의 지하드 활동과 시리아 영토 절반 지역에 신정 국가를 세우려는 테러집단인 ISIL을 지지하고 있다.

이 문제는 이전 사건들에 대한 정치적 논쟁을 초월한다. 다수의 노획 무기와 초국가적 병력을 갖추고 급진적인 이란 및 이라크 시아파와 종교 전쟁을 벌이면서 아랍 세계 한복판에서 통합을 이룬 지하드 조직에는 일치단결한 강력한 국제적 대응이 필요하다. 그렇지 않으면 그 조직은 암세포처럼 번져 나갈 것이다. 미국을 비롯한 안보리 상임이사국들과 중동 지역에서 잠재적으로 그 조직의 적수가 될 세력은 지속적인 전략적 활동을 펼쳐야 할 것이다.

목적과 가능성

소련이 베스트팔렌 국가 체계의 도전 세력으로 등장하자 국제 질서의 성격이 문제가 되었다. 뒤늦게 수십 년 뒤에 깨달은 덕분에 우리는 미국이 추구한 균형이 늘 최고의 결과였는지를 토론할 수 있다. 그러나 대량살상무기가 등장하고 정치적, 사회적으로 큰 변동이 발생한 세상에서 미국이 평화를 지키고 유럽의 회복을 돕고 신생 국가들에게 결정적으로 중요한 경제 원조를 제공했다는 사실을 부정하기는 어렵다.

미국이 가능성에 목적을 결부 짓기가 어렵다고 느낀 것은 실제 전쟁을 치를 때였다. 제2차 세계대전 이후 미국이 치른 다섯 번의 전쟁(한국 전쟁, 베트남 전쟁, 1차 걸프전, 이라크 전쟁, 아프가니스탄 전쟁) 중에서 심각한 국내 분열 없이 참전하여 제시한 목표를 달성한 경우는 조지 H. W. 부시 대통령 때 치른 1차 걸프전뿐이었다. 교착 상태에서부터 일방적인 철수까지 다른 전쟁들에서 미국이 얻은 결과가 운명처럼 미리 정해져 있었는지는 또 다른 논쟁의 주제이다. 현재의 목적을 위해서는 세계 질서를 찾아내는 데 없어서는 안 될 역할을 해야 하는 국가가 그 역할과 자기 자신을 받아들이려고 애씀으로써 그 임무를 시작해야 한다고 말하는 것만으로 충분하다.

역사적 사건을 겪고 있는 사람들이 그 사건의 본질을 완벽하게 알기란 어렵다. 이라크 전쟁은 그 지역의 더욱 광범위한 변혁을 촉진한 사건으로 간주할 수 있지만 그 변혁의 근본적인 특징은 아직 알려지지 않았고, 아랍의 봄, 이란 핵무기를 이용한 지정학적 도전, 이라크, 시리아에 대한 지하드 공격의 장기적인 결과를 기다리고 있다. 2004년 이라크에 등장한 선거 정치는 다른 중동 국가의 참여 제도에 대한 요구를 자극한 게 거의 확실했다. 아직 알 수 없는 것은 그것들이 관용의 정신이나 평화로운 협상과 결합될 수 있는지 여부이다.

미국이 21세기에 자신들이 치른 전쟁의 교훈을 검토하고 있는 이 시점에서는 인간의 향상에 대해 그렇게 깊은 열정을 전략적 활동에 쏟아부은 그 어떤 강대국도 없었다는 점을 기억하는 것이 중요하다. 전쟁의 목표가 단순히 적국을 응징하는 것이 아니라 그 나라 국민의 삶을 개선하는 것이라고 선언하고 지배가 아니라 자유의 결실을 나누기 위해 승리를 추구해 온 국가에게는 특수한 기질이 있다. 미국이 이 기본적인 이상주의를 포기한다면 자신에게 충실하지 않은 것이다. 또한 국가적 경험의 그런 핵심적인 일면을 한쪽으로 치워놓고는 우방국들을 안심시킬 수 없다.(혹은 적을 설득하지 못한다.)

그러나 정책에 존재하는 이러한 열망적인 일면들이 효과를 발휘하려면 다른 지역의 문화적, 지정학적 환경은 물론 미국의 이익과 가치에 반대하는 적들의 헌신도와 지략 같은 기본적인 요인들에 대해 냉철한 분석이 함께 이루어져야 한다. 미국의 도덕적 열망은 정책의 전략적 요소를 고려하는 접근 방식과 결합되어야 하며, 그 정책은 미국 국민들이 여러 번의 정치적 주기를 거치더라도 지지하고 인정할 수 있도록 표현되어야 한다.

국무부 장관을 지낸 조지 슐츠는 미국의 양면성을 다음과 같이 영리하게 밝힌 바 있다.

도덕적인 미국인들은[49] 자국의 외교 정책이 자신들이 하나의 국가로서 신봉하는 가치를 반영하기를 원한다. 그러나 동시에 현실적인 미국인들은 자국의 외교 정책이 효과적이기를 원한다.

미국 내에서 벌어지는 논쟁은 이상주의와 현실주의의 다툼으로 자주 묘사된다. 미국이 두 가지 방식으로 행동할 수 없다면, 미국은 미국과 세계 전체에 그중의 하나도 달성할 수 없는 국가로 드러날 수 있다.

기술, 균형, 그리고 인간의 의식

모든 시대에는 중심 사상이 있다. 우주를 설명하고 인간 개인에게 영향을 주는 다수의 사건들을 설명해 줌으로써 그 사람에게 영감을 불어넣거나 위로를 건네는 일단의 신념 체계 말이다. 중세의 중심 사상은 종교였다. 계몽 시대의 중심 사상은 이성이었다. 19세기와 20세기에는 역사를 동기 요인으로 보는 관점과 결합된 민족주의였다. 우리 시대를 지배하는 개념은 과학과 기술이다. 과학과 기술은 인간의 행복에 역사상 전례가 없을 정도의 발전을 안겨 주었다. 그러나 인류를 파괴할 수 있는 무기 또한 만들어 냈다. 기술은 버튼 하나만 누르면 엄청난 양의 정보를 저장하고 검색할 수 있을 뿐 아니라 세계 곳곳에 있는 개인이나 기관 간의 즉각적인 접촉까지도 가능케 하는 통신 수단을 탄생시켰다. 하지만 어떤 목적 때문에 이 기술을 알아야 하는가? 기술이 일상생활에서 유일하게 의미 있는 일부분으로서 세계를 규정할 정도가 되었다면 국제 질서에 어떤 일이 발생할까? 현대 무기 기술의 가공할 파괴력으로 인한 공동의 두려움이 인류를 단결시켜 전쟁의 재앙을 제거하게 할 것인가? 아니면 이들 무기의 보유만으로 항구적 재앙의 전조가 될 것인가? 신속하고 광범위한 통신으로 사회와 개인 간의 장벽이 무너지고, 인류 사회의 아주 오래된 꿈이 실현될 정도로 엄청난 투명성이 제공될 것인가? 아니면 그 반대의 결과가 생길 것인가? 다시 말하면 대량살상무기와 네트워크화된 투명성, 사생활의 부재 속에서 인류가 자신들에게 닥친 위기가 무엇인지 알지도 못한 채 그것들을 헤쳐 나가면서 한계나 질서 없는 세상 속으로 나아갈 것인가?

필자는 더 발전된 형태의 기술을 다룰 수 있는 능력이 없다. 다만 그 기술이 미칠 영향에 관심이 있다.

핵시대의 세계 질서

역사가 기록되기 시작한 이후로 국가를 비롯한 모든 정치 단위들은 전쟁을 최후의 수단으로 마음대로 이용했다. 그러나 전쟁을 가능케 한 기술은 전쟁의 범위 또한 제한했다. 가장 강력하고 좋은 장비를 갖춘 국가들만이 제한된 거리 너머로 다수의 표적을 향해 일정 정도의 무력을 투입할 수 있었다. 야심 있는 지도자들은 관습과 통신 기술 상태에 제한을 받았다. 급진적인 행동 방침은 그 행동들이 전개되는 속도 때문에 제약을 받았다. 외교 훈령은 메시지가 오가는 중에 발생할 수 있는 만일의 사태를 고려해야만 했다. 이로 인해 심사숙고를 위한 중간 휴식을 도입했고, 지도자가 통제할 수 있는 부분과 그렇지 않은 부분이 있음을 인정했다.

국가 간의 세력 균형이 공식적인 원칙으로 작동했든 이론적인 상술 없이 단순히 실행되었든 관계없이, 일종의 균형 상태는 모든 국제 질서의 본질적인 구성 요소였다. 균형은 로마 제국과 중국 제국의 경우 주변부에서, 유럽 안에서는 중심적인 작동 원칙으로 위치했다.

산업혁명이 시작되면서 변화의 속도가 빨라졌고 최신 군대가 발휘하는 군사력은 점점 더 파괴적으로 변했다. 기술 격차가 커지면서 현 기준에서 보면 원시적인 기술이라도 집단 학살을 일으킬 수 있었다. 유럽의 기술과 질병들은 아메리카 대륙에 존재하던 문명을 파괴하는 데 크게 기여했다. 대량 징병으로 인해 기술의 가중 효과가 몇 배는 더 커졌고, 효율성이 높아지면서 대량 학살 가능성이 새로이 대두되었다.

핵무기의 등장은 이 과정을 최고조로 끌어올렸다. 제2차 세계대전 당시 주요 강대국 과학자들은 원자와 원자 에너지를 방출시키는 능력을 완벽하게 알아내려고 애썼다. 그리고 마침내 유럽에서 이주해 온 유대인 집단과 미국, 영국의 최우수 인재들을 중심으로 추진한 미국의 맨해튼 계획이 승리를 거두었다. 1945년 7월에 뉴멕시코 사막에서 원자폭탄 실험이 최초로 성공하자, 비밀 무기 개발을 이끌던 이론 물리학자 J. 로버트 오펜하이머는 실험 성공에 두려움을 느낀 나머지 바가바드기타의 한 구절을 떠올렸다. "이제 나는 죽음이요, 세계의 파괴자가 되었다."

앞선 시대의 전쟁은 암묵적인 계산법을 갖고 있었다. 즉 승리의 이익은 승리하는 데 든 비용보다 더 많고, 약자는 이 등식을 깨뜨릴 만큼의 비용을 강자에게 안기기 위해 싸웠다. 동맹 관계는 힘을 키우기 위해, 세력 제휴에 대한 어떠한 의심도 남기지 않기 위해, 개전 이유를 규정하기 위해 형성되었다. (주권 국가들로 이루어진 집단에서 궁극적인 의도에 대한 의심을 없앨 수 있는 한 그랬다.) 군사적 충돌의 불이익은 패배의 불이익보다 적다고 간주되었다. 이와는 반대로 핵시대는 생각할 수 있는 이득에 비해 지나친 비용을 안길 수 있는 무기 사용을 기초로 삼았다.

핵시대는 추구하는 목적과의 도덕적, 정치적 관계에 파괴적인 현대 무기를 어떻게 접목시켜야 하는지의 문제를 제기했다. 사실상 인간의 생존을 전망하는 국제 질서는 강대국 간의 충돌을 없애지는 못하더라도 개선할 것을 시급히 요구했다. 두 초강대국의 전체 군사적 능력 사용에 못 미치는 지점에서 이론적 한계가 모색되었다.

상대방이 보복을 통해 받아들일 수 없는 수준까지 파괴를 항상 가할 수 있기 때문에 전략적 안정은 어느 쪽도 대량살상무기를 사용하지 못하는 균형으로 규정되었다.[1] 1950년대와 1960년대에 특히 하버드, 캘리포니아공과대학, MIT, 랜드코퍼레이션 등이 진행한 세미나에서는 핵무기를 전장에만 국한시키거나 군사적 공격 목표에만 국한시키는 '제한 사용' 원칙을 검토했다. 하지만 모든 이론적 작업은 실패했다. 어떤 한계선을 상상하든 일단 핵전쟁이 시작되면 현대 기술은 지킬 수 있는 한계선을 넘어 늘 상대국의 단계적 확전을 가능케 했기 때문이다. 마침내 양측의 전략가들은 핵 평화를 유지하는 메커니즘으로서의 상호 확증 파괴 개념에 암묵적으로 합의했다. 양측이 초기 공격에서 살아남을 수 있을 만큼의 핵무기를 보유하고 있다는 전제하에 어느 쪽도 실제로 공격을 들먹일 생각도 하지 못할 만큼 공포로 위협을 상쇄하는 것이 목적이었다.

1960년대 말에 미소 각국을 지배하는 전략적 원칙은 추정되는 적국에 '받아들일 수 없을' 정도의 피해를 입히는 능력에 의존했다. 적이 무엇을 받아들일 수 없다고 생각할지는 물론 알 수 없었다. 그리고 이러한 판단을 서로 전달하지도 않았다.

이 억지력 계산법에는 초현실적 특징이 따라 다녔는데, 그것은 4년 간의 세계대전에서 발생한 사상자 수준을 넘어서고 며칠, 몇 시간 단위로 사상자 숫자를 계산하는 '논리적' 시나리오에 의존했다. 과거에 이러한 위협의 기초가 되는 무기들을 경험한 적이 없기 때문에 억제력은 주로 적국에 심리적으로 영향을 미치는 능력에 좌우되었다. 1950년대에 마오쩌둥이 핵전쟁이 발발할 경우 수억 명의 희생을 감수할 의사가 있다고 말했을 때,[2] 서방 세계는 감정적 혹은 이념적 착란으로 생긴 증상이라고 생각했다. 실제로 그의 생각은 한 국가가 인간의 과거 경험을 넘어서는 군사력을 버텨 내려면 인간이 이해할 수 있는 수준을 넘는 희생을 기꺼이 치를 의지를 보여 줘야 한다는 냉정한 계산의 결과였을 것이다. 어쨌든 이 발언에 대한 서방 진영과 바르샤바조약기구 내 국가들의 충격은 초강대국 자신의 억지력 개념이 종말론적 위험에 기초했다는 사실을 외면한 것이었다. 더욱 우아하게 표현한다고 해도 상호확증파괴 원칙은 지도자들이 자국의 민간인들을 절멸 위협에 신중히 노출시킴으로써 평화를 위해 행동하고 있다는 명제에 의존했다.

사용할 수 없고 그것을 사용하겠다고 그럴 듯하게 위협할 수도 없는 엄청난 양의 무기를 보유하는 문제에서 벗어나기 위해 많은 노력이 기울여졌다. 복잡한 전쟁 시나리오도 구상되었다. 하지만 내가 아는 한 미국과 소련 중 어느 쪽도[3] 양국 간의 구체적인 위기 상황 중에 핵무기를 실제로 사용하는 단계에 가까이 간 적은 없었다. 이 시기 동안 내가 속사정을 알 수 있는 입장이었기에 하는 말이다. 방어를 위해 핵무기를 사용해도 좋다는 승인이 최초로 소련 전투 부대에 떨어진 1962년의 쿠바 미사일 위기를 제외하고, 양측은 서로를 향해서든 핵무기 비보유국을 상대로 한 전쟁에서든 핵무기를 사용하는 상황에 근접한 적이 없었다.

미소 초강대국 국방 예산의 많은 부분을 차지하고 있던 가장 무서운 무기는 이런 식으로 지도자들이 직면한 실제 위기와의 관련성을 상실했다. 공멸은 국제 질서의 메커니즘이 되었다. 냉전 중에 워싱턴과 모스크바 양측은 대리전을 통해 서로를 자극했다. 핵 시대의 정점에서, 엄청난 중요성을 띠게 된 것은 오히려 재래식 전력이었다. 그 시대의 군사적 다툼은 인천, 메콩 강 삼각주, 루안다, 이라크, 아프가니스탄같이 멀리 떨어진 주변 지역에서 발생했다. 그리고 개발 도상국 세계의 동맹국들을 얼마나 효과적으로 지원해 주는가가 성공의 기준이었다. 한마디로 말해서 생각할 수 있는 정치적 목적과는 현격하게 차이가 나는 주요 강대국들의 전략적 무기는 전능하다는 그릇된 이미지를 만들어 사건의 실제적 전개를 오도했다.

1969년, 닉슨 대통령이 전략 무기 제한(줄여서 SALT)을 의제로 소련과 공식협상을 시작한 것은 바로 이러한 맥락에서였다. 그리고 그렇게 시작된 협상은 1972년의 협정으로 이어졌다. 협정 내용은 공격용 미사일의 수량을 제한하고 양측의 탄도 요격 미사일(ABM) 기지를 한 곳으로 제한하는 것이었다. (실제로 요격용 미사일 기지들은 훈련 기지로 바뀌었다. 닉슨이 1969년에 처음 제안한 내용에 따라 미국의 ABM을 모두 배치하려면 열두 곳의 기지가 필요했을 것이기 때문이다.) 이는 미국 의회가 미사일 방어 기지를 두 곳 이상 승인하기를 거부했기 때문에 상호확증파괴를 기초로 억제력을 유지해야 했기 때문이었다. 그 전략에서 양측의 공격용 핵무기는 받아들일 수 없는 수준의 사상자를 내는 데 충분했고, 사실은 충분한 수준 이상이었다. 미사일 방어의 부재는 사상자 계산에서 어떤 불확실성도 제거하여 상호억지를 보장해 주겠지만, 억지가 실패할 경우 사회의 파괴 역시 보장할 것이다.

레이건은 1986년 레이캬비크 정상회담에서 상호확증파괴에 대한 접근 방식을 뒤집었다. 그는 양측의 모든 공격용 무기를 없애고 ABM 조약을 폐기함으로써 방어 체계를 허용하자고 제안했다. 그의 의도는 공격용 체계를 금지하고 합의 위반에 대한 대비책으로 방어 체계를 유지함으로써 상호확증파괴 개념을 없애자는 것이었다. 그러나 기술 경제적 기반이 미국만큼 단단하지 않은 소련이 미국을 따라갈 수 없는 상황인데다가 미국의 미사일 방어 체계가 한창 진행 중이라고 잘못 생각한 고르바초프는 ABM조약을 유지하자고 주장했다. 3년 뒤에 소련은 전략 무기 경쟁을 사실상 포기하면서 냉전에 종지부를 찍었다.

그때부터 공격용 전략 핵탄두 수는 줄어들었다. 처음에는 조지 W. 부시 정부 때, 나중에는 오바마 정부 때, 러시아와 합의하여 양측의 탄두를 1500개 정도로 줄였다. 이는 상호확증파괴 전략이 정점에 달했을 때 존재하던 탄두 수의 10% 정도에 해당한다. (줄어든 탄두 수로도 상호확증파괴 전략을 실행하고 남았다.)

핵 균형은 국제 질서에 역설적인 영향을 안겼다. 전통적인 세력 균형은 식민 통치 하의 세계에 대한 서방의 지배를 촉진시킨 반면, 서양 스스로 만든 핵시대의 질서는 정반대의 결과를 가져왔다. 선진국들과 개발도상국 간의 군사력 차이는 역사상 그 어떤 시기보다 비교가 안 될 정도로 컸다. 하지만 선진국들이 가장 심각한 위기 상황을 제외하고는 그 사용을 암묵적으로 고려하지 않는 핵무기에 엄청나게 많은 군사적 노력을 기울였기 때문에, 지역 강대국들은 전쟁을 계속하기 위해 필요한 '선진국' 대중들의 자발적 의지와는 무관하게 전쟁을 연장하는 데 적합한 전략으로 전반적인 군사적 균형을 맞추려 했다. 프랑스가 알제리, 베트남에서 그런 경험을 했고, 미국은 한국, 베트남, 이라크, 아프가니스탄에서 그런 경험을 했다. 소련도 아프가니스탄에서 동일한 경험을 했다. (한국의 경우를 제외하고는 재래식 병력에 의해 오래도록 전쟁이 지연되다가 결국 공식적으로 훨씬 더 강한 강대국이 일방적으로 철수하는 결과가 발생했다.) 비대칭전쟁은 적의 영토에 일차원적 작전을 펼치는 전통적인 정책들의 틈새 속에서 작동했다. 어떠한 영토도 방어하지 않는 게릴라 병력은 사상자를 안기고 전쟁을 계속하려는 대중의 의지를 떨어뜨리는 데 집중할 수 있었다. 이런 의미에서 기술적 우위는 지정학적 무능으로 바뀌었다.

핵 확산의 문제

냉전이 끝나면서 기존의 핵 초강대국 간의 핵전쟁 위험은 기본적으로 사라졌다. 그러나 기술, 특히 평화로운 핵에너지를 만들어 내는 기술이 전파되면서 핵무기 능력 확보 가능성이 크게 높아졌다. 이념적 경계가 선명해지고 해결되지 않은 분쟁이 지속됨에 따라 불량국가나 비국가 활동 세력 등의 핵무기 획득 동기 또한 강해졌다. 냉전 시대에 억제력을 발생시킨 상호 불안정의 계산법은 핵 무대에 새로이 등장한 국가들에게는 동일하게 적용되지 않으며, 비국가 활동 세력들에게는 더더욱 적용되지 않는다. 핵무기 확산은 당대의 국제 질서에 무엇보다 중요한 전략적 문제로 부상했다.

이러한 위기에 맞서 미국, 소련, 영국은 핵 확산 금지 조약(NPT) 체결을 위해 협상에 착수했고, 1968년에 조인을 시작했다. 이 조약은 핵무기의 추가적인 보급을 금지하자고 제안했다. (미국, 소련, 영국은 1968년에 가입했고, 프랑스, 중국은 1992년에 가입했다.) 핵무기 비보유국들은 순수하게 비군사적인 활동에 핵 프로그램을 국한하도록 보장하는 안전 조치를 받아들이는 한 핵 보유국의 도움을 받아 핵기술을 평화롭게 사용할 수 있었다. 이 책을 쓰는 지금 핵 확산 금지 조약에 가입한 국가는 189개국에 달한다.

그러나 이 전 세계적인 확산 금지 체제는 진정한 국제적 규범으로 뿌리내리는 데 어려움을 겪어 왔다. 일부 국가들은 '핵차별주의'의 일종이라고 공격하고 다수의 국가들이 부자 국가의 집착이라고 생각한 핵 확산 금지 조약의 제약 조건들은 종종 구속력 있는 법적 의무라기보다는 가입국을 꼬드겨서 실행하게 만들어야 할 목표처럼 기능했다. 부정한 핵무기 개발 과정은 찾아내어 저지하기가 어려운 것으로 드러났다. 개발 초기 과정이 NPT가 승인한 핵에너지의 평화로운 사용법 개발 과정과 동일하기 때문이다. 이 조약은 공식적으로 금지했지만 리비아나 시리아, 이라크, 이란 같은 가입국들이 NPT의 안전 조치를 위반하면서 핵 프로그램을 은밀히 유지하는 것을 막지 못했다. 북한은 2003년에 NPT에서 탈퇴한 뒤 국제 사회의 통제를 받지 않으면서 핵기술을 실험하고 확산시켰다.

한 국가가 NPT 조건을 위반하거나 거부한 경우, 아니면 협력하는 듯한 제스처만 취한 경우, 그것도 아니면 단순히 확산 금지 조약의 정당성을 국제적 규범으로 인정하기를 거부한 경우에 이 조약을 강요할 수 있는 국제적인 메커니즘이 규정되어 있지 않다. 지금까지는 미국이 이라크에 대해, 그리고 이스라엘이 이라크와 시리아에 대해서만 선제적인 조치를 취했다. 그리고 결국에는 참았지만 소련이 1960년대에 중국에게 그런 조치를 취하려고 한 적이 있었다. 이라크에 대한 미국의 조치는 사담 후세인을 상대로 한 전쟁에 동기로 작용했다.

확산 금지 체제는 협상을 통해 핵 프로그램을 해체시키는 데 몇 차례 의미 있는 성공을 거두었다. 남아프리카, 브라질, 아르헨티나를 비롯하여 '구소련 이후' 생겨난 일부 공화국들은 결실을 맺거나 상당한 기술적 성공을 거둔 핵무기 프로그램을 포기했다. 그와 동시에 1949년에 미국의 핵무기 독점이 끝난 이후로 소련/러시아, 영국, 프랑스, 이스라엘, 중국, 인도, 파키스탄, 북한이 핵무기를 획득했고, 이란이 거의 문턱까지 다다랐다. 또한 파키스탄과 북한은 핵무기 노하우를 널리 확산시켰다.

핵 확산은 새로이 핵무기를 보유하게 된 국가의 무기 사용 의지가 어떤가에 따라 핵 균형 상태에 특이한 방식으로 영향을 미쳤다. 영국과 프랑스의 핵능력은 아주 미미하게만 나토의 무기고에 보탬이 된다. 그들의 핵능력은 기본적으로 최후의 수단으로서 인식되거나 다른 강대국이 영국과 프랑스의 기본적인 국익 인식에 위협을 가하려는데 미국이 자신들을 포기할 경우를 대비한 안전망으로서, 혹은 초강대국들 간의 핵전쟁에서 거리를 두기 위한 수단으로서 인식된다. 이 경우들 모두 본질적으로 가능성이 희박한 긴급 상황이다. 인도와 파키스탄의 핵무기는 우선적으로 서로를 겨냥하고 있는데, 두 가지 점에서 전략적 균형 상태에 영향을 미친다. 전쟁이 단계적으로 확대될 위험은 인도 아대륙에서 전면적인 재래식 전쟁이 발생할 가능성을 줄여줄 수 있다. 그러나 단기 공격으로부터 보호하기에는 무기 체계가 너무 노출되어 있고 기술적으로 까다롭기 때문에 선제공격의 유혹이 그 기술에 내재해 있다. 이미 감정이 격해진 상황에서는 특히 그러하다. 요컨대 확산은 전형적인 핵 딜레마를 야기한다. 즉 핵무기가 전쟁 가능성을 감소시킨다고 해도 일단 전쟁이 발생하면 전쟁의 포악성을 엄청나게 확대시킬 것이다.

인도와 중국의 핵 관계는 냉전 시대의 적대국들 간에 존재한 억제 상황과 비슷할 가능성이 높다. 다시 말하면 그들은 핵무기 사용을 억제하는 경향을 보여 줄 것이다. 파키스탄의 핵무기는 그 지역과 전 세계의 다양한 문제들에 영향을 끼친다. 중동 지역에 인접해 있고 파키스탄 내에 상당수의 이슬람교도들이 존재하기 때문에 파키스탄은 종종 핵 보호국이나 핵 제조국의 역할을 맡으려는 의사를 비쳐 왔다. 핵무기가 이란에 확산되면 이 모든 문제들은 악화될 것이다. 이는 4장에서 다룬 바 있다.

시간이 지나면서 지속적으로 핵무기가 확산되면 핵 초강대국 간의 전체적인 핵 균형도 영향을 받을 것이다. 기존의 핵 강대국 지도자들은 만일의 최악의 사태에 준비해야 한다. 여기에는 다른 초강대국만이 아니라 확산 국가들이 위협을 제기할 가능성도 포함된다. 그들의 무기고는 잠재적인 주요 적국을 억제하는 것 외에 핵무기가 확산된 다른 지역에 대처하기 위한 잔여 전력이 필요하다는 신념을 반영할 것이다. 만약 각각의 핵 강대국이 이런 식으로 계산한다면, 핵무기 확산으로 이러한 잔여 전력은 비례적으로 증가하고 기존의 한계선은 압박받거나 초과될 것이다. 더 나아가 이렇게 중첩되는 핵 균형은 확산이 진행됨에 따라 점점 더 복잡해질 것이다. 상대적으로 안정되었던 냉전 시대의 핵 질서는 핵무기 보유국가가 종말론적 결정을 내릴 수 있다는 의사를 내비치는 것만으로도 경쟁국들에 대해 부당하게 우세를 점할 수 있는 국제 질서로 대체될 것이다.

핵 능력을 보유한 국가라 해도 핵 초강대국을 상대로 안전망을 확보하기 위해 그들의 암묵적이거나 공공연한 지지를 얻고 싶어 한다. (대표적인 예는 이스라엘, 유럽의 핵 전력, 잠재적 핵 능력을 보유한 일본, 중동 지역의 확산 국가나 확산에 가까워진 국가들이다.) 따라서 핵무기 확산은 경직성 면에서 제1차 세계대전으로 이끈 동맹들에 필적할 만한 동맹 체계를 초래할 가능성이 있다. 다른 점이 있다면 핵무기 확산으로 탄생한 동맹 체계는 전 세계적인 영향력이나 파괴적인 힘에 있어서 제1차 세계대전 당시의 동맹 체계를 크게 능가한다.

만약 핵을 보유한 국가가 두 핵 초강대국의 군사적인 공격 능력에 근접한다면, 특히나 심각한 불균형이 대두할 수 있다. (중국과 인도는 이룰 수 있어 보이는 과업이다.) 어떤 주요 핵 보유 국가가 다른 국가들의 핵 분쟁에 관여하지 않는 데 성공한다면, 잠재적으로 지배적인 국가로 등장할 것이다. 다극적 핵 세계에서는 그러한 국가가 초강대국들 중의 한 국가와 손을 잡을 경우에도 그런 결과가 발생할 수 있다. 연합군이 전략적 우위를 가질 수 있기 때문이다. 그렇게 되면 현재의 초강대국들 간에 존재하는 대략적인 균형은 전략적 안정으로부터 멀어질 수 있다. 러시아와 미국 사이의 공격력에 대한 합의 수준이 낮을수록, 이러한 결과는 더욱더 현실화될 것이다.

핵무기가 더욱더 확산된다면 핵 대립의 가능성은 높아진다. 의도적이든 독단적이든 방향이 달라질 위험이 확대된다. 그리고 결국 핵 초강대국 간의 균형이 영향을 받을 것이다. 현재 계속되는 모든 협상에도 불구하고 핵무기 개발이 이란으로 확산되고 북한에서도 계속됨에 따라 같은 길을 가려는 다른 국가들의 동기가 강해질 수 있다.

이러한 추세에 맞서 미국은 끊임없이 자국 기술을 검토해야 한다. 냉전 기간 동안 핵 기술은 미국이 이룬 과학적 업적의 중심으로, 가장 중요하고 전략적인 과제를 제기하는 지식의 개척자로서 널리 인정받았다. 이제 가장 우수한 기술 인재들은 핵 기술보다 공적으로 더욱 의미 있어 보이는 사업계획에 노력을 기울이도록 장려된다. 아마도 부분적으로는 그러한 이유 때문에 핵 확산 국가들이 무장하고 다른 국가들은 기술을 향상시키는데도 핵 기술의 정교화를 금하는 조치를 변경할 수 없는 양 취급한다. 미국은 핵무기 사용 억제에 대해 협상을 벌이는 와중에도 핵 기술 지식의 최전선에 남아 있어야 한다.

지난 반세기 동안 강대국 간의 충돌이 없었다는 사실을 비추어 보면 세계가 핵무기로 인해 전쟁을 덜 하게 되었다고 주장할 수도 있다. 그러나 전쟁의 횟수는 줄어들었지만, 전쟁과는 다르게 분류할 수 있는 상황에 놓인 국가들이나 비국가 단체들이 자행한 폭력은 엄청나게 증가했다. 지극히 높아진 위험과 이념적 급진주의가 결합되면서 비대칭 전쟁이 발발하고 장기적인 억제력을 훼손하는 비국가 단체들이 문제를 일으킬 가능성이 생겼다.

아마도 기존의 핵 강대국들에게 가장 중요한 문제는 핵 확산 국가들이 실제로 서로를 상대로 핵무기를 사용할 경우에 어떻게 대응할지 결정하는 일일 것이다. 우선 기존의 협정 이외에 핵무기 사용을 막으려면 무슨 일을 해야 할까? 여러 조치에도 불구하고 핵무기가 사용된다면, 그런 전쟁을 멈추기 위해 어떤 즉각적인 조치를 취해야 할까? 인적 피해와 사회가 입을 피해는 어떻게 처리할 수 있을까? 억제가 실패할 경우, 억제의 타당성을 옹호하고 적절한 결론을 내세우면서 보복성 확전을 막으려면 어떻게 해야 할까? 인류가 창조한 능력의 무시무시한 일면과 핵무기 사용을 억제하는 균형의 상대적인 취약성을 기술적 발전으로 가릴 수는 없으며, 핵무기를 재래식 무기처럼 사용하게 놔둬서도 안 된다. 이처럼 중대한 시점에서 국제 질서는 비확산을 주장하는 기존의 주요 핵 국가들의 의견 일치를 필요로 한다. 그렇게 하지 않으면 핵전쟁의 참화가 질서를 강요할 것이다.

사이버 기술과 세계 질서

유사 이래 기술적 변화는 수십 년, 아니 수백 년에 걸쳐 기존 기술을 가다듬고 결합하는 점진적 발전을 통해 이루어졌다. 급진적인 혁신마저도 시간이 지나면 이전의 전술적, 전략적 원칙들과 어울릴 수 있었다. 탱크는 수백 년에 걸친 기병 전쟁에서 얻은 전례에 비춰 생각되었다. 그리고 비행기는 다른 형태의 대포로, 전함은 기동력을 갖춘 항구로, 항공모함은 임시 활주로로 개념화될 수 있었다. 엄청나게 파괴력이 높아진 핵무기조차 어떤 면에서는 과거 경험에서 추정해 낸 결과물이다.

현대에 새로워진 것은 연산 능력의 변화 속도와 정보기술이 존재의 모든 영역으로 확대되는 속도이다. 1960년대에 인텔사에서 엔지니어로 일한 경험을 되돌아본[4] 고든 무어는 자신이 목격한 추세, 즉 컴퓨터 처리장치 용량이 2년마다 2배가 되는 추세가 정기적으로 계속될 거라고 결론 내렸다. '무어의 법칙'은 놀라운 예언력을 입증했다. 크기가 줄어들고 비용이 하락하면서 컴퓨터는 기하급수적인 성장세를 보였다. 그 결과 컴퓨터 처리장치는 전화기, 시계, 자동차, 가전제품, 무기 체계, 무인 비행기, 인간의 몸 등 거의 모든 사물에 장착 가능해졌다.

컴퓨터 혁명은[5] 최초로 많은 사람들과 처리 과정을 동일한 전달 매체로 이동시키고 그들의 행동을 단일한 기술 언어로 바꾸어 놓았다. 1980년대에만 해도 본질적으로 가상의 개념으로 제시된 사이버 공간은[6] 물리적 공간을 식민지로 만들고, 적어도 대규모 도시들에서는 물리적 공간과 합쳐지기 시작했다. 사이버 공간에서의 커뮤니케이션과 기하급수적으로 확산하는 노드 간의 커뮤니케이션은 거의 순간적으로 이루어진다. 한 세대 전에는 주로 수작업이나 서류를 기초로 이루어지던 작업들,[7] 이를테면 책 읽기나 쇼핑, 교육, 친구 사귀기, 산업적, 과학적 연구, 정치 운동, 재무, 정부기록 보관, 감시, 군사 전략 등이 컴퓨터 영역을 통해 이루어지면서 인간의 활동은 점점 더 "데이터화되고", "수량화하고 분석 가능한 단일" 시스템의 일부가 되어 간다.

이러한 현상은 인터넷에 연결된 기기가 대략 100억 개가 되고 2020년에는 500억 개로 증가한다는 예상 속에 '사물 인터넷' 혹은 '만물 인터넷'이 우리 앞에 등장하면서 더욱더 두드러질 것이다. 이제 혁신가들은 '스마트 도어록, 칫솔, 손목시계,[8] 피트니스 트래커, 연기 감지기, 감시 카메라, 오븐, 장난감, 로봇' 같은 일상용품에 소형 데이터 처리장치가 장착되거나 '스마트 더스트'(smart dust, 센서, 전산 기능, 양 방향 무선 통신 기능 및 전원 장치를 가진 극소형 전기 기계 장치 — 옮긴이)의 형태로 공중에 떠서 주위 환경을 점검하고 개선하는 방식으로 어디든 컴퓨터가 존재하는 세상을 예측한다. 모든 사물은 인터넷에 연결되고 중앙의 서버나 네트워크에 연결되어 있는 다른 기기들과 통신하도록 프로그램화될 수 있다.

컴퓨터 혁명은 모든 단계의 인간 조직에까지 영향을 미친다. 스마트폰 소지자들은(현재 10억 명 정도로 추정되는데)[9] 한 세대 전의 정보기관들보다도 많은 정보와 높은 분석 능력을 갖고 있다. 이 개인들과 주고받는 데이터를 축적하고 검토하는 기업들은 현대의 많은 국가들은 물론, 전통적인 강대국들보다 더 많은 영향력과 감시 능력을 행사한다. 그리고 새로운 분야를 경쟁국들에게 넘겨주게 될까 봐 경계하는 정부들은 뚜렷한 지침이나 규제 방안을 제대로 갖추지 못한 채 사이버 영역으로 내몰리고 있다. 기술혁신의 경우와 마찬가지로 이 새로운 영역을 전략적 우위를 얻을 수 있는 분야로 생각하고 싶은 유혹이 생길 것이다.

이러한 변화는 정말로 급속하게 발생했기 때문에 기술에 관한 전문지식이 없는 사람들은 이 변화의 광범위한 결과를 이해하려 해도 그 변화를 따라잡지 못했다. 그리고 이로 인해 인류는 지금까지 설명되지 않는, 실제로는 상상하지도 못한 영역으로 빠져들게 되었다. 결과적으로 현재로서는 능력 있고 신중하고, 기술적으로 가장 앞선 사람들만 대다수의 혁명적인 기술과 기법들 중 다수를 사용할 수 있다.

어떤 정부도, 가장 전체주의적인 정부조차도 자신들의 점점 더 많은 활동을 디지털 영역으로 몰아넣는 흐름을 저지하거나 그 추세에 저항하지 못했다. 민주주의 국가들은 대부분 본능적으로 정보혁명의 영향을 축소하려는 시도는 불가능할 뿐만 아니라 부당할 수 있다고 생각한다. 자유 민주주의 세계 밖에 존재하는 국가들 대부분은 이러한 변화를 차단하려는 시도는 포기한 채 기술을 완전히 익히는 쪽을 선택했다. 현재 모든 국가, 기업, 개인은 주체 혹은 객체로서 기술혁명에 참여하고 있다. 이 책의 목적에 중요한 것은 이러한 변화가 국제 질서의 전망에 미치는 영향이다.

현 세계는 문명화된 생명을 파괴할 수 있는 핵무기의 유산을 물려준다. 그 무기들이 미치는 영향이 비극적이긴 하지만, 그것들이 갖는 중요성과 그것의 사용 여부는 전쟁과 평화라는 분리 가능한 주기의 관점에서 여전히 분석할 수 있다. 인터넷 신기술은 완전히 새로운 전망을 열어 주었다. 사이버 공간은 모든 역사적 경험에 이의를 제기한다. 사이버 공간은 어디에든 존재하지만, 그 자체가 위협적인 것은 아니다. 그것이 갖는 위험은 어떻게 사용하는가에 달려 있다. 사이버 공간으로부터 생기는 위험은 불분명하고 정의되지 않았다. 그리고 책임을 지우기도 어려울 수 있다. 사회, 금융, 산업, 군사 분야에 골고루 퍼져 있는 네트워크 통신은 취약 부분에 혁명적인 변화를 일으킨다는 엄청난 이점을 안겨 준다. 어떻게 보면 대부분의 규칙과 규제(와 많은 규제자들의 기술적 이해력까지도)를 앞질러 나가는 사이버 공간은 철학자들이 예상해 온 자연 상태를 탄생시켰다. 홉스에 따르면 그 상태에서 벗어나는 것이 정치 질서를 만들어 내는 동기력을 제공했다.

사이버 시대 전에 국가의 역량은 인적 자원, 장비, 지리, 경제, 사기(士氣)의 결합물로 평가받을 수 있었다. 그리고 평화로운 시기와 전쟁이 발발한 시기가 분명하게 구분되었다. 적대 행위는 명확한 사건들에 의해 발발하고 이해 가능한 정책으로 공식화된 전략에 따라 실행되었다. 정보기관은 주로 적의 능력을 평가하고 가끔은 그들의 능력을 흔드는 데 일조했다. 정보기관의 활동은 암묵적인 공통의 행동 기준에 의해 제한받거나 적어도 수십 년에 걸쳐 발전된 공동의 경험에 의해 제한받았다.

인터넷 기술은 적어도 당장은 전략이나 정책을 앞질렀다. 새로운 시대에는 이해는커녕 아직 공동으로 설명하지도 못한 능력이 존재한다. 그 능력을 행사하여 명시적이든 암묵적이든 제한선을 명확히 정할 수 있는 사람들에게는 한계가 거의 없다. 소속이 불분명한 사람들이 점점 더 야심차고 간섭적인 조치를 취할 수 있다면, 국가 권력의 정의 자체가 모호해질 수 있다. 사이버 공격을 막기보다 공격을 시작하는 게 더 쉽다는 사실로 인해 상황은 더욱더 복잡해진다.[10] 공격적인 성향을 가진 사람들이 새로운 능력을 갖추도록 자극받을 수 있기 때문이다.

사이버 공격 혐의자가 관련 사실을 부인할 수 있고 이에 대한 국제적 합의가 없다는 사실 때문에도 위험은 가중된다. 혹여 국제적 합의가 이루어진다고 해도 현재는 그것을 집행할 시스템이 없다. 휴대용 컴퓨터로도 전 세계에 영향을 미칠 수 있다. 혼자라도 컴퓨터를 잘 다룬다면 신분을 거의 노출하지 않는 상태에서 사이버 영역에 접근하여 중요한 사회 기반 시설을 파괴할 수 있다. 한 국가의 물리적 영토(혹은 적어도 전통적으로 생각하는 일국의 영토) 밖에서 취한 행동을 통해 전력 사용량을 끌어올리거나 발전소를 망가뜨릴 수도 있다. 이미 한 비밀 해커 집단은 정부 통신망에 침투하여 외교 행위가 영향을 받을 정도의 규모로 기밀 정보를 퍼뜨릴 수 있음을 입증했다. 국가의 지원을 받은 사이버 공격의 대표적인 예인 스턱스넷(Stuxnet)[11]은 이란의 핵 활동을 방해하고 지연시키는 데 성공했다. 어떤 면에서 이 공격은 제한적인 군사 공격과 맞먹는 수준의 효과를 발휘했다. 러시아가 2007년에 에스토니아에 가한 봇넷(botnet, 일종의 군대처럼 악성 봇에 감염되어 명령·제어 서버에 의해 제어당하는 대량의 시스템들로 구성된 네트워크 — 옮긴이) 공격은 며칠 동안 통신 마비를 일으켰다.

그러한 상황은 일시적으로는 선진국들에게 유리하겠지만 무한정 계속될 수는 없다. 세계 질서로 향하는 과정은 오래 걸리고 불확실할 수 있지만, 국제 생활에 가장 구석구석 배어 있는 요소들 중 하나가 진지한 대화에서 배제된다면 의미 있는 진전을 이룰 수 없다. 모든 관계자들, 특히 서로 다른 문화적 전통을 가진 관계자들이 새로운 침투 능력의 특성과 허용 가능한 사용처에 대해 서로 독자적으로 동일한 결론에 도달할 일은 거의 없을 것이다. 따라서 우리의 새로운 상황에 대한 공동의 인식을 기록하려는 시도가 중요하다. 그런 시도가 없으면 관계자들은 계속해서 독자적인 직관을 기초로 활동할 것이고, 그로 인해 혼란스러운 결과가 발생할 가능성이 커질 것이다. 서로 연결된 가상세계에서 취하는 조치들이 물리적 현실에서 대책을 마련하라는 압력을 발생시킬 수 있기 때문이다. 그 조치들이 과거에 무장 공격과 관련된 성질의 피해를 입힐 수 있다면 특히 그럴 것이다. 한계를 명확히 밝히고 규제를 다룬 상호 규칙에 대해 합의가 이루어지지 않으면, 본의가 아니더라도 위기 상황이 발생할 가능성이 높다. 국제 질서라는 바로 그 개념이 고조되는 긴장 상태에 빠질 수 있다.

다른 범주의 전략적 역량의 경우, 각국 정부들은 자유로운 국가 행위의 자멸적인 특성을 인정하게 되었다. 따라서 잠재적인 적대국들 사이에서도 오해와 잘못된 의사 전달로 인한 위기를 막는 조치와 함께 억제와 상호 구속을 동시에 추구하는 행동 방침이 지속 가능하다.

사이버 공간은 전략적으로 없어서는 안 될 존재가 되었다. 이 책을 쓰는 지금 개인이든 기업이든 국가든, 그 공간의 사용자들은 각자의 판단에 의존하여 활동한다. 미국 사이버 사령부 사령관은 "다음 전쟁은 사이버 공간에서 시작될 것"[12]이라고 예측했다. 국가들의 생존과 발전이 이루어지는 그 영역이 국제적인 행동 기준 없이 일방적인 결정에 맡겨진다면, 국제 질서를 상상하기는 불가능할 것이다.

전쟁의 역사를 살펴보면 모든 국가가 똑같이 방어 수단을 마련할 수 있는 것은 아니지만, 모든 기술적 공격력이 결국 방어 수단과 경쟁하고 그 수단들에 의해 상쇄될 것임을 알 수 있다. 이는 기술적으로 덜 발달한 국가들은 기술이 발달한 국가의 보호를 받아야 한다는 의미인가? 그 결과로 팽팽한 세력 균형이 과다하게 형성될 것인가? 핵무기의 경우 파괴력의 균형을 맞춰 주던 억제력을 직접적인 유추를 통해 적용할 수는 없다. 경고 없는 공격이 가장 위험하기 때문인데, 경고는 위협이 이미 실행되고 나서야 모습을 드러낼 수 있다.

사이버 공간에서는 핵무기의 경우처럼 대칭적인 보복에 억제력을 형성할 수도 없다. 사이버 공격이 특정한 기능이나 특정 지역으로 제한되면 '같은 식의 대응'은 미국과 침략국에게 전적으로 다른 영향을 미칠 수 있다. 예를 들어 주요 산업 경제 국가의 금융 구조가 피해를 입는다면, 그 피해국은 제로에 가까운 공격자의 자산에만 반격을 가해야 하는가? 아니면 그 공격에 가담한 컴퓨터에만 반격을 가해야 하는가? 이러한 반격 모두 충분한 억제력이 될 수 없기 때문에 다시 문제는 '가상' 공격이 강제력에 의한 대응을 정당화하는지, 그리고 정당화한다면 어느 정도까지, 어떤 등가 방정식으로 정당화하느냐로 바뀐다. 새로운 세상에서 형성되고 있는 억제 이론과 전략적 정책은 정교한 완성이 시급하다.

결국에는 전 세계 사이버 환경을 조직하는 틀을 마련해야 할 것이다. 그 틀은 기술 자체와 보조를 맞추지 못할 수도 있지만, 그 틀을 규정하는 과정은 지도자들에게 사이버 환경의 위험과 영향을 교육시키는 데 도움을 줄 것이다. 대립이 발생했을 때 협정이 크게 중요하지 않을지라도 적어도 오해로 돌이킬 수 없는 충돌이 생기는 일은 막을 수 있을 것이다.

그러한 기술들은 일부 핵심 능력에 대한 공동의 이해가 존재하지 않으면 행동 규칙을 수립할 수 없다는 딜레마를 안겨 준다. 그런데 바로 이 능력들은 주요 관계자들이 공개하기 꺼려할 만한 능력들이다. 미국은 사이버 침투를 통해 기업 비밀을 훔쳐 가는 행위가 전례가 없을 정도로 늘어났다고 주장하면서 중국에게 규제를 호소해 왔다. 그러나 정작 미국은 자신들의 사이버 정보 활동을 어느 정도까지 공개할 준비가 되어 있을까?

이와 같이 외교적으로나 전략적으로 사이버 강대국 관계에는 비대칭

과 일종의 선천적인 무질서가 자리 잡고 있다. 다수의 전략적 경쟁 관계
는 물리적 영역에서 데이터 수집과 처리, 네트워크 침투, 심리 조종 등의
정보 영역으로 그 강조점이 옮겨 가고 있다. 국제적 행위에 관한 몇 가지
원칙을 명확히 정하지 않으면, 이 체계 내의 역학 관계로부터 위기가 발
생할 것이다.

인적 요소

16세기에 근대가 시작될 때부터 정치철학자들은 인간과 인간이 처한
환경 간의 관계에 대해 논쟁을 벌여 왔다. 홉스, 로크, 루소는 인간의 의
식을 생물학적, 심리학적으로 설명하려 했고, 이 출발점에서 정치적 입
장을 이끌어 냈다. 미국의 건국자들, 특히 매디슨도 「연방주의자」 논문
제10호에서 "인간의 본성에 뿌려진"[13] 여러 요인들을 통해 사회의 진화를
똑같이 추적해 냈다. 매디슨은 개개인의 강력하지만 틀리기 쉬운 이성
의 능력과 타고난 "자기애"가 서로 영향을 미칠 때 "서로 다른 의견"이 형
성될 것이고, 인간의 능력이 다양하기 때문에 "각기 다른 정도와 종류의
재산을 소유하게 되며", 그로 인해 "사회가 각기 다른 이해관계와 부류
로 나뉘게 된다."고 주장했다. 특정 요인에 대한 분석과 도출한 결론은
달랐지만, 이 사상가들은 모두 인간의 타고난 본성과 현실에 대한 경험
이 시대를 초월하고 변하지 않는다는 관점에서 자신들의 개념 틀을 만
들었다.

현대 세계에서는 인간의 의식이 전례가 없는 여과장치에 의해 형성된
다. TV, 컴퓨터, 스마트폰은 하루 종일 화면과 끊임없는 상호 작용을 제
공하는 3인조를 구성한다. 이제 물리적인 세상에서의 인간의 상호 작용

은 서로 연결된 기기들로 이루어진 가상의 세계로 가차 없이 내밀렸다. 최근 연구 조사에 따르면[14] 성인 미국인들은 평균적으로 깨어 있는 시간의 절반 정도를 화면 앞에서 보내며 그 시간은 계속 늘고 있다.

이러한 문화적 격변은 국가 간의 관계에 어떤 영향을 미칠까? 정책 입안자는 다수의 임무를 맡는데, 그중 대부분의 임무가 자기 국가의 역사와 문화에 의해 결정된다. 그는 무엇보다도 먼저 자기 국가가 처한 상황을 분석해야 한다. 이는 본질적으로 과거가 미래를 만나는 지점이다. 따라서 그러한 판단은 이 두 요소에 대한 직관 없이는 내릴 수 없다. 그런 다음 그 궤도가 자신과 자기 국가를 어디로 데려갈지 알아내는 데 힘써야 한다. 그는 익숙한 것을 미래에 투영하는 것과 정책 입안을 동일시하려는 마음을 참아야 한다. 그 과정에는 정체와 쇠퇴가 존재하기 때문이다. 기술적, 정치적 격변기에는 다른 길을 선택해야 하는 게 현명하다. 현재의 지점에서 결코 가 보지 않은 지점으로 사회를 이끌어 가는 과정에서는 당연히 새로운 방침이 균형을 이룬 듯 보이는 장점과 단점 모두를 보여 준다. 한 번도 가 본 적이 없는 길에서 여행을 시작하려면 강직과 용기가 필요하다. 그 선택이 확실하지 않기 때문에 강직이 필요하고, 그 길이 처음에는 외로울 것이기 때문에 용기가 필요하다. 그런 다음 정치인들은 자기 국민들에게 그 길을 따라 가는 노력을 계속하라고 용기를 북돋워 줘야 한다. 위대한 정치가들(처칠, 두 명의 루스벨트, 드골, 아데나워)은 비전과 결단력 같은 이러한 자질의 소유자들이었다. 현대 사회에서는 그런 자질을 키우기가 점점 더 어려워진다.

인터넷은 우리 시대에 없어서는 안 될 위대한 업적을 안겨 줬지만, 일어날 수 있는 일보다는 현실의 일을, 개념보다는 사실을, 자기 성찰보다는 합의에 의해 형성된 가치를 강조한다. 역사와 지리에 대한 지식은 버튼 한 번 눌러서 데이터를 불러올 수 있는 사람들에게는 중요하지 않다.

외롭게 정치인의 길을 걸으려는 태도는 페이스북에서 수백 명, 아니 수천 명의 친구들로부터 확인을 받으려는 사람들에게는 자명해 보이지 않을 것이다.

인터넷 시대의 세계 질서는 사람들이 자유롭게 세계의 정보를 알아내고 주고받을 수 있다면 자유를 향한 인간의 타고난 욕구가 뿌리를 내려 그 힘을 충분히 발휘하면서 결국 역사가 자동 조종 장치 같은 것에 의해 굴러 가리라는 주장과 동일시되어 왔다. 그러나 철학자와 시인들은 오래전부터 정신의 범위를 정보, 지식, 지혜의 세 요소로 구분해 왔다. 인터넷은 정보의 영역에 집중하는 동시에 정보의 확산을 기하급수적으로 촉진한다. 점점 더 복잡한 기능, 특히 시간이 경과돼도 그 자체가 변하지 않는 사실 문제에 응답할 수 있는 기능이 고안되었다. 검색 엔진은 점점 더 복잡해지는 의문들을 엄청난 속도로 처리할 수 있다. 그러나 역설적으로 정보가 지나치게 많으면, 지식을 얻기가 힘들어지고 지혜가 전보다 더욱 멀어질 수 있다.

시인인 T. S. 엘리엇은 「바위」라는 시의 후렴구에 이를 정확히 담아 냈다.

살면서 우리가 잃어버린 삶은 어디에 있는가?[15]
지식 속에서 우리가 잃어버린 지혜는 어디에 있는가?
정보 속에서 우리가 잃어버린 지식은 어디에 있는가?

사실은 따로 설명이 필요 없는 경우가 드물다. 적어도 외교 정책에서 사실의 의미, 분석, 해석은 상황과 관련성에 좌우된다. 점점 더 많은 문제들이 사실의 특성을 갖고 있는 것처럼 다루어지면서 모든 문제에는 연구 가능한 답이 있는 게 분명하고, 문제와 해결책은 충분히 생각할 게 아니라 '찾아볼 수' 있다는 전제가 자리 잡는다. 그러나 국가 간의 관계를 비롯한 다수의 분야에서 정보가 진정으로 유용하려면, 역사와 경험이라는 더 넓은 맥락에서 살펴봐야 사실상의 지식으로 부각될 수 있다. 그리고 국가 지도자들이 지혜의 수준까지 올라갈 수 있다면, 그 국가는 운이 좋다고 할 수 있다.

책에서 지식을 얻으면 인터넷과는 다른 경험을 할 수 있다. 독서는 상대적으로 시간이 걸린다. 그 과정을 용이하게 하는 데는 문체가 중요하다. 모든 책을 전부 읽는 것은 물론, 특정 주제를 다룬 모든 책을 완벽히 읽을 수는 없고 자신이 읽은 내용을 전부 쉽게 정리할 수도 없기 때문에 책을 통해 지식을 습득하는 과정은 개념적 사고를 중요시한다. 이는 비슷한 데이터와 사건을 알아보고 미래에 유형을 적용하는 능력을 말한다. 그리고 문체는 내용과 미적 감각을 융합함으로써 독자로 하여금 저자나 책의 주제와 관계를 맺게 해 준다.

전통적으로 개인적인 대화를 통해 지식을 습득하는 방법도 있다. 수천 년 동안 생각을 토론하고 교환하는 방법은 주고받는 정보의 사실적 내용과 더불어 감정적, 심리적 차원을 제공해 왔다. 그것은 무형의 신념과 개성을 공급해 준다. 이제 핸드폰으로 문자를 보내는 문화는 일대일의 직접적인 대화에 참여하기 꺼려하는, 흥미로운 태도를 만들어 낸다.

컴퓨터는 정보를 수집하여 보존하고 검색하는 문제를 상당한 정도로 해결했다. 데이터는 관리 가능한 형태로 사실상 무제한으로 저장할 수 있다. 컴퓨터 덕에 우리는 책의 시대에는 도달할 수 없었던 범위의 데이터를 이용할 수 있게 되었다. 컴퓨터는 데이터를 효과적으로 포장한다. 그래서 데이터를 접근하기 쉽게 만드는 데 더 이상 문체도 필요 없고, 암기도 필요 없다. 상황과는 분리된 단일한 결정을 처리할 때, 컴퓨터는 10년 전에 상상하지 못했던 도구를 제공해 준다. 그러나 컴퓨터는 관점을 축소시키기도 한다. 정보에 접근하기가 쉬워지고 커뮤니케이션이 즉 각적으로 이루어지기 때문에 정보의 의미는 물론, 무엇이 의미 있는가 에 대한 정의에도 관심이 줄어들고 있다. 이로 인해 정책 입안자들은 문 제를 예상하기보다는 문제가 일어나기를 기다리게 된다. 그리고 결정의 순간을 역사적 연속체의 일부분이 아니라 일련의 고립된 사건들로서 간 주할 수도 있다. 이런 일이 생기면 주요한 정책 도구로서 정보 조작이 신 중한 사고를 대체한다.

같은 식으로 인터넷은 역사적 기억을 축소하는 경향이 있다. 이 현상 은 다음과 같이 설명된 적이 있다. "사람들은 외적으로 유용할 것이라고 생 각한 것들은 잊어버리고,[16] 유용하지 않을 거라고 생각한 것들을 기억한 다." 인터넷이 너무나도 많은 사항들을 유용한 것의 영역으로 옮겨 놓은 탓에 그것들을 기억하려는 충동이 줄어드는 것이다. 통신 기술로 인해 생각을 촉진하고 중재하는 상황에서 기술에 대한 의존도가 높아지면서 인간의 내면적 탐구 능력이 줄어들 위험에 처해 있다. 손가락 끝에 있는 정 보[17]는 조사자의 사고를 북돋우지만, 지도자의 사고는 줄어들게 만들 수 있다. 인간의 의식 변화는 인간의 성격과 인간들 간의 상호 작용의 특징 을 바꾸어 놓으면서 인간의 조건 자체를 바꾸어 놓기 시작할 수 있다. 인 쇄술의 시대에 살던 사람들은 중세의 선조들과 똑같은 세상을 봤을까? 컴퓨터 시대에 세상에 대한 시각적 인식은 달라졌을까?

지금까지 서양 역사와 심리학은 진실이 목격자의 성격이나 과거 경험 과 무관하다고 생각했다. 그러나 우리 시대에 들어와 진실의 특성에 대 한 개념은 달려지려 하고 있다. 거의 모든 웹사이트에는 사용자의 배경 과 선호도를 알아내기 위한 인터넷 추적코드를 기초로 일종의 맞춤화 기능이 포함되어 있다. 이러한 방법들은 사용자가 "더 많은 콘텐츠를 소비 하고"[18] 그 과정에서 더 많은 광고에 노출될 수 있게 해 줌으로써 결국에는 인터넷 경제를 활성화하려는 목적을 갖고 있다. 이 섬세한 목표들은 인간의 선택에 대한 전통적인 지식을 관리하려는 광범위한 추세와 일치한다. 상품은 "당신이 좋아하는" 것을[19] 보여 주기 위해 분류되어 우선순위가 부여되며, 온라인 뉴스는 "당신에게 가장 잘 어울릴 뉴스"로서 제시된다. 동일한 의문을 품고 검색 엔진에 호소한 두 사람이 반드시 똑같은 답변을 얻는 것은 아니다. 진실의 개념은 보편적인 특징을 상실한 채 상대화되고 개인화되고 있다. 정보는 공짜로 제시된다. 실제로 정보를 받는 사람은 자신에게 제공되는 정보를 더 많이 만들어 내는 방식으로 자신도 모르는 사람들에게 이용 가능한 데이터를 제공함으로써 그 대가를 지불한다.

소비 영역에서 이 방식이 어떤 효용성을 지니든, 그것이 정책 입안에 미치는 영향은 변혁적인 것으로 드러날 수 있다. 정책 입안의 어려운 선택들은 늘 가까이에 있다. 소셜 네트워크가 어디에나 존재하는 세상에서 개인이 합의에 근거할 수 없는 결정을 내리는 데 필요한 용기를 키울 수 있는 곳은 어디일까? 예언자가 생전에는 인정받지 못한다는 격언은 그들이 관습적인 생각과는 동떨어진 행동을 한다는 점에서 맞다. 사실 그런 점 때문에 그들은 예언자가 되었다. 우리 시대에는 예언자가 예언자로서 인정받기까지의 시간이 완전히 사라졌을지도 모른다. 사생활을 파괴함으로써 존재의 모든 측면에서 투명성과 연결성을 추구하는 행위는 외로운 결정을 내릴 능력과 함께 개성의 발달을 저지한다.

미국의 선거, 특히 대통령 선거는 이러한 변화의 또 다른 일면을 보여준다. 알려진 바에 따르면 2012년 선거 운동에는 독립된 유권자 수천 만명에 관한 파일이 존재했다고 한다. 소셜 네트워크 조사와 공개된 파일, 의료 기록 등에서 수집한 이 파일들은 개개인의 프로필이나 다름없었는데, 그 표적 인물이 자신의 기억으로 작성할 수 있는 파일보다도 더 정확했을 것이다. 이 덕분에 선거 운동은 열성적인 친구(이 역시 인터넷을 통해 확인된)의 개인적인 방문에 의존할지, 개인의 필요에 맞춘 편지(소셜 네트워크 조사에서 얻은)에 의존할지, 아니면 집단 회의에 의존할지 호소 기술을 선택할 수 있었다.

이제 대통령 선거 운동은 인터넷 대가들의 미디어 경쟁으로 바뀌기 직전이다. 통치 내용을 두고 벌어지던 실질적인 논쟁은 한 세대 전만 해도 공상과학 소설 속 내용으로 간주될 법한 침투 방식을 통해 대선 후보자들을 마케팅 활동의 대변인으로 바꾸어 놓을 참이다. 후보자들의 주요 역할은 문제점을 상세히 설명하는 게 아니라 기금을 모금하는 것이 될 수도 있다. 마케팅 활동은 후보자의 신념을 전달할 수 있을까? 후보자가 드러낸 신념은 개개인의 선호도나 편견에 대한 '빅 데이터' 조사 활동을 반영하는 것일까? 민주주의는 미국 헌법 제정자들이 상상하던 추론 과정이라기보다는 감정적인 대중 호소를 기반으로 한 선동적 결과물이 되지 않을 수 있을까? 선거에 요구되는 자질과 공직 행위에 필수적인 자질 간에 점점 더 큰 격차가 생긴다면, 외교 정책의 일부분이어야 할 역사 의식과 개념적 이해는 사라질 수도 있다. 그게 아니면, 이러한 자질을 기르는 데 대통령 임기의 너무 많은 시간이 들어가는 바람에 대통령이 미국의 지도자로서 역할을 다하지 못할 수 있다.

디지털 시대의 외교 정책

사려 깊은 목격자들은 인터넷의 등장과 컴퓨터 기술의 발달로 전 세계적인 변화가 시작되면서 대중에게 권한을 부여하고 평화를 향해 전진하는 새로운 시대가 열렸다고 생각했다. 그들은 정부 당국의 잘못된 행위를 알리는 방법이든 오해의 문화적 장벽을 무너뜨리는 방법이든, 개인에게 능력을 부여하고 투명성을 촉진할 수 있는 신기술의 능력을 열렬히 지지한다. 낙관주의자들은 즉각적인 글로벌 네트워크를 통해 얻는 커뮤니케이션의 놀라운 새 영향력을 지적하는데, 그들에게는 그럴 만한 정당한 이유가 있다. 그들은 컴퓨터 네트워크와 '스마트' 기기들이 사회적, 경제적, 환경적 효율성을 새로이 창출할 수 있다고 강조한다. 그들은 과거에는 해결할 수 없던 기술적 문제들을 네트워크화된 다수의 지적 능력을 이용하여 해결할 수 있다고 기대한다.[20]

그리고 네트워크로 연결된 커뮤니케이션의 유사한 원칙들이 국제 문제의 영역에 제대로 적용되면 폭력적 충돌로 인한 해묵은 문제들을 해결하는 데도 도움이 될 수 있다고 생각하는 사람들이 있다. 이 이론에 따르면 인터넷 시대에는 전통적인 인종적, 종파적 경쟁 관계가 약화될 수 있다. 그 이유는 다음과 같다. "종교, 문화, 인종 등에 대한 그릇된 통념을 영구화하려는 사람들은[21] 새로이 정보를 얻은 다수의 청중들 사이에서 자신들의 주장이 사라지지 않도록 고군분투해야 할 것이기 때문이다. 데이터가 더 많아지면 모든 사람들은 더 훌륭한 기준틀을 얻는다." "오늘날 개발된 기술 장비와 플랫폼, 데이터베이스로 인해 미래의 정부는 이러한 주장에 대해 논쟁을 벌이기가 훨씬 더 힘들어질 것이다. 단순히 영원한 증거를 갖고 있을 뿐만 아니라 모든 사람들이 동일한 원자료에 접근할 수 있기 때문인데", 그로 인해 국가 간의 경쟁 관계는 완화되고 역사적 분쟁은 해결될 수 있을 것이다. 이 관점에서 보면 네트워크로 연결된 디지털 장비의 확산은 역사의 긍정적인 엔진이 될 것이다. 새로운 커뮤니케이션 네트워크는 권력 남용을 줄이고, 사회적, 정치적 대립을 완화시키며, 지금까지 분열되어 있던 지역들이 더욱더 평화로운 세계 체계 안에서 결속하는 데도 도움을 줄 것이다.

이 낙관적인 관점은 세계가 민주주의와 개방된 외교, 공통의 원칙에 의해 하나로 합쳐진다는 우드로 윌슨의 예언 중에서도 가장 훌륭한 모습들을 그대로 보여 준다. 정치적, 사회적 질서의 청사진 역할을 하는 이 관점은 또한 실용과 이상의 차이에 대한 윌슨의 애초 비전과 동일한 의문들을 제기하기도 한다.

국가 내부의 갈등과 국가 간의 갈등은 문명이 시작한 이후로 발생해 왔다. 이 갈등들은 단지 정보가 없다거나 정보를 공유할 능력이 부족해서 일어난 게 아니었다. 서로를 이해하지 못하는 국가들 간에도 갈등이 발생했지만, 서로를 너무 잘 아는 국가들 간에도 갈등은 발생했다. 똑같은 원자료를 검토한 뒤에도 사람들은 그 자료의 의미나 그 자료가 설명하는 내용의 주관적 가치에 대해 서로 다르게 생각했다. 가치, 이상, 전략적 목적이 근본적으로 대치하는 경우에는 노출과 연결성이 대립을 진정시키는 만큼 부채질하는 경우도 종종 발생한다.

새로운 정보 네트워크와 소셜 네트워크는 성장과 창의성에 박차를 가한다. 그 덕분에 사람들은 자신의 의견을 표현하고 그렇지 않으면 무시될 법한 불공평한 처사를 널리 알릴 수 있다. 위기 상황에서 네트워크들은 신속하게 소통하고 사건과 정책들을 확실하게 알릴 수 있는 능력을 체공함으로써 오해로 인한 충돌이 발생하지 않도록 막을 수 있다.

그러나 그 네트워크들은 양립할 수도 없을 정도로 상반되는[22] 가치 체계들이 점점 더 가까이 접촉하는 결과를 낳기도 한다. 인터넷 뉴스와 해설, 데이터에 의한 선거 전략이 등장했는데도 미국 정치의 당파적인 양상은 현저하게 완화되지 않았다. 오히려 더 많은 사람들이 양극단으로 치달았다. 국제적으로도 과거에는 사람들에게 알려지지 않고 지나갔을 의견들이 이제는 전 세계에 알려지면서 폭력적인 소요의 구실로 이용되고 있다. 예를 들면 덴마크 신문에 실린 선동적인 만화나 미국에서 만든

별 볼 일 없는 영화에 격분한 일부 이슬람권 국가들의 반응을 들 수 있다. 한편 갈등 상황에서 소셜 네트워크는 전통적인 사회 분열을 일소하는 만큼 그러한 분열을 강화하는 플랫폼 역할을 할 수도 있다. 많은 사람들이 시리아 내전의 잔학 행위들을 찍은 영상을 봤지만, 그 사실이 학살을 중단시켰다기보다는 분쟁 당사자들의 결의를 확고하게 만든 원인이 된 듯하다. 또한 악명 높은 ISIL은 칼리프의 영토를 선언하고 성전을 촉구하는 데 소셜 미디어를 이용했다.

일부 독재 정권은 온라인으로 정보가 확산되고 소셜 네트워킹을 통해 시위대가 소집되면서 무너질 수도 있다. 그 정권들은 시간이 지나면 인간적이고 포용적인 가치를 상술하는 더욱 개방적이고 참여적인 체제로 대체될 수도 있다. 반면 점점 더 강력한 탄압 수단을 얻을 정권도 있을 것이다. 사방에서 사람들을 추적하고 분석하고 그들의 모든 경험(경우에 따라서는 사실상 태어난 순간부터)을 기록하여 전송할 뿐 아니라 (컴퓨터의 최전선에서) 그들의 생각까지 예측해 내는[23] 감지기가 확산되면서 억압에서 벗어날 가능성뿐 아니라 탄압의 가능성까지 생겨난다. 이런 점에서 신기술의 가장 극단적인 양상은 그것이[24] 정치적, 경제적 구조의 정점에 있는 소집단에게 정보를 처리하고 모니터하고 논쟁을 만들어 내고 어느 정도 진실을 규정하는 권한을 부여하는 경우일 것이다.

서방 세계는 '페이스북'과 '트위터'가 아랍의 봄 혁명에서 보여 준 모습에 찬사를 보냈다.[25] 그러나 디지털 장비를 갖춘 군중이 초기 시위에서 성공했다고 해서 그 시위의 지배적인 가치가 장비 발명가들의 가치라거나 대다수 군중의 가치라고 단언할 수는 없다. 또한 시위대를 소집하는 데 이용된 바로 그 기술은 그들을 추적하고 진압하는 데도 이용될 수 있다. 오늘날 주요 도시의 광장은 대부분 비디오카메라에 의해 늘 촬영되고 있고, 스마트폰을 갖고 있는 사람은 누구든 실시간 추적 대상이 될 수 있다. 최근의 한 연구 조사의 결론대로 "인터넷은 추적을 더 쉽고, 싸고, 유용하게 만들었다."[26]

통신이 전 세계적으로 빠르게 이루어지면서 대내적 격변과 국제적 격변의 차이는 물론 지도자와 강경파 집단의 직접적인 요구 간의 경계선이 무너졌다. 예전에는 그 영향이 전 세계에 확산되는 데 여러 달이 걸렸을 사건들이 이제는 수 초 만에 전달된다. 정책 입안자들은 몇 시간 안에 입장을 정리하여 그 사건의 와중에 입장을 발표할 것으로 예상된다. 그리고 그 결과는 동일한 네트워크에 의해 전 세계에 전달될 것이다. 디지털 방식으로 의사를 표시하는 일반 대중의 요구를 채워 주고 싶은 충동은 장기의 목적과 조화를 이루는 복잡한 과정을 정하는 데 필요한 판단력을 짓밟을 수 있다. 정보, 지식, 지혜의 차이가 약해지는 것이다.

신외교의 주장에 따르면 충분히 많은 사람들이 정부 퇴진을 공개적으로 요구하기 위해 한데 모이거나 자신들의 요구를 디지털 방식으로 알릴 경우, 서방 세계의 도덕적 지원은 물론 물질적 지원까지 요구하는 민주적 의사 표현을 하는 것이다. 이 방식은 서양 지도자들(특히 미국 지도자들)에게 동일한 소셜 네트워킹 방식을 통해 찬성 의사를 즉각적으로 분명하게 알릴 것을 요구한다. 그래야 그들이 정부를 거부하는 사실이 인터넷에서 다시 알려지고 추가적인 공표와 단언이 가능하기 때문이다.

구외교가 가끔 도덕적으로 인정받을 만한 정치 세력에 지원을 확대하지 못했다면, 신외교는 전략과 관계없이 무차별적으로 개입할 위험이 있다. 신외교는 핵심적인 행위자들의 장기적인 의도와 그들의 성공 가능성, 장기 정책을 실행할 능력 등을 평가해 보기도 전에 전 세계 청중에게 도덕적인 절대 원칙을 선언한다. 주요 집단들의 동기와 합심한 지도부의 능력, 그 국가의 기본적인 전략적, 정치적 요인, 다른 전략적 우선 사항과의 관계 등은 그 순간의 분위기를 승인해야 하는 최우선적 필요성에 비하면 부차적인 것들로 간주된다.

질서는 자유에 우선해서는 안 된다. 그러나 자유에 대한 찬성은 전략에 대한 태도로부터 끌어올려져야 한다. 인간의 가치를 추구하는 과정에서는 고상한 원칙을 내세우는 것이 첫 번째 단계이다. 그 다음에 모든 인간사에 내재한 모호함과 모순을 헤쳐 나가면서 그 원칙들을 실행해야 하며, 그것이 바로 정책의 임무이다. 이 과정에서 정보 공유와 자유로운 제도에 대한 대중의 지지는 우리 시대에 등장한 중요한 새 일면이다. 기본적인 전략적, 정치적 요인에 관심을 기울이지 않고 단독으로 약속을 이행하기는 어려울 것이다.

개개인으로서는 모두 다르겠지만, 위대한 정치가는 자기 국가의 역사에 대해 본능적인 감정을 갖고 있다. 에드먼드 버크가 지적했듯이, "사람들은 선조를 되돌아보지 않는 후손을 기대하지 않을 것이다."[27] 인터넷 시대에 위대한 정치가가 되려는 사람들은 어떤 태도를 가져야 할까? 인터넷 시대에는 만성적인 불안감과 집요한 자기주장이 합쳐지면서 지도자와 대중 모두를 위협한다. 지도자들은 점점 더 자신의 계획을 생각해 내지 못하는 처지가 되기 때문에 의지력이나 카리스마로 지배하려고 한다. 일반 대중은 실체 없는 대중 논쟁에 접근하라고 점점 더 강요받는다. 미국, 유럽 등지의 주요 법률은 종종 수천 장에 달하는 문서를 포함하지만, 그 정확한 의미는 법안에 투표한 입법자들조차도 제대로 모른다.

이전 세대의 서양 지도자들은 지도력이 단순히 매일의 여론조사 결과를 실행하는 것으로 이루어지지 않음을 인정하면서 자신의 민주적 역할을 수행했다. 미래 세대의 지도자들은 정보 환경을 장악하여 재선에 성공하고 교묘하게 목표로 삼은 단기 정책을 추구하면서 데이터 마이닝 기법과 관련한 지도력을 행사하려고 할 수 있다.

그러한 환경에서 대중 논쟁에 참여하는 사람들은 이성적인 논거보다는 그 순간의 분위기를 표현하는 데 휘둘릴 위험이 있다. 극적인 표현 능력으로 지위를 얻은 지지자들은 대중의 의식에 당면한 주안점을 매일 주입시킨다. 대중 시위에 참여하는 사람들은 구체적인 계획을 중심으로 모이는 법이 거의 없다. 그들은 순간적인 감정의 고양을 얻으려 하며, 그 사건에서 자신이 맡은 역할은 감정적 경험에 참여하는 것이라고 생각한다.

부분적으로 이러한 태도는 소셜 미디어 시대에는 정체성을 규정하기가 복잡하다는 사실을 반영한다. 인간관계의 획기적 발전으로 환영받는 소셜 미디어는 개인적이든 정치적이든 최대한 많은 양의 정보를 공유하도록 자극한다. 사람들은 자신의 가장 개인적인 행동과 생각까지도 공개적인 웹사이트에 올리도록 부추김을 받는다. 공개 기업이라 해도 그 웹사이트를 운영하는 기업들의 내부 방침을 일반적인 사용자가 알기 어려운데도 말이다. 가장 민감한 정보는 '친구들'만 이용할 수 있지만, 그 친구들은 실제로 수천 명을 우연히 만날 수 있다. 그들에게 목표는 찬성이다. 그게 목적이 아니라면, 공유된 개인 정보가 그토록 널리 퍼지고 가끔은 신경에 거슬릴 정도까지 확산되지는 않을 것이다. 아주 강인한 사람들만이 디지털 방식에 의해 한데 모여 확대된 동료들의 비판적인 판단에 저항할 수 있다. 여기서는 생각의 교환이 아니라 감정의 공유를 통한 합의를 추구한다. 어떤 참가자도 생각이 비슷해 보이는 사람들과 한데 어울리면 고양된 성취감에 영향을 받을 수밖에 없다. 그렇다면 이 네트워크들은 인간 역사상 최초로 우발적인 학대에서 해방되어 전통적인 견제와 균형을 면제받은 제도가 될까?

이런 상황에서 국제 질서를 생각하려면 신기술이 연 무한한 가능성 외에 국가의 역사적 경험과 공존하는 데 필요한 전후 사정과 선견지명을 빼앗긴 채 대중적 합의에 내몰린 국가의 대내적 위험도 함께 생각해야 한다. 모든 시대에 이는 지도력의 요체로 간주되어 왔다. 하지만 우리가 사는 시대에 그것은 당면한 단기적 승인을 얻어 내기 위한 일련의 슬로건이 되어 버릴 위험이 있다. 외교 정책은 미래를 만들어 내는 활동이 아니라 국내 정책의 일부분으로 전락할 위험에 처해 있다. 만약 주요 강대국들이 이런 식으로 국내에서 정책을 실행한다면, 국제 무대에서 그들의 관계는 그에 수반되는 왜곡 현상을 겪을 것이다. 균형감은 공고해진 차이로 대체되고, 정치가의 능력은 가식으로 대체될 게 분명하다. 외교가 열정에 끼워 맞춘 제스처로 바뀜에 따라 균형 상태를 이루려는 노력은 한계를 실험하는 행위로 대체될 우려가 있다.

이러한 위험을 피하고 기술의 시대가 확실하게 그 원대한 약속을 성취할 수 있게 하려면 지혜와 선견지명이 필요할 것이다. 그리고 역사와 지리를 더 잘 이해함으로써 목전의 상황에 더욱더 깊이 몰두해야 할 것이다. 그 임무는 기본적으로 기술의 문제가 아니며 유일한 문제도 아니다. 사회는 장기적으로 국가가 나아가고 국가의 가치를 함양하는 과정에서 궁극적으로 가장 시급한 문제에 맞게 교육 정책을 변경해야 한다. 정보의 수집과 공유 과정에 혁명을 일으킨 장비 발명가들은 정보의 개념적 토대를 심화하는 수단을 고안해 냄으로써 더 많지는 않더라도 이전만큼 기여할 수 있을 것이다. 최초의 진정한 세계 질서가 수립되기까지 인간의 위대한 업적인 기술은 높아진 인도적, 도덕적, 초월적 판단력과 융합되어야 한다.

우리 시대의 세계 질서

제2차 세계대전이 끝난 이후 수십 년 동안 세계 공동체 의식이 형성되는 듯했다. 산업적으로 발전한 국가들은 전쟁으로 인해 지친 상태였다. 후진국들은 탈식민화 과정을 시작하면서 자신들의 정체성을 다시 규정하고 있었다. 모두가 대립보다는 협력이 필요했다. 그리고 전쟁의 참화를 모면한, 실제로는 전쟁 덕분에 경제가 강해지고 국가적 자신감이 커진 미국은 전 세계에 적용할 수 있다고 생각한 이상과 실제를 실행하기 시작했다.

국제 사회에서 지도적인 역할을 맡기 시작한 미국은 세계 질서를 추구하는 과정에 새로운 차원을 보탰다. 대의제에 의한 자유로운 통치라는 개념 위에 설립된 미국은 자국의 발흥을 자유 및 민주주의의 확산과 동일시하면서 이 요인들이 이제껏 세계가 성취하지 못한 공정하고 지속적인 평화를 달성할 것이라 생각했다. 질서에 대한 전통적인 유럽식 접근법은 국민과 국가가 본질적으로 경쟁심이 강하다고 생각했다. 국제 질서는 각국의 충돌하는 야심으로 인한 영향을 억제하기 위해 세력 균형과 계몽된 정치가들의 협력에 의존했다. 미국의 주된 시각은 사람들이 본질적으로 이성적이고 평화적인 타협과 상식, 공정한 거래를 선호한다는 것이었다. 따라서 민주주의의 확산은 국제 질서에서 무엇보다도 중요한 목표가 되었다. 자유 시장은 개인을 향상시키고, 사회를 풍요롭게 만들며, 과거의 국제적인 경쟁 관계를 경제적 의존 관계로 대체할 터였다. 이 관점에서 보면 냉전은 공산주의의 미친 짓 때문에 발생했다. 그래서 조만간 소련은 국제 사회로 돌아올 것이었다. 그렇게 되면 새로운 세계 질서는 지구의 모든 지역을 아우르게 되고, 공동의 가치와 목표로 인해 국내 상황은 더욱 인도주의적으로 바뀌며, 국가 간의 충돌 가능성은 줄어들 것이었다.

세계 질서 구축 과정에서 다세대에 걸쳐 이루어진 활동은 여러 가지 점에서 결실을 맺었다. 이 활동의 성공은 다수의 독립된 주권 국가들이 세계 대부분의 지역을 통치하는 모습으로 나타난다. 민주주의와 참여 통치 방식의 확산은 보편적 현실은 아니더라도 공동의 염원이 되었다. 전 세계적인 통신과 금융 네트워크가 실시간으로 작동하기 때문에 이전 세대는 상상하지도 못할 규모로 인간의 상호 작용이 가능해졌다. 또한 환경 문제를 공동으로 해결하려고 모색하거나 적어도 그 일에 착수하려는 움직임이 나타나고 있으며, 국제적인 과학, 의료, 자선단체들은 한때는 바꿀 수 없는 운명의 파괴라고 간주되던 질병과 의료 재앙에 관심을 집중하고 있다.

미국은 이 발전에 크게 기여해 왔다. 미국의 군사력은 그 수혜자가 요청했든 아니든 세계의 여러 지역에 안보 방패를 제공했다. 본질적으로 일방적인 미국의 군사적 보장하에 보호받던 다수의 선진국들은 하나의 동맹 체제 안으로 모여들었다. 그리고 개발 도상국들은 인정하기는커녕 가끔은 알아채지도 못하는 위협으로부터 보호받았다. 미국으로부터 자금 조달과 시장, 다수의 혁신을 도움받은 세계 경제는 발전했다. 아주 짧지만 1948년 무렵부터 세기가 바뀔 때까지 인류 역사상 미국의 이상주의와 전통적인 세력 균형 개념이 혼합된, 초기 단계의 전 세계적인 세계 질서가 형성되었다고 말할 수 있는 순간이 등장했다.

그러나 세계 질서가 성공함에 따라 때로는 그 세계 질서를 위한다는 미명 아래 전체적인 계획을 문제시하는 결과가 불가피하게 발생했다. 베스트팔렌 체제의 보편적인 타당성은 그 체제의 절차상의 특성, 즉 가치중립적인 특성에서 비롯됐다. 다른 국가의 내정에 간섭하지 않는다는 규칙을 비롯하여 국경 불가침, 주권 국가, 국제법 장려 등 그 체제의 규칙들은 어떤 국가든 접근할 수 있었다. 베스트팔렌 체제의 약점은 그것이 갖는 강점의 이면이었다. 유혈 사태로 지친 국가들이 구상했지만, 그 체제는 방향 감각을 제공해 주지 못했다. 힘을 분배하고 유지하는 방법을 다루었을 뿐, 정당성을 만들어 내는 문제에 대한 해답을 제시해 주지 못했다.

세계 질서를 구축하는 과정에서 등장하는 핵심적인 문제는 그 질서의 통합적인 원칙들과 필연적으로 관련이 있다. 그리고 그 원칙들 속에 질서에 대한 동서양의 접근법의 기본적인 차이가 존재한다. 르네상스 이후로 서양은 현실 세계가 관찰자의 외부에 존재하고, 지식은 데이터를 기록하고 분류하는 과정으로 이루어져 있기 때문에 정확할수록 더 좋으며, 외교 정책의 성공 여부는 기존의 현실과 추세를 어떻게 평가하느냐에 달려 있다는 생각에 크게 전념해 왔다. 베스트팔렌식 평화는 현실, 특히 힘과 영토의 현실에 대한 판단을 종교의 요구에 우선하는 일시적인 질서 개념으로 설명했다.

동시대의 다른 위대한 문명에서 현실은 관찰자의 내부에 존재하며 심리적, 철학적, 종교적 신념에 의해 규정된다고 간주되었다. 유교는 중국 문화에 가까운 정도에 따라 정한 위계질서상의 속국들로 세계를 분류했다. 이슬람은 평화의 세계, 즉 이슬람의 세계와 이슬람을 믿지 않는 사람들이 사는 전쟁의 세계로 세계를 나누었다. 따라서 중국은 자신들이 이미 질서 정연하다고 생각하거나 도덕성의 함양 정도에 따라 내부적으로 가장 훌륭하게 정돈된 세계를 찾으러 해외에 나갈 필요성을 느끼지 못한 반면, 이슬람은 이론적으로 정복이나 전 세계적인 개종을 통해서만 세계 질서를 수립할 수 있었다. 실제로 두 방법을 위한 객관적인 조건이 존재한 것은 아니었다. 한편 역사의 순환과 형이상학적 현실이 현세의 경험을 초월한다고 생각한 힌두교는 자신들의 믿음 세계가 정복이나 개종으로는 새로운 입회자에게 열릴 수 없는 완벽한 체계라고 생각했다.

그러한 차이는 과학과 기술에 대한 태도 또한 좌우했다. 경험적 현실을 지배하는 데서 성취감을 느낀 서양은 세계의 먼 곳까지 탐험했고 과학과 기술을 발전시켰다. 다들 자기 문명이 그 자체로 세계 질서의 중심이라고 간주해 온 다른 전통적 문명들은 서양과 같은 추동력을 느끼지 못하면서 기술적으로 뒤처졌다.

이제 그 시대는 끝이 났다. 전 세계의 나머지 지역도 과학과 기술을 추구하고 있다. 그리고 적어도 중국이나 '아시아 호랑이들' 같은 국가들은 기존의 유형에 얽매이지 않기 때문에 서양보다 더 힘이 넘치고 유연성이 뛰어나다.

지정학적 세계에서 보면[1] 서양 국가들이 보편적인 질서라고 선언하고 수립한 질서는 전환점에 서 있다. 전 세계가 그 질서가 내세우는 묘책을 알지만 그 묘책의 적용에 대해서는 합의를 이루지 않았다. 실제로 민주주의, 인권, 국제법 같은 개념들은 너무 다르게 해석되는 바람에 분쟁 당사자들이 서로를 향해 들먹이는 슬로건에 단골처럼 등장한다. 그 질서의 규칙들이 널리 알려지기는 했지만 적극적으로 집행되지 않으면서 효과적이지 않은 것으로 드러났다. 일부 지역에서 동반자 관계와 공동체 서약은 더욱더 냉철해진 한계 시험으로 대체되거나 적어도 한계 시험과 동반되었다.

내부적으로 붕괴되는 지역 질서나 종파 간의 대학살, 테러, 승리라고 할 수 없이 끝난 전쟁과 더불어, 4반세기 동안 서구의 권고와 관행이 직간접적인 원인이 되어 발생했다고 간주되는 정치적, 경제적 위기 상황들은 냉전 직후에 형성된 낙관적 가정, 즉 민주주의와 자유 시장의 확산은 자동적으로 공정하고 평화롭고 포용적인 세계를 탄생시킨다는 생각에 의문을 제기했다.

세계의 여러 지역에서는 세계화를 포함하여 위기를 유발하는 선진 서방 세계의 정책들을 막으려는 반동력이 등장했다. 때로는 방위력을 키우려는 국가까지도 기본적인 가정이 되어 주던 안보 약속을 의심하고 있다. 서방 국가들이 핵무기고를 급격하게 감소하거나 전략적 원칙에서 핵무기의 역할을 격하시킴에 따라 이른바 개발도상 세계의 국가들은 아주 정력적으로 핵무기를 추구한다. 자체적인 세계 질서에 전념하는 미국의 태도를 포용하던(가끔 그런 태도에 놀라기도 했지만) 다른 나라 정부들은 미국이 끝까지 인내심을 발휘하지 못하는 바람에 마무리 짓지 못할 일을 하는 건 아닌지 묻기 시작했다. 이 관점에서 보면 서양식 세계 질서의 '규칙'들을 받아들이는 데에는 예측 불가능한 책임의 요소가 가미되며, 이러한 해석은 일부 전통적인 동맹국들이 미국과의 관계를 끊으려는 결과를 야기할 수 있다. 실제로 일부 지역에서는 명백히 북대서양에서 선호되는 보편적인 규범(인권이나 공정한 절차, 여성 평등 등)을 무시하는 것이 긍정적인 미덕이나 대안의 가치 체계의 핵심으로 간주된다. 더욱 근본적인 형태의 정체성이[2] 이해관계를 배제하는 영역의 기초로 칭송받는다.

그 결과 단순히 힘이 다극화되는 세계가 아니라 점점 더 모순되는 현실 세계가 등장한다. 그냥 내버려두면 이러한 추세가 미래의 어느 시점에 자동적으로 조정되어 균형과 협력의 세계로, 심지어는 하나의 질서로 이어질 거라고 판단해서는 안 된다.

국제 질서의 진화

조만간 모든 국제 질서는 그 질서의 응집력에 문제를 일으키는 두 추세에 직면할 게 분명하다. 바로 정당성을 다시 정의하려는 추세와 세력 균형의 중요한 변화이다. 첫 번째 추세는 국제적 협정의 기초가 되는 가치들이 근본적으로 달라질 때, 즉 협정을 유지할 책임이 있는 사람들이 가치를 포기하거나 혁명에 의해 다른 정당성 개념을 도입할 때 발생한다. 이는 우위를 차지한 서방 세계가 비서방 세계의 여러 전통적 질서에 미친 영향이었고, 7, 8세기에 이슬람 세력이 처음 세력을 확장할 때도 그러한 영향을 미쳤다. 18세기에는 프랑스 혁명이 유럽 외교에, 20세기에는 공산주의와 파시스트 전체주의가, 현대에는 이슬람 세력의 공격이 중동의 취약한 국가 구조에 그런 영향을 미쳤다.

그러한 격변의 본질은 대개 그 격변들이 무력에 의해 뒷받침되지만 최우선시되는 추진력은 심리적인 것이라는 사실이다. 공격을 받은 사람들은 자신들의 영토만이 아니라 생활 방식의 기본적인 가정들과 함께, 그 도전을 받기 전까지는 의문의 여지가 없다고 간주되던 방식으로 존재하고 행동할 도덕적 권리까지 방어하도록 도전받는다. 다원적 사회의 지도자들은 특히 혁명의 대표자들이 진정으로 원하는 것은 기존 질서의 전제 위에서 신념을 갖고 협상하여 합리적 해결책에 도달하는 것이라고 생각하고 그들과 관계를 맺고 싶어 하는 타고난 성향을 갖고 있다. 질서는 기본적으로 군사적 패배나 자원의 불균형 때문이(종종 이런 일이 뒤따르긴 하지만) 아니라 질서에 맞서 정렬한 도전의 성격과 범위를 파악하지 못해서 무너진다. 이런 의미에서 이란 핵 협상에서는 이란이 그 문제를 협상을 통해 해결할 의향이 있다고 밝히는 게 전략의 변화인지, 아니면 장기적으로 유력한 정책을 추구하기 위한 전술적 장치인지, 그리고 서양이 그 전술이 마치 전략적인 방향 전환인 것처럼 취급할 것인지가 최종 시험이 될 것이다.

국제 질서에 위기가 발생하는 두 번째 이유는 그 질서가 힘의 관계에서 발생하는 주요한 변화를 조정할 수 없는 것으로 드러날 때이다. 경우에 따라 질서는 그 질서의 주요한 구성 요소 중의 하나가 제 역할을 더 이상 하지 못하거나 존재하지 않기 때문에 무너진다. 일례로 20세기 말에 소련이 해체되면서 공산주의 국제 질서에 그런 일이 발생했다. 아니면 급부상한 강대국이 자신이 구상하지도 않은 체계가 자신에게 할당한 역할을 거부할 수도 있고, 기존 강대국들이 신흥 강대국을 받아들일 수 있도록 체계의 균형 상태를 조정하지 못하는 것으로 드러날 수도 있다. 20세기 유럽에서 독일의 등장이 그러한 문제를 제기했고, 결국 유럽이 완벽하게 회복하지 못한 두 차례의 파멸적인 전쟁을 야기했다. 중국의 등장도 21세기에 비슷한 구조적 문제를 제기한다. 21세기의 주요 경쟁국인 미국과 중국의 지도자들은 '신형 대국 관계'를 통해 유럽의 비극을 반복하지 않기로 맹세했는데, 양측은 공들여 이 개념을 완성시킬 일을 남겨 두었다. 이 개념은 이미 두 강대국 중 한 국가나 두 국가 모두가 전술적 책략으로 제시했을지도 모른다. 그럼에도 불구하고 그것은 여전히 과거의 비극이 반복되는 것을 막을 유일한 방법이다.

질서의 두 측면인 힘과 정당성 사이에서 절충을 이루는 일은 정치가의 능력의 핵심이다. 도덕적 차원은 생각하지 않고 힘만 계산하면 모든 의견 충돌이 힘의 시험으로 바뀔 것이다. 야심은 안식처를 모른다. 국가들은 변화하는 힘의 배치에 관한 힘든 계산을 하느라 고된 노력을 기울여야 할 것이다. 한편 균형 상태를 무시하는 도덕적 금지는 십자군이나 도전을 부추기는 무능한 정책으로 이어지는 경향이 있다. 어느 쪽이든 극단적 태도는 국제 질서 자체의 일관성을 위태롭게 만들 위험이 있다.

9장에서 잠시 다룬 기술적인 이유 때문에 우리 시대의 힘은 전례가 없을 정도로 끊임없이 변화하는 반면, 정당성에 대한 요구는 지금까지는 상상할 수도 없는 방식으로 10년마다 그 범위가 확대되고 있다. 무기가 흔적도 없이 문명을 없애 버릴 수 있게 되고 가치 체계 간의 상호 작용이 즉각적이고 전례가 없을 정도로 침범이 용이해지면서 힘의 균형이나 가치 공동체를 유지하기 위한 기존의 계산법은 쓸모없어질 수도 있다.

이러한 불균형이 심해짐에 따라 21세기 세계 질서의 구조는 네 가지 중요한 차원이 부족한 것으로 드러났다.

먼저 국제 질서의 공식적인 기본 단위인 국가의 특성이 여러 가지 압박을 받게 되었다. 고의적인 공격과 해체의 대상이 되기도 하고, 일부 지역에서는 무시를 받아 쇠약해지기도 하며, 종종 급박한 사건들에 가려 보이지 않는 경우도 발생한다.

유럽은 국가를 넘어 주로 소프트 파워와 인도주의적 가치를 기초로 한 외교 정책을 수립하기 시작했다. 그러나 전략 개념과 분리된 정당성에 대한 요구가 세계 질서를 지탱해 줄지는 의심스럽다. 새로운 유럽은 아직까지 국가적 속성을 갖추지 못했기 때문에 내부적으로는 권력 공백이 생길 수 있고, 유럽 국경을 따라 힘의 불균형이 발생하는 결과를 초래할 수도 있다. 중동의 일부 지역들은 서로 간의 충돌로 인해 종파나 인종별로 분해되었다. 종교적 민병대와 그들을 지원하는 강대국들은 마음대로 국경과 주권을 침해한다. 아시아의 문제는 유럽의 문제와는 정반대이다. 베스트팔렌식 세력 균형 원칙이 합의된 정당성의 개념과는 별개로 우세하기 때문이다.

그리고 세계 일부 지역에서 우리는 냉전이 종식된 이후로 '파탄국가'나 '통치권이 미치지 않는 지역', 즉 무력 사용을 독점하지 못하거나 효과적인 중앙 권력을 갖지 못해서 국가라고 불릴 자격이 없는 국가들이 나타나는 현상을 목격해 왔다. 만약 강대국들이 외교 정책을 통해 모호하고 종종 폭력적인 행동 규칙을 지키는 다수의 하위 주권 단위들을 조종한다면, 세계는 틀림없이 무정부 상태가 될 것이다. 그들 중 다수는 서로 다른 문화적 경험을 극단적으로 표현하는 집단이다.

두 번째로 세계의 정치적, 경제적 조직들은 서로 사이가 좋지 않다. 세계의 정치 구조는 지금도 민족 국가에 기초하고 있는 반면, 국제 경제는 세계화된 상태이다. 세계적인 경제적 추진력은 재화와 자본의 흐름을 막는 장애물을 제거하고 있다. 하지만 국제적 정치 체계는 여전히 세계 질서의 대립적인 이념들과 국익 개념의 조정을 기초로 한다. 요컨대 경제적 세계화는 국경선을 무시한다. 하지만 국제 정책은 각국의 대립적인 목표들을 조정하려고 애쓰면서도 국경선의 중요성을 강조한다.

이 역학 관계로 인해 지속적인 경제 성장이 점점 더 심각해지는 듯한 주기적인 금융 위기에 의해 중단되는 양상이 수십 년 동안 발생했다. 1980년대에 라틴아메리카에서, 1997년에는 아시아에서, 1998년에 러시아에서, 2001년 그리고 다시 2007년에 미국에서, 2010년 이후 유럽에서 금융 위기가 발생했다. 적절한 기간 동안 난국을 이겨 내고 전진한 승자들은 이 체계에 의구심을 품지 않는다. 하지만 유럽 연합의 남유럽 국가들처럼 구조적인 잘못된 설계 때문에 옴짝달싹 못하게 된 패자들은 세계적인 경제 체계의 기능을 부인하거나 적어도 방해하는 해법으로 구제 방법을 찾는다.

각 위기의 원인은 달랐지만 불건전한 투기와 리스크에 대한 조직적인 과소평가가 공통된 특징으로 나타났다. 관련된 거래의 특성을 이해하기 힘든 금융 상품들이 개발되었고, 대출기관들은 자신들의 책임 범위를 판단하는 데 어려움을 느꼈다. 주요 국가들을 포함한 대출자들은 자신들의 부채가 미칠 영향을 제대로 이해하지 못했다.

따라서 국제 질서는 하나의 역설에 직면한다. 국제 질서의 번영이 세계화의 성공에 좌우되지만, 세계화를 추진하는 과정이 종종 국제 질서의 목표와 반대로 작용하는 정치적 반응을 초래하기 때문이다. 세계화를 관리하는 경제 관료들은 세계화의 정치적 과정에 관여할 기회가 거의 없다. 그리고 정치적 과정을 관리하는 사람들은 전문가만이 이해할 수 있을 정도로 복잡한 경제 및 금융 문제들을 예측해 내는 작업을 지원해서 위험을 감수하려 하지 않는다.

이러한 상황에서는 통치 자체가 문제가 된다. 각국 정부들은 세계화의 과정을 국익, 즉 중상주의적 방향으로 끌고 가라는 압박을 받는다. 따라서 서양에서 세계화의 문제들은 민주적 외교 정책의 실행 문제와 합쳐진다. 정치적, 경제적 국제 질서를 일치시키려는 작업은 기정의 관점에 이의를 제기한다. 세계 질서를 추구하면 국가적 토대를 확대해야 하기 때문이고, 세계화를 지속적으로 실천하는 것은 전통적인 패턴을 수정한다는 의미이기 때문이다.

세 번째는 강대국들이 가장 중대한 문제들에 대해 상의하고 협력할 수 있는 효과적인 기구가 없다는 점이다. 이는 현존하는 다자간 토론장이 역사상 그 어떤 시기보다도 많다는 사실에 비춰 보면 이상한 비판일 수도 있다. 대표적으로 공식적인 권한을 강제하지만 가장 중요한 문제에서는 교착 상태에 빠지는 유엔 안보리 외에 나토와 유럽 연합의 대서양 지도자들이 정기적으로 모이는 정상회의, 아시아 태평양 지도자들이 모이는 APEC, 동아시아 정상회의, 선진국들이 모이는 G7, 또는 G8, 주요 경제국들이 모이는 G20가 있다. 미국은 이 모든 토론장의 핵심적인 참가국이다. 그러나 이 회의들의 성격이나 각 회의가 개최되는 빈도수는 장기적인 전략을 다듬는 데 불리하게 작용한다. 공식적인 의사 일정을 협상하고 일정을 논의하는 과정이 대부분의 준비 시간을 잡아먹는다. 일부 회의는 정기적으로 한 장소에 지도자들이 모이기 어렵기 때문에 지도자들의 일정을 효과적으로 조정하기도 한다. 회의에 참가하는 국가 수반들은 그 지위의 특성상 회의에서의 자신의 행동이 대중에게 미칠 영향에 초점을 맞춘다. 그들은 전술적 영향이나 대민 관계와 관련된 측면을 강조하고 싶어 한다. 이러한 과정으로 인해 공식적인 성명서를 구상하는 수준 외에는 용납되지 않는다. 잘해야 임박한 전술적인 문제들을 논의하고, 최악의 경우에는 '소셜 미디어' 행사로서 새로운 형태의 정상회의가 진행된다. 설혹 유의미한 것으로 드러난다고 해도 단순히 공동 선언문만으로는 현대의 국제적 규칙 및 규범 체계를 지지할 수 없다. 그것은 공동의 신념의 문제로서 육성해야 한다.

지금까지 미국의 지도력은 양면성을 띠며 행사될 때조차 반드시 필요했다. 미국은 안정성과 보편적인 원칙에 대한 옹호 사이에서 균형을 잡으려 애써 왔다. 이 보편적인 원칙들이 다른 나라의 역사적 경험이나 주권 불간섭의 원칙들과 늘 조화된 것은 아니었다. 미국의 독특한 경험과 그 경험의 보편성을 믿는 이상주의적 자신감 사이에서, 그리고 자만심과 자기 성찰의 양극 사이에서 균형의 추구는 본질적으로 영원하다. 그 과정에서 미국에게 허락되지 않은 것은 바로 포기다.

앞으로 어떻게 해야 할까?

국제 체제 재건은 우리 시대 정치인들이 맡은 궁극적인 과제이다. 그일을 해내지 못했을 때 받을 불이익은 국가들 간의 대규모 전쟁이 아니라(일부 지역에서는 그런 가능성을 배제하지 못하지만) 특정한 국내 조직이나 통치형식과[3] 동일시되는 여러 세력권으로의 변화가 될 것이다. 그 대표적인예는 급진적 이슬람식 모델과 베스트팔렌식 모델의 대립이다. 각 세력권의 가장자리에서 이들은 부당하다고 간주되는 다른 질서 체계를 상대로 자신들의 힘을 시험하고 싶어 할 것이다. 그들은 즉각적인 통신망을갖추고 서로에게 끊임없이 영향을 미칠 것이다. 조만간 이 과정에서 발생하는 긴장은 대륙별로, 심지어는 전 세계 차원에서 지위나 이익을 확보하려는 책략으로 타락할 것이다. 지역 간의 다툼은 과거 국가 간의 다툼보다도 훨씬 더 힘을 약화시킬 것이다.

현대에 세계 질서를 추구하려면 다양한 지역 내에서 질서 개념을 수립하고 이 지역 질서들을 서로 연결 짓는 일관된 전략이 필요할 것이다. 이러한 목표들은 반드시 똑같거나 자기 조정적인 것은 아니다. 급진적운동의 승리는 다른 모든 지역에 혼란을 일으킬 단초를 제공하는 동시에 한 지역에는 질서를 가져다줄 수 있다. 어떤 국가가 군사적으로 한 지역을 지배하는 경우, 표면적으로는 질서를 안겨 준 것처럼 보일지라도나머지 세계에는 위기를 일으킬 수 있다.

이제 우리는 세력 균형의 개념을 다시 검토해야 한다. 이론적으로 세력 균형은 계산이 가능하다. 하지만 실제로 한 국가의 계산을 다른 국가들의 계산에 맞추고 공통으로 한계를 정하기는 대단히 어려운 일로 드러났다. 추측에 근거하는 외교 정책의 특징, 즉 외교 정책을 수립할 때입증할 수 없는 평가에 맞춰 행동을 정해야 한다는 점은 격변의 시기에 가장 뚜렷하게 드러난다. 그래서 대체 질서가 구체화되는 과정이 매우 불확실한 가운데 구 질서는 계속 변화한다. 그러니 모든 것이 미래에 대한 구상에 의해 좌우된다. 그러나 다양한 국내 구조로 인해 기존의 추세가 갖는 의미에 대해 서로 다른 평가가 발생하면서 이 차이를 해결하기 위한 기준이 충돌하게 된다. 이것이 바로 우리 시대의 딜레마이다.

각자의 존엄성과 참여 통치 방식을 지지하고 합의된 규칙에 따라 국제 협력을 도모하는 국가들로 이루어진 세계 질서는 우리의 희망이 될 수 있고 우리의 영감이 되어야 한다. 그러나 그것을 향해 진전하려면 일련의 중간 단계를 거쳐야 할 것이다. 에드먼드 버크가 지적했듯이 각 단계의 사이사이에 우리는 "더 완벽한 것을 향해 노력하고 최고의 결과를 주장함으로써 위기나 환멸을 무릅쓰기보다는 완벽한 추상적 개념에 부합하지 않는 제한적인 계획을 묵인할 때[4] 더 만족할지 모른다." 미국은 그 복잡한 여정을 감안한 전략과 외교술을 필요로 한다. 세계 질서를 향한 여정이 그토록 복잡한 이유는 목표가 고귀할 뿐 아니라 그 목표에 도달하기까지 들이는 인간의 노력이 본질적으로 불완전하기 때문이다.

미국은 21세기 세계 질서의 진화 과정에서 책임감 있는 역할을 다하기 위해 다수의 질문에 답할 준비가 되어 있어야 한다.

먼저 어떻게 그 일이 일어나는지 상관없이, 우리가 필요하다면 홀로 막아야 할 일은 무엇인가? 그 답은 미국 사회의 생존에 필요한 최소한의 조건을 규정한다.

어떠한 다자간 활동으로부터 지지받지 못하더라도 우리가 성취하려는 일은 무엇인가? 이러한 목표들은 국가 전략의 최소한의 목적을 규정한다.

동맹체의 지지만 받을 경우 우리는 무엇을 성취하고 무엇을 막아야 하는가? 이는 글로벌 체계의 일원으로서 미국이 수립하는 전략적 목표의 외부 한계를 규정한다.

다자간 집단이나 동맹체의 강력한 요구를 받더라도 우리가 관여하지 말아야 할 일은 무엇인가? 이는 미국의 세계 질서 참여를 제한하는 조건을 규정한다.

무엇보다도 우리가 추구하는 가치의 특성은 무엇인가? 부분적으로 상황에 따라 적용해야 하는 것은 무엇인가?

원칙적으로 다른 국가에도 똑같은 질문들을 던질 수 있다.

미국의 세계 질서 추구는 두 가지 차원에서 기능한다. 먼저 보편적인 원칙들을 찬양하려면 다른 지역의 역사와 문화 현실을 인정하는 작업과 함께 이루어져야 한다. 힘들었던 수십 년 동안 얻은 교훈을 검토하면서도 미국의 예외적인 특성을 계속 확인해야 한다. 역사는 덜 힘들어 보이는 길을 가기 위해 자신의 책무나 정체성을 무시하는 국가를 용납하지 않는다. 현대 세계에서 자유를 추구하는 인간의 의지를 단호하게 밝히고 인도주의적 가치를 옹호하는 데 없어서는 안 될 지정학적 세력이었던 미국은 자신의 방향 감각을 계속 유지해야 한다.

과단성 있는 미국의 역할은 철학적으로나 지정학적으로 우리 시대의 과제에 필수적인 존재가 될 것이다. 그러나 세계 질서는 홀로 행동하는 한 국가에 의해서는 달성될 수 없다. 진정한 세계 질서를 성취하려면 그 질서의 구성 요소들이 각자의 가치를 유지하면서도 포괄적이고 체계적이며 법률적인 제 2의 문화를 습득해야 한다. 이 질서 개념은 어떤 지역이나 국가의 관점과 이상을 초월한다. 역사의 이 순간에서, 그것은 당대의 현실에 영향을 받은 베스트팔렌 체제의 현대화일 것이다.

서로 다른 문화들을 하나의 공동 체제로 전환할 수 있을까? 베스트팔렌 체제는 200명 정도의 대표자들이 입안했다. 서로 64킬로미터(17세기에는 상당히 먼 거리) 떨어진 독일의 두 지방 도시에서 두 집단으로 나눠서

만난 대표자들 중에 역사의 주요한 인물로 등장한 사람은 없었다. 다들 30년 전쟁의 파괴적인 경험을 겪었고, 그런 일이 재발하지 못하게 막아야 한다고 결심했기 때문에 장애물을 극복할 수 있었다. 훨씬 더 심각한 장래의 전망 앞에 선 우리 시대는 그 전망에 휩쓸리기 전에 필요한 일을 해야 한다.

먼 옛날부터 전해지는 신비로운 글들은[5] 인간의 조건이 변화와 갈등 때문에 치료할 수 없는 상처를 입었다고 말한다. "세계 질서"는 "세상에 변화를 안겨 주는 모두의 아버지이자 왕인" 전쟁 때문에 "알맞게 붙었다가 알맞게 꺼지는" 불 같았다. 그러나 "사물의 화합은 표면 아래 자리 잡고 있다. 그것은 반대되는 사물 간의 균형 잡힌 반응에 의해 결정된다." 우리 시대의 목표는 전쟁의 참화를 억제하면서 그 균형 상태를 달성하는 것이어야 한다. 그리고 우리는 역사의 급류 속에서 그렇게 해야 한다. 이를 은유한 유명한 표현은 "아무도 똑같은 강에 발을 담글 수 없음"을 전한 문장에서 찾을 수 있다. 역사는 강으로 생각할 수 있지만, 그 강물은 항상 변하고 있다.

아주 오래전, 젊은 시절에 나는 나 자신이 '역사의 의미'[6]에 대해 공언할 수 있다고 생각할 만큼 자신만만했다. 이제 나는 역사의 의미는 선언할 수 있는 것이 아니라 발견되는 것임을 깨달았다. 역사의 의미는 늘 논쟁의 대상이 될 것이고, 모든 세대는 인간의 조건과 관련된 가장 중요한 쟁점들을 직면했는지 여부에 의해 평가받을 것이며, 어떤 결과가 발생할지 알게 되기 전에 그들이 직면한 도전에 대한 결정은 정치인이 내려야 한다는 사실들을 인정하면서 최선을 다해 답해야 할 문제라는 것을 말이다.

감사의 글

이 책에 대한 아이디어는 찰스 힐과 저녁 식사를 하는 자리에서 얻었다. 찰스 힐은 브래디존슨 프로그램인 그랜드 스트래티지의 최고 연구위원이자 예일대 인문학 프로그램의 전임 강사이다. 찰리는 오래전 내가 국무부 장관으로 지낼 때 함께 일한 정책기획부 직원이었다. 우리는 그때 이후로 좋은 친구이자 공동 연구자로 지내고 있다.

그 식사 자리에서 우리는 우리 시대의 궁극적인 국제 문제는 세계 질서 개념의 위기라고 결론 내렸다. 내가 세계 질서를 주제로 책을 쓰기로 결심하자, 찰리는 매우 소중한 조언과 도움을 주었다. 찰리는 세계 질서의 여러 가지 측면을 다룬 자신의 논문을 알려 주고, 초고를 검토해 주며, 늘 의논 상대가 되어 주고 이 책이 완성될 때까지 원고 전체를 수정하는 데도 도움을 주었다.

3년 전『중국 이야기』를 준비할 때도 이렇게 표현하기는 했지만, 스카일러 스카우튼은 내게 없어서는 안 되는 친구이자 포기를 모르는 친구다. 엄밀히 따지면 나의 조교인 그는 나의 지적 연구 과정에서 또 다른 자아 역할을 해 준다. 그는 리서치 작업을 도맡았고, 상세한 요약을 통해 리서치 자료를 정리해 주고 여러 번 원고를 검토하며 책의 주제에 관한 여러 차례의 논의 과정에도 내 옆을 지켜 주었다. 그의 도움은 이 책에 큰 영향을 주었다. 이 모든 압박감 속에서도 늘 침착함을 유지했다는 말로 그의 뛰어난 인간성에 찬사를 보낸다.

편집을 맡은 펭귄출판사 역시 훌륭했다. 나는 편집자 두 명과 동시에 일해 본 적이 없었는데, 그들은 서로를 훌륭하게 보완해 주었다. 사장이자 편집장인 앤 고도프는 할 일이 많을 텐데도 이 책의 편집을 자원해 주었다. 날카로운 지성과 풍부한 상식의 소유자인 그녀는 일반 독자에게 친숙하지 않은 표현을 고치거나 역사적 사실을 알기 쉽게 설명할 수 있도록 도와주었다. 또한 중요한 구조적 제안도 잊지 않았다. 그녀가 그토록 폭넓으면서도 날카로운 지적을 해 줄 시간을 어떻게 찾았는지 알 길이 없다. 그 부분에 대해 나는 무척 고마움을 느낀다.

역사에 깊이 빠진 그녀의 동료 스튜어트 프로피트는 펭귄의 영국 자회사 발행인으로, 원고 전체를 자원해 읽었으며 꼼꼼하고 사려 깊은 의견을 제시해 주었다. 그리고 몇 가지 중요한 참고문헌을 알려 주었다. 스튜어트와 함께한 시간은 대학에서 학식 있고 인내심 많고 친절한 멘토로부터 개별 지도를 받는 시간 같았다.

나는 인터넷 문제에 대해서는 한 번도 글을 쓴 적이 없었다. 게다가 인터넷의 기술적인 측면에 대해 기본적으로 아는 게 없었다. 하지만 신기술이 정책 입안에 미치는 영향에 대해서는 많이 생각해 왔다. 에릭 슈미트는 침착하고 사려 깊게 나를 그의 세상에 노출시키는 데 동의해 주었다. 미국의 양쪽 끝을 오가며 자주 만난 우리는 정말로 흥미진진하고 광범위한 대화를 나누었다. 자레드 코헨이 우리 만남에 여러 번 동석해서 그 과정에 큰 도움을 주었다. 에릭이 두 번이나 구글에 초대해 준 덕에 그의 훌륭하고 뛰어난 동료들과도 대화를 나눌 수 있었다.

많은 친구와 지인들이 귀중한 시간을 내어 이 원고의 여러 섹션을 읽고 의견을 제시해 주었다. 그들은 J. 스테이플턴 로이와 윈스턴 로드(아시아 부분), 마이클 그펠러, 엠마 스카이(중동 부분), 옥스퍼드 대학의 레이나 미터 교수(원고 전체)이다. 나의 친구들인 레스 겔브, 마이클 코다, 페기 누난, 로버트 캐플런의 날카로운 통찰력 역시 이 책에 도움을 주었다.

나와 여섯 번째 책 작업을 같이 한 테레사 아맨티는 내 사무실에서 늘 하던 대로 열심히 그리고 체계적으로 원고 입력과 사실 확인 등 모든 기술적인 문제들을 처리해 주었다. 테레사는 조디 윌리엄스와 함께 원고 입력을 도맡았는데, 임박한 마감 시한을 맞추기 위해 애써 주었다. 두 사람 모두 수십 년 동안 나와 일해 준 직원들이다. 나는 두 사람의 효율적인 일처리에 감사하며, 그들의 헌신적인 노고에 더더욱 감사한다.

루이즈 쿠시너는 최근에 우리 작업 팀에 합류한 직원이지만 그녀 역시 다른 직원들만큼 열심히 일해 주었다. 그녀는 편집자들의 지적을 대조하는 작업을 효율적으로 처리해 주었다. 충실하고 세련된 그녀는 내가 글쓰기에 집중하는 동안 나의 전반적인 스케줄을 제대로 관리해 주었다.

제시 르포린과 캐서린 얼도 소중한 도움을 주었다.

펭귄출판사의 잉그리드 스터너, 브루스 기포즈, 노이린 루카스는 제작 단계에서 주의력을 잃지 않고 끈기 있게 세세한 부분까지 살펴보면서 원고를 정리해 주고 관련 업무를 훌륭하게 처리해 주었다.

앤드류 와일리는『중국 이야기』때처럼 끈기 있고 맹렬하게 나의 에이전트로 전 세계 출판사들을 상대해 주었다. 그에게 깊이 감사한다.

420

이 책을 나의 아내 낸시에게 바친다. 아내는 내 인생 자체였다. 늘 그랬듯 그녀는 처음부터 끝까지 내 원고를 읽고 대단히 섬세하게 지적해 주었다.

이 책의 결점이 모두 내 책임인 것은 말할 필요도 없다.

주

서론 | 세계 질서라는 문제

1   "당신들은 20개의 국가입니다.": Franz Babinger, *Mehmed the Conqueror and His Time*(Princeton, N.J.: Princeton University Press, 1978), Antony Black, *The History of IslamicPolitical Thought*(Edinburgh: Edinburgh University Press, 2011), p. 207.

1장 | 유럽: 다원적 국제 질서

1   유럽이라는 개념은 ~ 인식되기 시작했다: Kevin Wilson and Jan van der Dussen, *The History of the Idea of Europe*(London: Routledge, 1993)
2   그 세계관에서 기독교 세계는: Frederick B. Artz, *The Mind of the Middle Ages*(Chicago: University of Chicago Press, 1953), pp. 275~280.
3   통일에 대한 열망은 ~ 짧게나마 실현되었다: Heinrich Fichtenau, *The Carolingian Empire:The Age of Charlemagne*, Peter Munz 번역(New York: Harper & Row, 1964), p. 60.

4 카를은 ~ 인정받았다: Hugh Thomas, *The Golden Age: The Spanish Empire of Charles V*(London: Allen Lane, 2010), p. 23.

5 샤를마뉴의 전통을 따라: James Reston Jr., *Defenders of the Faith: Charles V, Suleyman the Magnificent, and the Battle for Europe, 1520~1536*(New York: Penguin Press, 2009), p. 40, pp. 294~295.

6 이 프랑스 왕은 ~ 거부했다.: 3장 참조.

7 카를이 입증하려 한 교회의 보편성은: Edgar Sanderson, J. P. Lamberton, and John McGovern, *Six Thousand Years of History*, vol. 7 ; *Famous Foreign Statesmen*(Philadelphia: E. R. DuMont, 1900), pp. 246~250; Reston, *Defenders of the Faith*, pp. 384~389 참조. 나중에 보편성에 대한 주장을 의심스러워한 괴팍한 유럽은 카를의 통치가 희망하는 통일에 대한 해방이라기보다는 고압적인 위협이라고 생각했다. 18세기 계몽사상의 산물인 스코틀랜드 철학자 데이비드 흄은 나중에 "인류는 카를 황제의 모습으로 나타난, 그토록 많은 왕국과 공국이 통일되는 모습에서 세계적인 군주국의 위험에 새삼 놀랐다."고 지적했다. David Hume, "On the Balance of Power," in *Essays, Moral, Political, and Literary*(1742), 2.7.13.

8 세계 지도: Jerry Brotton, *A History of the World in Twelve Maps*(London: Penguin Books, 2013), pp. 82~113(discussion of the Hereford Mappa Mundi, ca. 1300); 4 Ezra 6:42; Dante Alighieri, *The Divine Comedy*, Allen Mandelbaum 번역 (London: Bantam, 1982), p. 342; Osip Mandelstam, "Conversation About Dante," in *The Poet's Dante*, ed. Peter S. Hawkins and Rachel Jacoff(New York: Farrar, Straus and Giroux, 2001), p. 67.

9 "붉은색의 우두머리": 사실 리슐리외에게는 '숨은 실력자'가 있었다. 그가 신임한 조언자이자 대리인인 프랑수아 르클레르 뒤 트랑블레가 바로 그 주인공이었다. 카푸친 형제회에서 페레 조셉으로도 알려진 그가 입은 수도복 때문에 그는 리슐리외의 '회색의 실력자'(*éminence grise*)라 불렸다. 이후 외교사에서는 막후의 세력가를 'éminence grise'라 불렸다. Aldous Huxley, Grey Eminence: *A Study in Religion and Politics*(New York: Harper and Brothers, 1941).

10 정치인의 능력을 다룬 마키아벨리의 원고: Niccolo Machiavelli, *The Art of War*(1521), *Discourses on the First Ten Books of Titus Livy*(1531), *The Prince*(1532) 등을 참조.

11 성난 불평에 대해: Joseph Strayer, Hans Gatzke, and E. Harris Harbison, *The Mainstream of Civilization Since 1500*(New York: Harcourt Brace Jovanovich, 1971), p. 420.

12 중유럽의 분열이: *The Thirty Years War: A Documentary History*, Tryntje Helfferich 가 편집 및 번역(Indianapolis: Hackett, 2009), p. 151에 실린 Richelieu, "Advis donné au roy sur le sujet de la bataille de Nordlingen,"

13 235명의 공식 사절: Peter H. Wilson, *The Thirty Years War: Europe's Tragedy* (Cambridge, Mass.: Harvard University Press, 2009), p. 673.

14 대표들은 대부분 ~ 대단히 현실적인 지시사항을 받고 왔다.: Ibid., p.676.

15 두 다자간 조약 모두: Helfferich, *Thirty Years War*, p.255, p. 271에 실린 *Instrumentum pacis Osnabrugensis*(1648)와 *Instrumentum pacis Monsteriensis*(1648).

16 역설적으로 참가자들은 이러한 일반적인 병폐와 냉소주의 덕에 : Wilson, *Thirty Years War*, p.672.

17 새로운 조항들: 이 공식적인 관용의 조항들은 세 가지의 인정된 기독교 신앙인 가톨릭교와 루터교, 칼뱅주의에만 확대되었다.

18 "우리에게는 영원한 동지도 ~ 없다": 파머스턴경의 1848년 3월 1일 하원 연설. 오렌지공 윌리엄 3세도 이러한 생각을 밝힌 적이 있는데, 측근에게 만약 자신이 합스부르크가가 주도권을 갖기 직전인 1550년대에 살았다면 그는 지금처럼 스페인 사람일 뿐 아니라 프랑스 사람일 수도 있다고 털어놓았다. 실제로 그는 한 세대 동안 프랑스 패권에 대항하여 싸운 인물이었다. (처음에는 네덜란드 총독으로 나중에는 영국, 아일랜드, 스코틀랜드 왕으로) 1930년대에 윈스턴 처칠 역시 자신이 반독일 인사라는 비난에 답하면서 "만약 상황이 반대라면, 우리 모두 독일을 지지하고 프랑스에 반대하는 입장을 보일" 거라고 응수했다.

19 "사람들은 내게 ~ 물어본다.": 1856년 7월 20일, 파머스턴경이 클라렌든에게 보낸 편지. Harold Temperley and Lillian M. Penson, *Foundations of British Foreign Policy from Pitt*(1792) *to Salisbury*(1902)(Cambridge, U.K.: Cambridge University Press, 1938), p. 88.

20 『리바이어던』에서: 홉스가 『리바이어던』을 집필하기로 마음먹은 계기는 영국 내전을 겪으면서였다. 이 내전은 30년 전쟁이 유럽 대륙에 미친 영향보다는 물리적으로 덜 파괴적이었지만, 그 영향은 아주 컸다.

21 "주권 국가들 간의 관계에 대해": Thomas Hobbes, *Leviathan*(1651)(Indianapolis: Hackett, 1994), p. 233.

22 실제로 ~ 두 가지 세력 균형이 등장했다.: 당시 중유럽에 강대국은 단 한 국가, 즉 오스트리아만 있었다는 사실을 기억해 두는 것이 중요하다. 프로이센은 아직도 독일 동쪽 가장자리에 위치한 중요치 않은 국가였다. 독일은 국가가 아니라 지리적인 개념이었다. 수십 개의 작은 국가들이 하나의 통치 조직을 구성하고 있었다.

23 "그(루이)는 ~ 알고 있었다.": Lucy Norton, ed., *Saint-Simon at Versailles*(London: Hamilton, 1958), pp. 217~230.

24 두 곳의 비접경 지역으로 분리되어 있던: 냉혹한 외교 정책으로 폴란드가 세 지역으로 분리되기 전까지 프리드리히 영토의 동쪽 절반은 3면은 폴란드에 의해, 나머지 한 쪽은 발트해에 의해 둘러싸여 있었다.

25 1740년에 왕위에 오른 프리드리히 2세는: Gerhard Ritter, *Frederick the Great:A Historical Profile*, Peter Paret 번역(Berkeley: University of California Press, 1968), pp. 29~30.

26 "통치자는": Frederick II of Prussia, *Oeuvres*, 2, XXV(1775), Friedrich Meinecke, *Machiavellism:The Doctrine of Raison d'Etat and Its Place in Modern History*, Douglas Scott 번역(New Haven, Conn.: Yale University Press, 1957)(1925년 독일에서 처음 출간), p.304 에서 인용.

27 "Pas trop mal pour la veille d'une grande bataille": "대전투를 앞둔 날치고 그리 나쁘지 않다." 프리드리히 2세. I, Otto von Bismarck, *Bismarck:The Man and the Statesman*(New York: Harper & Brothers, 1899), p. 316; Otto von Bismarck, *The Kaiser vs. Bismarck: Suppressed Letters by the Kaiser and New Chapters from the Autobiography of the Iron Chancellor*(New York: Harper & Brothers, 1921), pp. 144~145.

28 계몽 통치: 알렉산더 포프가 1734년에 한 표현 "바보들이 정부 종류를 놓고 싸우게 놔둬라.; / 가장 훌륭하게 다스려지는 것이 가장 훌륭하다." Alexander Pope, *An Essay on Man*(1734), epistle iii, 303~304행.

29 "우리 군대가 우수하고": G. P. Gooch, *Frederick the Great*(Berkeley: University of California Press, 1947), pp. 4~5에서 인용.

30 "삶과 가치를 보여 주는": David A. Bell, *The First Total War: Napoleon's Europe and the Birth of Warfare as We Know It*(Boston: Houghton Mifflin, 2007), p. 5.

31 단일한 엘리트 사회: 이 사회상에 대한 생생한 설명을 원한다면, Susan Mary Alsop, *The Congress Dances:Vienna, 1814~1815*(New York: Harper & Row, 1984); Adam Zamoyski, *Rites of Peace:The Fall of Napoleon and the Congress of Vienna*(London: HarperPress, 2007) 참조.

32 "요컨대 지구에서 토성까지": Jean Le Rond d'Alembert, "Éléments de Philosophie"(1759), Ernst Cassirer, *The Philosophy of the Enlightenment*, Fritz C. A. Koelln and James P. Pettegrove 번역(Princeton, N.J.: Princeton University Press, 1951), p3.에서 인용.

33 "인류가 최고의 이익을 얻을 수 있도록 막대한 양의 지식과 열정을": Denis

Diderot, "The Encyclopedia" (1755), in *Rameau's Nephew and Other Works*, Jacques Barzun and Ralph H. Bowen 번역(Indianapolis: Hackett, 2001), p. 283.

34 "확고한 원칙으로 ~ 기초로서 작용할": Ibid., p. 296.

35 "세계를 지배하는 것은 운이 아니다.": Montesquieu, *Considerations sur les causes de la grandeur des Romains et de leur decadence*(1734), Cassirer, *Philosophy of the Enlightenment*, p. 213에서 인용.

36 "비사회적인 사회성": Immanuel Kant, "Idea for a Universal History with a Cosmopolitan Purpose"(1784), in *Kant: Political Writings*, ed. H. S. Reiss(Cambridge, U.K.: Cambridge University Press, 1991), p. 44.

37 "가장 부적당하고 가장 어려운": Ibid., p. 46.

38 "대대적인 파괴와 격변, 심지어는": Ibid., p. 47.

39 "인류의 거대한 무덤": Immanuel Kant, "Perpetual Peace: A Philosophical Sketch(1795)," in Reiss, *Kant*, p. 96.

40 칸트는 ~ 자발적인 연합이 해결책이라고 주장했다.: 즉 모든 국민에게 똑같이 적용되는 법률 체계에 의해 통치되고 참여정부 형태를 채택한 국가들을 말한다. 그때 이후로 '영구 평화론(perpetual peace)'은 그 시대의 '민주 평화 이론'을 대표하는 것으로 간주되었다. 그러나 칸트는 그 평론에서 "행정력(정부)과 입법기관이 구분된 대의정치 체제로 설명되는 공화국과 민주주의를 구분 지었다. 그는 단어 본래 의미로서의 민주주의, 즉 국가의 모든 문제를 국민 투표에 부치는 고대 아테네와 같은 직접 민주주의는 필연적으로 전제 정치라고 주장했다." Ibid., p. 101.

41 "자신들이 전쟁의 모든 고통을 짊어진다고": Ibid., p. 100. 강조 추가. 칸트는 추상적인 이성을 근거로 프랑스 제1공화국의 예는 회피했는데, 이 공화국이 대중의 큰 환영을 받으며 다른 이웃국가들을 상대로 전쟁을 벌였기 때문이었다.

42 "연합된 힘의 체계": Kant, "Idea for a Universal History," p. 49.

43 프랑스 혁명의 지적 대부: 루소는 "인간은 자유롭게 태어났으나 어디서든지 속박받는다."고 분석했다. 인간 발전의 과정은 "한 구역의 땅에 울타리를 친 뒤, '이건 내 거야'라고 말하며 그 땅을 자기 머릿속에 집어넣은 최초의 인간 때문에 잘못되었다." 따라서 공동 소유로 사유재산을 폐지하고 사회적 지위의 인위적 단계를 제거할 때만이 정의를 성취할 수 있다. 그리고 재산이나 지위를 가진 사람들이 절대적인 평등이 다시 도입되면 저항할 게 분명하기 때문에 이러한 조치는 폭력적인 혁명을 통해서만 이루어질 수 있다. Jean-Jacques Rousseau, *Discourse on the Origin of Inequality and The Social Contract, in The Basic Political Writings*(1755; 1762)(Indianapolis: Hackett, 1987), p. 61, p. 141.

44 "사회 질서의 새로운 관리 통치 방식": 루소는 합법적인 통치는 "모두가 일반의
지의 최고의 지시하에 자기 몸과 모든 의지를 한데 모으고, 모두의 합체한 능력
에서 서로를 전체의 불가분의 일부로 받아들일 때만 이루어질 수 있다고" 생각
했다. 반대자는 없애 버려야 했다. 이성적이고 평등주의적인 사회구조에서 민
의 내에 존재하는 의견 차이는 인민에 권한이 있다는 원칙에 대한 부당한 반대
를 의미하기 때문이다. "일반의지에 복종하기를 거부하는 사람은 누구든 전체
에 의해 그렇게 할 수밖에 없을 것이다. 이는 그야말로 그가 강제로 자유로워질
것임을 의미한다. 이 조건이야말로 각 국민에게 국가를 안겨 줌으로써 모든 개
인적인 의존으로부터 그를 보호해 준다." Rousseau, *Social Contract*, in *The Basic
Political Writings*, p. 150.

45 "우애와 원조를 보내려 했다.": "Declaration for Assistance and Fraternity to
Foreign Peoples"(November 19, 1792), in *The Constitutions and Other Select
Documents Illustrative of the History of France, 1789~1907*(London: H. W. Wilson,
1908), p. 130.

46 "프랑스는 ~ 선언한다.": "Decree for Proclaiming the Liberty and Sovereignty of
All Peoples"(December 15, 1792), in ibid., pp. 132~133.

47 "나는 황제가, 이 세계 정신이": 헤겔이 1806년 10월 13일에 프리드리히 니트
함머에게 보낸 편지. *Hegel: The Letters*, Clark Butler and Christine Seiler 번역,
Clark Butler 해설(Bloomington: Indiana University Press, 1985)에서 인용.

2장 | 유럽의 세력 균형 체제와 그 종말

1 "비잔티움의 열등한 세련미와 사막 유목민의 흉포함이 괴물같이 뒤섞이고":
Marquis de Custine, *Empire of the Czar: A Journey Through Eternal Russia*(1843;
New York: Anchor Books, 1990), p. 69.

2 "모든 기독교인들의 유일한 황제": Epistle of Filofei of Pskov, 1500 or 1501,
Geoffrey Hosking, *Russia: People and Empire*(Cambridge, Mass.: Harvard University
Press, 1997), pp. 5~6에 인용된 글. 이반의 계승자들은 이 철학적 신념에 지정
학적 추진력을 부여하게 된다. 예카테리나 2세는 '그리스 계획'을 구상했는데,
이 계획은 콘스탄티노플을 정복하고 주변 상황에 걸맞은 이름을 갖게 된, 자신
의 손자 콘스탄틴에게 왕권을 물려주는 것으로 막을 내릴 것이었다. 그녀의 조
신 포템킨은 여제가 크림 반도로 향하는 길을 따라 (가짜 마을 외에) "비잔티움
으로 가는 길"이라는 표지를 내걸었다. 러시아에게 그리스 정교회의 잃어버린

수도를 되찾는 것은 심오한 정신적, 전략적(부동항이 없는 제국에게) 의미를 가진 목표가 되었다. 19세기의 범슬라브주의 지식인 니콜라이 다닐렙스키는 호소력 있는 의견을 통해 기나긴 사상의 전통을 요약했다. "(콘스탄티노플은) 러시아 국가가 시작했을 때부터 러시아 국민의 열망의 대상이자 계몽의 이상이었다. 우리 조상의 영광과 영예, 위대함을 보여 주는 곳이자 그리스 정교의 중심지이며, 유럽과 러시아 간의 논쟁의 본질이기 때문이다. 유럽과 관계없는 투르크인들로부터 콘스탄티노플을 빼앗을 수 있다면, 우리에게는 엄청난 역사적 의미를 가지는 사건일 것이다. 소피아 성당 위에 빛나는 십자가를 꽂을 수 있다면 우리 마음이 얼마나 기쁠 것인가! 콘스탄티노플이 가진 다른 모든 이점 이외에도 그곳이 갖는 세계 의미, 그곳의 상업적 중요성, 매우 아름다운 풍경, 그리고 남부의 모든 매력이 더해질 것이다." Nikolai Danilevskii, *Russia and Europe: A View on Cultural and Political Relations Between the Slavic and German-Roman Worlds*(St. Petersburg, 1871), *Imperial Russia: A Source Book, 1700~1917*, ed. Basil Dmytryshyn(Gulf Breeze, Fla: Academic International Press, 1999), p. 373에 번역되어 발췌된 내용.

3   "모든 방향으로 국가를 확대하는 것": Vasili O. Kliuchevsky, *A Course in Russian History: The Seventeenth Century*(Armonk, N.Y.: M. E. Sharpe, 1994), p. 366. Hosking, Russia, p. 4도 참조.

4   이 과정은 ~ 발전했고: John P. LeDonne, *The Russian Empire and the World, 1700~1917: The Geopolitics of Expansion and Containment*(New York: Oxford University Press, 1997), p. 348.

5   "그의 정치철학은 모든 러시아인들의 정치철학과 마찬가지로": Henry Adams, *The Education of Henry Adams*(1907; New York: Modern Library, 1931), p. 439.

6   러시아는 해마다 ~ 확장했다.: Orlando Figes, *Natasha's Dance: A Cultural History of Russia*(New York: Picador, 2002), pp. 376~377.

7   그 관점에서 보면: 러시아군이 1864년에 지금은 우즈베키스탄으로 알려진 지역으로 행진해 들어갔을 때, 알렉산드르 고르차코프 총리는 주변 지역에 평화를 안겨 줘야 한다는 영원한 의무의 관점에서 러시아의 팽창주의를 부인했다. "따라서 러시아는 이 지속적인 노력을 포기하든지, 러시아 국경 지역을 끊임없는 불안 속에 빠뜨리든지 둘 중의 하나를 선택해야 한다. 후자의 선택은 번영과 안정, 문화적 발전을 불가능하게 할 것이었다. 그것도 아니면 미개지를 향해 점점 더 전진하는 쪽을 택해야 했다. 그곳은 멀리 떨어져 있기 때문에 매번 전진할 때마다 어려움과 고난이 커진다. (중략) 이는 야심이라기보다는 절박한 필요에 의해 발생하는 것으로, 가장 큰 어려움은 그것을 중단할 수 있는 능력에 있

다." George Verdansky, ed., *A Source Book for Russian History: From Early Times to 1917*(New Haven, Conn.: Yale University Press, 1972), 3:610.

8 그러나 일찍이 제정 러시아를 방문한 유럽인들은: Marquis de Custine, *Empire of the Czar*, p. 230. 근대 학자들은 계속 의아해했다. Charles J. Halperin, *Russia and the Golden Horde: The Mongol Impact on Medieval Russian History*(Indianapolis: Indiana University Press, 1985); Paul Harrison Silfen, *The Influence of the Mongols on Russia: A Dimensional History*(Hicksville, N.Y.: Exposition Press, 1974) 등 참조.

9 근대화의 결실을 탐구하고 ~ 마음먹은: 서양 유럽 국가들에게 놀라움을 안길 정도로 실천적인 접근 방식을 추구한 표트르는 네덜란드 부두에서 목수로 가장하여 일하고, 런던에서는 시계를 분해하여 수리했다. 그리고 새로운 치과술과 해부를 위한 절개에 자기 손을 시험해 보는 행동으로 수행원들을 불안에 떨게 만들었다. Virginia Cowles, *The Romanovs*(New York: Harper & Row, 1971), 33~37; Robert K. Massie, *Peter the Great*(New York: Ballantine Books, 1980), pp. 188~189, p. 208 참조.

10 "국민들에게서 과거의 아시아적 관습을 모두 끊어 내고": B. H. Sumner, *Peter the Great and the Emergence of Russia*(New York: Collier Books, 1962), p. 45.

11 표트르는 연속적으로 칙령을 발표했다: Cowles, *Romanovs*, pp. 26~28; Sumner, *Peter the Great and the Emergence of Russia*, p. 27; Figes, *Natasha's Dance*, pp. 4~6.

12 "러시아는 유럽 국가다": Catherine II, *Nakaz* (Instruction) to the Legislative Commission of 1767~68, in Dmytryshyn, *Imperial Russia*, p. 80.

13 스탈린 역시 ~ 인정을 받았다: Maria Lipman, Lev Gudkov, Lasha Bakradze, and Thomas de Waal, *The Stalin Puzzle: Deciphering Post-Soviet Public Opinion* (Washington, D.C.: Carnegie Endowment for International Peace, 2013)(현대 러시아인들에 대한 여론조사 결과에 따르면 47%가 "스탈린이 소련에 힘과 번영을 안겨 준 현명한 지도자였다."는 표현에 찬성했고, 30%가 "우리 국민에게는 스탈린 같이 질서를 회복시켜 줄 지도자가 언제나 필요할 것이다."라는 표현에 찬성했다.)

14 "통치가 이루어지려면 ~ 부여해야 한다.": Catherine II, *Nakaz*(Instruction) to the Legislative Commission of 1767~68, p. 80.

15 "러시아의 군주는 살아 있는 법이다.": 알렉산드르 1세에 대한 니콜라이 카람진의 의견, W. Bruce Lincoln, *The Romanovs: Autocrats of All the Russias*(New York: Anchor Books, 1981), p. 489.

16 "서로 타협할 수 없는 두 거대한 세계의 접촉 면에서": Halperin, *Russia and the Golden Horde*, p. 126.

17 "이 지칠 줄 모르는 열망이": Fyodor Dostoevsky, *A Writer's Diary*(1881), Figes,

Natasha's Dance, 308에 인용됨.

18 "인간 집단으로부터 고립된 고아": Pyotr Chaadaev, "Philosophical Letter"(1829, published 1836), Figes, *Natasha's Dance*, p. 132, and Dmytryshyn, *Imperial Russia*, p. 251에 인용. 차다예프의 논평은 출간되자마자 곧바로 금서로 지정되고 저자 본인은 미친 사람으로 선언되어 경찰의 감시 대상이 되었지만, 큰 반향을 일으켜 널리 유포되었다.

19 "제3의 로마": Mikhail Nikiforovich Katkov, May 24, 1882, *Moskovskie vedomosti*(Moscow News) 사설, Verdansky, *A Source Book for Russian History*, 3:676에 발췌된 내용.

20 "대단한 민족이야. 스키타이인들이지!": Figes, *Natasha's Dance*, p. 150.

21 "~ 대의에 내 세속의 모든 영광을 바칠 것이다.": Lincoln, *The Romanovs*, pp. 404~405.

22 "영국, 프랑스, 러시아, 프로이센, 오스트리아의 정책은 더 이상 존재하지 않는다.": Ibid., p. 405.

23 "예전에 상호 관계를 맺은 강대국들이 채택한 방침을": Wilhelm Schwarz, *Die Heilige Allianz*(Stuttgart, 1935), p. 52.

24 전쟁에서 패한 적국이: 이는 새로이 협력 관계를 맺은 국가를 상대로 잔인한 전쟁을 벌이고 결국 무조건적 항복을 한 독일을 전쟁이 끝난 지 10년도 채 안 된 1954년에 대서양 동맹에 가입시킨 결정과 비슷했다.

25 "진정한 야심을 갖기에는 너무 나약하고": Klemens von Metternich, *Aus Metternich's nachgelassenen Papieren*, ed. Alfons v. Klinkowstroem(Vienna, 1881), 1:316.

26 "프랑스가 유럽의 자유를 공격하는 만일의 사태": 1814년 1월 11일 파머스턴경이 클랑리카르드 후작(Marguess Clanricarde, 상트페테르부르크 대사)에게 보낸 긴급공문 6호. *The Foreign Policy of Victorian England*, ed. Kenneth Bourne(Oxford: Clarendon Press, 1970), pp. 252~253에서 인용.

27 독일 철학자 요한 고트프리트 폰 헤르더: Isaiah Berlin, *Vico and Herder: Two Studies in the History of Ideas*(New York: Viking, 1976), p. 158, p. 204 참조.

28 "이 이론의 근거가 된 사실은": Jacques Barzun, *From Dawn to Decadence: 500 Years of Western Cultural Life*(New York: Perennial, 2000), p. 482.

29 언어적 민족주의의 등장으로 인해 전통적인 제국들: Sir Lewis Namier, *Vanished Supremacies: Essays on European History, 1812~1918*(New York: Penguin Books, 1958), p. 203.

30 "강력하고 단호하고 현명한 섭정들": Otto von Bismarck, *Die gesammelten Werke*,

3rd ed.(Berlin, 1924), 1: 375.

31 이 전쟁이 크림 전쟁으로 불린 이유는: 이 전쟁은 양측의 대표적인 문학작품에서도 기억되었다. 예를 들어 알프레드 테니슨의「경기병대의 돌격(Charge of the Light Brigade)」과 레오 톨스토이의『세바스토폴 이야기(*Tales of Sevastopol*)』등이다. Nicholas V. Riasanovsky, *A History of Russia*(Oxford: Oxford University Press, 2000), pp. 336~339 참조.

32 "우리는 엄청난 배은망덕한 행위로 세계를 놀라게 할 것이다.": *Allgemeine deutsche Biographie 33*(Leipzig: Duncker & Humblot, 1891), p. 266. 메테르니히는 1848년에 직위에서 물러났다.

33 "모든 것이 흔들리는 경우에는": Heinrich Sbrik, *Metternich, der Staatsmann und der Mensch*, 2 vols.(Munich, 1925), 1:354, Henry A. Kissinger, "The Conservative Dilemma: Reflections on the Political Thought of Metternich," *American Political Science Review* 48, no. 4(December 1954): 1027에서 인용.

34 "발명은 역사의 적이다.": Metternich, *Aus Metternich's nachgelassenen Papieren*, 1:33, 8:184.

35 메테르니히에게 오스트리아의 국익은: Algernon Cecil, *Metternich, 1773~1859*(London: Eyre and Spottiswood, 1947), p. 52.

36 "정치학의 위대한 원칙은": Metternich, *Aus Metternich's nachgelassenen Papieren*, 1:334.

37 "감상적인 정책은 어떠한 호혜주의도 알지 못한다.": *Briefwechsel des Generals Leopold von Gerlach mit dem Bundestags-Gesandten Otto von Bismarck*(Berlin, 1893), p. 334.

38 "아무튼 ~ 감정적 동맹은 없다.": Ibid.(February 20, 1854), p. 130.

39 "강대국의 정책을 뒷받침하는 유일하게 건전한 근거는": Horst Kohl, *Die politischen Reden des Fursten Bismarck*(Stuttgart, 1892), p. 264.

41 "감사하는 마음과 자신감은 ~ 보내 주지 않을 것이다.": *Bismarck, Die gesammelten Werke*(November 14, 1833), vol. 14, nos. 1, 3.

41 "정책은 가능성의 예술이고.": Ibid.(September 29, 1851), 1:62.

42 "프랑스 혁명보다 더 중대한 정치적 사건": 1871년 2월 9일 연설, Hansard, *Parliamentary Debates*, ser. 3, vol. 204(February~March 1871), p. 82.

43 독일의 전략이었던: 프로이센의 승리 방안을 구상하여 통일로 이끈 몰트케는 반대로 양쪽 전선에서의 방어를 계획했다.

44 제1차 세계대전은 ~ 발발했다.: 이러한 사태 전개에 대한 흥미로운 설명을 읽고 싶다면 다음을 참조. Christopher Clark, *The Sleepwalkers: How Europe Went to War*

in 1914(New York: HarperCollins, 2013)와 Margaret MacMillan, *The War That Ended Peace: The Road to 1914*(New York: Random House, 2013).

45 1920년대에 독일의 바이마르 공화국은: John Maynard Keynes, *The Economic Consequences of the Peace*(New York: Macmillan, 1920), 5장 참조.

46 그 원칙들의 잔여물은 ~ 계속해서 존재할 것이었다.: 6장과 7장 참조.

3장 | 이슬람교와 중동: 무질서의 세계

1 "역사상 처음으로 ~ 계획적으로 통합하기 위해": Adda B. Bozeman, "Iran: U.S. Foreign Policy and the Tradition of Persian Statecraft," *Orbis* 23, no. 2(Summer 1979): 397.

2 소집단을 이룬 아랍 협력자들이: Hugh Kennedy, *The Great Arab Conquests: How the Spread of Islam Changed the World We Live In*(London: Weidenfeld & Nicholson, 2007), pp. 34~40 참조.

3 "이슬람교를 받아들이면": Kennedy, *Great Arab Conquests*, p. 113.

4 세 대륙에 걸쳐 이슬람교가 빠른 속도로 번져나갔다는: Marshall G. S. Hodgson, *The Venture of Islam: Conscience and History in a World Civilization*, vol. 1, *The Classical Age of Islam*(Chicago: University of Chicago Press, 1974) 참조.

5 "이론적으로 다르 알 이슬람은": Majid Khadduri, *The Islamic Law of Nations: Shaybani's Siyar*(Baltimore: Johns Hopkins University Press, 1966), p. 13.

6 "마음으로, 말로, 손으로, 칼로": Majid Khadduri, *War and Peace in the Law of Islam*(Baltimore: Johns Hopkins University Press, 1955), p. 56. Kennedy, *Great Arab Conquests*, pp. 48~51; Bernard Lewis, *The Middle East: A Brief History of the Last 2,000 Years*(New York: Touchstone, 1997), pp. 233~238도 참조.

7 다른 종교들, 특히 기독교는: 이제는 민주주의와 인권이 전 세계적인 변혁을 북돋우는 역할을 한다는 점에서, 그러한 원칙들의 내용과 적용 가능성은 과거 진군하는 군대에 의해 개종된 성서의 지시보다도 훨씬 더 유연한 것으로 드러났다. 결국 서로 다른 민족의 민주 의지는 아주 다른 결과를 불러일으킬 수 있다.

8 "이슬람교 역사 초기에 등장한 법률 판결은 다음과 같았다.": Labeeb Ahmed Bsoul, *International Treaties* (Muʿāhadāt) in *Islam: Theory and Practice in the Light of Islamic International Law* (Siyar) *According to Orthodox Schools*(Lanham, Md.: University Press of America, 2008), p. 117.

9 "다르 알 하르브 사람들은": Khadduri, *Islamic Law of Nations*, p. 12. Bsoul,

International Treaties, pp. 108~109도 참조.

10 이 세계관을 이상화한 버전에서: James Piscatori, "Islam in the International Order," in *The Expansion of International Society*, ed. Hedley Bull and Adam Watson(New York: Oxford University Press, 1985), pp. 318~319; Lewis, *Middle East*, 305; Olivier Roy, Globalized Islam: *The Search for a New Ummah*(New York: Columbia University Press, 2004), 112 (현대 이슬람 시각에 관해); Efraim Karsh, *Islamic Imperialism: A History*(New Haven, Conn.: Yale University Press, 2006), pp. 230~231 참조. Khadduri, *War and Peace in the Law of Islam*, pp. 156~157도 참조. (비이슬람 세력이 차지한 영토가 다르 알 하르브의 일부로 바뀔 수 있는 전통적인 조건을 다룸)

11 두 파벌은 결국 ~ 형성했다.: 이 종파 분립과 그것이 갖는 현대적인 의미에 대한 분석은 Vali Nasr, *The Shia Revival: How Conflicts Within Islam Will Shape the Future*(New York: W. W. Norton, 2006)에서 찾아볼 수 있다.

12 초기 이슬람 제국과 마찬가지로 ~ '세계 질서': Brendan Simms, Europe: *The Struggle for Supremacy from 1453 to the Present*(New York: Basic Books, 2013), pp. 9~10; Black, *History of Islamic Political Thought*, pp. 206~207.

13 이러한 맥락에서 오스만 제국은 공식 문서에서: 오스만 제국의 공식 문서는 영어로 "항복문서"라고 불리는데, 이는 큰 오해를 불러일으킬 수 있다. 이는 어느 시점에서 오스만 제국이 "항복했기" 때문이 아니라 여러 장과 글로 나뉘어 있기 때문이다. (라틴어의 *capitula*)

14 "술탄들 중의 술탄이자": 술레이만 1세가 1526년 2월에 프랑스 프랑수아 1세에게 보낸 답장. Roger Bigelow Merriman, *Suleiman the Magnificent, 1520~1566*(Cambridge, Mass.: Harvard University Press, 1944), p. 130에 인용. Halil Inalcik, "The Turkish Impact on the Development of Modern Europe," in *The Ottoman State and Its Place in World History, ed. Kemal H. Karpat*(Leiden: E. J. Brill, 1974), pp. 51~53; Garrett Mattingly, *Renaissance Diplomacy*(New York: Penguin Books, 1955), p. 152도 참조. 약 500년 뒤에 양국 간에 긴장 관계가 형성되자 리제프 타이이프 에르도안 터키 총리는 니콜라 사르코지 프랑스 대통령에게 의식용 서한 사본을 전해주면서 "내 생각에 그가 읽었을 것 같지는 않습니다."라고 불평했다. "Turkey's Erdoğan: French Vote Reveals Gravity of Hostility Towards Muslims," *Today's Zaman*, December 23, 2011.

15 "유럽의 병자": 1853년에 러시아 황제 니콜라스 1세는 영국 대사에게 다음과 같이 말한 것으로 알려졌다. "우리에게는 병자가, 아주 위중한 병자가 있다. 필요한 합의가 이루어지기 전에 조만간 그가 사라진다면, 큰 불행이 생길 것이다." Harold

Temperley, *England and the Near East*(London: Longmans, Green, 1936), p. 272.

16 "칼리프를 향해 공격을 감행했다고": Sultan Mehmed-Rashad, "Proclamation," and Sheik-ul-Islam, "Fetva," *in Source Records of the Great War*, ed. Charles F. Horne and Walter F. Austin(Indianapolis: American Legion, 1930), 2:398~401. Hew Strachan, *The First World War*(New York: Viking, 2003), pp. 100~101.

17 "유대 민족의 국가 본거지를 팔레스타인에 세우는 것": 제임스 밸푸어가 1917년 11월 2일에 월터 로스차일드에게 보낸 편지. Malcolm Yapp, *The Making of the Modern Near East, 1792~1923*(Harlow: Longmans, Green), p. 290.

18 두 가지의 대립되는 추세가 나타났다.: Erez Manela, *The Wilsonian Moment: Self-Determination and the International Origins of Anticolonial Nationalism, 1917~1920*(Oxford: Oxford University Press, 2007) 참조.

19 이집트 수에즈 운하 지구를 지배한 영국에 내쫓긴 독실한 이슬람교도들의 비공식적인 모임으로 출발한: Roxanne L. Euben and Muhammad Qasim Zaman, eds., *Princeton Readings in Islamist Thought: Texts and Contexts from al-Banna to Bin Laden*(Princeton, N.J.: Princeton University Press, 2009), pp. 49~53 참조.

20 "오랫동안 완벽한 과학의 힘으로 빛났던": Hassan al-Banna, "Toward the Light," in ibid., pp. 58~59.

21 "이후 이슬람교도의 모국은 더욱 확대되어": Ibid., pp. 61~62.

22 가능하다면 이 싸움은 점진적이고: Ibid., pp. 68~70.

23 "인종, 피부색, 언어, 국가, 지역 및 국가별 이익에 기초한 낮은 연관성": Sayyid Qutb, *Milestones*, 2nd rev. English ed. (Damascus, Syria: Dar al-Ilm, n.d.), pp. 49~51.

24 "지구상의 인간이, 전 지구의 모든 인간이 자유를 얻을 때": Ibid., pp. 59~60, p. 72, p. 84, p. 137.

25 헌신적인 핵심 추종자들은: 쿠틉에서 빈 라덴까지 발전해 간 과정을 다룬 부분은 Lawrence Wright, *The Looming Tower: Al-Qaeda and the Road to 9/11* (New York: Random House, 2006) 참조.

26 미국은 시위대의 요구가 '자유'와: 버락 오바마가 2011년 2월 4일, 캐나다 하퍼(Harper)와의 공동 기자 회견 때 한 발언 ; 2011년 2월 6일 폭스뉴스와의 인터뷰 ; 2011년 2월 10일, 버락 오바마 대통령의 이집트 사태에 관한 발언 ; "Remarks by the President on Egypt" February 11, 2011.

27 "시리아의 미래는": 오바마 대통령이 2011년 8월 18일에 시리아 사태에 관해 한 발언. http://www.whitehouse.gov/the-press-office/2011/08/18/statement-president-obama-situation-syria

28 주요 당사자들은 스스로 ~ 생각했다.: Mariam Karouny, "Apocalyptic Prophecies

434

Drive Both Sides to Syrian Battle for End of Time," Reuters, April 1, 2014.

29 사우디아라비아에 군 병력을 배치하여: 사우디 유전을 장악하려는 사담 후세인의 시도를 저지하기 위한 사우디 당국의 요청에 따라.

30 오사마 빈 라덴은 공격에 앞서: "Message from Usama Bin-Muhammad Bin Ladin to His Muslim Brothers in the Whole World and Especially in the Arabian Peninsula: Declaration of Jihad Against the Americans Occupying the Land of the Two Holy Mosques; Expel the Heretics from the Arabian Peninsula," in FBIS Report, "Compilation of Usama bin Ladin Statements, 1994~January 2004," p. 13; Piscatori, "Order, Justice, and Global Islam," pp. 279~280 참조.

31 국가 전체가 통치되지 않으면: 이 현상에 대한 자세한 설명이 필요하다면, David Danelo, "Anarchy is the New Normal: Unconventional Governance and 21st Century Statecraft"(Foreign Policy Research Institute, October 2013) 참조.

4장 | 미국과 이란: 질서에 대한 접근법

1 "오늘날 ~ 엄연한 사실은": Ali Khamenei, "Leader's Speech at Inauguration of Islamic Awakening and Ulama Conference"(April 29, 2013), *Islamic Awakening* 1, no. 7(Spring 2013).

2 "이 최종 목표는 다름 아닌": Ibid.

3 "미국과 유럽 내에서의 발전은": Islamic Invitation Turkey, "The Leader of Islamic Ummah and Oppressed People Imam Sayyed Ali Khamenei: Islamic Awakening Inspires Intl. Events," November 27, 2011.

4 군주제에 대한 페르시아의 이상은: 이러한 전통을 증명해 주는 가장 유명한 예는 기원전 6세기에 아케메네스 제국을 세운 페르시아의 키로스 2세가 유대인 등의 억류된 민족들을 바빌론에서 해방시킨 경우이다. 바빌론에 입성하여 그곳 통치자를 끌어내린 뒤, 스스로 "세계 4개 지역의 왕"이라고 선언한 그는 바빌론의 모든 포로들이 자유의 몸이 되어 고향으로 돌아가게 될 것이고 모든 종교를 허용할 거라고 선언했다. 선구자처럼 종교 다원주의를 받아들인 키로스 2세는 2000년이 지난 뒤 토머스 제퍼슨에게 영감을 준 인물로 평가받는다. 제퍼슨은 크세노폰의 저서 『키로스의 교육(*Cyropedia*)』에 나온 이야기를 읽고 호의적인 의견을 밝혔다. "The Cyrus Cylinder: Diplomatic Whirl," *Economist*, March 23, 2013 참조.

5 "무엇보다도 그들은 자기 자신을 고귀하게 생각한다.": Herodotus, *The History*,

David Grene 번역(Chicago: University of Chicago Press, 1987), 1.131~135, pp. 95~97.

6 "북미의 미국 대통령은": Kenneth M. Pollack, *The Persian Puzzle: The Conflict Between Iran and America*(New York: Random House, 2004), pp. 18~19. John Garver, *China and Iran: Ancient Partners in a Post-imperial World*(Seattle: University of Washington Press, 2006)도 참조.

7 "위대한 내부 공간": Roy Mottahedeh, *The Mantle of the Prophet: Religion and Politics in Iran* (Oxford: Oneworld, 2002), p. 144; Reza Aslan, "The Epic of Iran," New York Times, April 30, 2006. 참조. 페르시아가 이슬람 지역에 진출한 지 200년 뒤에 작성된 아볼카셈 페르도우시의 서사시 「열왕기」는 이슬람교가 등장하기 전에 페르시아가 누린 전설적인 영광의 과거를 전해 주었다. 시아파 이슬람교도인 페르도우시는 그의 등장인물 중 하나가 한 시대의 마감을 한탄하며 건넨 애가를 통해 복잡한 페르시아인의 마음을 표현해 냈다. "빌어먹을 이 세계, 빌어먹을 이 시대, 빌어먹을 이 운명/ 그 야만적인 아랍인들이 나를 이슬람교도로 만들어 놨어."

8 "신중한 숨김": Sandra Mackey, *The Iranians: Persia, Islam, and the Soul of a Nation*(New York: Plume, 1998), p. 109n1 참조.

9 "제국주의자들과": Ruhollah Khomeini, "Islamic Government," in *Islam and Revolution: Writings and Declarations of Imam Khomeini* (*1941~1980*), Hamid Algar 번역(North Haledon, N.J.: Mizan Press, 1981), pp. 48~49.

10 "국가 간의 관계가": David Armstrong, *Revolution and World Order: The Revolutionary State in International Society*(New York: Oxford University Press, 1993), p. 192 에 인용.

11 "이슬람 정부"로: Khomeini, "Islamic Government," "The First Day of God's Government," and "The Religious Scholars Led the Revolt," in *Islam and Revolution*, p. 147, p. 265, pp. 330~331.

12 "우리는 ~ 원했다.": R. W. Apple Jr., "Will Khomeini Turn Iran's Clock Back 1,300 Years?," *New York Times*, February 4, 1979.

13 이러한 격변이 발생한 와중에: Charles Hill, *Trial of a Thousand Years: World Order and Islamism*(Stanford, Calif.: Hoover Institution Press, 2011), pp. 89~91 참조.

14 테헤란이 주장하는 이슬람 혁명의 의무는: 대체로 은밀히 이루어진 이 현상에 대한 설명은 불가피하게도 완전하지 않다. 일부는 테헤란과 탈레반, 알카에다 간의 제한된 협력을 주장하거나 적어도 암묵적인 합의를 주장했다. Thomas Kean, Lee Hamilton, et al., *The 9/11 Commission Report*(New York: W.

W. Norton, 2004), p. 61, p. 128, pp. 240~241, p. 468, p. 529; Seth G. Jones, "Al Qaeda in Iran," *Foreign Affairs*, January 29, 2012, http://www.foreignaffairs.com/ articles/137061/seth-g-jones/al-qaeda-in-iran 등 참조.

15 "이 고결하고 위대한 저자는": Akbar Ganji, "Who Is Ali Khamenei: The Worldview of Iran's Supreme Leader," *Foreign Affairs*, September/October 2013. Thomas Joscelyn, "Iran, the Muslim Brotherhood, and Revolution," Longwarjournal.org, January 28, 2011 도 참조.

16 "신성한 구절에 따라": 이란이슬람공화국 헌법(1979년 10월 24일) 1조 11항. 수정된 헌법.

17 "우리는 전 세계에 우리의 혁명을 수출하려고 노력해야 한다.": Khomeini, "New Year's Message"(1980년 3월 21일), *Islam and Revolution*, 286에 수록.

18 일시적으로 행사하고 있는: 이 상태는 이란 헌법에 정해져 있다. "은폐된 상태인 왈리 알 아스르(Wali al-'Asr, 현세의 주인, 숨겨진 이맘)(신이 자신의 재등장을 서두를 수도 있다.) 중에 움마(이슬람 공동체)의 권력은 공정하고 독실한 사람에게 맡겨진다. 그는 자기 시대의 상황을 완벽하게 알고 있고, 용기 있고, 지략이 넘치고, 행정 능력까지 갖고 있다. 그 사람이 107항에 따라 이 공직을 책임질 것이다." 수정된 이란이슬람공화국 헌법(1979년 10월 24일) 1조 5항. 이란혁명이 절정에 이른 단계에서 호메이니는 그가 은폐 상태에서 돌아온 구세주라는, 적어도 이 현상의 전조라는 주장을 차단하지 않았다. Milton Viorst, *In the Shadow of the Prophet: The Struggle for the Soul of Islam*(Boulder, Colo.: Westview Press, 2001), p. 192 참조.

19 "의심할 것 없이": Address by H. E. Dr. Mahmoud Ahmadinejad, President of the Islamic Republic of Iran, Before the Sixty-second Session of the United Nations General Assembly(New York: Permanent Mission of the Islamic Republic of Iran to the United Nations, September 25, 2007), p. 10.

20 "Vasalam Ala Man Ataba'al hoda": 마흐무드 아흐마디네자드가 2006년 5월 7일에 조지 W. 부시에게 보낸 서한. Council on Foreign Relations online library; "Iran Declares War," *New York Sun*, May 11, 2006.

21 "미국의 얼굴 ~ 꾸며": Arash Karami, "Ayatollah Khamenei: Nuclear Negotiations Won't Resolve US-Iran Differences," Al-Monitor.com Iran Pulse, February 17, 2014, http://iranpulse.al-monitor.com/index.php/2014/02/3917/ ayatollah-khamenei-nuclear-negotiations-wont-resolve-us-iran-differences에 인용된 글.

22 "레슬링 선수가 상대와 시합하면서": Akbar Ganji, "Frenemies Forever: The

Real Meaning of Iran's 'Heroic Flexibility,'" *Foreign Affairs*, September 24, 2013, http://www.foreignaffairs.com/articles/139953/akbar-ganji/frenemies-forever 에 인용된 글.

23 플루토늄 농축: 두 가지 종류의 물질, 즉 농축 우라늄과 플루토늄이 핵폭발을 일으키는 데 사용되었다. 플루토늄 반응을 관리하는 일이 농축 우라늄으로 폭발을 일으킬 때 필요한 작업보다 기술적으로 더 복잡하다고 생각되기 때문에 탈옥 능력을 막는 시도는 대부분 우라늄 농축 과정을 정지시키는 데 집중되어 왔다.(플루토늄 원자로는 우라늄을 연료로 공급받기도 하는데, 그렇게 하려면 우라늄에 접근할 수 있고 우라늄 처리 기술에 익숙해야 한다.) 이란은 우라늄 농축 능력과 플루토늄 생산 능력 모두를 갖추는 수준에 이르렀다. 두 능력 모두 협상의 주제로 다루어져 왔다.

24 그 협상 과정의 결과물은 2013년 11월에 체결된 잠정 합의안이었다.: 협상 기록에 대한 이 설명은 다수의 자료에서 설명된 행사와 제안을 참조했다. 예를 들면 Arms Control Association, "History of Official Proposals on the Iranian Nuclear Issue," January 2013; Lyse Doucet, "Nuclear Talks: New Approach for Iran at Almaty," BBC.co.uk, February 28, 2013; David Feith, "How Iran Went Nuclear," *Wall Street Journal*, March 2, 2013; Lara Jakes and Peter Leonard, "World Powers Coax Iran into Saving Nuclear Talks," *Miami Herald*, February 27, 2013; Semira N. Nikou, "Timeline of Iran's Nuclear Activities"(United States Institute of Peace, 2014); "Timeline: Iranian Nuclear Dispute," Reuters, June 17, 2012; Hassan Rohani, "Beyond the Challenges Facing Iran and the IAEA Concerning the Nuclear Dossier"(speech to the Supreme Cultural Revolution Council), *Rahbord*, September 30, 2005, pp. 7~38, FBISIAP20060113336001; Steve Rosen, "Did Iran Offer a 'Grand Bargain' in 2003?," *American Thinker*, November 16, 2008; and Joby Warrick and Jason Rezaian, "Iran Nuclear Talks End on Upbeat Note," *Washington Post*, February 27, 2013.

25 "전투가 계속되고 있음을 강조한 이유는": 아야톨라 알리 하메네이가 이란 국회에서 한 발언, Fars News Agency, KGS NightWatch news report, May 26, 2014 번역 및 발췌.

26 행정부 대변인들은: David Remnick, "Going the Distance," *New Yorker*, January 27, 2014.

27 "오늘 우리는 ~ 시작했습니다.": 1994년 7월 26일, 이츠하크 라빈의 미국 양원 합동회의에서의 연설, online archive of the Yitzhak Rabin Center.

5장 | 아시아의 다양성

1   근대 서구 열강들이 출현하기 전까지: Philip Bowring, "What Is 'Asia'?," *Far Eastern Economic Review*, February 12, 1987.

2   "근대적 국제 관계의 기본 원칙": Qi Jianguo, "An Unprecedented Great Changing Situation: Understanding and Thoughts on the Global Strategic Situation and Our Country's National Security Environment," *Xuexi shibao*[*Study Times*], January 21, 2013, James A. Bellacqua and Daniel M. Hartnett 번역(Washington, D.C.: CNA, April 2013).

3   아시아의 전통적인 외교 체제에서: Immanuel C. Y. Hsu, *The Rise of Modern China*(New York: Oxford University Press, 2000), pp. 315~317; Thant Myint-U, *Where China Meets India*(New York: Farrar, Straus and Giroux, 2011), pp. 77~78; John W. Garver, *Protracted Contest: Sino-Indian Rivalry in the Twentieth Century*(Seattle: University of Washington Press, 2001), pp. 138~140; Lucian W. Pye, *Asian Power and Politics*(Cambridge, Mass.: Harvard University Press, 1985), pp. 95~99; Brotton, *History of the World in Twelve Maps*, chap. 4 참조.

4   그러나 일본은 ~ 적응하고 나서도: David C. Kang, *East Asia Before the West: Five Centuries of Trade and Tribute*(New York: Columbia University Press, 2010), pp. 77~81 등 참조.

5   일본 사회와 일본식 세계 질서의 정점에는: Kenneth B. Pyle, *Japan Rising*(New York: Public Affairs, 2007), p. 37.

6   "일본은 신성한 국가이다.": John W. Dower, *War Without Mercy: Race and Power in the Pacific War*(New York: Pantheon, 1986), p. 222.

7   1590년에 ~ 무사 도요토미 히데요시는: Samuel Hawley, *The Imjin War: Japan's Sixteenth-Century Invasion of Korea and Attempt to Conquer China*(Seoul: Royal Asiatic Society, Korea Branch, 2005) 참조.

8   결론이 나지 않는 협상과 파괴적인 전투가 5년 동안 계속되다가: Kang, *East Asia Before the West*, pp. 1~2, pp. 93~97.

9   외교적으로 대등한 관계에서 이루어진: Hidemi Suganami, "Japan's Entry into International Society," in Bull and Watson, *Expansion of International Society*, p. 187.

10 하지만 중국 상인들은 선별된 장소에서는 활동할 수 있었다.: Marius Jansen, *The Making of Modern Japan*(Cambridge, Mass.: Belknap Press of Harvard University Press, 2002), p. 87.

11 "외국인들을 내쫓으라는 칙령": Suganami, "Japan's Entry into International

Society," pp. 186~189.

12 "만약 일본 왕이": 밀러드 필모어 대통령이 일본 왕에게 보낸 서한(1853년 7월 14일 페리 제독이 전달), Francis Hawks and Matthew Perry, *Narrative of the Expedition of an American Squadron to the China Seas and Japan, Performed in the Years 1852, 1853, and 1854, Under the Command of Commodore M. C. Perry, United States Navy, by Order of the Government of the United States*(Washington, D.C.: A. O. P. Nicholson, 1856), pp. 256~257에서.

13 "우리 선조들의 법이 가장 적극적으로 금지하는 것이지만": 필모어 대통령의 서한에 대한 일본 측의 답장 번역 내용, ibid., pp. 349~350.

14 "1. 이 서약으로": 메이지 서문, *Japanese Government Documents*, ed. W. W. McLaren(Bethesda, Md.: University Publications of America, 1979), p. 8.

15 "아시아의 새로운 질서": 1941년 12월 7일에 미 국무부 장관 코델 헐에게 전달된 일본의 각서. Pyle, *Japan Rising*, p. 207에 인용.

16 미일 관계의 기초를 공고히 한: Yasuhiro Nakasone, "A Critical View of the Postwar Constitution"(1953), in *Sources of Japanese Tradition*, ed. Wm. Theodore de Bary, Carol Gluck, and Arthur E. Tiedemann(New York: Columbia University Press, 2005), 2:1088~1089 등 참조. 나카소네는 미국 학계를 경험하려는 젊은 지도자들을 위한 프로그램인 '인터내셔널 세미나'의 일원으로 하버드에 잠시 머무는 동안 연설을 한 적이 있다. 그는 "일본과 미국의 영원한 친선 관계에 박차를 가하기 위해서는 일본의 독립적인 방위 능력이 강화되어야 하고 미국과의 관계가 더욱 동등한 기반 위에 형성되어야 한다"고 주장했다. 30년 뒤 일본 수상이 된 나카소네는 로널드 레이건 미국 대통령과 함께 이러한 정책을 추구하여 좋은 결과를 낳았다.

17 "일본의 안보 환경이 점점 더 심각해지기 때문에": National Security Strategy (Provisional Translation)(Tokyo: Ministry of Foreign Affairs, December 17, 2013), pp. 1~3. 일본 내각이 채택한 이 문서에 따르면 이 문서의 원칙들이 "향후 10년 이후까지 일본의 국가 안보 정책을 이끌어 나갈 것이다."

18 "인간의 변화무쌍한 긴 역사를": S. Radhakrishnan, "Hinduism," in *A Cultural History of India*, ed. A. L. Basham(New Delhi: Oxford University Press, 1997), pp. 60~82.

19 "기독교인과 향료를 찾아": 대표적인 예는 포르투갈 탐험가, 바스코 다 가마가 캘리컷 왕(King of Calicut, 현재 인도의 코지코데를 말함. 당시에는 세계 향료무역의 중심지였다.)을 설명한 내용이다. 다 가마와 그의 선원들은 향료와 보석용 원석을 거래하며 번창한 인도의 무역을 통해 이익을 얻을 수 있었다. 그들은 또

한 수많은 중세 및 근대 초기 유럽인들이 아프리카나 아시아 어딘가에 살고 있다고 믿은 강력한 기독교 왕, '프레스터 존'의 전설에도 영향을 받았다. Daniel Boorstin, *The Discoverers*(New York: Vintage Books, 1985), pp. 104~106, pp. 176~177.

20 힌두교의 고전: *The Bhagavad Gita*, Eknath Easwaran 번역(Tomales, Calif.: Nilgiri Press, 2007), pp. 82~91; Amartya Sen, *The Argumentative Indian: Writings on Indian History, Culture, and Identity*(New York: Picador, 2005), pp. 3~6.

21 영원한 가치를 배경으로: Pye, *Asian Power and Politics*, pp. 137~141.

22 "정복자는 (언제나)": Kautilya, *Arthashastra*, L. N. Rangarajan 번역(New Delhi: enguin Books India, 1992), 6.2.35~37, p. 525.

23 "만약 (중략) 그 정복자가 우월하다면": Ibid., 9.1.1, p. 588. 프로이센의 프리드리히 대제는 약 2000년 뒤 오스트리아의 부유한 실레지아 지방을 점령하기 전날, 비슷한 평가를 내렸다. 1장 참조.

24 "정복자는 ~ 하나의 바퀴라고 생각할 것이다.": Ibid., 6.2.39~40, p. 526.

25 "자신의 힘을 키우는 작업에 착수하고": Ibid., 9.1.21, p. 589.

26 "이웃 국가의 왕이 다른 국가와 싸우게 만들어": Ibid., 7.6.14, 15, p. 544.

27 "그 집단에 속한 모든 국가들": Roger Boesche, *The First Great Political Realist: Kautilya and His "Arthashastra"*(Lanham, Md.: Lexington Books, 2002), 46; Kautilya, Arthashastra, 7.13.43, 7.2.16, 9.1.1~16, pp. 526, p. 538, pp. 588~589 참조.

28 카우틸랴는 ~ 분명하게 주장했다.: 카우틸랴의 개념에서 세계적인 정복자의 영역은 "북쪽의 히말라야 산맥에서부터 남쪽의 바다에 이르고 동서로는 1천 요자나(yojana, 인도의 거리 단위 — 옮긴이)에 이르는 지역"이었다. 현대의 파키스탄, 인도, 방글라데시를 말한다. Kautilya, *Arthashastra*, 9.1.17, p. 589.

29 『아르타샤스트라』는 ~ 조언했다.: Boesche, *First Great Political Realist*, pp. 38~42, pp. 51~54, pp. 88~89 참조.

30 "급진적 '마키아벨리주의'의 진정한 예": Max Weber, "Politics as a Vocation," ibid., p. 7에 인용.

31 『아르타샤스트라』의 지시를 따랐든 아니든: 오늘날 아소카 왕은 불교와 비폭력을 설교한 인물로 존경받는다. 그는 정복을 모두 마친 뒤에야 불교와 비폭력주의를 채택했고, 그것들은 그의 통치에 힘을 실어 주었다.

32 '대중동과 융합'되었다.: Robert Kaplan, *The Revenge of Geography: What the Map Tells Us About Coming Conflicts and the Battle Against Fate*(New York: Random House, 2012), p. 237.

33 "우리는 넋이 나간 채 세계 절반을 정복하여 식민화한 듯하다.": John Robert

Seeley, *The Expansion of England: Two Courses of Lectures*(London: Macmillan, 1891), p. 8.

34 "인도라는 나라는 과거에도 지금에도 결코 존재하지 않는다.": Sir John Strachey, India(London: Kegan, Paul, Trench, 1888), Ramachandra Guha, *India After Gandhi: The History of the World's Largest Democracy*(New York: Ecco, 2007), p. 3에 인용.

35 "어떤 정책을 세우든": Jawaharlal Nehru, "India's Foreign Policy"(1947년 12월 4일 뉴델리 제헌의회에서 한 연설) *Independence and After: A Collection of Speeches, 1946~1949* (New York: John Day, 1950), pp. 204~205에 수록.

36 "우리는 ~ 어떤 진영에도 연루되지 않을 계획이다.": Baldev Raj Nayar and T. V. Paul, *India in the World Order: Searching for Major-Power Status*(New York: Cambridge University Press, 2003), pp. 124~125에 인용.

37 "인도 대표단이 ~ 터무니없고 현명치 못한 행동이 되었을 것이다.": Ibid., p. 125 에 인용.

38 "우리 아시아, 아프리카 국가들은": Jawaharlal Nehru, "Speech to the Bandung Conference Political Committee"(1955), G. M. Kahin, *The Asian-African Conference*(Ithaca, N.Y.: Cornell University Press, 1956), p. 70에 수록.

39 "(1) 서로의 영토 보전과 주권에 대한 상호 존중": 1954년 4월 29일, 베이징 에서 조인된 중국 티베트 지역과 인도 간의 무역 및 교류에 관한 협정, United Nations Treaty Series, vol. 299(1958), p. 70.

40 다들 임시 국경선으로 생각한: 이 책을 쓰고 있는 지금 아프가니스탄은 파키스 탄과의 어떠한 국경선도 공식적으로 인정하지 않는다.; 인도와 파키스탄은 카 슈미르 지역을 놓고 다툰다. ; 인도와 중국은 아카사이친(Akasai Chin)과 아루나 찰프라데시(Arunachal Pradesh) 주를 놓고 다투고 있다. 두 국가는 1962년에 이 지역을 두고 전쟁을 벌였다.; 인도와 방글라데시는 서로의 영토에 존재하는 수 십 개의 고립 영토 문제를 협상을 통해 해결하겠다고 약속했지만, 아직까지 합 의안을 비준하지 않았다. 그리고 이 지역의 순찰권을 놓고 충돌했다.

41 더 큰 이슬람 세계: Pew Research Center Forum on Religion and Public Life, *The Global Religious Landscape: A Report on the Size and Distribution of the World's Major Religious Groups as of 2010*(Washington, D.C.: Pew Research Center, 2012), p. 22 참조.

42 지리적으로 아시아 열강에 속하고: '유럽 러시아', 즉 우랄 산맥 서쪽의 러시아 영토는 광활한 러시아 영토의 가장 서쪽 지역을 구성한다.

6장 | 아시아의 질서를 향해: 충돌이냐 협력 관계냐?

1   "중국 중심의": Mark Mancall, "The Ch'ing Tribute System: An Interpretive Essay," *The Chinese World Order*, ed. John K. Fairbank(Cambridge, Mass.: Harvard University Press, 1968), p. 63에 인용.

2   중국 외무부는: Mark Mancall, *China at the Center: 300 Years of Foreign Policy*(New York: Free Press, 1984), pp. 16~20; Jonathan Spence, *The Search for Modern China*, 2nd ed.(New York: W. W. Norton, 1999), pp. 197~202 참조.

3   "그들의 눈을 ~ 정교한 의복과 마차를 줘라.": Ying-shih Yü, *Trade and Expansion in Han China: A Study in the Structure of Sino-Barbarian Economic Relations*(Berkeley: University of California Press, 1967), p. 37.

4   "넓은 세상을 움직이는": 건륭(Qianlong)이 조지 3세에게 내린 최초의 칙령 (1793년 9월), *The Search for Modern China: A Documentary Collection*, ed. Pei-kai Cheng, Michael Lestz, and Jonathan Spence(New York: W. W. Norton, 1999), p. 105에 수록.

5   영국의 섭정왕자: 지능이 떨어진 조지 3세를 대신해서 통치하고 있었다.

6   "지금부터는 ~ 더 이상 특사를 보낼 필요가 없다.": "The Emperor of China," *Chinese Recorder* 29, no. 10(1898): pp. 471~473.

7   "우주를 통치하라는 하늘의 명을 경건하게 받들어,": *Papers Relating to Foreign Affairs Accompanying the Annual Message of the President to the First Session of the Thirty-eighth Congress*(Washington, D.C.: U.S. Government Printing Office, 1864), Document No. 33("Mr. Burlingame to Mr. Seward, Peking, January 29, 1863"), 2:846~848.

8   "지난 40년 동안": James Legge, *The Chinese Classics; with a Translation, Critical and Exegetical Notes, Prolegomena, and Copious Indexes*, vol. 5, pt. 1(Hong Kong: Lane, Crawford, 1872), pp. 52~53.

9   제2차 세계대전이 끝났을 때 승리한 연합군 측에 속해 있었지만: Rana Mitter, *Forgotten Ally: China's World War II, 1937~1945*(Boston: Houghton Mifflin Harcourt, 2013) 참조.

10   "끝없는 주기는": "Sixty Points on Working Methods — a Draft Resolution from the Office of the Centre of the CPC: 19.2.1958," *Mao Papers: Anthology and Bibliography, ed. Jerome Ch'en*(London: Oxford University Press, 1970), pp. 63~66 에 인용.

11   흥미롭게도 ~ CIA분석에 따르면: "National Intelligence Estimate 13-7-70:

Communist China's International Posture"(November 12, 1970), *Tracking the Dragon: National Intelligence Estimates on China During the Era of Mao, 1948~1976*, ed. John Allen, John Carver, and Tom Elmore(Pittsburgh: Government Printing Office, 2004), pp. 593~594에 인용.

12 하버드대학에서 발표한 한 연구서에 따르면: Graham Allison, "Obama and Xi Must Think Broadly to Avoid a Classic Trap," *New York Times*, June 6, 2013; Richard Rosecrance, *The Resurgence of the West: How a Transatlantic Union Can Prevent War and Restore the United States and Europe*(New Haven, Conn.: Yale University Press, 2013) 참조.

13 미국의 이른바 아시아로의 회귀 정책: 2009년 2월 13일 힐러리 클린턴 국무장관은 한 연설에서 오바마 정부의 "동아시아에 대한 피봇 정책"을 선언했다. 이 정책의 범위가 완벽하게 다듬어진 것은 아니다.

14 "사실 국가의 주권은": Zhu Majie, "Deng Xiaoping's Human Rights Theory," *Cultural Impact on International Relations*, ed. Yu Xintian, Chinese PhilosophicalStudies(Washington, D.C.: Council for Research in Values and Philosophy, 2002), p. 81에 인용된 내용.

15 참여자 수가 적고: 제1차 세계대전 이전의 유럽은 독일 통일로 주요 참여국이 5개국으로 줄었다. 2장 참조.

7장 | "모든 인간을 위한 행동": 미국과 미국의 질서 개념

1 "영국의 사상과 일치하는 자유": 에드먼드 버크, "미국과의 화해에 관한 연설"(1775년), *On Empire, Liberty, and Reform: Speeches and Letters*, ed. David Bromwich (New Haven, Conn.: Yale University Press, 2000), pp. 81~83. 버크는 미국 혁명에 공감했다. 미국 혁명이 영국식 자유의 자연스러운 진화 결과라고 생각했기 때문이었다. 그는 프랑스 혁명에는 반대했는데, 프랑스 혁명이 여러 세대가 힘겹게 일군 결과와 함께 유기적인 성장의 전망을 망가트렸다고 생각했기 때문이다.

2 뉴잉글랜드 지역에서: Alexis de Tocqueville, "Concerning Their Point of Departure," in *Democracy in America*, George Lawrence 번역(New York: Harper & Row, 1969), pp. 46~47.

3 "우리는 ~ 행동하고 있다고 생각한다.": Paul Leicester Ford, ed., *The Writings of Thomas Jefferson*(New York: G. P. Putnam's Sons, 1892~1899), 8:158~159,

Robert W. Tucker and David C. Hendrickson, *Empire of Liberty: The Statecraft of Thomas Jefferson*(New York: Oxford University Press, 1990), p. 11에 인용된 내용.

4 "솔직하게 자기 생각을 털어놨다.": 제퍼슨이 1823년 10월 24일에 먼로에게 한 이야기, "Continental Policy of the United States: The Acquisition of Cuba," *United States Magazine and Democratic Review*, April 1859, 23에 발췌된 내용.

5 "그때 우리 합중국에 북쪽(캐나다)을 포함시키기만 하면 됩니다.": 제퍼슨이 1809년 4월 27일에 매디슨에게 한 이야기, ibid.

6 초기 이주자들에게: 영국이나 북유럽에서 건너온 이주자들에게는 이 이야기가 대체로 맞았다. 스페인에서 온 이주자들은 원주민들이 살던 신세계를 기독교로 개종시켜야 할 대상으로 생각했다.

7 "우리는 ~ 이스라엘의 하느님이 우리 사이에 있음을 알게 될 것이다.": John Winthrop, "A Model of Christian Charity"(1630). Brendan Simms, *Europe*, p. 36 참조.

8 "여러 가지 점에서 세계에서 가장 흥미로운 제국": Publius [Alexander Hamilton], *The Federalist* 1, Alexander Hamilton, James Madison, and John Jay, *The Federalist Papers*(New York: Mentor, 1961), pp. 1~2에 수록. '제국'이라는 표현은 완전히 독립된 주권 국가를 의미했다.

9 "우리의 명백한 운명을": John O'Sullivan, "Annexation," *United States Magazine and Democratic Review*, July~August 1845, p. 5.

10 "국제 사회의 일원이 된 이후로": John Quincy Adams, "An Address Delivered at the Request of the Committee of Citizens of Washington, 4 July 1821" (Washington, D.C.: Davis and Force, 1821), pp. 28~29.

11 "(미국은) ~ 외국에 가지 않는다.": Ibid.

12 "그뿐만 아니라 ~ 잘 알려져 있다.": Jedidiah Morse, *The American Geography; or, A View of the Present Situation of the United States of America*, 2nd ed.(London: John Stockdale, 1792), pp. 468~469, *Manifest Destiny and American Territorial Expansion: A Brief History with Documents*, ed. Amy S. Greenberg(Boston: Bedford/St. Martin's, 2012), p. 53에 발췌된 내용.

13 "동쪽에서 서쪽으로 이동하고 있다는": "세계 제국의 이동(translatio imperii mundi)"은 이론적으로 최고의 정치적 열강이 시공간적으로 이동한다고 생각했다. 바빌론에서 페르시아로, 그리스로, 로마로, 프랑스 또는 독일로, 그다음에는 영국으로 이동해 가고, 모스의 생각에는 결국 미국으로 이동해 간다. 조지 버클리(George Berkeley)의 「미국에 이식된 예술과 학문의 전망에 대해 노래함 (Verses on the Prospect of Planting Arts and Learning in America)」에도 유명한 구

절이 등장한다. : 제국은 늘 서쪽으로 향했지/이미 4장은 지나갔고,/이제 다섯 번째 장이 나오면 막이 내릴 것이다/우리 시대에 가장 아름다운 후예가 마지막으로 등장하리라)."

14 "미국 국민들이 여러 나라 출신이고": John O'Sullivan, "The Great Nation of Futurity," *United States Magazine and Democratic Review*, November 1839, pp. 426~427.

15 "프랑스와 영국뿐 아니라 유럽 전체의 모든 총검과 대포를 적을 향해 던진다 해도": O'Sullivan, "Annexation," pp. 9~10.

16 절박해진 남북 진영이 ~ 총력전으로 확대되자: Amanda Foreman, *A World on Fire: Britain's Crucial Role in the American Civil War*(New York: Random House, 2011); Howard Jones, *Blue and Gray Diplomacy: A History of Union and Confederate Foreign Relations*(Chapel Hill: University of North Carolina Press, 2009) 참조.

17 모두 해산해 버렸다.: Foreman, World on Fire, p. 784. 남북전쟁이 끝날 때 미군 병사는 103만 4064명이었는데, 18개월 뒤, 5만 4302명의 정규군과 1만 1000명의 자원병으로 줄어들었다.

18 1890년 미 육군은 ~ 차지했고: Fareed Zakaria, *From Wealth to Power: The Unusual Origins of America's World Role*(Princeton, N.J.: Princeton University Press, 1998), p. 47.

19 "그 외교 정책에서 벗어나지 않을 것이다.": 그로버 클리블랜드, 1885년 3월 4일 첫 번째 취임 연설, *The Public Papers of Grover Cleveland*(Washington, D.C.: Government Printing Office, 1889), p. 8에 수록.

20 "오늘날 미국은 실질적으로": Thomas G. Paterson, J. Garry Clifford, and Kenneth J. Hagan, *American Foreign Policy: A History*(Lexington, Mass.: D. C. Heath, 1977), p. 189.

21 "우리 미국 국민은": 시어도어 루스벨트, 1905년 3월 4일 취임 연설, *United States Congressional Serial Set 484*(Washington, D.C.: Government Printing Office, 1905), p. 559에 수록.

22 "정직한 사람은 폭력이 존재하는 거친 신생 집단에서": 시어도어 루스벨트, 노벨상 수락 연설(1910년 5월 5일), "국제 평화(International Peace)," *Peace: 1901~1925: Nobel Lectures*(Singapore: World Scientific Publishing Co., 1999), p. 106에 수록.

23 "아직은 잘못된 행위를 ~ 수립될 것 같지 않다.": 1902년 루스벨트의 의회 발언, John Morton Blum, *The Republican Roosevelt*(Cambridge, Mass.: Harvard University Press, 1967), p. 137에 인용.

24 "가장 인도주의적이고 ~ 우울합니다.": 1907년 12월 21일, 루스벨트가 스프링 라이스에게 보낸 편지, *The Selected Letters of Theodore Roosevelt*, ed. H. W. Brands(Lanham, Md.: Rowman & Littlefield, 2001), p. 465에 수록.

25 "미국은 ~ 대규모 해군이 필요하다.": Theodore Roosevelt, review of *The Influence of Sea Power upon History*, by Alfred Thayer Mahan, Atlantic Monthly, October 1890.

26 "유리한 입장을 확보할 수 있다고": Theodore Roosevelt, "The Strenuous Life," in *The Strenuous Life: Essays and Addresses*(New York: Century, 1905), p. 9.

27 이는 ~ 놀랍도록 야심찬 비전이었다.: 1902년에 독일과 영국의 전함이 한참 전에 끝났어야 했던 대출을 집행하기 위해 만성적인 채무국인 베네수엘라를 향해 나아갔을 때, 루스벨트는 상환을 통해 어떠한 영토적, 정치적 권력 강화도 도모하지 않겠다는 확답을 요구했다. 독일 대표가 '영구적인' 영토 획득을 포기하는 경우만을 약속하자(영국이 비슷한 상황의 이집트에서, 그리고 영국과 독일이 중국에서 확보한 99년간의 조차권은 남겨 두고), 루스벨트는 전쟁을 일으키겠다고 위협했다. 그는 곧바로 남쪽의 미국 함대에 명령을 내리고 언론에 베네수엘라 항구 지도를 배포했다. 이 전술은 통했다. 빌헬름 황제가 체면을 세우면서 위기에서 벗어날 수 있도록 루스벨트가 침묵을 지키자, 베네수엘라에서 제국주의적 야심을 펼치려던 독일은 결정적인 비난을 받았다. Edmund Morris, *Theodore Rex*(New York: Random House, 2001), pp. 176~182.

28 "부정한 행동이나 무능한": 1904년 루스벨트의 연두교서, HR 58A-K2, Records of the U.S. House of Representatives, RG 233, Center for Legislative Archives, National Archives.

29 "이 국가는 ~ 바란다.": Ibid.

30 이 야심찬 개념을 뒷받침해 주고 있었다.: 미국이 전념을 다하고 있음을 보여 주기 위해 루스벨트는 직접 운하지대의 공사현장을 방문했다. 현직 대통령이 미국 대륙을 떠난 경우는 처음이었다.

31 "일관되게 우리 미국에게 ~ 정책을 추구하는": Morris, *Theodore Rex*, p. 389.

32 "하와이 제도를 요구할지 모른다고": Ibid., p. 397.

33 "일본이 ~ 직접 대면하게 만드는": 1904년 루스벨트의 의회 발언, Blum, *Republican Roosevelt*, p. 134에 인용.

34 "전 세계를 순양했다.": Morris, *Theodore Rex*, p. 495.

35 "나는 일본과 전쟁을 벌일 것으로 생각하지는 않는다.": 1908년 4월 19일에 루스벨트가 커밋 루스벨트에게 보낸 편지. Brands, *Selected Letters*, pp. 482~483.

36 "내가 ~ 명심해 주기 바랍니다." 1908년 3월 21일, 루스벨트가 찰스 S. 스페리

제독에게 보낸 편지, ibid., p. 479.

37 "독일이 ~ 생각하지 않습니까": 1914년 10월 3일, 루스벨트가 휴고 문스터베르크에게 보낸 편지, ibid., p. 823.

38 문명은 이로운 결과를 내면서 확산되고 강화될 것이었다.: James R. Holmes, *Theodore Roosevelt and World Order: Police Power in International Relations*(Washington, D.C.: Potomac Books, 2007), pp. 10~13, pp. 68~74.

39 "우리의 말은 우리의 행동에 의해 판단되어야 한다.": Roosevelt, "International Peace," p. 103.

40 "우리는 ~ 늘 기억해야 합니다.": 1906년 8월 6일 루스벨트가 카네기에게 한 말, Brands, *Selected Letters*, p. 423.

41 "그것은 마치": 우드로 윌슨, 웨스트포인트 졸업식 연설(1916년 6월 13일), *Papers of Woodrow Wilson*, ed. Arthur S. Link(Princeton, N.J.: Princeton University Press, 1982), 37:212.

42 "인간의 자유를 위한 마지막 전쟁이 될": 우드로 윌슨, 평화의 조건에 대한 양원합동회의 연설(1918년 1월 8일) ("14개조 조항"), A. Scott Berg, *Wilson*(New York: G. P. Putnam's Sons, 2013), p. 471에 인용.

43 '냉각' 기간이: 미국은 볼리비아, 브라질, 칠레, 중국, 코스타리카, 덴마크, 에콰도르, 프랑스, 영국, 과테말라, 온두라스, 이탈리아, 노르웨이, 파라과이, 페루, 포르투갈, 러시아, 스페인과 그러한 중재 조약을 맺었다. 미국은 스웨덴, 우루과이, 아르헨티나, 도미니카공화국, 그리스, 네덜란드, 니카라과, 파나마, 페르시아, 엘살바도르, 스위스, 베네수엘라와는 협상을 시작했다. *Treaties for the Advancement of Peace Between the United States and Other Powers Negotiated by the Honorable William J. Bryan, Secretary of State of the United States, with an Introduction by James Brown Scott*(New York: Oxford University Press, 1920).

44 "우리는 이기적인 목적을 갖고 있지 않다.": 우드로 윌슨이 1917년 4월 2일에 의회에 보낸 교서, *U.S. Presidents and Foreign Policy from 1789 to the Present*, ed. Carl C. Hodge and Cathal J. Nolan(Santa Barbara, Calif.: ABC-CLIO, 2007), p. 396에 수록.

45 "이것들은 미국의 원칙이자": 1917년 1월 22일 "승리 없는 평화(Peace Without Victory)," *American Journal of International Law* 11 부록(1917): 323에 수록.

46 "민주 국가는": 윌슨이 1917년 4월 2일에 의회에 보낸 교서, *President Wilson's Great Speeches, and Other History Making Documents*(Chicago: Stanton and Van Vliet, 1917), pp. 17~18에 수록.

47 "독일 국민에게 일어날 수 있는 최악의 상황은 이렇다.": 1917년 12월 4일, 우

드로 윌슨 5차 교서, *United States Congressional Serial Set 7443*(Washington, D.C.: Government Printing Office, 1917), p. 41에 수록.

48 "모든 독재 권력을 파괴하거나": Woodrow Wilson, "An Address at Mount Vernon," July 4, 1918, Link, *Papers*, 48:516에 수록.

49 "독재적인 정부가 ~ 믿을 수 없기 때문에": 윌슨이 1917년 4월 2일에 의회에 보낸 교서, *President Wilson's Great Speeches*, p. 18.

50 "우선 독재 정권에게 ~ 보여 줘야": 1917년 12월 4일, 윌슨의 5차 교서, *The Foreign Policy of President Woodrow Wilson: Messages, Addresses and Papers*, ed. James Brown Scott(New York: Oxford University Press, 1918), p. 306에 수록.

51 "규약을 감히 시도하지 못할 것이다.": Ibid. Berg, Wilson, pp. 472~473.

52 "세계는 ~ 진입할 것이다.": 우드로 윌슨, 1919년 5월 30일 전병장병 추모일에 슈헨 묘지에서 한 말, Link, *Papers*, 59:608~609에 수록.

53 "수많은 소국들 중 다수는": 로이드 조지가 1919년 3월 25일에 윌슨에게 보낸 비망록, Ray Stannard Baker, ed., *Woodrow Wilson and World Settlement* (New York: Doubleday, Page, 1922), 2:450에 수록. 새로운 국경선이 그어진, 그리 이상적이지 않은 과정에 대한 회의 참가자들의 설명은 Harold Nicolson, *Peacemaking, 1919*(1933; London: Faber & Faber, 2009)를 참조. 동시대의 분석을 원하면 Margaret MacMillan, *Paris 1919: Six Months That Changed the World*(New York: Random House, 2002) 참조.

54 "세력 균형이 아니라 힘의 공동체를": 1917년 1월 22일 연설, Link, *Papers*, 40:536~537.

55 국제 연맹 구상에서 모든 국가들은: 1917년 4월 2일 윌슨이 의회에 보낸 교서, *President Wilson's Great Speeches*, p. 18.

56 "평화에 관한 개방된 규약들": 평화의 조건에 관한 양원 합동회의에서의 윌슨의 연설(1918년 1월 8일) ("14개조 조항"), *President Wilson's Great Speeches*, p. 18. Berg, Wilson, pp. 469~472.

57 미국의 결정을 촉발했다기보다: 유엔은 평화 유지 활동에 유용한 메커니즘을 제공했다. 주요 강대국들이 자신들의 군대가 직접적으로 관여하지 않은 지역에서 그들 간의 협정을 주시해야 할 필요성에 이미 동의한 경우, 유엔은 국제 연맹보다 훨씬 더 중요한 기능을 수행했다. 유엔은 그렇지 않았으면 어려웠을 외교상의 접촉을 위한 토론장 역할을 하고, 몇 가지 중요한 평화 유지 기능을 수행했을 뿐 아니라 다수의 인도주의적 사업을 주도했다. 이러한 국제기구들이 해내지 못했고 완수할 수 없었던 것은 주요 강대국들의 의견이 다를 때 저항할 방법을 규정하거나 어떤 구체적인 행동을 공격으로 간주할 수 있는지에 대해 판가

름하는 일이었다.

58 조사서를 제출하면서: "Differences Between the North Atlantic Treaty and Traditional Military Alliances," appendix to the testimony of Ambassador Warren Austin, April 28, 1949, in U.S. Senate, Committee on Foreign Relations, *The North Atlantic Treaty*, hearings, 81st Cong., 1st sess.(Washington, D.C.: Government Printing Office, 1949), pt. I.

59 "나는 그런 연맹에 찬성한다.": 1918년 11월 19일, 루스벨트가 제임스 브라이스에게 보낸 편지, *The Letters of Theodore Roosevelt*, ed. Elting E. Morrison(Cambridge, Mass.: Harvard University Press, 1954), 8:1400.

60 침략국이 충돌을 선택한다면: 1935년에 무솔리니는 이탈리아의 식민지 확장 정책에 저항하는 움직임을 짓밟기 위해 현재의 에티오피아를 침략하라는 명령을 이탈리아군에 내렸다. 국제적인 비난에도 불구하고 국제 연맹은 집단 안보를 위한 어떠한 대항도 취하지 않았다. 이탈리아는 무차별적인 폭격과 독가스를 사용하여 아비시니아를 차지했다. 국제 사회가 초기에 조치를 취하지 못했고 이후에 만주에 침략한 일본에 대해서도 제대로 조치를 취하지 못하면서 국제 연맹은 무너지게 되었다.

61 "국가 정책 수단": 국가 정책 수단으로서의 전쟁을 포기하기로 한, 미국과 다른 강대국 간의 조약. 1928년 8월 27일 파리에서 조인되었다; 1929년 1월 16일 상원의 권고로 비준; 1929년 1월 17일 대통령 비준; 1929년 3월 2일, 미국, 호주, 캐나다, 체코슬로바키아, 독일, 영국, 인도, 아일랜드 자유국, 이탈리아, 뉴질랜드, 남아프리카 연방이 비준서 기탁; 1929년 3월 26일 폴란드; 1929년 3월 27일 벨기에, 1929년 4월 22일 프랑스; 1929년 7월 24일 일본; 1929년 7월 24일 선언.

62 이 모든 조항들, 특히 탈식민지화에 관한 조항을: Peter Clarke, *The Last Thousand Days of the British Empire: Churchill, Roosevelt, and the Birth of the Pax Americana* (New York: Bloomsbury Press, 2009) 참조.

63 "평화를 사랑하는 우리 ~ 세계 질서는": 1944년 10월 21일, 뉴욕 외교 정책협회(Foreign Policy Association) 만찬에서의 라디오 연설, *Presidential Profiles*: The FDR Years, ed. William D. Peterson(New York: Facts on File, 2006), p. 429.

64 "우리는 ~ 단순한 진리를 배웠습니다.": 1945년 1월 20일 네 번째 취임 연설, *My Fellow Americans: Presidential Inaugural Addresses from George Washington to Barack Obama*(St. Petersburg, Fla.: Red and Black Publishers, 2009)에 수록.

65 "빌, 자네가 제시한 사실들을 반박하려는 게 아니네.": William C. Bullitt, "How We Won the War and Lost the Peace," *Life*, August 30, 1948, Arnold Beichman, "Roosevelt's Failure at Yalta," *Humanitas* 16, no. 1(2003): 104에 인용.

66 두 지도자가 1943년에 ~ 만났을 때: 루스벨트가 테헤란에 도착하자, 스탈린은 소련 정보부가 나치의 음모를 알아냈다고 주장했다. 롱 점프 작전(Operation Long Jump)이라고 불린 이 계획은 정상회담에 모인 처칠, 루스벨트, 스탈린을 모두 암살한다는 것이었다. 미국 대표단은 소련의 보고를 크게 의심했다. Keith Eubank, *Summit at Teheran: The Untold Story*(New York: William Morrow, 1985), pp. 188~196.

67 "그들은 평화주의에 대해 이야기한다.": T. A. Taracouzio, *War and Peace in Soviet Diplomacy*(New York: Macmillan, 1940), pp. 139~140에 인용.

68 "그(루스벨트)는 스탈린이": Charles Bohlen, *Witness to History, 1929~1969* (New York: W. W. Norton, 1973), 21. Beichman, "Roosevelt's Failure at Yalta," pp. 210~211도 참조.

69 또 다른 시각은 ~ 주장한다.: Conrad Black, *Franklin Delano Roosevelt: Champion of Freedom* (New York: PublicAffairs, 2003). 나는 블랙의 해석에 한 표를 던지지만, 루스벨트는 분명한 답을 피할 정도로 이해하기 힘든 인물이었다. 윈스턴 처칠은 묘사하기가 더욱 쉽다. 전쟁 중에 그는 자신이 크렘린에서 매주 한 번씩 저녁 식사를 할 수 있다면 모두가 편안할 수 있을 거라고 생각했다. 전쟁이 끝나갈 무렵, 그는 참모총장에게 소련과 전쟁을 치를 준비를 하라고 지시했다.

8장 | 미국: 양면적인 초강대국

1 전후 12명의 대통령은 모두: 전후의 맨 처음 대통령이었던 트루먼은 다음과 같이 설명했다. "미국의 외교 정책은 공정함과 정의의 기본적인 원칙들과 이 세계의 국제문제에 황금률을 적용하려는 미국의 노력 위에 확고하게 자리 잡고 있다." 군인으로서 냉정한 모습을 보여 주던 아이젠하워는 대통령직에 오른 뒤에는 그 목적을 거의 똑같은 표현으로 설명했다. "우리는 각국의 생활에 뿌리를 내린 평화를 추구한다. 모든 민족이 느끼고 공유하는 정의가 존재해야 한다. (중략) 모든 국가가 꾸준히 적용하고 존중하는 법이 있어야 한다." 제럴드 포드는 1974년 양원 합동회의에서 "성공적인 외교 정책은 평화의 세계와 질서 있는 개혁과 자유를 바라는 모든 미국 국민의 희망을 연장한 것이다."라고 말했다. 해리 S. 트루먼, 1945년 10월 27일 뉴욕에서 열린 해군 기념일에 발표한 외교 정책에 관한 연설; 드와이트 D. 아이젠하워, 1957년 1월 21일 두 번째 취임 연설("평화의 대가(The Price of Peace)"), *Public Papers of the Presidents: Dwight D. Eisenhower, 1957~1961*, pp. 62~63에 수록. 제럴드 포드, 1974년 8월 12일 양원 합동회의

연설, *Public Papers of the Presidents: Gerald R. Ford* (1974~1977), p. 6에 수록.

2　"사람이나 국가는": 린든 B. 존슨, 1963년 12월 17일 유엔 총회 연설.

3　새로운 국제 질서를: 상세한 설명을 원한다면, Robert Kagan, *The World America Made*(New York: Alfred A. Knopf, 2012) 참조.

4　"어떤 지역을 누가 점령하든 ~ 시행한다.": Milovan Djilas, *Conversations with Stalin*, Michael B. Petrovich 번역(New York: Harcourt Brace & Company, 1962), p. 114.

5　"대서양 해양 세력의 ~ 발생할 것인데": 1945년 1월 26일에 케넌이 찰스 볼렌에게 보낸 편지, John Lewis Gaddis, *George Kennan: An American Life*(New York: Penguin Books, 2011), p. 188에 인용.

6　"그런 유형의 외교 정책을": Bohlen, Witness to History, p. 176.

7　대사의 승인 없이: 당시 미국 대사관에는 잠깐 동안이었지만 대사가 없었다. W. 애버럴 해리먼이 대사직을 그만두었고, 월터 베델 스미스는 아직 도착하지 않았다.

8　"방심하지 않고 노련하게 반격을 가한다면 봉쇄할 수 있다.": "X" [George F. Kennan], "The Sources of Soviet Conduct," *Foreign Affairs* 25, no. 4(July 1947).

9　"정치 기구로서의 당의 단결과 유효성이": Ibid.

10　"사람들은 다음과 같은 질문을 던진다.": Robert Rhodes James, ed., *Winston S. Churchill: His Complete Speeches, 1897~1963*(New York: Chelsea House, 1974), 7:7710.

11　"법치 정부하의 자유": A Report to the National Security Council by the Executive Secretary on United States Objectives and Programs for National Security, NSC-68 (April 14, 1950), p. 7.

12　"많은 사람들이 이해하기는 어렵겠지만": 존 포스터 덜레스, "평화의 기초 (Foundations of Peace)"(1958년 8월 18일, 뉴욕에서 열린 해외 전쟁 참전 군인회 연설)

13　승리를 거둔 미군은: 조지 H. W. 부시도 1991년에 사담 후세인의 병력을 쿠웨이트에서 몰아낸 뒤 비슷한 문제에 직면했다.

14　"미국 제국주의자들이 승리를 거두면": Shen Zhihua, *Mao, Stalin, and the Korean War: Trilateral Communist Relations in the 1950s*, Neil Silver 번역(London: Routledge, 2012), p. 140.

15　"한반도는 실제로 세계에서 벌어지는 여러 투쟁의 중심지이다.": Chen Jian, *China's Road to the Korean War: The Making of the Sino-American Confrontation* (New York: Columbia University Press, 1994), pp. 149~150. 전쟁과 전쟁이

지역에 미치는 영향에 대한 중국 지도부의 분석을 알고 싶다면, Sergei N. Goncharov, John W. Lewis, and Xue Litai, Uncertain Partners: Stalin, Mao, and the Korean War(Stanford, Calif.: Stanford University Press, 1993); Henry Kissinger, *On China*(New York: Penguin Press, 2011), 5장; *Shen, Mao, Stalin, and the Korean War; Shu Guang Zhang, Mao's Military Romanticism: China and the Korean War*, 1950~1953(Lawrence: University Press of Kansas, 1995) 참조.

16 이러한 생각들 때문에 마오는: 5장 참조.

17 "잘못된 곳에서, 잘못된 시기에, 잘못된 적과 싸우는 잘못된 전쟁": 미 합참의 장이던 오마 N. 브래들리 장군이 1951년 5월 15일 상원위원회에서 한 증언, *Military Situation in the Far East*, hearings, 82nd Cong., 1st sess., pt. 2, 732 (1951) 에 수록.

18 부도덕과 기만에 대한 비난: Peter Braestrup, Big Story: *How the American Press and Television Reported and Interpreted the Crisis of Tet 1968 in Vietnam and Washington*(Boulder, Colo.: Westview Press, 1977); Robert Elegant, "How to Lose a War: The Press and Viet Nam," *Encounter*(London), August 1981, 73~90; Guenter Lewy, *America in Vietnam* (New York: Oxford University Press, 1978), pp. 272~279, pp. 311~324 참조.

19 "우리는 세계 역사상 유일하게 ~ 기억해야 한다.": "An Interview with the President: The Jury Is Out," *Time*, January 3, 1972.

20 "베이징과 대화 관계를 수립할 준비가 되어 있다.": Richard Nixon, *U.S. Foreign Policy for the 1970's: Building for Peace: A Report to the Congress, by Richard Nixon, President of the United States*, February 25, 1971, p. 107. 이 시점까지 미국 정부 문서는 "공산주의 중국"이라고 표현하거나 베이징(중화민국이 부르는 도시 이름) 또는 베이핑 당국이라고 불렀다.

21 "문화혁명은 ~ 만족감을 안겨 줘서는 안 된다." 리처드 닉슨이 1971년 7월 6일 미주리 주 캔자스시티에서 국내 정책 브리핑에 참석한 중서부 지역 뉴스 매체 임원들에게 한 말, *Public Papers of the Presidents*, pp. 805~806.

22 오늘날에는 진부하게 들리지만: Kissinger, *On China*, 9장 참조.

23 "우리가 해외에서 ~ 완수할 수 있을 것": 리처드 닉슨, 1973년 1월 20일, 두 번째 취임 연설, *My Fellow Americans*, p. 333.

24 "미국이 다른 국가들을 위한 최선의 결과가 무엇인지 알고 있다는 직감": Richard Nixon, *U.S. Foreign Policy for the 1970's: Building for Peace*, p. 10.

25 "지속적인 평화의 두 번째 요소는": Richard Nixon, *U.S. Foreign Policy for the 1970's: A New Strategy for Peace*, February 18, 1970, p. 9.

26 "적이든 우방이든 모든 국가들은": Richard Nixon, *U.S. Foreign Policy for the 1970's: Shaping a Durable Peace*, May 3, 1973, pp. 232~233.

27 "정치인으로 살아온 내내 나는 빛나는 도시에 대해 이야기해 왔다.": 로널드 레이건 1989년 1월 11일, 고별사. *In the Words of Ronald Reagan: The Wit, Wisdom, and Eternal Optimism of America's 40th President*, ed. Michael Reagan (Nashville: Thomas Nelson, 2004), p. 34.

28 "그와 우리 문제를 ~ 좋겠다.": Ronald Reagan, *An American Life*(New York: Simon & Schuster, 1990), p. 592.

29 "헬리콥터에서 내리면": Lou Cannon, *President Reagan: The Role of a Lifetime*(New York: Simon & Schuster, 1990), p. 792.

30 "통치받는 국민들의 동의에 의존하는 정부는": 로널드 레이건 1984년 1월 25일 양원 합동회의 연설, *The Public Papers of President Ronald W. Reagan*, Ronald Reagan Presidential Library.

31 "자유 연방": 조지 H. W. 부시가 1990년 11월 17일 체코슬로바키아 연방의회에서 한 말, Gerhard Peters and John T. Woolley, eds., *The American Presidency Project*에 온라인으로 접속.

32 "점점 증대되는 엄청난 힘": Ibid.

33 "견제를 넘어 적극적인 참여의 정책으로": 조지 H. W. 부시가 1991년 4월 13일, 앨라배마 몽고메리에 있는 맥스웰 공군대학에서 한 말, Michael D. Gambone, *Small Wars: Low-Intensity Threats and the American Response Since Vietnam*(Knoxville: University of Tennessee Press, 2012), p. 121에 수록.

34 "확장": 클린턴 대통령이 1993년 9월 27일 유엔 총회에서 한 연설, "Confronting the Challenges of a Broader World," *Department of State Dispatch* 4, no. 39(September 27, 1993)에 수록.

35 "번창하는 민주주의 국가들로 이루어진 세계": 조지 W. 부시가 2001년 9월 20일에 양원 합동회의에서 한 연설, *We Will Prevail: President George W. Bush on War, Terrorism, and Freedom*(New York: Continuum, 2003), p. 13에 수록.

36 "신중하게 목표 대상을 고른 이번 작전은"; 조지 W. 부시가 2001년 10월 7일에 한 대국민 연설, ibid., p. 33.

37 "남녀 차별 없고 ~ 광범위한 정부를 수립한다는": "Agreement on Provisional Arrangements in Afghanistan Pending the Re-establishment of Permanent Government Institutions," December 5, 2001, UN Peacemaker online archive.

38 "아프간 과도정부와 계승자들을 도와": 유엔 안보리 결의안 1510(2003년 10월).

39 아프가니스탄 역사상 어떠한 기관도: 이는 이 협상 초안자들이 새로운 정권의

양성 평등을 요구하면서도 "아프간의 이슬람 전사와 지하드 영웅들을" 칭찬해야 한다고 느꼈음을 여실히 보여 주었다.

40 "파탄족은 자기보호 본능이 ~ 수확기를 제외하고": Winston Churchill, *My Early Life*(New York: Charles Scribner's Sons, 1930), p. 134.

41 벨기에의 중립성: 2장 참조.

42 "혼란의 위험 때문에 강대국들이 모두 같은 편에 모여 있음": *The National Security Strategy of the United States of America*(2002).

43 "이라크 민주주의는 성공할 것이다.": 조지 W. 부시가 워싱턴, 미국 상공회의소에서 열린 민주주의를 위한 국가기금 창설 20주년 기념식에서 한 연설(2003년 11월 6일).

44 1991년에 채택된 유엔 안보리 결의안 687: 1991년의 유엔 안보리 결의안 687은 이라크가 대량살상무기를 즉각적으로 파괴하고 그러한 무기를 절대로 개발하지 않겠다고 약속하는 것을 조건으로 1차 걸프전을 종결지었다. 이라크는 결의안 687을 준수하지 않았다. 일찍이 1991년 8월에 안보리는 이라크가 결의안의 의무사항에 대해 "중대한 위반"을 저질렀다고 선언했다. 걸프전 이후 여러 해 동안 10번 넘게 채택된 유엔 안보리 결의안은 이라크에게 정전 조건 준수를 꾸준히 촉구했다. 이후 유엔 안보리는 결의안을 통해 사담 후세인이 정전 조건에 정해진 유엔 감독관을 추방함으로써 1998년에 유엔 무기사찰단(UNSCOM)과 국제원자력기구(IAEA)와의 모든 협력을 궁극적으로 중단했다고 밝혔다.

2002년 11월에 유엔 안보리는 1441 결의안을 통과시켰다. 이 결의안은 이라크가 10년 동안 결의안을 지키지 않았다고 개탄하면서 "이라크가 중대한 의무 위반을 저질러 왔다고" 결정했다. 전쟁에 찬성하지 않은 주요 감독관 힌스 블릭스가 2003년 1월에 안보리에 보고한 바에 따르면 바그다드는 미해결 문제들과 모순된 행위들을 해결하는 데 실패했다.

세계는 이 군사 작전과 이후 이라크에 민주 정부를 세우기 위해 추구한 전략의 영향에 대해 오래도록 논쟁을 벌일 것이다. 그러나 이 논쟁과 앞으로의 비확산 원칙 위반에 이 논쟁이 미칠 영향은 다자간 환경이 제외되는 한 왜곡된 채로 남아 있을 것이다.

45 "미국은 이라크가 ~ 바란다.": 윌리엄 J. 클린턴이 1998년 10월 31일에 이라크 해방법에 서명하면서 한 말.

46 "자유의 확산 정책": 2003년 11월 6일 부시 대통령이 민주주의를 위한 국가기금 창설 20주년 기념식에서 한 연설.

47 "이 전쟁은 가망이 없다. 증파는": Peter Baker, *Days of Fire: Bush and Cheney in the White House*(New York: Doubleday, 2013), p. 542.

48 "우리가 거기서 이기지 못하면,": Ibid., p. 523.

49 "도덕적인 미국인들은": George Shultz, "Power and Diplomacy in the 1980s," Washington, D.C., April 3, 1984, *Department of State Bulletin*, vol. 84, no. 2086(May 1984), p. 13.

9장 | 기술, 균형, 그리고 인간의 의식

1 전략적 안정은 ~ 규정되었다: 이 이론 연구를 검토하고 싶다면, Michael Gerson, "The Origins of Strategic Stability: The United States and the Threat of Surprise Attack," in *Strategic Stability: Contending Interpretations*, ed. Elbridge Colby and Michael Gerson(Carlisle, Pa: Strategic Studies Institute and U.S. Army War College Press, 2013); Michael Quinlan, *Thinking About Nuclear Weapons: Principles, Problems, Prospects*(Oxford: Oxford University Press, 2009) 참조.

2 1950년대에 마오쩌둥이 ~ 말했을 때: 6장 참조.

3 하지만 내가 아는 한 미국과 소련 중 어느 쪽도: 중동 위기가 발생한 1973년 이후로 당시 미국의 "핵 경보"를 다룬 글이 많았다. 실제로 그 경보의 주요한 목적은 재래식 병력, 즉 미국의 6함대와 공수사단에게 위험을 알려서 브레즈네프의 위협을 저지하는 것이었다. 브레즈네프는 닉슨에게 보낸 서한에서 소련의 사단을 중동 지역에 보낼 수도 있다고 알린 바 있었다. 전략군의 대비 태세를 격상시킨 조치는 중요하지 않았고, 모스크바에서도 주목하지 않았을 것이다.

4 1960년대에 ~ 경험을 되돌아본: C. A. Mack, "Fifty Years of Moore's Law," *IEEE Transactions on Semiconductor Manufacturing* 24, no. 2(May 2011): pp. 202~207.

5 컴퓨터 혁명은: 이러한 발전에 대한 낙관적인 보고서를 읽고 싶다면 Rick Smolan and Jennifer Erwitt, eds., *The Human Face of Big Data*(Sausalito, Calif.: Against All Odds, 2013); Eric Schmidt and Jared Cohen, *The New Digital Age: Reshaping the Future of People, Nations and Business*(New York: Alfred A. Knopf, 2013) 참조. 다소 비판적인 관점을 알고 싶다면, Jaron Lanier, *Who Owns the Future?*(New York: Simon & Schuster, 2013); Evgeny Morozov, *The Net Delusion: The Dark Side of Internet Freedom*(New York: PublicAffairs, 2011); *To Save Everything, Click Here: The Folly of Technological Solutionism*(New York: PublicAffairs, 2013) 참조.

6 가상의 개념으로 제시된 사이버 공간은: '사이버'라는 말은 노버트 위너가 통신

노드로서의 컴퓨터가 아니라 인간과 관련하여 사용하기는 했지만, 1948년에 자신의 책『사이버네틱스(*Cybernetics*)』에서 처음 썼다. 현재 사용되는 의미에 가까워진 "사이버 공간"이라는 말은 1980년대에 공상과학 소설에 등장했다.

7 한 세대 전에는 주로 수작업이나 서류를 기초로 이루어지던 작업들: Viktor Mayer-Schönberger and Kenneth Cukier, *Big Data: A Revolution That Will Transform How We Live, Work, and Think*(Boston: Houghton Mifflin Harcourt, 2013), pp. 73~97.

8 '스마트 도어록, 칫솔, 손목시계': Don Clark, " 'Internet of Things' in Reach," Wall Street Journal, January 5, 2014.

9 (현재 10억 명 정도로 추정되는데): Smolan and Erwitt, *Human Face of Big Data*, p. 135.

10 상황은 더욱더 복잡해진다: David C. Gompert and Phillip Saunders, *The Paradox of Power: Sino-American Strategic Relations in an Age of Vulnerability*(Washington, D.C.: National Defense University, 2011) 참조.

11 스턱스넷: Ralph Langer, "Stuxnet: Dissecting a Cyberwarfare Weapon," *IEEE Security and Privacy 9*, no. 3 (2011): pp. 49~52.

12 "다음 전쟁은 사이버 공간에서 시작될 것": 렉스 휴즈가 키스 알렉산더 장군의 말을 인용. "A Treaty for Cyberspace," *International Affairs* 86, no. 2 (2010): pp. 523~541에 수록.

13 "인간의 본성에 뿌려진": Publius [James Madison], *The Federalist* 10, Hamilton, Madison, and Jay, *Federalist Papers*, pp. 46~47에 수록.

14 최근 연구 조사에 따르면: "Digital Set to Surpass TV in Time Spent with US Media: Mobile Helps Propel Digital Time Spent," eMarketer.com, August 1, 2013 참조. (보통 미국 성인은 하루에 비음성 모바일 활동이나 디지털 미디어 등을 이용하여 인터넷을 하는 데 5시간을 보내고, TV 시청에는 4.5시간을 보낸다고 한다); Brian Stelter, "8 Hours a Day Spent on Screens, Study Finds," *New York Times*, March 26, 2009 (성인들은 보통 8.5시간을 화면에 노출되어 있다고 한다).

15 "살면서 우리가 잃어버린 삶은 어디에 있는가": T. S. Eliot, *Collected Poems, 1909~1962*(Boston: Harcourt Brace Jovanovich, 1991), p. 147.

16 "사람들은 외적으로 유용할 것이라고 생각한 것들은 잊어버리고": Betsy Sparrow, Jenny Liu, and Daniel M. Wegner, "Google Effects on Memory: Cognitive Consequences of Having Information at Our Fingertips," *Science* 333, no. 6043 (2011): pp. 776~778.

17 손가락 끝에 있는 정보: Nicholas Carr, *The Shallows: What the Internet Is Doing to*

Our Brains(New York: W. W. Norton, 2010) 참조.

18 "더 많은 콘텐츠를 소비하고": Erik Brynjolfsson and Michael D. Smith, "The Great Equalizer? Consumer Choice Behavior at Internet Shopbots"(Cambridge, Mass.: MIT Sloan School of Management, 2001).

19 "당신이 좋아하는" 것을: Neal Leavitt, "Recommendation Technology: Will It Boost E-commerce?," *Computer 39*, no. 5(2006): pp. 13~16.

20 그들은 과거에는 ~ 기대한다.: Clive Thompson, Smarter Than You Think: How Technology Is Changing Our Minds for the Better(New York: Penguin Press, 2013) 참조.

21 "종교, 문화, 인종 등에 대한 그릇된 통념을 영구화하려는 사람들은": Schmidt and Cohen, *New Digital Age*, p. 35, pp. 198~199.

22 그러나 그 네트워크들은 양립할 수도 없을 정도로 상반되는: Ofeibea Quist-Arcton, "Text Messages Used to Incite Violence in Kenya," National Public Radio, February 20, 2008, "When SMS Messages Incite Violence in Kenya," *Harvard Law School Internet & Democracy Blog*, February 21, 2008 등 참조. 더 많은 사례를 다루고 싶다면, Morozov, *Net Delusion*, pp. 256~261 참조.

23 그들의 생각까지 예측해 내는: 요즘 급성장하는 '예측 분석' 분야는 사회와 개인 차원에서의 생각과 행동을 예측하려는 상업 영역과 정부 영역에서 그 사용이 확대되고 있다. Eric Siegel, Predictive Analytics: *The Power to Predict Who Will Click, Buy, Lie, or Die*(Hoboken, N.J.: John Wiley & Sons, 2013) 참조.

24 이런 점에서 신기술의 가장 극단적인 양상은 그것이: 이 개념, 특히 상업 영역에 적용되는 개념을 더 알고 싶다면 Lanier, *Who Owns the Future?* 참조.

25 서방 세계는 '페이스북'과 ~ 찬사를 보냈다.: 3장 참조.

26 "인터넷은 추적을 더 쉽고, 싸고, 유용하게 만들었다.": Mayer-Schönberger and Cukier, *Big Data*, p. 150.

27 "사람들은 선조를 되돌아보지 않는 후손을 기대하지 않을 것이다.": Edmund Burke, *Reflections on the Revolution in France*(1790; Indianapolis: Hackett, 1987), p. 29.

결론 | 우리 시대의 세계 질서

1 지정학적 세계에서 보면: 이러한 변화와 그 변화가 미칠 수 있는 영향에 대한 설득력 있는 연구 결과를 보고 싶다면, Charles Kupchan, *No One's World: The West,*

the Rising Rest, and the Coming Global Turn(New York: Oxford University Press, 2012) 참조.

2 더욱 근본적인 형태의 정체성이: 그러한 기초 위에 수립된 세계 질서에 대한 전망을 다룬 중대한 연구는 Samuel Huntington, The Clash of Civilizations and the Remaking of World Order(New York: Simon & Schuster, 1996)이다.

3 특정한 국내 조직이나 통치 형식과: 다른 모델의 발전 과정과 매력에 관해 알고 싶다면 John Micklethwait and Adrian Wooldridge, The Fourth Revolution: The Global Race to Reinvent the State(New York: Penguin Press, 2014) 참조.

4 "제한적인 계획을 묵인할 때": 에드먼드 버크가 1789년 11월에 찰스 장 프랑수아 드 퐁에게 보낸 편지, On Empire, Liberty, and Reform, pp. 412~413에 수록.

5 먼 옛날부터 전해지는 신비로운 글들은: G. S. Kirk and J. E. Raven, The Presocratic Philosophers: A Critical History with a Selection of Texts(Cambridge, U.K.: Cambridge University Press, 1957), p. 193, p. 195, p. 199(on Heraclitus); Friedrich Nietzsche, The Pre-Platonic Philosophers, Greg Whitlock 번역 및 해설(Urbana: University of Illinois Press, 2001).

6 '역사의 의미': Henry A. Kissinger, "The Meaning of History: Reflections on Spengler, Toynbee and Kant"(1950년 하버드대학 정치학과 학부 논문)

옮긴이 **이현주**

서울대 서양사학과를 졸업하고 매일경제신문사 편집국에서 근무했다. 현재 전문 번역가로 활동 중이다. 옮긴 책으로는 『음식은 자유다』, 『브레인 어드밴티지』, 『위대한 연설 100』, 『카리스마의 역사』, 『경쟁사도 탐내는 팀장의 마케팅』, 『CEO가 원하는 팀장의 혁신』, 『상식의 실패』, 『하이퍼 컴피티션』, 『탐욕 주식회사』, 『슈퍼클래스』, 『유혹과 조종의 기술』, 『매니저의 업무 기술』(하버드 MBA 셀프마스터 시리즈), 『뉴미디어의 제왕들』, 『에펠』, 『팀장 정치력』, 『2007 세계대전망』, 『2008 세계대전망』, 『2009 세계대전망』, 『혁명적으로 지식을 체계화하라』 등이 있다.

헨리 키신저의
세계 질서

1판 1쇄 펴냄   2016년 7월 14일
1판 14쇄 펴냄 2024년 1월 18일

지은이   헨리 키신저
옮긴이   이현주
발행인   박근섭·박상준
펴낸곳   (주)민음사

출판등록   1966. 5. 19. 제16-490호
주소   (06027) 서울특별시 강남구 도산대로1길 62(신사동)
           강남출판문화센터 5층
대표전화   02-515-2000 팩시밀리 02-515-2007
홈페이지   www.minumsa.com

한국어 판 ⓒ(주)민음사, 2016. Printed in Seoul, Korea

ISBN 978-89-374-3286-6 03340

* 잘못 만들어진 책은 구입처에서 교환해 드립니다.